일제 식민지 시기의 통치체제 형성

The Formation of the Ruling System in the Japanese Colonial Period

edited by Kim, Dong-no

연세국학총서 72

일제 식민지 시기의 통치체제 형성

김동노 편

혜안

머리말

　역사 연구는 항상 현재의 관점에서 과거를 재구성하는 작업이며, 이 재구성은 현재라는 시대가 가진 제약과 함께 연구자가 가진 이념적, 학문적 성향에 의해 영향을 받기 마련이다. 그런 점에서 엄밀히 말한다면 객관적인 역사 연구는 불가능할지도 모른다. 그렇다고 역사를 완전히 주관적 판단에만 의존하여 재구성하게 되면 더욱 큰 문제를 가져오게 된다. 따라서 역사 연구에 있어서는 객관적 사실과 주관적 판단을 어떻게 조정할 것인가는 결코 쉽게 해결되지 않는 문제이다.
　일제 식민지시대에 대한 연구는 이런 점에서 더욱 큰 어려움을 지니고 있다. 우리 민족의 입장에서 본다면 이 시기는 민족의 암흑기였으며, 당시와 현재를 살아가는 많은 한국인에게 고통의 근원이다. 따라서 이 시기를 연구한다는 것은 거의 필연적으로 규범적 판단을 수반하게 되고, 이로부터 자유로운 연구가 진정 가능한지 혹은 바람직한지에 대한 생각의 정리를 필요로 한다. 그렇기 때문에 일제 식민지 시기에 대한 많은 연구는 이 규범적 판단에 대한 논쟁으로 이루어져 왔다. 흔히 수탈론과 근대화론으로 표현되는 두 대표적인 입장의 대립은 이런 맥락에서 그 의미를 찾을 수 있다. 민족주의의 입장에서 역사를 인식하면서 식민지 시기를 약탈의 시대로 인식하려는 수탈론에서는 이 시기에 일어났던 민족적 차별과 저항에 주목하면서 조선시대 이래로 진행되었던 내재적 발전의 가능성이 일제라는 외세에 의해 중단되었음을 주장한다. 반면에 근대화론에서는 조선사회의 내적 역동성을 낮게 평가하면서 일제시대에 다양한 근대화 사업이 진행되었으며 이 움직임이 조선사회를 안으로부터 깨우치는 시발점이 되어 그 이후 경제발전의 기반이 마련된 것으로 이해하고 있다.

양립할 수 없는 대립적 의견을 제시한 두 입장은 아이러니컬하게도 목적론적 역사인식이라는 공통점을 지니고 있기도 하다. 수탈론에서는 조선후기 이래의 역사적 연속성을 강조하면서 이를 중단시킨 일제시대에 대해 민족주의적 규범에 입각한 목적론적 역사인식을 시도하고 있다. 반면에 근대화론에서는 일제시대는 조선시대와는 단절된 시기이며, 역사의 연속성은 일제시대부터 시작되어 해방 이후로 이어진다는 생각을 제시하고 있다. 서로 다른 목적론에 입각하여 수탈론은 근대화론이 민족이라는 역사적 주체에 대한 중요성을 무시하고 있으며 이 시기가 제국주의에 의한 식민지배의 시기였음을 깨닫지 못하고 있다는 규범적 비난을 제기한다. 그러나 근대화론은 수탈론이 지나친 가치규범에 근거하여 역사를 연구함으로써 실제로 일어난 객관적 사실을 무시하는 오류를 범하고 있다고 비판하고 있다.

일제시대 연구를 주도하는 두 대립적 시각의 발전은 한편으로는 이 시기에 대한 역사인식을 풍부하게 해주었으면서도 다른 한편으로는 대안적 연구의 가능성을 제한하는 문제를 드러내기도 했다. 이러한 상황 속에서 이 시기에 대한 최근 연구는 수탈론과 근대화론과 같은 거대담론에서 벗어나 문화연구나 일상생활에 대한 연구로 옮겨지고 있는 경향을 보여주고 있다. 이전 연구에서 관심을 두지 않았던 여러 주제들, 가령 도시 공간, 소비생활, 방송, 의복, 광고, 소설과 영화 등을 포함한 일상생활에서 삶의 변화가 어떤 식으로 일어났으며 이러한 변화는 어떤 의미를 가지고 있는지를 찾으려는 노력이 계속되고 있다.

이 연구들은 분명 이전에는 밝혀지지 않았던 여러 생활영역의 모습을 찾음으로써 일제시대의 근대성과 근대화를 새롭게 조명하고 있다.

그러나 이러한 연구경향의 변화가 분명 거대담론의 완성이나 종결을 의미하지는 않는다. 우리는 여전히 일제시대에 일어났던 많은 거시적 변화에 대해 충분히 알고 있지 못하며 이는 보다 깊이 있는 분석을 필요로 하고 있다. 이 분석은 당시의 역사적 사실에 충실하면서도 식민지 시기라는 역사적 상황이 가진 특수성을 상실하지 않아야 할 것이다. 식민지배에 대한 지나친 규범적 판단이 실제 일어난 역사적 사실에 대한 무시로 연결되어서는 안 되는 것과 마찬가지로 객관적 사실에 대한 집착이 식민지배라는 특수한 역사적 상황에 대한 무관심으로 이어져서도 곤란할 것이다. 결국 식민지 시기에 대한 올바른 이해는 역사적 사실에 대한 관심과 식민지배가 가진 역사적 상황에 대한 고려를 동시에 요구하는 것이라 할 수 있다.

이 책은 이러한 요구에서 비롯되었다. 한편으로 역사적 사실에 충실하면서도 다른 한편으로는 식민지배의 특수성을 찾으려는 노력의 결실들을 하나의 책으로 묶어 출판하게 된 것이다. 이 책이 특히 관심을 가지는 부분은 일제의 식민통치체제 형성과정에 나타난 여러 가지 정책들이다. 이 책은 일제가 조선에서 다양한 정책들을 통해 형성하려 했던 식민지배의 본질은 무엇인지를 우선적으로 살펴보며, 나아가서는 이 정책이 어떻게 식민지 조선의 안과 밖에서 선전되었고 받아들여졌는가를 검토하려고 한다. 이 책에서 다루려는 구체적인 일제의 식민정책은 법률, 행정, 농업, 문화, 사회 분야이며, 더불어 식민정책에 대한 대외 선전과 조선인의 수용정도를 포함한다. 이 책에 실린 여덟 편의 글은 이러한 의도를 반영하고 있다.

먼저 김동노는 「일본 제국주의의 조선 지배의 독특성」에서 일본 제국주의가 서구의 제국주의와는 어떻게 다르며, 일제의 조선 지배와 대만 지배 사이에 나타나는 차별성은 무엇인지 찾으려고 한다. 그는 제국과 식민지의 거리두기를 강조하는 서구의 제국주의와 달리 일본 제국주의는 동화의 원칙에 의해 운영되었음을 보여주려고 한다. 가령, 영국의 제국주의가 전형적인 간접 통치의 방식을 사용하여 식민지의 원주민 가운데 지도자를 육성하고 스스로 통치할 수 있는 역량을 키워 나갈 수 있는 여지를 남겨둔 데 반해, 일본 제국주의는 철저한 직접 통치의 방식을 취하였다. 일제는 조선 지배의 정당성을 확보하기 위해 문명화와 동화의 원리를 통치이념으로 발전시켰다. 그러나 대만에서와는 달리, 일제가 시도한 문명화를 조선인이 받아들이기에는 이미 상당히 강력한 힘을 가진 고유의 문화적 유산이 조선에 축적되어 있었기 때문에 이 시도는 실패로 돌아갈 수밖에 없었다. 문명화의 실패와 함께 일제는 문화적 동화를 배제한 두 민족 간의 강제적 통합을 위한 민족동화를 시도하였지만, 이 시도는 조선인에게 권리의 평등을 수반하지 않은 채 의무의 평등만을 강요함으로써 효과적일 수 없었음을 그의 글은 보여주고 있다.

이러한 동화의 원리에 입각한 식민지배가 어떻게 구체적으로 진행되었는가를 살펴봄에 있어 김익한은 「일제의 면 지배와 농촌사회구조의 변화」에서 지방행정체계의 변화를 검토하고 있다. 기존의 많은 연구들이 중앙행정에 관심을 가졌던 것에 비해, 그는 일제가 식민지 조선을 단지 중앙권력의 장악 차원에서가 아니라 농민의 삶의 터전인 동리 단위까지 직접 장악해 가는 과정을 살펴보았다. 이 과정에서 조선후기, 한말까지 유지되었던 동리 자치가 일제의 관치보조적 기관인 농촌진흥회에 의해 대체되어 가는 사실을 확인할 수 있었다. 또한 동리 자치에서 중심적 역할을 하였던 명망가층이 일제의 지배과정에서 사회적 영향력을 상실해 간 반면 새로운 유지층이 일제 지배의 동반자로서 등장하였고, 1930년대에 이르면 일반 농민층 가운데서도 적극적 협력자들이 중견인물이라는 이름으로 육성되었음을 확인하였다. 이러한 역사 상황은 일제의 지방 지배와 지역자치 간의 길항관계를 만들었고 적어도 국내의 농촌 사회운동은 이 관계 구조 속에서 전개되지 않을 수 없었음을 보여준다.

식민통치체제의 형성에 있어 또 하나의 중요한 영역은 법률체계의 수립인데, 이에 관해서는 이철우가 「일제 지배의 법적 구조」에서 살펴보고 있다. 그는 일제 지배의 법적 양식을 조선과 조선인의 헌법상 지위, 민사질서의 재편, 형사사법과 권력이라는 세 주제와 관련하여 검토하면서 제도의 변천과정과 골격을 개관하고 구체적 사례를 제시하고 있다. 조선인의 헌법상의 지위에 관해 일제는 조선인과 대만인을 일본 국적자로 취급했다. 그러나 조선을 일본의 영토로, 조선인을 일본제국의 일원으로 간주하면서도 조선인에게는 헌법이 정하는 정치적 권리를 부여하지 않았으며 식민지배 전 기간을 통하여 조선에서는 입법대표의 선거도 실시하지 않았다. 저자는 동화와 차별화의 양면성은 조선의 민사질서와 형사법 체계에 대한 법 정책에서도 나타나는 것으로 이해했다. 특히 민사에 관한 기본법은 1912년 제령으로 '조선민사령'을 제정하면서 정립되었지만, 다른 한편으로 관습법을 인정하는 방향으로 식민지배는 이루어졌다. 이러한 법률체계의 분석을 통해 저자는, 관습에 대한 국가의 태도는 사회규범의 객관적 존재에 대한 지식이 아니라 일정한 정치적, 경제적 이익을 정당화하기 위한 요구에 의해 구성되며, 관습은 그러한 요구에 따라 취사선택, 탈맥락화, 재맥락화, 가공된다는 점을 분명히 하고 있다.

우대형은 「일제의 미곡기술정책 : 이식에서 육종으로」에서 일제의 주된 농업정책인 미곡 증식을 위해 일제가 어떻게 일본 육종 가운데 조선 각지에 맞는 품종을 선발하고 보급하는 전략을 선택하였는지를 보여주고 있다. 일제는 궁극적으로 일본 품종의 이식과 육종 개발의 두 가지 선택의 갈림길에서 육종연구를 선택하였다. 이를 위해 단순이식 전략에 적합한 기존의 권업모범장 체제를 육종연구에 적합한 농사시험장 체제로 개편하고, 새롭게 육종연구를 전담할 남선지장을 설립하였다. 이 품종들은 해방 이후 남한의 주요 품종으로 자리를 잡으면서 1970년대 통일벼가 보급되기 전까지 남한 농업성장을 주도하였다. 저자는 일제가 '규모의 경제'의 원칙에 입각하여 여러 반대의 목소리에도 불구하고 육종개발을 위해 권업모범장을 농사시험장 체제로 개편한 것을 '제도적 혁신'으로 평가하면서도 일제의 개발 전략이 어디까지나 수탈을 극대화하기 위한 수단이었음을 잊지 않고 상기시키고 있다.

일제의 사회정책에 관해서 이준식은 「혁명적 농민조합 운동과 일제의 농촌통제정책 : 함경북도의 관북향약을 중심으로」에서 일제가 실행한 혁명적 농민조합 운동에 대한 통제를 분석하고 있다. 특히 혁명적 농민조합 운동이 사회주의를 바탕으로 했다는 점에서 이 주제는 이데올로기의 통제 문제와도 관련되어 있다. 흥미롭게도 일제는 새롭게 나타난 사회주의의 정치적 이데올로기에 대한 통제방안을 조선의 전통적 사회 정책에서 찾고 있다. 함경북도의 관북향약을 사례로 한 이준식의 연구는 일제가 농촌 내부의 정치적 안정을 이루기 위해 추진한 교화정책의 내용을 검토하고 있는데, 1930년대 초 일제는 혁명적 농민조합 운동에 대한 통제정책의 일환으로 조선시대부터 시행되다가 근대로 접어들면서 소멸하고 있던 향약을 부활시키려고 했던 것이다.

이러한 사회정책과 함께 일제는 식민지배 기간 줄곧 지배의 정당성과 효율성을 높이기 위해 여러 문화정책을 동원하고 있는데, 이에 관해서는 마이클 신(Michael D. Shin)이 「'문화정치' 시기의 문화정책, 1919~1925년」에서 다루고 있다. 그는 '문화정치'가 겉으로 드러난 형태의 억압(무단통치에서 비롯된 억압)을 완화하고 이데올로기적 국가기구를 확장함으로써 일본 통치에 대한 저항을 줄이기 위한 노력의 일환으로 나타났음을 보여준다. 더 나아가 그는 '문화정치'는 주로 교육, 종교, 대중매체, 그리고 예술에 대한 국가권력을 확대하는데 초점이 맞추어져 있었지만, 기존의 식민정책에 단지 문화적, 이데올로기적 정책들을 첨가한 것만은 아니었다고 주장한다. 즉, '문화정치'는 식민통치에 대한 새로운 접근으로서 식민 국가의 재조직화를 필요로 했으며, 이는 미셸 푸코가 말한 "통치성(governmentality)"이 한층 발전된 것으로 이해될 수 있다는 것이다. 또한 그는 문화정치의 두 가지 주요한 측면, 즉 종교와 민족적 정체성에 주목하면서 식민 국가가 문화 영역에 "개입하는 과학과 기술"로써 민속학을 이용한 점을 적절히 분석하고 있다.

이와 같이 일제는 다양한 영역에서 식민통치체제를 형성하려고 했으며 그와 함께 식민정책의 정당성을 해외로 적극 선전함과 동시에 조선 내의 반응을 살피려고 했다. 슈미트(Andre Schmid)는 「식민지 시기 일본의 미국 내 선전활동」에서 일제의 대미 선전활동을 분석함으로써 미국 정부뿐만 아니라 보다 광범위한 미국의 여론이 일제의 조선 지배를 왜 그렇게 재빨리 용인하게 되었던가를 보여주고 있다. 일제는 미국 주류 언론들, 특히 잡지들과 무료로 배포된 연례 보고서들 그리고 다양한 저술과 인터뷰들을 통해 식민 이데올로기를 영어로 기술할 수 있는 훌륭한 공간을 확보하였으며 이러한 일본의 목소리는 훨씬 더 주변화된 한국 민족주의자들의 목소리를 잠식했는데, 저자는 이를 설득력 있게 보여 주고 있다. 그에 의하면, 미국의 저널들에서 한국의 독립을 지지하는 논문들이 등장하기 시작한 것은 일본의 진주만 공습 이후인 1940년대 초에 이르러서였을 따름이었다.

마쓰다(松田利彦)는 「『주막담총(酒幕談叢)』를 통해 본 1910년대 조선의 사회상황과 민중」에서 공주 헌병대와 충청남도 경찰부가 1910

년대에 조사한 민정(民情) 조사 자료인 『주막담총』을 사용하여, 식민 지배의 시작과 함께 도입된 새로운 물・제도・질서에 대하여 당시의 조선민중이 어떻게 반응했는지에 주목하고 있다. 그에 의하면, 조선 민중은 일본의 식민지배나 조선시대의 지배체제 및 이념에 대하여 이중적—때로는 모순된—이미지를 가지고 있었다. 조선 민중은 일본의 식민지배에 대해 "문명화" 혹은 "문명의 정치"라는 표현을 자주 쓰고 있었다. 이 사실은 일본의 지배양식을 조선시대의 그것과는 크게 단절된 것으로 인식하는 동시에 그 단절의 중요한 일면을 '문명화' 혹은 '근대화'라는 점에서 찾았음을 보여주고 있다. 하지만 이 시기 민중의 지배체제에 대한 반응을 단순히 '근대성'이라는 측면에서만 파악할 수는 없다는 것이 저자의 입장이다. 다른 한편으로 그들은 생활을 직접 위협하거나 간섭하는 시책에 대해서는 예민하게 반응하고 불만을 토로하였다. 도로건설에 따른 부담, 쌀값 앙등이나 증세(增稅), 위생 사업을 비롯한 일상적 관리체제의 도입에 대한 조선인의 부정적 반응은 일제의 식민지배에 대한 방어적 자세를 보여주는 것이라고 할 수 있을 것이다.

　이런 식으로 이 책은 일제 식민지배의 모습을 찾아보고 있는데, 그 모습은 결코 단순하지 않다. 일제가 근대적 통치체제의 형성을 위해 사용한 방법은 흥미롭게도 근대와 전통이 혼합된 모습이었다. 한편으로는 근대적 법률체계와 행정체계, 농업정책, 사회정책을 추구하면서도 그 이면에는 조선의 전통적 관습과 제도를 활용하려고 했던 것이다. 일제 식민지배에 대한 조선인의 반응도 그리 단순하지는 않았다. 한편으로는 일제 식민지배가 가져온 근대를 수용하면서도 저항을 함께 생각하고 있었던 것이다. 이제까지 일제시대에 관한 많은 연구들이 보여준 문제 가운데 하나는 일제 식민지배가 가진 이러한 복합적 모습을 애써 단순화시킨 것일 수도 있다. 이 단순화는 정치적 이데올로기에 의해 혹은 역사를 보는 목적론에 의해 정당화 될 수도 있겠지만, 그렇다고 그것이 식민지배의 실상을 드러내는 것은 아니다. 그런 점에서 이 책에 실린 글들은 일제 식민지배가 가진 다양한 측면을 단순화하지 않은 채, 그리고 역사적 사실과 식민지 시기라는 역사적 상황을 배제하지 않은 채 보여주려고 애쓴 결과로 받아들여지길 기대한다.

이 책의 출판을 위해서 글을 쓴 저자들의 기여가 무엇보다 크지만 이에 못지않게 여러 도움을 받았다. 이 연구 프로젝트를 위한 재정적 지원은 연세대학교 한국학 특성화 기금에서 제공되었으며, 이를 운영한 국학연구원에도 큰 빚을 지고 있다. 글의 편집과 교정에는 국학연구원 편집조교인 최봉준 님의 도움이 큰 힘이 되어주었다. 상업성이 크지 않은 책을 거리낌 없이 출판해 준 도서출판 혜안의 오일주 사장님과 편집진에게도 깊은 고마움을 표하고 싶다.

2006년 11월
엮은이 삼가 씀

목 차

머리말 5

일본 제국주의의 조선 지배의 독특성 ················· 김 동 노 ······· 21
   Ⅰ. 머리말 11
   Ⅱ. 일본 제국주의 성립 : 약자의 제국주의 24
      1. 안보 위협을 극복하기 위한 약자의 제국주의 24
      2. 문화적 담론에 나타난 약자의 제국주의 32
   Ⅲ. 일제의 조선 지배방식 : 직접통치와 국가의 과도한 발전 35
   Ⅳ. 일제의 조선 지배 정당화 : 동화와 문명화 45
   Ⅴ. 맺음말 61

일제의 면 지배와 농촌사회구조의 변화 ················ 김 익 한 ······· 65
   Ⅰ. 머리말 65
   Ⅱ. 1910년대 지방행정지배의 기반구축과 면제 70
      1. 강점 전후의 지방 사회구조 70
      2. 강점 초기의 제도정비와 행정구획 통폐합 76
      3. 면제의 시행 81
   Ⅲ. 1920년대 면협의회와 모범부락제도의 시행 84
      1. 면협의회 제도의 시행 84
      2. 모범부락제도의 시행 88
   Ⅳ. 1930년대 농촌진흥운동과 총독부 행정지배의 귀결 91

V. 맺음말 108

일제 지배의 법적 구조 ·· 이 철 우 ······ 111

　　I. 들어가는 말 111
　　II. 제국과 조선 113
　　　　1. 식민지 지배와 무력강점 114
　　　　2. 병합에 이르는 과정 121
　　　　3. 일본 헌법질서에서 조선의 지위 126
　　III. 재산과 가족 : 민사질서의 재편 139
　　　　1. 통감부의 민사정책과 민사법령 139
　　　　2. 민사법의 구조 142
　　　　3. 농업생산관계와 법 145
　　　　4. 민사사법제도와 쟁송 155
　　　　5. 가족질서의 재편 161
　　IV. 규율과 억압 : 형사사법과 권력 165
　　　　1. 병합 전의 형사법 166
　　　　2. 무단정치와 형벌 168
　　　　3. 규율과 사회 171
　　　　4. 사상 통제의 논리 174
　　V. 맺음말 179

일제의 미곡기술정책 : 이식에서 육종으로 ·············· 우 대 형 ······· 181

　　I. 서 론 181
　　II. 이론적 고찰 184
　　　　1. 연구자원의 배분 184
　　　　2. 농업연구기관의 조직 190
　　III. 권업모범장 시기(1906~1929) 193
　　　　1. 권업모범장의 설립과 '단순이식' 193
　　　　2. '단순이식' 전략의 성과와 한계 202
　　IV. 농사시험장 시기(1929~1944) 207
　　　　1. 육종연구로의 전환과 농사시험장의 설립 207

    2. 육종연구의 성과와 한계 216
 Ⅴ. 결 론 219

혁명적 농민조합 운동과 일제의 농촌통제정책
: 함경북도의 관북향약을 중심으로 ····················· 이 준 식 ······· 223
 Ⅰ. 머리말 223
 Ⅱ. 함경도의 혁명적 농민조합 운동의 전개와 특징 226
 Ⅲ. 혁명적 농민조합 운동에 대한 통제의 유형 232
 Ⅳ. 관북향약의 제정과 보급 237
    1. 도미나가(富永文一)의 향약론 237
    2. 향약보급운동의 전개과정 243
 Ⅴ. 관북향약의 내용분석 247
    1. 조선시대 향약의 성격 247
    2. 향약보급운동의 주체 249
    3. 국가에 대한 충성 254
    4. 사회교화 장치로서의 향약 258
    5. 일상생활에 대한 규제 261
 Ⅵ. 맺음말 263

'문화정치' 시기의 문화정책, 1919〜1925년
    ··· Michael D. Shin ······· 269
 Ⅰ. 서 론 269
 Ⅱ. '문화정치'의 개관 274
 Ⅲ. 식민주의 민속학 282
 Ⅳ. 문화정치의 국가기구 295
    1. 종교 297
    2. 문화적 기억 305
 Ⅴ. 결 론 310

식민지 시기 일본의 미국 내 선전활동 ············ Andre Schmid ······ 313
  Ⅰ. 들어가는 말 313
  Ⅱ. 선전의 동기 315
  Ⅲ. 역사 연구와 연례보고서 322
  Ⅳ. 공식 입장 327
  Ⅴ. 미국의 주류 잡지와 비판의 한계 339
  Ⅵ. 결론 : 1941년 이후의 전환 353

『주막담총(酒幕談叢)』을 통해 본 1910년대 조선의
사회상황과 민중 ······················ 마쓰다 도시히코(松田利彦) ······· 357
  Ⅰ. 머리말 357
  Ⅱ.『주막담총』의 자료적 개요 361
  Ⅲ. 식민지배에 대한 이미지 366
    1. 식민지배에 대한 교착(交錯)되는 이미지 366
    2. 일상생활과 관련된 여러 시책에 대한 부정적 이미지 376
    3. 종교와 민중 384
  Ⅳ. 국제정세와 시사문제에 대한 관심 388
    1. 신해혁명에 대해서 388
    2. 제1차 세계대전에 대하여 393
  Ⅴ. 맺음말 395

찾아보기 399

CONTENTS

Kim, Dong-no   Special Characteristics of Japanese Colonial Rule in Korea

Kim, Ik-han   The Domination over the Local Myeon Unit by Joseon Governer Genaral Office and the Transformation of the Rural Community

Lee, Chul-woo   The Legal Structure of Japanese Colonial Rule

Woo, Dae-hyung   Japanese Colonial Policies for Rice Production Technology: From Seed to Transplantation

Lee, Jun-sik   The Enforcement of Kwanbuk Hyangyak in Ham-Buk Province as a Peasant Control Policy during the 1930's

Micheal D. Shin   Cultural Policies during the Period of Cultural Rule 1919-1925

Andre Schmid   Colonial Japan's Promotional Activities in the United States

Matsuda Toshihiko   Korean Social Conditions and the Masses in the 1910s as seen through Collected Pubtales

일본 제국주의의 조선 지배의 독특성

김 동 노*

I. 머리말

19세기는 제국주의의 시대였다.1) 유럽의 다양한 제국주의 세력이 지리적 경계를 넘어 새로운 영토를 개척하기 위해 아프리카와 남미, 아시아로 진출했다. 물론 그 이전에도 한 국가가 영토의 확장을 위해서 새로운 지역을 개척하는 경우는 흔히 있었지만 19세기의 제국주의 확장은 규모나 동기에 있어 이전과는 분명한 차별성이 있었다. 특히 이 시기의 제국주의 확장이 갖는 의미는 흔히 세계 자본주의 체제의 확대와 연결시켜 설명되었다. 레닌이 지적했듯이, 유럽의 선진자본주의 국가는 자본주의 발전의 일정한 단계에 이르면서 식민지 개척을 필요로 하게 되고 우세한 무력을 바탕으로 제3세계 국가들을 식민지

---

* 연세대학교 사회학과 교수
* 이 논문은 『동방학지』133집에 수록된 것을 수정, 보완한 것임.
1) 엄밀한 의미에서 제국주의와 식민주의는 구별될 수 있다. 제국주의는 한 국가가 정치적 경제적 약탈의 목적으로 다른 국가를 통제하는 일반적 상황을 의미하는 반면, 식민주의는 한 국가가 국가 밖의 영토를 복속시키고 자국의 인구를 이주시키면서 지배하는 것을 의미한다. 그러나 공식적인 영토의 지배를 포함하지 않는 현대의 제국주의와는 달리 19세기와 20세기 초반의 제국주의는 거의 일반적으로 식민지 개척을 포함하고 있었다는 점에서 이 시기의 제국주의를 검토하는 이 글에서는 두 용어를 구분 없이 사용하도록 한다.

로 삼게 되었다. 이러한 경제적 이유 외에도 정치적, 문화적 요인이 복합적으로 작용하면서 제국주의 확장과 식민지 개척은 서구의 강대국을 제국주의 국가답게 만드는 필연적 구성요인이자 일종의 유행이 되기도 했다.

서구 선진국가의 전유물이었던 식민지 개척이 비서구 지역에서 일어난 독특한 사례가 일본이다. 1894년의 청일전쟁에서 승리한 대가로 이듬해 대만을 획득한 일본은 이후 식민지 개척을 확대하면서 거대한 제국으로 성장하였다. 준비되지 않은 상황에서 대만을 획득하면서 제국주의의 길로 들어선 일본은 러일전쟁의 승전과 함께 러시아로부터 랴오둥반도(遼東半島)의 조차지를 넘겨받음과 동시에 남 사할린으로 영토를 확대했다. 그 이후 조선은 물론이며 남태평양의 일부 섬으로까지 영토를 확대하여 막대한 영역의 제국을 건설하게 되었다.

일본 제국주의의 발전에는 독특한 시공간적인 특징이 내포되어 있다. 시기적으로 일본 제국주의는 대부분의 서구 제국주의 국가들이 영토 확장을 거의 완성시켜가던 시점에 시작된 만큼 후발제국주의의 특징을 지니고 있다. 따라서 일본은 한편으로 앞선 유럽 국가들로부터 제국주의 확장의 경험을 배울 수 있는 학습 기회가 있었던 반면, 다른 한편으로는 이들 앞선 제국주의 국가들과 힘들게 경쟁해야 하는 어려움에 직면했다. 공간적으로 일본은 제국과 식민지 사이의 지리적 근접성을 가지고 있었으며, 이 근접성은 인종적 문화적 유사성과 긴밀히 연계되어 있었다.

일본 제국주의 영역 속에서도 조선은 일본의 다른 식민지와 비교하여 한층 두드러진 독특성을 지니고 있다. 대만을 포함한 다른 식민지와 달리 조선은 상당히 오랜 기간 독립된 그리고 잘 정비된 정치체제를 지니고 있었으며, 문화적으로 일본보다 우월한 위치에 있다는 자부심을 가지고 있었으면서도 일본의 식민지로 전락한 특이한 역사적 경험을 했다. 또한 다른 대부분의 일본 식민지는 전쟁의 결과로 패전국이 변방의 일부를 넘겨줌으로써 일본제국에 편입된 것과 달리, 독자적인 정치체제와 군사제도를 가지고 있었던 조선은 오히려 일본과의 무력 충돌도 없이 조약만으로 식민지가 되었으며 그나마도 영토의 일부가 아닌 전체가 식민지로 전락한 독특성을 지니고 있다. 일본의 입장에서 보아도 일본의 조선 식민지화는 다른 식민지에 비해 중요한 차별성을 갖는다. 일본은 의도했든 하지 않았든 조선의 식민지화를 위해 장기간에 걸친 투자와 갈등을 거쳐야 했는데,[2] 이것은 다른 영토의 식민지화에서는 찾아보기 힘든 것이었다. 일본은 조선을 식민지로 만들기 위해 중국과 러시아라는 주변의 강대국과 전쟁을 겪어야 했고 모든 열강의 간섭이 배제된 상황에서 조선을 식민지로 만드는 장기간의 과정을 거쳐야 했다. 이러한 현상은 일본의 또 다른 주요 식민지였던 대만과 비교해보아도 뚜렷한 차별성이 있다.

　이러한 역사적 배경을 바탕으로 이 글은 일본 제국주의의 독특성을 밝히려는 목적을 지니고 있다. 특히 일본의 제국주의 지배가 조선에서 어떻게 이루어졌는가를 살펴봄으로써 서구 제국주의와는 다른 일본 제국주의의 독특성을 밝힘과 동시에 일본의 제국주의 지배가 다른 식민지와는 달리 조선에서는 어떻게 구체화되었는가를 찾아보려고 한다. 서구 제국주의와 비교했을 때 일본 제국주의의 차별성은 여러 차원에서 확인되지만 이 글은 식민지 개척원인, 식민지 지배방식, 그리고 식민지 지배의 정당화를 중심으로 일본 제국주의의 독특성을 확인

---

[2] 일본의 제국주의 확대, 특히 조선지배가 장기간에 걸친 계획의 결과인지 혹은 우연적 발생인지에 관해서는 논란의 여지가 있다. 이에 관해서는 Bonnie B. Oh, "Meiji Imperialism : "Phenomenally Rapid," Harry Wray and Hilary Conroy, eds. *Japan Examined : Perspectives on Modern Japanese History*, Honolulu : University of Hawaii Press, 1983 참조.

하려고 한다. 이러한 문제의 검토를 통해 이 글은 일본의 조선 지배가 가지는 독특성을 비교사의 관점에서 접근해보려고 한다.

Ⅱ. 일본 제국주의 성립 : 약자의 제국주의

일본 제국주의의 성장은 강자의 입장에서 식민지를 개척하려 했던 서구 제국주의와는 다른 차별성을 보여주고 있다. 이러한 일본의 식민지 개척을 약자의 제국주의로 규정할 수 있는데, 이는 일본이 처한 안보위협에 대한 대처와 제국주의 성장과정에서 만들어진 문화적 담론을 통해 확인할 수 있다.

1. 안보 위협을 극복하기 위한 약자의 제국주의

서구 제국주의의 성립은 우선 자본주의 발전에 따른 경제적 요인에 의해 설명되어져 왔다. 맑스와 레닌 이래로 많은 제국주의 연구에 의해 밝혀졌듯이,3) 산업자본주의가 발전함에 따라 자본주의는 대량생산 대중소비의 체제로 옮겨가게 되고 이를 위해 원자재의 확보와 소비시장의 개척이 요청된다. 또한 금융자본주의의 발전에 의해 선진 자본주의 국가에서 투자의 포화상태에 이르게 되면 자본이 최대한 재생산될 수 있는 출구가 필요하며, 자본은 그 자체의 이동성(즉, 자본의 자유로운 이동)에 의해 이 출구를 따라 흘러가게 된다. 이러한 요인들이 결합되어 서구 자본주의 국가들은 자본의 새로운 투자처이며, 대량생산을 위한 원자재의 공급처이며, 동시에 대중소비를 위한 새로운 시장

---

3) 대표적인 경우는 레닌의 제국주의 연구이다. 이에 관해서는 Vladimir Lenin, *Imperialism : the Highest Stage of Capitalism*, Moscow : Foreign Languages Publishing House, 1950 참조.

으로서 식민지를 개척하게 되었다. 이들은 제대로 국가도 형성되지 못한 지역(특히 아프리카)에 새로운 영토의 경계선을 그어가면서 그곳이 자신들의 식민지임을 선언하는 것으로써 식민지 개척을 완결시켰다.4) 때로는 원주민들의 저항도 있었지만, 이 저항은 제국주의 국가가 가진 강력한 무력으로 인해 쉽게 무너졌다.

이와 같이 경제적 약탈의 기제를 사용하여 제국주의의 팽창을 설명하는 고전적 주장이 제시된 이후 이에 대한 여러 대안들이 나타났다. 실제로 서구 제국주의가 경제적 약탈의 목적에 따라 식민지를 개척했다고 하더라도 의도된 결과가 어느 정도 충족되었는가에 대해서는 문제가 제기되었고, 제국주의 국가의 일부 계급이 누린 식민지 약탈의 경제적 효과에도 불구하고 국가 전체에 미친 영향은 그리 크지 않다는 주장도 제기되었다.5) 더구나 영국을 비롯한 프랑스, 독일의 금융자본이 식민지에 투자한 금액은 상당히 미미한 액수에 지나지 않았으며 오히려 영국의 자본이 가장 큰 규모로 투자된 곳은 영국의 아프리카 식민지가 아니라 미국이었다는 주장도 제시되었다.6) 이에 따라 식민지 개척의 경제적 이익이 기대한 만큼 크지 않음에도 불구하고 제국주의가 지속적으로 확대된 이유를 다른 비경제적인 요인에서 찾으려는 시도가 이루어지게 되었다.

식민지의 원자재 약탈과 시장 확보라는 경제적 이익추구를 목적으

---

4) 영국의 인도 지배나 프랑스의 베트남 지배와 같이 서구 제국주의 국가들의 아시아 식민지 개척은 이와는 다른 특징이 있지만, 여전히 이들 동남아시아 국가들이 조선과 같이 잘 짜여 진 국가체제를 유지하고 있지 않았다는 점에서 일본의 조선 지배는 독특한 특징을 지니고 있다.
5) 박지향, 『제국주의 : 신화와 현실』, 서울대학교 출판부, 2000, 290쪽.
6) Lewis H. Gann, "Western and Japanese Colonialism : Some Preliminary Comparisons," Raymon H. Myers and Mark Peattie, eds, *Japanese Colonial Empire, 1895-1945*, Princeton : Princeton University, 1984, 499쪽.

로 하는 영국의 제국주의와는 달리 국내의 문제를 해결하기 위한 수단으로써 식민지를 개척한 경우도 있다는 주장이 제기되는데, 특히 독일의 제국주의가 이러한 특징을 보여준다. 독일에서 사회주의 이데올로기가 등장하면서 체제에 대한 하층계급의 저항이 강화되자 이들의 불만을 완화하면서 체제 내적 단결을 강화하기 위해 국민의 관심을 나라 바깥으로 돌리려는 시도가 식민지 개척으로 나타났다는 것이다. 이와 유사하게 국가 내 인구팽창의 압력으로 인해 해외로의 인구 이동이 필요하게 되었고 이 필요성을 충족시키기 위해 영토 확대가 일어났다는 주장도 제기되었다. 이것은 식민지로의 인구이동과 정착촌 형성이 일어난 경우에 적합한 주장인데, 특히 캐나다, 호주, 뉴질랜드에 대한 영국의 식민지 개척이 그 대표적인 예이다.[7]

최근에는 보다 근본적으로 서구 문화 자체에 내재된 제국주의 경향에 주목하면서 서구문화의 특성이 식민주의로 구체화되었음을 주장하는 연구들이 나타났다. 흔히 탈식민주의(post-colonialism)라는 이름으로 표현되는 이 입장에서 보는 제국주의는 경제적 현상이 아니라 문화적 경향성으로 이해된다. 가령, 사이드(Edward Said)는 서구문화와 서구의 제국주의 사이에 나타나는 필연적 연결고리를 보여주기 위해 서구 문화에 내재된 제국주의 경향을 찾고 있다. 그에게 있어 서구의 제국주의는 경제적 획득과 축적의 동기에 의해 유인된 것이 아니라 서구라는 특정한 영토에 살고 있는 사람들이 본질적으로 "지배"(domination)의 개념을 포함하는 이데올로기나 지식체계를 지니고 있으며, 이 지식체계를 구체화한 서구의 문화는 정치적인 제국주의의 단순한 표현이나 표피가 아니라 인과관계, 즉 서구문화가 제국주의를 탄생시키는 관계를 구성하게 된다.[8] 서구문화가 비서구의 열등한 민

---

7) Lewis H. Gann, 위의 글, 498~450쪽.
8) Edward Said, *Culture and Imperialism*, New York : Vintage Books, 1994,

족을 지배하려는 철학적 의무감(metaphysical obligation)을 배태하고 있음을 보여줌으로써 그의 이론은 서구문화와 제국주의를 동일시하는 입장으로 나아간다.

그러나 일본이 제국주의로 성장하는 과정은 이러한 서구 제국주의의 발생요인과는 상당히 다르며, 따라서 앞에서 제시한 서구 제국주의에 관한 어떤 이론으로도 적절히 설명하기 힘들다. 우선 일본은 제국주의로 성장하는 시점에 있어서도 서구 국가들에 비해 상당히 뒤쳐져 있었으며, 일본 스스로가 식민지로 전락할 수도 있었던 위험에 처해 있었다. 1600년 도쿠가와(德川家康)에 의해 전국이 통일이 되고 막부정권이 수립된 이후 쇄국정책을 유지하던 일본은 18세기 말 러시아의 남진을 계기로 동요하기 시작했고, 마침내 1853년 페리제독이 이끌던 미국의 제국주의 침략에 의해 강제로 개국하게 되었다. 이러한 과정은 일본이 곧 서구 제국주의 국가들에 의해 식민지로 전락할 수도 있었던 위험성을 보여주고 있다.

이러한 역사적 맥락 속에서 일본 제국주의는 서구에 대한 열등감과 인접 아시아 국가에 대한 우월성을 배경으로 성립되었다. 물론 메이지 유신을 전환점으로 일본이 새로운 힘으로 성장하고 있었지만 여전히 서구 열강들에 비해서는 상대적으로 후진적인 위치에 있었음은 분명하다. 서구에 대한 일본의 후진성은 다양하게 확인된다. 군사적, 경제적으로 서구에 뒤진 일본은 군사력의 증진을 위해 철강과 같은 원자재는 물론 기차의 엔진이나 기선과 같은 산업재, 그리고 보다 직접적으로는 무기제조와 같은 군사적 기술을 서구로부터 도입해야만 했고, 이 도입은 미국, 영국, 프랑스에서 조성한 외자에 근거하여 이루어졌다.9) 서구에 대한 일본의 경제적, 군사적 종속성은 일본으로 하여금

9~10쪽.
9) 가령, 1904년부터 1913년 사이에 도입된 20억 엔의 외자 가운데 최소한 60%

심리적, 문화적으로도 서구에 비해 얼마나 뒤떨어져 있는가를 깨우칠 수 있는 기회를 제공해 주었다.

서구에 대한 열등감이 대외적 공격성으로 표현된 것이 바로 일본에 비해 상대적으로 뒤떨어진 아시아 국가에 대한 제국주의적 침략이었다. 그러나 서구 제국주의와는 달리 독점자본주의나 금융자본주의의 단계에 진입하지 못한 일본의 제국주의는, 경제적 측면을 완전히 무시할 수는 없지만 보다 근본적으로 정치적, 군사적, 문화적 목적이 앞서는 독특성을 지니고 있다. 정치적 혹은 군사적 측면에서 일본의 제국주의화를 가져온 요인은 서구 제국주의, 특히 아시아로 진출하던 러시아에 대한 우려였다. 1880년대 이후 일본의 정치권에서는 항상 서구 제국주의에 대한 우려를 갖고 있었고, 아시아와 아프리카의 모든 영토가 이들에 의해 분할되고 있는 상황에서 일본도 최악의 사태에 대비해야 한다는 경고가 다양하게 표출되었다. 특히, 한국과 중국이 서구 제국주의에 의해 지배되면 일본의 안보는 직접 위협받을 수밖에 없다는 입술과 이빨(脣齒)의 관계로 아시아의 안보를 비유하면서 이에 대한 우려를 드러내었다.

실제로 페리제독에 의해 일본이 강제로 개국된 이후 서구제국에 의한 일본의 안보위협은 잠재적인 것이 아니라 현실적인 것이 되었고, 일본이 서구의 식민지로 전락하지 않은 채 독립을 유지하기 위해서는 스스로 강대국으로 발전하는 것이 유일한 방안이었으며 일본의 강대국화는 필연적으로 식민지 개척을 요청했다. 이러한 인식에 있어 핵심적인 부분은 조선의 안보문제였다. 일본의 입장에서는 서구 혹은 중국의 조선 지배는 일본의 안보에 결정적인 위협을 가져올 수 있기 때문

가 일본의 제국주의 건설에 사용되었다. Peter Duus, *The Abacus and the Sword : The Japanese Penetration of Korea, 1895-1910*, Berkeley : University of California Press, 1995, 428~429쪽.

에 조선을 일본의 지배 하에 두거나 최소한 다른 국가로부터 독립이 보장된 상태로 있게 해야 하는 것은 안보 위협을 해결할 수 있는 핵심적 조건이었다.

안보에 대한 이러한 인식은 당시 일본에 널리 퍼져 있었으며, 조선 지배를 충동하는 요인으로 작용하기에 충분하였다. 가령, 일본의 입장에서 보면, "조선은 오랫동안 중국의 세력 하에 놓여 있으면서 일본에 큰 위협을 주다가 청일전쟁을 통해 이를 해결하자, 다시 러시아의 위협을 받게 되었고……따라서 일본에게는 계속 화근의 원인이 되어 왔으며 일본이 쓰시마해협(對馬海峽)의 제해권을 상실하게 되면 자위가 불가능하게 되기 때문에……일본의 자위권을 확보하기 위해서는 조선이라는 화의 근원을 그대로 방치할 수 없다"[10]는 논리가 제시되었다.

일본은 자신의 안보문제를 해결하기 위해 중국이나 서구 국가로부터 조선의 독립을 확보하는 것이 급선무였고, 이것은 일본이 강화도조약 이래로 계속해서 조선에 대한 외교관계에서 추구하는 목표가 되었다. 청일전쟁과 러일전쟁을 통해 중국과 러시아의 대조선 영향력을 제거한 것도 이들로부터 조선을 독립시킴으로써 일본의 안보를 확보하겠다는 오랜 전략의 일환으로 이해될 수 있다.[11] 그러나 일본이 보기에 조선은 여전히 불안한 상태로 있었으며 조선이 독립국으로 존재할 수 있는 가능성이 위협받는 상황에서는 조선의 개혁이 불가능하기 때문에 일본의 안보문제는 궁극적으로 조선의 식민지화를 통해서만 해결될 수 있다는 인식으로 나아가게 된다.[12]

---

10) 藤原喜藏,「治安上より見たる朝鮮事情」, 井本幾次郎 (편),『朝鮮統治問題論文集』第一集, 1929, 82쪽.
11) Bonnie B. Oh, 앞의 글, 129~130쪽.
12) 가령, 당시 조선의 상황은 불치의 중병이 든 환자와 같은 상태이며 치료책이 없기 때문에 병합이 불가피함을 주장하기도 했다. 이에 관해서는 藤原喜藏, 앞의 글, 81~82쪽 참조.

그런 점에서 서구의 제국주의 연구자들 가운데 상당수가 일본의 조선 지배를 정치적, 군사적 목적에서 기인한 것으로 풀이하고 있다. 즉, 일본의 조선 식민지 개척은 한반도에서 일본의 정치적, 경제적 이익을 극대화한다는 공격적 전략에서 비롯된 것이 아니라 이 영토를 다른 제국주의 국가의 통제 하에 두지 않겠다는 방어의 논리에 기인한 것으로 본다. 일본이 아닌 다른 국가가 조선을 통치하게 될 때 일본이 겪게 될 피해와 위험을 방지하기 위한 목적에서 일본의 조선 식민지 개척이 감행되었다는 것이다.13) 그렇다면 일본의 조선 지배는 스스로의 약한 힘을 식민지 개척을 통해 만회하고자 하는 '약자의 제국주의'라는 특징을 가지고 있다. 이것은 특히 상대적으로 앞선 위치에 있었던 서구의 제국주의 국가와 일본을 비교해 볼 때 더욱 두드러지게 나타난다. 이미 서구 국가들이 국제정치의 강자로 형성된 이후에 일본은 이들의 위협에서 벗어날 수 있는 방안을 찾아야만 했고 이러한 약자의 불리함을 오히려 제국주의의 길로 들어섬으로써 해결하려 했던 것이다. 결국 상대적으로 약자의 입장에 있으면서 자신의 안보(security)를 해결하기 위한 일본의 노력은 계속되는 전쟁과 대외적 갈등을 수

---

13) 이런 입장을 보여주는 대표적인, 그리고 가장 앞선 연구는 Hilary Conroy, *Japanese Seizure of Korea*, Philadelphia : University of Pennsylvania Press, 1960이다. 그러나 이 주장이 곧 일본 제국주의에 경제적 침략의 성격이 없었음을 의미하지는 않는다. 일본이 제국주의로 등장하는 그 당시에 있어 경제적 이익의 확보보다는 정치적 목적이 우선시 되었으며, 이 일차적 목적의 추구는 자연히 경제적 이익의 확보와 직결되었다. 이러한 현상이 나타난 이유는 아마 일본이 제국주의로 성장하는 초기에는 일본의 자본주의가 충분히 발달하지 못하여 자본의 축적이나 원자재와 시장의 확보와 같은 서구 제국주의에서 나타나는 특징들이 약했던 것에서 찾아질 수 있다. 이에 관해서는 William Lockwood, *The Economic Development of Japan : Growth and Structural Change, 1868-1938*, Princeton : Princeton University Press, 1954 참조.

반함으로써 스스로를 끊임없는 불안(insecurity)의 길로 이끌어갔다고 표현할 수 있다.

이렇게 이해한다면, 일제의 조선 지배는 군사적 이해관계가 우선되었으며 그런 점에서 일본은 경제적 이익의 추구에 의해 촉발된 영국의 제국주의와는 다른 차별성을 갖게 된다.14) 일본 제국주의는 군사적 목적을 추구하려는 독일의 제국주의에 가깝게 접근하고 있으며, 그런 이유에서 일본은 독일을 모방하려고 노력했다.15) 그러나 어떤 이유에 의해 시도된 제국주의이든 간에 제국주의의 침략이 정당화될 수는 없다. 그것이 자국의 방어를 위한 목적에서 비롯되었다고 하더라도 경제적 이익의 확보를 위해 이루어진 제국주의에 비해 나을 것은 전혀 없기 때문이다. 오히려 일본의 식민지 개척이 정치적, 군사적 목적에 의해 이루어졌기 때문에 일본의 조선 지배는 더욱 가혹하고 잔인한 방식이 될 수밖에 없었다. 잘 짜여진 정치체제와 국가구조를 지녔던 조선이 일본의 식민지로 전락하게 됨에 따라 조선인들의 강한 저항은 필연적으로 수반되었고, 이에 대해 일본은 보다 강한 억압력의 행사를 통해 조선을 지배하려 했다. 더구나 일본의 조선 지배가 비록 일차적으로 군사적 목적에서 비롯되었다고 하더라도 경제적 이익도 함께 추구되는 것은 당연하였고, 따라서 일제의 지배 하에 놓여 있었던 조선인들은 일본의 경제적 약탈과 군사적 억압을 동시에 받는 이중의 부담을 지게 되었다.

---

14) 영국에 의한 인도의 경제적 착취에 관해서는 Bipan Chandra, *Essays on Colonialism*, New Delhi : Orient Longman, 1999 ; 날리니 타네자(Nalini Taneja), 「제국주의의 식민통치 성격비교 : 영국-인도」 참조.
15) 이런 의미에서 일본의 지배계급이었던 사무라이와 빌헬름 독일의 지배계급이었던 융커 사이의 유사성이 강조되기도 한다. 군사적 특징에 관한 일본 제국주의와 독일 제국주의의 유사성에 관해서는 Lewis H. Gann, 앞의 글, 503~504쪽 참조.

2. 문화적 담론에 나타난 약자의 제국주의

일본 제국주의가 '약자의 제국주의'였다는 독특성은 문화적 담론에서도 나타난다. 제국주의를 향한 일본의 충동에는 앞에서 지적한 군사적 목적 외에도 문화적 이유도 강하게 작용하였다. 메이지유신 이후로 성장하는 국력을 바탕으로 서양의 제국주의와 같은 반열에 오름으로써 국가의 명예와 위신을 드높이겠다는 의도는 일본의 새로운 지도자들은 물론이며 일반 국민에게 있어서도 의미 있는 과제였다. 국제정치에서 의심의 여지가 없는 강대국이 되기 위해서는 식민지 개척이 필수적으로 요청되었고, 일본의 지도자들은 이를 통해 세계의 엘리트로 성장하기를 기대했던 것이다. 이는 곧 그들이 일본을 '동양의 영국'으로 만들고 싶어했던 욕심을 드러내는 것이다.16)

그러나 식민지 개척을 통해 제국주의로 성장하겠다는 일본의 의도는 스스로의 위신을 높일 수 있는 지위의 상징으로는 기능할 수 있겠지만 당시 일본의 상황에 비추어 보면 일종의 '과시적 소비(conspicuous consumption)'였다.17) 즉, 일본이 아무리 식민지를 통해 국가의 지위를 향상시킨다고 하더라도 서구의 문화적 담론에 비춰진 일본의 국가적 위상은 여전히 주변부에 위치하고 있었던 만큼, 일본은 서구중심의 오리엔탈리즘의 희생자였던 것이다.

서구 제국주의의 문화적 담론은 서양이 동양을 이해하는 독특한 방식인 오리엔탈리즘에 의해 규정된다. 오리엔탈리즘의 이데올로기에 의해 동양은 그 자체의 가치 있는 존재로 인정받기보다는 서양의 타자로서만 존재하게 되며, 또한 서양에 대한 동양의 타자화는 흔히 성적 담론과 연계되기도 한다. 이 담론의 중심에는 백인 남성이 있으며,

---

16) Hyman Kublin, "The Evolution of Japanese Colonialism," *Comparative Studies in Society and History*, Vol. 2, No. 1, Oct. 1959, 76쪽.
17) Lewis H. Gann, 앞의 글, 502쪽.

다른 모든 주체는 이 주체에 대한 객체 혹은 타자로서 존재의 의미를 부여받게 된다. 따라서 서구의 제국주의는 남성성으로 묘사되고, 여타의 지역은 여성성으로 타자화 된다. 가령, 영국의 앵글로 색슨적인 특징들은 남성적인 것으로 높이 평가되고, 인도의 식민지성은 여성성으로 묘사되었다. 이것은 백인 남성 중심의 제국주의적 질서 속에서 백인 여성과 마찬가지로 인도의 남성(혹은 인도인 전체)은 여성적 특징을 지니고 있기 때문에 정치에서 적극적 역할을 맡을 수 있는 자격이 없다는 논리로 발전되었다.18) 곧 남성과 여성으로 표상되는 제국과 식민지의 관계는 제국에 의한 식민지의 배제를 위한 문화적 담론으로 정당화되었던 것이다. 여기서 여성스러움이란 남성에 의해서 문명화되어야 할 대상이면서 동시에 남성에게 복종해야 할 대상으로 여겨진다. 이런 식으로 서구 오리엔탈리즘의 담론은 식민지 혹은 비서구 사회 전체를 문명화의 대상으로 인식하였고, 남성적 서구에 의해 개척되기를 기다리는 미개지로 이해하였던 것이다.

서구 제국주의의 오리엔탈리즘 시각에서 나타나는 흥미로운 현상 가운데 하나는 그들의 눈에는 일본이 제국주의로 성장했음에도 불구하고 여전히 여성성으로 묘사되고 있다는 사실이다. 가령, 1902년에 영일동맹이 맺어진 이후 영국과 일본의 관계를 묘사한 그림에서 영국은 제복을 입은 남성으로 그리고 일본은 기모노를 입은 여성으로 그려지고 있으며, 남성인 영국이 여성인 일본을 끌어안고 있는 모습으로 양국의 관계를 상징적으로 나타내고 있다. 또 다른 그림에서 일본은 어린아이로 그려지기도 한다.19) 결국 서양은 일본을 역사의 주체인

---

18) 영국의 인도 지배에서 식민지를 여성성으로 표현하는 경우는 여러 곳에서 찾아볼 수 있는데, 특히 키플링의 시에도 동양은 고전적으로 복종적인 여인이자 애욕의 대상으로 묘사되고 있다. 이에 관해서는 박지향, 앞의 책, 163쪽, 167쪽 참조.

남성이 아니라 탐욕의 대상이며 교육의 대상인 여성이나 어린이로 인식하고 있었던 것이다. 이것은 서양의 오리엔탈리즘이 한편으로는 서양과 비서양을 남성과 여성으로 대비시키면서도 다른 한편으로는 진보적인 모습의 성인과 여전히 전근대의 영역에 머무르면서 개발되어야 할 대상인 어린이로 대비시키고 있음을 의미하기도 한다.

일본은 이런 식으로 서구 오리엔탈리즘의 희생자였으며 이를 극복하기 위한 방안을 강구하고 있었다. 그 하나는 스스로의 열등감을 인정하면서도 서양과 같아질 수 있다는 담론을 형성하는 것이었다. 특히 다윈주의에 입각한 생물학적 진화론이 일본에 소개되면서 일본은 서구에 대한 인종적 열등감을 숨기지 않았고 결코 서양과 경쟁할 수 없을 것이라는 의식이 팽배하였다. 그러나 동시에 일본은 이 열등감을 넘어서기 위해 서구를 배워 결국 동양의 유럽이 되겠다는 의식을 발전시켰다. 일본은 스스로를 서구와 동일시하면서 아시아 유일의 서구적 국가로 인식하여 '탈아입구(脫亞入歐)'의 구호를 채택하게 되었다. 결국, 일본은 제국주의로의 발전을 통해 스스로 개발한 독특한 근대화가 아니라 서구가 보여준 보편적 역사발전의 과정을 쫓아 근대화=서구화의 길로 들어섰음을 보여주고 있다.

'탈아입구'는 일본이 서구와 같은 위치에 있음을 강조함과 동시에 일본이 주변의 아시아 국가와는 질적으로 차별성이 있음을 내세우는 것이기도 하다. 이것은 일본이 서구 오리엔탈리즘의 희생자이면서 동시에 주변의 아시아국가에 대해서는 오리엔탈리즘을 적용하겠다는 의도로 이해된다.[20] 그런 점에서 당시 일본의 대표적인 진보적 지식인

---

19) 두 그림에 관해서는 박지향, 『일그러진 근대』, 푸른역사, 2003 참조.
20) 일본의 오리엔탈리즘 특성에 관해서는 Stephan Tanaka, *Japan's Orient*, Berkeley : University of California Press, 1993 ; 강상중, 『오리엔탈리즘을 넘어』, 이산, 1997 참조.

이었던 후쿠자와(福澤諭吉) 조차도 일본 국민에게 중국과 조선을 문명화시켜야할 사명을 담당하라[21]는 제국주의적 발언을 통해 일본적 오리엔탈리즘을 보여주고 있었다. 이러한 경향은 일본 제국주의가 마지막 단계에서 '탈구입아(脫歐入亞)'라는 새로운 구호 하에 탈서구적인 대동아 공영권을 만들겠다는 의도를 보일 때까지 계속되었다.

종합적으로 볼 때, 일본이 제국주의로의 확장을 시도한 의도는 서구 제국주의와는 상당히 다른 모습으로 이해될 수 있다. 경제적 이익의 충족이라는 의도를 완전히 배제할 수는 없겠지만 일본이 조선을 지배하려는 밑바탕에는 서구 국가에 대한 상대적 약세에서 비롯된 자위 수단으로 식민지를 개척하겠다는 정치적 군사적 의도가 보다 직접적으로 작용하고 있었다. 일본이 보여주는 이러한 '약자의 제국주의'는 문화적 담론에서 한편으로는 서구 오리엔탈리즘의 희생자이면서 동시에 주변 아시아 국가에 대해서는 자체의 오리엔탈리즘을 발전시키는 방향으로 나아가게 되었다. 그런 점에서 일본 제국주의는 처음부터 서구에 대한 열등감과 주변 아시아국에 대한 우월감이 모순적으로 교차하는 이중적 담론을 통해 구체화되어 갔다.

Ⅲ. 일제의 조선 지배방식
: 직접통치와 국가의 과도한 발전

일본이 조선을 공식적으로 식민지로 만든 이후 조선을 지배하는 방식에 있어서도 서구의 제국주의와는 다른 차별성을 보여주고 있다.[22]

---

21) 박지향, 앞의 책, 73쪽.
22) 일본이 조선을 식민지화하는 과정에서 맺어진 중요한 조약들(가령, 1904년의 한일의정서와 1차 한일협약, 1905년의 을사보호조약, 그리고 1910년의 병합조약)이 가진 불법성으로 인해 조선이 법적으로 일본의 식민지가 된 적이

영국의 인도 지배가 대표적인 간접통치의 방식이고, 프랑스의 베트남 지배가 대표적인 직접통치의 방식이라고 흔히 일컬어진다. 영국은 인도를 식민지로 만든 이후 영국과 인도는 완전히 다른 분리된 영역으로 간주하고 영국과는 전혀 다른 방식으로 인도를 통치하려고 했다. 영국의 본국 정부는 인도로부터 세금을 징수하지도 않았고, 영국 의회는 인도에 적용되는 법에 대해 무관심했다. 따라서 인도인은 영국에서 파견된 총독의 독자적 명령에 따라 의회를 구성하여 인도에 적용되는 법을 만들고 대부분 인도인 관리로 구성된 정부를 만들어 자치제를 실시했다. 심지어 인도인을 지배하는 군대를 만듦에 있어서도, 영국은 자국의 군사력에만 의존하는 것은 비경제적이고 비효율적이며 사실상 불가능하다는 판단에 따라 인도인으로 구성된 군대를 육성하고 이를 통해 인도 지배를 물리적으로 뒷받침하려고 했다. 특히 1차 세계대전을 통해 영국은 인도군의 충성을 완전히 신뢰하게 됨에 따라 군을 토대로 한 분열정책과 협력집단 양성정책의 성공을 확신하고 간접통치의 방식을 더욱 공고히 하였다.[23]

이와는 대조적으로 프랑스는 식민지 개척에 있어 동화주의에 입각하여 적극적인 직접통치의 방식을 채택하였다. 프랑스 직접통치의 전형적인 보기는 알제리 지배이다. 프랑스는 1881년 알제리를 행정적으로 프랑스에 직접 편입시켰는데, 이 조치에 따르면 알제리의 모든 행정은 프랑스 내각의 관리 하에 직접적인 통치를 받도록 되어 있다.[24]

없음을 주장하는 연구들도 있다. 이태진이 이러한 주장을 하는 대표적인 경우이다. 다른 한편에서는 한일합병의 불법성에 기초하여 식민지시기를 한국과 일본이 전쟁상태에 있던 시기로 주장하는 경향도 있다. 북한의 많은 연구와 일본의 아베 코우키(阿部浩己)의 연구가 이런 경향을 보여주고 있다.

23) 최재희, 「영국의 '인도군' 육성정책」, 강만길 외, 『일본과 서구의 식민통치 비교』, 선인, 405쪽과 423쪽 참조.

24) 이재원, 「제국주의의 식민통치 성격비교 : 프랑스-알제리」, 160쪽.

물론 그렇다고 해서 알제리인에게 프랑스인과 같은 권리를 부여한 것은 아니지만 다수의 프랑스인을 알제리 영토에 정착시킴으로써 직접통치의 이상을 실현시키려 노력하였다. 이와 유사하게 프랑스는 인도차이나의 지배에 있어서도 직접통치의 모습을 보여주고 있다. 특히 코친차이나에서는 통킹이나 안남과는 달리 초기부터 베트남 정부나 관료를 거치지 않고 프랑스 식민정부가 직접통치하였다. 코친차이나의 행정 업무를 처리하던 대다수의 관료들이 소극적이거나 적극적인 저항을 위해 관직을 버리고 떠났기 때문에 간접통치는 불가능하였고 따라서 직접통치는 더욱 불가피 했다.[25]

일본도 조선을 지배하게 됨에 따라 서구 제국주의의 어떤 모형을 따를 것인가에 대해 심각하게 고민한 흔적이 있다. 특히 식민지 성립 직후 어떤 법체계를 도입할 것인가에 관한 논의에 있어서나 20년대에 문화정치를 시작하면서 조선을 일본 내지의 연장으로 볼 것인지 여부를 논의할 때 일본은 서구의 경험에 비추어 결정을 내리려는 모습을 보여주었다. 그러나 일본 제국주의가 조선에서 실현된 모습은 기본적으로 프랑스적인 직접통치의 방식을 취하면서도 프랑스와는 상당히 다른 독특한 직접통치의 방식이었다. 이 독특성 가운데 가장 특징적인 것은 무력에 의존하는 중앙집중화된 국가를 발전시키고 이 국가에 대한 저항은 극단적으로 위축시키는 지배방식이었다. 결국 과도하게 발달된 무소불위의 국가와 국가에 절대적으로 복종하는 국민의 모습이 일제시대에 만들어지게 된 것이다.

일제의 조선 지배는 서구 제국주의에서는 찾아보기 힘들 정도로 강한 직접통치의 방식에 기반하고 있다. 일제가 시도한 직접통치는 구체적으로 여러 형태로 나타난다. 1910년에 일본이 조선을 강점한 이후

---

[25] 노영순, 「프랑스의 식민주의와 베트남 지배구조」, 강만길 외, 앞의 책, 176쪽.

가장 먼저 시도한 변혁은 정치체제의 중앙집중화였다. 조선의 정치체제가 얼마나 중앙집중화된 것인가에 대해서는 논란의 여지가 있지만,26) 일제시대에 급속한 속도로 그리고 상당히 체계적으로 중앙집중화 되었음은 분명한 사실이다. 이 시기에 행정체계는 조직화와 함께 조직의 확장이 동시에 이루어졌다. 일본 제국주의는 효과적인 조선 지배를 위해 합방과 함께 통감부를 총독부로 발전시키면서 현역 육군대장이었던 데라우치(寺內正毅)를 총독으로 임명했다. 조선총독은 실로 막강한 권력을 소유하고 있었다. 일본의 황제에 의해 직접 임명되는 친임(親任)의 지위에 있었으며 식민지에서 일어나는 중요한 사항에 대해서는 천황에게 직접 보고하는 권한을 지니고 있었다.27) 물론 조선총독의 권한은 일본 본국의 정치적 상황의 변화에 따라 어느 정도 굴곡을 겪게 되지만 기본적으로 총독은 천황과 수상 외의 다른 어떤 본국 정부의 간섭에 대해서도 저항할 정도로 강력한 힘을 지녔다.28)

실제로 조선총독은 조선에서 일어나는 거의 모든 일에 대해 전권을 행사할 수 있는 권한을 부여받았다. 행정권은 물론이며 입법권과 사법권 그리고 군사지휘권까지도 총독 일인에게 집중되어 있어 마치 총독

---

26) 조선시대의 정치구조가 표면적인 중앙집중화에도 불구하고 실제적인 운영에 있어서는 상당히 분권화되었음을 주장하는 대표적인 연구로는 James Palais, *Politics and Policy in Traditional Korea*, Cambridge : Harvard University, 1975가 있다.

27) 조선총독은 일본 천황에 直隷하도록 되어 있으나 실제의 행정 처리에 있어서는 내각의 총리대신을 거쳐 재가를 얻도록 되어 있었다. 「勅令 第354號 朝鮮總督府官制」 참조. 이에 비해 대만의 총독은 공식적으로 수상의 통제를 받도록 규정되어 있어 조선의 총독에 비해 제한된 권력을 소유하고 있었다. 이에 관해서는 Edward I. Chen, "Japanese Colonialism in Korea and Formosa," *Harvard Journal of Asiatic Studies*, Vol. 30, 1970, 133쪽.

28) Edward I. Chen, "The Attempt to Integrate the Empire : Legal Perspective," Raymond H. Myers and Mark Peattie eds. 앞의 책, 256쪽.

전제정치를 구현하고 있는 모습을 보여주고 있다. 문화정치의 시기에 접어들면서 총독의 권한을 이전에 비해 약화시키는 조치들, 가령 총독의 행정권과 군사지휘권 분리 등이 취해졌지만, 이러한 형식적 변화에도 불구하고 조선의 총독은 여전히 현역 군인 가운데 임명되었기 때문에 실질적으로 바뀐 것은 거의 없었다. 조선에 임명된 총독은 모두 육군대장이거나 해군제독이었으며 그런 점에서 중국의 만주지역과 마찬가지로 조선은 항상 일본 軍의 지배 하에 있던 영역이었다. 그렇다면 일제가 조선에서 구상한 강력한 식민체제의 모습은 그 정점에 전제력과 군사력을 가진 총독을 배치하고 그 이하에 고도로 중앙집중화된 국가기구를 설립하려는 것으로 이해될 수 있다.

식민체제의 실질적 업무수행을 위해 행정의 중앙집중화를 시도했는데, 이를 위해 총독부는 전국을 13도, 218군, 18시, 2,262면으로 세분화하면서 면 단위까지 관료를 임명함으로써 중앙의 권력이 전국을 거미줄 같은 망을 통해 통제할 수 있도록 하였다. 이와 함께 관료의 수도 급증하여, 1910년에 만여 명에 이르렀던 관료가 1937년이 되면 87,500명으로 늘어나 거의 9배에 가까운 증가를 보이고 있다.[29] 물론 관료의 임명에 있어서는 인종적 편향성이 있어 일본인과 조선인의 비율은 6 : 4였고, 조선인 관료는 거의 하위직에 집중되어 있었다. 그런데 일제가 조선에서 시도한 이러한 중앙집중화는 놀라운 수준이다. 비슷한 시기에 프랑스의 식민지였던 베트남에서 프랑스가 임명한 관료의 숫자가 3,000명 정도였는데,[30] 서구 제국주의 국가 가운데 직접통

---

29) 1943년 말 현재 식민정부의 전체 관료 수는 94,736명인데, 임시고용원이었던 촉탁직을 합하면 그 수는 16만 명을 넘게 된다. 이에 관해서는 남조선과도정부 편, 『조선통계년감』(1943년편), 370쪽 참조.
30) 이 숫자는 1937년 기준인데, 당시 베트남의 인구가 17,000,000명 정도여서 조선의 인구에 비해서 적은 숫자였기는 하지만 인구수에 비례하여 보더라도 일본이 조선에서 시도한 중앙집중화는 프랑스의 베트남 지배보다 훨씬 그

치를 했던 대표적인 경우가 프랑스였던 것에 비추어보면 일제는 세계 제국주의 역사상 유례가 없는 강한 중앙집중화를 시도했던 것이다.

　일제의 조선 지배에서 중앙집중화가 시도된 또 다른 영역은 조세제도였다. 조선후기에 이르면서 조세제도의 근간을 이루는 지세제도에 있어 조세 징수의 효율성은 극도로 악화되어 있었다. 지세를 거두는 기본 자료인 양안은 양전사업의 미비로 인해 적시에 개정되지 않았고, 이를 악용한 지방 관리와 이서계급의 부정과 횡령은 국가재정의 궁핍을 초래할 정도로 심각하였다. 수차례에 걸쳐 지세제도를 개정하려는 시도는 있었지만 그 때마다 대지주였던 지배계급의 반대로 무산되었고, 마침내 갑오개혁에 이르러 이서계급을 배제하는 조세 징수제도가 마련되었으나 국가개혁의 실패로 인해 중간계급에 의한 국가 세원의 누수는 계속되었다. 조선이 식민지로 전락하기 직전 광무양전(光武量田)이 시행되었으나 이 또한 러일전쟁의 발발에 즈음하여 모든 개혁이 중단되면서 완결되지 못한 채로 끝나고 말았다.31)

　따라서 이러한 상태가 지속된다면 국가재정의 위기는 계속될 수밖에 없고 결국 식민지 운영에 필요한 막대한 재원을 계속 일본 본국에 의존하게 되는 문제가 생기게 된다. 따라서 재정구조의 중앙집중화는 일제가 조선을 지배함에 있어 반드시 해결되어야 할 선결조건이었다. 이를 위해 총독부는 조선을 식민지로 만들자마자 곧 토지조사사업에 착수했다. 세원의 확대와 자본주의 경제의 도입을 목표로 실행된 토지

　　　강도가 높았음을 알 수 있다. 이에 관해서는 Carter Eckert, Ki-baik Lee, et. al., *Korea Old and New : A History*, Seoul : Ilchokak, 1990, 257쪽 참조.
31) 조선시대 지세제도 운영에서 나타나는 중간계급의 부정에 의한 국가재정의 취약성에 관해서는 Dong-No Kim, "Peasants, State and Landlords : National Crisis and the Transformation of Agrarian Society in Pre-Colonial Korea," Ph. D. dissertation at the University of Chicago, 1994, Ⅱ장과 Ⅳ장 참조.

조사사업은 근대적 조세제도 도입을 위해 필요한 여러 정보, 가령 토지소유주, 토지면적, 토지가격 등의 확보와 함께 조선시대 지세제도의 근간을 이루던 총액제(總額制)와 결부제(結負制)를 해체시키는 효과를 가져왔다.[32] 토지의 생산성이 아닌 지가(地價)에 따른 세액의 결정과 토지소유자 개인에게 부과되는 개인세를 토대로 하는 근대적 지세제도가 도입되면서 총독부는 이전에 부정의 근원이었던 이서계급을 조세 징수과정에서 배제하는 조치를 취함으로써 재정의 중앙집중화를 이루게 되었다. 그 결과 국가의 재정구조는 조선시대에 비해 한결 건전하게 재구성되었고, 지세는 일본 제국주의의 식민지 운영에 필요한 중요한 재원으로 활용되게 되었다. 이와 같이 일본 제국주의는 정치구조와 재정구조의 중앙집중화를 통해 조선 지배를 위한 보다 체계적이고 효율적인 통제수단을 확보하게 되었다.

그런데 일제의 중앙집중화된 식민체제 건설에 있어 특이할 만한 점은 국가의 억압력을 최대한 높이는 방식으로 집중화가 일어났다는 사실이다. 이것은 특히 경찰력의 강화를 통해 쉽게 파악되는데, 일제가 시도한 중앙집중화의 중요한 부분을 차지한 것은 군대와 경찰을 포함한 강제적 억압력이었다는 점에서 식민통치의 왜곡된 모습이 더욱 뚜렷해진다. 일제는 식민지 초기부터 조선인들의 저항을 진압하기 위해 강력한 군사력을 주둔시켰다. 1906년 일본 정규군 2개 사단으로 구성

---

[32] 토지조사사업의 성격과 이를 둘러싼 식민지 근대화 논쟁에 관해서는 이영훈, 「土地調査事業의 收奪性 재검토」, 김홍식 외, 『조선토지조사사업의 연구』, 민음사, 1997 ; 조석곤, 「수탈론과 근대화론을 넘어」, 『창작과비평』 96호, 1997 ; 정태헌, 「수탈론의 속류화 속에 사라진 식민지」, 『창작과비평』 97호, 1997 ; 신용하, 「'식민지근대화론' 재정립 시도에 대한 비판」, 『창작과비평』 98호, 1997 ; 안병직, 「한국근현대사 연구의 새로운 패러다임」, 『창작과비평』 98호, 1997 ; 김동노, 「식민지 시대의 근대적 수탈과 수탈을 통한 근대화」, 『창작과 비평』 99호, 1998 참조.

된 '한국주차군(韓國駐箚軍)'과 '헌병사령부'를 설치했는데, 조선을 식민지로 만든 후 이를 19사단과 20사단으로 개편하여 조선에 상주시켰다.33) 함경북도 나남에 사령부를 둔 19사단은 함흥, 원산, 북청, 평양, 의주 등에 주둔하였고, 서울 용산에 사령부를 둔 20사단은 개성, 대전, 충주, 대구, 광주 등에 군대를 주둔시켰다.34) 이렇게 일본은 조선영토 전체를 포괄하는 군사력의 연결망을 확보하여 조선을 무력으로 지배하는 기반시설을 구축하게 되었다.

군대와 함께 경찰은 일제의 조선 지배에 있어 가장 강력한 억압력으로 작용하였다. 경찰은 조선인들의 일상생활에 군대보다 훨씬 많이 관련되어 있다는 점에서 개인이 국가의 물리적 강제력을 느끼는 가장 직접적인 계기가 되었다. 국가기구의 중앙집중화가 진전됨에 따라 경찰조직도 자연스럽게 확대·심화되었다. 1910년에 6,000명 정도였던 경찰이 3·1운동이 일어나기 직전인 1918년에는 헌병경찰 8,000여 명과 일반경찰 6,000여 명을 합해 14,000여 명에 달했다.35) 그 이후 경찰제도가 헌병경찰에서 일반경찰제도로 변화되고, 총독부가 1면 1주재소의 원칙을 세운 이후 경찰 수는 획기적으로 늘어났다. 1920년 당시 경찰의 규모는 경찰관 20,083명에 경찰서는 251개소, 파출소 2,354개소에 달했다.36) 당시 말단 행정조직이었던 면의 수가 2,509개였던 것과 비교하면 얼마나 경찰력이 널리 침투했는가를 쉽게 이해할 수 있다. 그 이후 경찰의 수는 1940년대가 되면 60,000여 명으로 늘어나 일제의 조선 지배는 경찰력의 지배라고 할 수 있게 되었다.

---

33) 임종국, 『日本軍의 朝鮮侵略史 I』, 일월서각, 1988 참조.
34) 朝鮮軍司令部, 『朝鮮軍歷史 I』 제2권, 41~44쪽.
35) 朝鮮總督府, 『朝鮮總督府 統計年報』, 1918年度(신용하, 『日帝强占期 韓國民族史(상)』, 서울대학교 출판부, 2001, 22~23쪽 재인용).
36) 장신, 「경찰제도의 확립과 식민지 국가권력의 일상침투」, 연세대학교 국학연구원 편, 『일제의 식민지배와 일상생활』, 혜안, 2004, 561쪽.

일제의 억압력 의존은 이른바 문화정치가 시행되던 시기에도 오히려 강화되는 방향으로 나아갔고 조선 지배의 마지막 단계에 이르러서는 물론 더욱 심화되었다. 경찰과 군대를 포함한 이러한 규모의 물리적 강제력의 행사는 서구 제국주의에서는 찾아보기 힘든 일본 제국주의의 독특한 현상이다. 식민지의 총독이나 관리가 스스로 군인이기보다는 문민신사(civilian gentlemen)이고자 했던 영국의 식민지에서는 물론이며, 심지어 일본과 마찬가지로 군사적 목적이 강한 식민지 개척을 시도했던 독일의 경우에도 물리적 억압력의 행사는 일본에 훨씬 미치지 못하고 있다.37) 일본이 조선과 대만에서 구축했던 물리적 억압력의 규모는 영국이 전체 아프리카 식민지에서 활용했던 군사력의 규모보다도 크다. 또한 제1차 세계대전이 일어나기 바로 직전이었던 1913년 당시 독일의 전체 아프리카 식민지에는 겨우 6,000명 정도의 군대가 주둔하고 있었을 뿐이었다는 사실과 비교해보면 일본이 조선 지배를 위해 얼마나 엄청난 규모의 억압력을 지니고 있었는지를 쉽게 알 수 있을 것이다.

일제의 조선 지배에서 나타나는 특징 가운데 물리적 억압력의 증가 못지않게 중요한 것은 경찰력을 통한 국가개입 범위의 확대이다. 식민정부는 경찰을 통해 개인 일상생활의 모든 영역에 개입하게 되었는데, 그 범위는 실로 다양하다. 식민지 초기인 1915년에 마련된 『경찰집무심득(警察執務心得)』에 따르면 경찰의 활동영역은 크게 고등, 보통보안, 위생, 사법으로 나누어지는데, 그 가운데 사법의 영역을 제외한 모든 업무는 행정경찰에 속하는 것으로 개인들 삶의 일상적인 영역에서 일어나는 모든 행동을 규제의 대상으로 삼고 있다. 경찰은 치안유지라는 본연의 임무 외에도 주민통제를 위한 기초자료 수집을 목

---

37) Lewis H. Gann, "Western and Japanese Colonialism : Some Preliminary Comparisons," Raymond H. Myers and Mark Peattie eds, 앞의 책, 510쪽.

적으로 하는 호구조사는 물론이며 도량형의 검사, 미신을 포함한 종교
행위의 통제, 도로의 건설과 개보수, 영업행위에 대한 통제, 전염병을
포함한 위생검사, 양조와 주류 판매에 대한 통제 등에 개입하였다.
『경찰집무심득』에 나와 있는 경찰의 주요 업무만 해도 80여 가지에
이르러 경찰의 활동범위는 개인의 모든 일상생활에 걸쳐 이루어지며
개인의 탄생에서부터 죽음에 이르는 영역에까지 다양하게 펼쳐져 있
었다.[38] 더구나 경찰은 군인과 같은 복장에 긴 칼을 차고 식민통치의
거의 모든 영역에서 조선인들을 무력으로 제압하는 역할을 맡았기 때
문에 국가를 상징하는 절대적인 힘으로 개인을 통제했다. 특히 문화정
치 이전에는 경찰이 범죄자를 다룸에 있어 경범의 위반자에게는 태형
을 부활·도입하여 조선인에게는 더욱 고통의 근원이며 동시에 공포
의 대상이 되었다. 결국 일제는 조선인 개인의 모든 사소한 영역에서
조차도 억압력을 통한 통제의 힘을 행사하고 있었으며 그만큼 조선인
에 대한 지배는 이전보다 훨씬 치밀하고 조직적으로 이루어지게 되었
다.

이렇게 탄생된 일제시대의 국가는 개인의 일상생활 전 영역에 걸쳐
개입함으로써 어디서나 존재하고(omnipresent) 모든 힘을 행사할 수
있는 전지전능한(omnipotent) 존재가 되었다. 이전에는 개인의 일상적
영역에 속했던 것이 국가의 관심이 되었고, 국가가 요구하는 사항을
개인이 받아들이지 않을 경우에 국가는 강력한 물리적 억압력을 사용
해서 개인을 국가에 복종시키게 되었다. 이에 반해 개인이 국가에 대
해 저항할 수 있는 가능성은 과도하게 중앙집권화된, 그리고 물리적
강제력에 기반한 통치를 실행하는 일제의 식민체제에 의해 질식되었
다. 개인에게는 단순히 국가에 복종할 수 있는 자유만이 주어졌으며,

---

38) 경찰의 임무 및 활동범위에 대해서는 장신, 앞의 글, 563~565쪽 참조.

국민은 국가에 복종하는 것이 본연의 임무인 것처럼 개념화되었다. 이 유산은 해방 이후에도 지속되어 최근까지도 강력한 국가와 복종적인 국민이라는 대립적 모습으로 국가와 개인의 관계가 정립되었는데, 이는 서구 제국주의의 지배 하에 있다 독립하면서 민주적 정치제도를 구축하게 된 일부 다른 국가의 식민지 경험과는 상당히 대조적이다.[39] 특히 간접통치를 통해 자치제를 도입하고 식민지인의 통치역량을 어느 정도로나마 육성시킨 영국의 인도 지배와 일제에 의해 과도하게 발달된 중앙집권화된 국가구조를 유산으로 물려받은 우리의 경험은 아주 다른 모습을 보여주고 있다.[40]

IV. 일제의 조선 지배 정당화 : 동화와 문명화

일제가 조선을 식민지로 만들고 나서 시도한 조선 지배의 정당화 논리는 동화와 문명화이다. 이 정당화는 한편으로 조선과 일본이 얼마나 동질적인가를 그리고 다른 한편으로 동질성 속에서도 등급의 차별성이 분명히 존재함을 밝히는 과정이었다. 따라서 일본의 입장에서는 조선을 식민지로 만드는 데 있어 일단 문명화를 거쳐 조선인의 등급을 일본인과 같은 수준으로 상승시키면서(문명동화) 동시에 조선 민족과 일본 민족을 일본제국의 동일한 국민으로 동화(민족동화)시켜야

---

[39] 이것은 해방 이후 남한의 국가형성을 '과잉발전 국가(overdeveloped state)'로 규정하는 것과 같은 의미이다. 이에 관해서는 Bruce Cumings, "The Legacy of Japanese Colonialism in Korea," Raymon Myers and Mark Peattie (eds), 앞의 책, 486~487쪽 참조.

[40] 대체로 영국의 식민지에서 독립한 제3세계 국가는 정치적으로 민주적인 체제를 구축하는 경우가 많았다. 이에 관해서는 Dietrich Rueschemeyer, Evelyne Huber Stephens, and John D. Stephens, *Capitalist development and democracy*, Chicago : University of Chicago Press, 1992 참조.

하는 이중의 과제를 지니게 되었다. 그런 점에서 동화와 문명화는 일제의 조선 지배의 기본 목적이면서 동시에 지배의 기본 원리로 작용했다. 동화와 문명화의 원리는 일제가 조선을 식민지로 만든 이후 계속해서 강조한 지배의 정당화 논리이다. 일제가 주장하는 조선병합의 기본 방침은 일본인과 마찬가지로 조선인도 일본 천황의 은혜를 동일하게 입을 수 있다는 '일시동인(一視同仁)'이었다. 이 방침은 조선인의 완전한 일본인화 혹은 민족동화를 통해 가능하고 이를 위해서는 현재 미개한 상태에 있는 조선인을 문명화를 통해 향상시킴으로써 실현될 수 있는 것으로 제시되었다.

일제가 제시한 동화의 논리는 처음부터 식민 지배자와 피지배자 사이의 차별성에 근거하여 제국주의를 수립했던 서구와는 확연히 다른 특성을 보여주고 있다. 가령, 영국도 경제적 이익을 실현하기 위한 수단으로써 자유주의를 내세우면서 미개한 지역에 선진문명을 전파한다는 도덕적 의무감을 강조하여 일본과 마찬가지로 문명화의 논리로 식민지 개척을 정당화했다. 계몽주의가 주도하던 18세기 영국의 제국주의는 처음에 인류의 보편성이 입각한 식민지 개척을 시도했는데, 이 시기에는 인류의 동질성에 대한 믿음, 피부 색깔의 무의미함, 고귀한 야만인에 대한 낭만적 이상, 그리고 비유럽 문명 특히 중국과 인도 문명에 대한 존경심이 그 바탕을 이루었다.41) 그러나 19세기 들어 인종주의가 나타나기 시작하고, 19세기 후반 들어 다원주의의 성행과 함께 과학적 인종주의가 사회의 주도적 사상체계를 형성하면서 제국주의 개척과 식민지 지배의 논리도 제국과 식민의 차별화로 나아가게 되었고, 그 이면에는 백인과 비백인에 대한 인종적 차별성이 뿌리 깊게 자리 잡고 있었다. 영국은 한 때 인류의 보편성에 근거하여 미개한 지역

---

41) 박지향, 『제국주의 : 신화와 현실』, 261~262쪽.

에 문명을 전파하는 것이 백인의 의무이고, 표면상으로나마 종속 식민지도 언젠가는 자치를 부여받고 연방이 될 수 있다는 논리를 내세우기도 했다. 그러나 '과학적 인종주의'가 등장한 이후에는 차별이 곧 평등이라는, 즉 차이를 인정하는 대우가 진정한 평등이라는 논리로 바뀌었다.42) 결국, 영국 제국주의의 식민지배는 제국과 식민의 차별성, 극단적으로 표현하자면 聖스러움으로 표현되는 제국 혹은 백인과 俗됨으로 표현되는 식민 혹은 원주민 사이의 차별성을 극대화하는 방향으로 진행되었다.43) 이런 식으로 영국을 포함한 유럽의 제국주의는 유럽의 우수성을 나타내기 위해 식민지를 유럽과는 근본적으로 다른 타자로 설정하고 주변화하는 과정을 지속적으로 겪게 되었다.

그러나 인종적으로 유사한 형태를 띠고 있는 조선에 대해 일본은 영국의 제국주의와 같은 문명화의 논리를 제시하면서도 전혀 다른 근거에 기반하여 문명화를 주장하였다. 일제는 동화의 원리를 정당화하기 위해 일본과 조선이 같음을 주장하면서도 차이가 있음을 입증해야 했다. 즉, 두 민족이 같은 범주에 속하기 때문에 동질화를 이루어야 한다는 논리와 그럼에도 불구하고 등급의 차별성이 있기 때문에 우월한 민족인 일본이 열등한 조선을 문명화시켜 같은 길을 갈 수 있도록 만들어야 한다는 모순적 논리를 동시에 만족시키는 것이 곧 일본이

---

42) 염운옥, 「영국의 식민사상과 사회진화론」, 강만길 외, 앞의 책, 29쪽과 33쪽 참조. 여기서 말하는 종속 식민지는 영국의 식민지 가운데 백인 자치령(dominions)이었던 캐나다, 오스트레일리아, 뉴질랜드와는 달리 인도와 같이 유색인종이 거주했던 지역을 의미한다.

43) 이러한 원칙의 한 보기는 인도에서 일어났던 원주민 대학살에서 찾을 수 있다. Armitsar 학살이라 불리는 이 사건에 대해 영국의 정당화 논리는 인도의 타자성(otherness), 즉 영국과는 동화될 수 없는 인도의 독특함이었다. 이에 관해서는 Derek Sayer, "Applying One's John Stuart Mill : Armitsar and British Reaction, 1919-1920" 참조.

해결해야 할 문제였다. 그런 점에서 일본은 한편으로는 일본과 조선의 동질성을, 다른 한편으로는 이질성을 찾아내어 식민지 지배에 따른 동질화와 문명화를 정당화하려고 했다.

먼저 일본과 조선 사이의 동질성은 인종적 동일성, 역사적 경험의 공유, 언어의 유사성 등에서 찾아지는데,[44] 이 동질성은 일본 제국주의에서 문화적 동화와 정치적 민족통합의 정책을 추진하는 근거가 되었다. 그러나 다른 한편으로 일본 제국주의자들은 주로 일본인의 여행기록에 의존하여 한국인과 한국문화가 얼마나 야만스러운가를 밝히는데 주력했다. 그들이 그린 전형적인 조선인의 모습은 '부정직함', '의무관념과 책임의식 박약', '타산적', '불결함', '야비함', '게으름', '부패함', '우직함', '공익정신의 결여', '사리사욕의 추구', '강자에 대한 굴복' 등이었다.[45] 그런 점에서 이들이 본 조선인은 동질적인 그러나 보다 우월한 일본인에 의해 깨우쳐지고 문명화되어야 할 대상이었고, 조선인들을 문명의 세계로 이끌기 위해 조선의 제도와 습속을 개선하는 것은 자신들의 당연한 임무가 되었다. 조선인의 모습을 이와 같이 규정함으로써 일본은 조선 지배를 정당화했던 것이다.

일본인과 조선인 사이의 동질성과 이질성이 이렇게 모순된 형태로 결합된 민족동화와 문명화의 이념은 시기별로 다르게 표현되었다. 1910년대는 내선동화, 1920년대에는 내선융화, 그리고 1930년대 중반 이후로는 내선일체로 표현된 정치적 표어가 바로 문명화와 동화의 이념을 구체화한 것이다. 일제의 동화이념은 조선의 식민지화와 함께 발전되었으며, 이러한 경향을 반영하여 일제는 조선을 식민지화하면서 併合이라는 용어를 가장 널리 사용한 반면 合邦이라는 표현은 상당히

---

44) Peter Duus, 앞의 책, 416쪽과 421쪽 참조.
45) 변은진, 「일제 식민통치의 성격과 조선인 군사동원」, 강만길 외, 앞의 책, 447쪽.

조심스럽게 사용했으며, 조선을 지칭할 때도 식민지라는 표현은 거의 사용하지 않고 內地인 일본에 대립되는 개념으로서 外地라는 표현을 널리 사용하였다.46) 일본 제국주의의 동화이념은 일제가 문화정치를 표방한 1920년대에도 전혀 변하지 않고 추구되었으며, 오히려 1920년대 들어 일제의 동화정책이 본격화되었다는 점에서 주목할 만하다. 사이토(齋藤實) 총독의 취임과 함께 문화정치가 시작되면서 헌병경찰제도의 폐지, 출판의 허용, 집회 및 결사의 자유 인정 등을 통해 이전의 억압적 체제가 어느 정도 완화되는 경향을 보여주었지만 문명화를 통한 민족동화는 오히려 더욱 강화되었다.47) 이것은 당시 일본 수상이었던 하라(原敬)의 내지연장주의와 동화주의가 조선 지배에 관철된 결과이기도 하다. 3·1운동의 원인과 대책을 언급하면서 하라는 조선민족의 동화에 적극 노력해야 함을 강조하고 이를 위해 '조선 법과 내지 법의 가능한 한 통합', '장래 사치제의 실행', '헌병경찰제도의 폐지', '관리의 제복대검(制服帶劍) 폐지' 등을 포함하는 동화의 15개 요점을 발표하고,48) 이를 사이토 총독을 통해 조선에 실현함으로써 조선을 궁극적으로 내지의 연장으로 삼으며 결국 조선인과 일본인의 민족동화를 이룩하는 초석을 마련하려 했다.

1930년대 후반으로 접어들면서 일제의 조선지배는 민족동화를 넘어 민족말살의 단계로 나아가고 있다. 일본으로서는 전시동원체제의 구축과 조선인의 황민화(皇民化)를 위해 이전과 같은 내선융화의 시

---

46) Han-Kyo Kim, "Japanese Colonialism in Korea," Harry Wray and Hilary Conroy, eds., 앞의 책, 226쪽.
47) 문화정치의 도입에도 불구하고 이전 통치방침으로부터 조금의 변화도 없음을 총독부 자료를 통해서도 확인할 수 있다. 이에 관해서는 朝鮮總督府, 『施政二十五年史』, 1935, 314쪽.
48) 신주백, 「일본의 '동화정책'과 지배전략 : 통치기구 및 학교교육과의 관계를 중심으로」, 강만길 외, 앞의 책, 259쪽.

책으로는 부족하며 내선일체로 나아갈 수밖에 없는 상황이 되었다. 미나미(南次郎) 총독은 "일본인과 조선인은 서로 손을 잡았다고 하지만 융합되었다고 할 정도는 아니며……물과 기름도 무리하게 흔들어 놓으면 융합은 되지만 그 정도로는 부족하다. 모양도 마음도 피도 살도 모두 하나가 되어야 한다"[49]고 강조함으로써 내선일체를 황민화와 전시동원체제의 구축을 위한 수단으로 인식하였다. 그리고 내선일체를 위해 이전과는 다른 차원에서 조선인과 일본인의 동질성이 강조되기 시작했다. 신화시대의 동일동근(同一同根)에서 시작된 조선인과 일본인의 역사적 연속성이 부각되었고, 인류학적 무차별성과 언어적 유사성이 강조되었다.[50] 이 시기의 동질성에 대한 강조는 전단계의 문명화 논리와는 일정한 차별성을 갖는다. 내선융화 단계에서 주장되는 동질성은 조선인의 문명동화를 위한 논리였다면 내선일체 단계에서 강조되는 동질성은 전쟁의 동원을 위한 조선의 기지화와 조선인의 황민화라는 새로운 목적에 입각한 전략적 필요에 따라 제기된 것이었다.

이러한 방식으로 전개된 일제의 동화정책은 두 가지 차원에서 독특성이 있다. 그 하나는 문명화가 완성되지 못한 상태에서 전략적 필요에 의해 민족동화가 진행되었다는 것이고, 다른 하나는 조선인과 일본인 사이에 평등을 수반하지 않은 동화가 강요되었다는 것이다. 먼저, 문명화와 민족동화의 관계에 관해서는 일제가 시도한 교육정책을 통해 확인해 볼 수 있다. 일제의 중앙집중화된 통제는 주로 무력에 의존해 진행되었지만, 이것만으로 완전한 통제를 이룰 수도 없었을 뿐만

---

49) 朝鮮總督府,「國民精神總動員 朝鮮聯盟 任員 總會席上 總督訓示」, 1939. 5. 30 ;「朝鮮統治私見」,『齋藤實 文書』(신주백,「일제의 새로운 식민지 지배방식과 재조일본인 및 '자치' 세력의 대응」,『역사와 현실』39집, 46쪽 재인용).

50) 君島和彦,「조선에 있어서 전쟁동원체제의 전개과정」, 최원규 편,『日帝末期 파시즘과 韓國社會』, 청아, 1988, 168~169쪽.

아니라 통제에 드는 비용도 상당했기 때문에 일제는 보다 근본적인 방법을 강구하여 '교육을 통한 인간의식 내면의 개조'를 동시에 진행했다. 또한 일제는 교육제도를 통해 조선인을 개조시키고 일본화 시킴으로써 조선인의 문명화를 이룰 수 있다는 기대를 가지고 있기도 했다. 특히 일제가 시도한 교육의 훈육덕목에는 조선인의 폐풍을 개선하고 양풍을 보존하여 조선사회를 문명화하겠다는 의도가 공식적으로 표현되어 있었다.51)

그러한 의도에서 일제는 이미 통감부 시기부터 조선인에 대한 교육을 체계적으로 규제하였는데, 이 시도는 합방 이후 더욱 가속화되었다. 1911년에 시행된 1차 교육령에 의해 일본어 교육이 조선어와 한문 교육보다 중요한 위치를 차지하게 되고 보통교육과 실업교육이 강조되었다. 그러나 조선인들이 여전히 전통적인 서당교육을 선호하고 사립학교가 활발히 세워짐에 따라 일제의 교육목표는 충분히 충족되지 못한 상태로 있다가 문화통치 시기에 수립된 2차 교육령에 이르러 중요한 변화를 맞게 된다. 이 교육령의 기본취지는 사정이 허락하는 한 내지와 동일한 교육을 조선에서 실시한다는 내지연장주의의 이념에 입각해 있었으며 1차 교육령에 있었던 '충량한 국민'의 양성이라는 교육목표가 삭제되어 조선인의 수준을 향상시키기 위한 문명화의 수단으로 교육이 강조되었다. 그럼에도 불구하고 민족별 역량의 차이를 구실로 내선공학(內鮮共學)은 실현되지 않았고 오히려 일본어의 상용여부에 따라 학교를 구분함으로써 민족적 차별은 여전히 지속되었다. 문

---

51) 당시 조선의 전통적인 풍속 가운데 보존해야 할 것으로는 '사제 간의 친밀성'과 '연장자의 존중'이 거론되었고, 악습으로는 '위생관념의 결핍', '규율의 결핍', '박약한 시간관념' 등이 거론되었다. 이에 관해서는 김경미, 「보통학교 제도의 확립과 학교훈육의 형성」, 연세대학교 국학연구원 편, 앞의 책, 512쪽 참조.

화정치 시기의 문명화를 위한 수단으로 교육의 목적이 만족되지 못한 상태에서 내선일체의 이념이 새로운 통치목표로 설정됨에 따라 교육도 중요한 변화를 겪게 되어, 3차 교육령에서는 일본어 교육이 이전보다 한층 강화되고 황국신민 육성이라는 목표가 새롭게 추가되었다.52)

시대별로 교육제도와 교육정책의 변화는 있었지만 일제의 동화정책을 구체적으로 실현하는 수단으로 교육의 유용성은 계속 확인되었기 때문에 일제는 학교의 설립과 학생의 취학률 확대를 위해 많은 노력을 기울였다. 특히 1929년부터 '1면 1교' 정책을 시행함에 따라 학교와 학생의 수가 급격하게 늘어나게 되었다. 1911년 110,988명(소학교 15,509명, 보통학교 20,121명)이었던 학생 수가 1919년에는 184,496명(소학교 42,811명, 보통학교 89,288명)으로 늘어났고, 1924년에 이르러서는 867,562명(소학교 81,523명, 보통학교 640,140명)으로 급격하게 늘어났다.53) 물론 학생 수의 증가가 곧 조선인의 교육적 수준의 향상으로 연결되지는 않았다. 조선인과 일본인을 위한 교육체계가 다르게 수립되어 있었기 때문에 조선인은 일본인과는 다른 학교에서 다른 교과과정을 습득했었다. 일제가 의도한 조선인 교육의 일차적 목표는 조선인의 일본화였다. 일본의 언어와 역사, 정신을 조선인에게 주입하여 일본인처럼 생각하고 행동하고 충성하는 '잘 길들여진' 조선인을 만들어내는 것이 이들의 교육 목표였다.54)

따라서 일제가 교육체계의 구축에 있어 가장 우선적인 관심을 두었

---

52) 일제시기 교육령의 변화에 관해서는 신주백, 「일본의 '동화'정책과 지배전략」, 강만길 외, 앞의 책 참조.
53) 朝鮮總督府, 『施政二十五年史』, 附錄 31쪽. 학생 수는 그 이후에도 지속적으로 증가하여 1941년에 이르면 170만 명에 달하게 된다.
54) 일제의 교육정책과 제도에 관해서는 김경미, 앞의 글과 E. Patricia Tsurumi, "Colonial Eudation in Korea and Taiwan," Raymon Myers and Mark Peattie eds., 앞의 책 참조.

던 것은 보통교육 혹은 국민교육이었다. 즉, 지배자인 일본인에게 복종하고 순응할 수 있는 국민을 만들기 위해서는 조선인 지도자를 길러내는 고등교육보다는 일반 국민의 의식을 통제하는 국민교육을 초등교육 수준에서 실행하는 것이 일제에게는 훨씬 더 중요했다. 이러한 시도는 원주민을 통한 간접통치를 목표로 삼았던 영국의 인도 지배와는 뚜렷한 차이를 보여주고 있다. 영국은 인도의 간접통치를 위해 현지인 엘리트를 양성해야 할 필요가 있었고 이에 따라 교육체계가 고등교육 위주로 구축되었다. 즉, 영국식 교육을 받은 소수의 인도인들이 다수의 대중을 계몽시키고 이들을 문명화로 이끌 것이라는 생각에 의해 영국은 인도에 고등교육 위주의 교육체계를 도입했던 것이다.55) 그러나 일본은 식민지 산업화를 위한 기초적인 지식 및 기술교육 외에는 조선인의 정신을 개조하는 '국민 만들기' 교육을 주된 목표로 설정하였기 때문에 과도할 정도로 국민교육을 강조하였다.

이러한 의도에도 불구하고 일제의 교육제도가 조선인의 문명화나 동화에 기여했다고 보기는 힘들다. 조선인의 교육열이 높아지면서 보다 많은 조선인들이 일제의 교육제도 속으로 편입되어 갔지만 일제의 교육목표가 변화하면서 조선인의 문명화는 포기되고 단순히 조선인을 일본인화하는 것에만 집중하게 되었다. 특히 내선일체의 목표가 설정된 1930년대 이후 일본어 교육이 이전보다 한층 강화되었지만 여전히 일본어를 습득한 조선인 수는 상당히 제한적이었다. 1936년 말 당시 일본어를 해독할 수 있는 조선인의 수는 210만 명에 지나지 않아 전체 조선인의 10%에도 미치지 못했고,56) 1944년 징병검사 자료에 따르

---

55) 직접통치를 식민지 운영의 기본방침으로 삼은 프랑스의 경우도 이와는 크게 다르지 않다. 이에 관해서는 Philip G. Altbach, "Education and Neocolonialism," Bill Ashcroft, Gareth Friffiths, Helen Tiffin (eds), *The Post-Colonial Studies Reader*, London : Routledge, 1995, 453쪽 참조.

면 전체 대상자 22만 명 가운데 국민학교 이상을 졸업한 자는 77,000명 정도에 그쳐 여전히 2/3 이상이 일본어 해독을 할 수 없는 상황이었다.57) 징집대상자들이 교육의 주 대상연령층이라는 사실을 감안한다면 조선인 전체의 일본어 문자해독률은 더욱 낮아질 것이 분명하다.58) 일본어를 습득하는 경우에도 조선인들로서는 일제가 의도한 문명화나 민족동화의 의도보다는 일본어 습득이나 보통교육의 학력이 가져다 줄 수 있는 사회적 경제적 보상이 더 중요했을 가능성이 충분히 있다.59) 이 경향은 간접통치의 전략을 채택하면서 동화의 이념과는 상반된 문화적 이질성을 강조한 영국의 식민지에서 영어가 널리 일상어로 사용되고 영국의 문학작품과 문화가 식민지인의 생활 속에 뿌리내렸던 것과 비교하면 상당히 모순된 차이를 보여주고 있다.

일제가 시도한 동화정책에 나타나는 두 번째 독특성은 조선인과 일본인의 평등을 수반하지 않은 동화가 무리하게 시도되었다는 사실이다. 일제가 조선인을 어떻게 취급할 것인가는 식민지 초기부터 상당히 논란거리였다. 이 논의는 조선에 앞서 일본의 식민지가 된 대만에서 시작되었으며 구체적으로는 대만이나 조선에 일본 내지에 적용되는

---

56) 강창일, 「일제의 조선지배 정책과 군사동원」, 한국학술진흥재단, 『일제 식민지정책 연구 논문집』, 1995, 154쪽.
57) 변은진, 앞의 글, 470쪽.
58) 한 연구에 의하면 1942년 당시 조선인의 일본어 문자해독률은 20%정도로 추정되는데, 이는 대만의 62%에 비하면 상당히 낮은 상태이다. 이에 관해서는 Edward I. Chen, "The Attempt to Integrate the Empire : Legal Perspectives," 242쪽 참조.
59) 가령, 일제 초기 서당에 다니던 학생들이 보통학교로 진학하고 사립학교에서 일어를 가르치지 않으면 학생모집에 어려움을 겪게 되는 시점이 있었는데, 이는 조선인들이 보통학교의 학력이 직업 선택과 직장에서의 대우에 있어 삶의 기회를 보다 확대해 줄 수 있다는 생각에서 그러했던 것으로 여겨진다. 김경미, 앞의 글, 496쪽.

법률을 그대로 적용할 것인가의 문제로 표출되었다. 동화주의의 이념을 표방한 내지연장주의의 원칙을 따르게 되면 내지인 일본에서 적용되는 법률이 그대로 식민지에도 적용되어야 마땅함에도 불구하고 실제로는 내지 법률의 적용에 주저하게 된다. 하라와 같은 내지연장주의자들은 대만과 조선을 식민지로 간주하지 않고 가급적 내지와 동일한 법률의 적용을 주장했지만, 식민지에 존재했던 강력한 저항과 조선이 지식과 경험, 사상, 그리고 풍속에 있어 내지와 같은 수준으로 동화되지 못했다는 특별한 사정을 이유로 내세워[60] 식민지에 적절한 정령(政令)을 제정할 수 있는 권리(制令權)를 총독에게 부여하여 내지와는 다른 법률체계를 구성하도록 했다. 이렇게 함으로써 총독에게 법률의 집행권을 물론이며 입법권까지 부여하여 총독은 식민지 내에서 누구로부터도 견제 받지 않는 막강한 권력을 가지게 되었다. 실제로 조선 총독은 많은 수의 정령을 만들었고, 형법, 민법, 상법, 관세법에 해당되는 정령을 자의적으로 제정하여 집행하였기 때문에 조선에서 적용된 주요 법률의 거의 절반 정도는 일본의 법과는 다른 정령으로 구성되었다.[61] 총독의 제령권 남발로 인해 조선인들은 그만큼 일본인과는 다른 법률체계의 지배를 받았던 것이다.

일본 내지의 법을 식민지에 그대로 적용할 것인가의 논의에 있어 핵심은 식민지인을 일본의 법률로 보호할 것인가의 문제였다. 내지연장주의자들은 식민지인도 일본인과 동일한 지위를 지니고 있으므로 같은 법률의 적용을 받고 동일한 법적 권리를 지녀야 함을 주장했지

---

60) 小松綠, 「朝鮮自治論と內地延長說」, 井本幾次郞 編, 앞의 책, 2쪽.
61) Edward I. Chen, "Japanese Colonialism in Korea and Formosa," 139~140쪽. 총독의 제령권 행사는 같은 일본의 식민지였던 대만에 비해 조선에서 훨씬 널리 활용되었다. 조선에서는 식민통치 기간에 총 676개의 정령이 제정되었다. Edward I. Chen, "The Attempt to Integrate the Empire : Legal Perspectives," 261쪽.

만, 대부분의 내지연장주의자들 조차도 이러한 이상론에 반하는 현실적 제약조건을 열거하면서 조선인에 대한 동일한 권리와 대우를 부정하였다. 따라서 내지인과 식민지인 사이의 법적 평등은 근원적으로 부정되었으며 조선인은 동화정책에도 불구하고 일본인과는 차별적인 법적 지위를 갖게 되었다.

조선인과 일본인의 차별적 법적 지위에 있어 가장 주된 부분은 참정권과 자치권이었다. 조선인에게 참정권을 허용해야 한다는 주장은 아주 일부의 일본인에 의해 제기되었다. 이들은 조선인의 참정권 허용이 내선의 결합을 공고히 할 수 있다거나[62] 혹은 조선이 오랫동안 독립국을 유지해왔기 때문에 총독의 전제정치로는 통치가 불가능하며 따라서 민도의 발달을 반영하는 참정권 허용이 정당하다고 주장했다.[63] 그러나 이러한 의견은 극히 일부에 지나지 않았으며 대부분의 일본인은 조선인에 대한 참정권 허용을 부정하였다. 조선인의 제국의회 참여가 조선에 관한 의사결정에 그치지 않고 내지에 관한 의사결정에까지 영향을 미치게 됨에 따라 일본인의 운명을 조선인이 결정할 우려가 있다는 옹색한 변명과 함께 조선인의 참정권은 근원적으로 부정되었다. 실제로 문화정치 시기에는 조선인의 참정권을 획득하려는 시도가 일부 조선인에 의해 이루어졌지만 이는 총독부가 조선인의 참정권 문제를 조선인에 대한 회유책과 민족분열정책으로 활용했기 때문에 일어난 일이었으며, 1920년부터 1924년까지 제국의회에 제출하던 청원서도 일본정부가 거부의사를 분명히 함과 동시에 중단되고 말았다.[64]

---

62) 大垣丈夫,「帝國議會に朝鮮代表者お列せしめよ」, 井本幾次郎 編, 앞의 책, 23쪽.
63) 矢内原忠雄,「朝鮮統治の方針」, 井本幾次郎 編, 앞의 책, 115쪽, 118쪽.
64) 강동진,『日帝의 韓國侵略政策史』, 한길사, 1980, 305~309쪽.

일본이 이와 같이 철저하게 조선인의 참정권을 배제한 것은 서구 제국주의에서는 찾아보기 힘든 독특한 특징이다. 영국은 백인이주 식민지인 자치령에는 본국인과 같은 참정권을 부여했고, 비록 오랜 투쟁을 거치기는 했지만 아일랜드와 인도에도 제한된 의미에서나마 참정권을 허용했다. 일본과 유사하게 직접통치의 방식을 취한 프랑스도 알제리에 대해서는 일찍부터 본국 의회에 참여할 수 있는 자치권을 부여했으며 인도차이나에서도 1920년대 식민지 의회가 열리게 되었다.65) 이러한 역사적 경향에 비추어 보면 일본이 동화 이데올로기를 표면적으로 내세우면서도 다른 한편으로는 조선인의 참정권 허용에는 얼마나 인색했는지를 알 수 있다.

조선의 자치문제에 대해서도 일제는 기본적으로 참정권과 거의 같은 전략을 채택했다. 조선총독부는 조선의회와 같이 조선인만의 자치를 주장하는 단체를 철저히 배제했을 뿐만 아니라 조선인에 의해 조선사회를 운영해야 한다고 주장한 조선내정독립기성회와 같은 친일 자치단체조차 용납하지 않았다.66) 따라서 지방자치제가 기본적으로 조선의 동화를 위해 필요하다는 사실은 인식하였으나, "하루아침에 그러한 제도를 수용하기에는 무리가 있을 수 있기 때문에 점진적인 접근이 필요하다"67)는 입장이 대세를 이루면서 참정권을 거부하는 대신 최소한의 정치참여 기회를 제공한다는 차원에서 자치제를 도입했다. 그런 점에서 지방자치제도는 기본적으로 중앙집권적 통치 권력의 일부를 지방 관청에 나누어 맡긴다는 분임주의(分任主義)의 원칙에 따라 이루어졌고 지방의회도 의사결정권보다는 자문기관으로서의 기

---

65) 위의 책, 297쪽.
66) 신주백, 「일본의 '동화'정책과 지배전략」, 강만길 외, 앞의 책, 264~265쪽.
67) 松岡修太郞, 「國民參與の階梯そしての朝鮮地方自治」, 井本幾次郞 편, 앞의 책, 16~17쪽.

능에 충실하도록 마련되어 실질적인 권한을 결여하고 있었다.68) 1930년이 되면서 면을 제외한 지방의회에 의사결정권이 부여되었지만 여전히 총독의 막강한 권력에 의해 심각하게 제약받았다. 총독은 모든 의회를 해산할 수 있는 권력을 지니고 있었을 뿐만 아니라 지방의회의 가장 큰 권한이었던 예산검토에서 누락된 부분을 임의로 조정하여 예산을 편성할 수 있는 권한도 가지고 있었다.69) 형식적인 기능만으로 유지되던 지방의회가 마련되기는 하였지만 조선인의 참여는 실질적으로 상당히 제한되었다. 도지사에 의해 1/3이 임명되는 도의회는 물론이며 선거로 의원을 선출하는 경우에도 선거참여의 자격으로 일정 정도 이상의 세금납부를 규정함에 따라 경제적으로 빈곤한 상태에 있던 조선인의 참여는 제한 받을 수밖에 없었고 모든 의회에서 일본인은 다수의 지배세력을 형성하였다.

조선인에 대한 차별은 내선일체의 강력한 동화 이데올로기가 정책목표로 설정된 1930년대 이후에도 계속되었다. 이 시기에 이르면 일제는 조선인에 대한 문명화는 실제로 포기하고 민족동화만을 추구하는 극단적 모습을 드러내게 된다. 조선인이 문명의 발전을 통해 일본인과 같은 수준에 도달할 수 있다는 문명화의 논리는 사라지고 단지 조선인이 일본국민 혹은 황국신민으로서 일본에 통합되어야 한다는 민족동화만이 강조된 것이다. 물론 이러한 변화에는 전시동원체제로 전환된 정치적 상황이 밑바탕에 놓여 있는데, 조선인을 전시체제에 동원시키기 위한 내선일체의 구체적 수단으로 교육령 개정, 창씨개명, 지원병제도 및 징병제도, 황국신민서사, 국민정신총동원운동 등이 제정되어 시행되었다.

---

68) 강동진, 앞의 책, 312~313쪽.
69) Edward I. Chen, "Japanese Colonialism in Korean and Formosa," 149쪽, 154~155쪽.

이러한 제도를 통해 우리가 확인할 수 있는 것은 조선인의 민족동화가 권리의 평등을 수반하지 않는 의무의 평등만으로 귀결되었다는 사실이다. 특히 지원병제도나 징병제도를 통해 확연히 드러나듯이 이제 조선인은 황국신민으로서 일본인이 부담하는 모든 의무는 동일하게 수행하면서 일본인에게 보장된 권리는 누리지 못하는 상태에 이르게 되었다.70) 즉, 내선일체의 목표 하에 일본인이 된 조선인은 천황의 신민이라는 명분을 획득함과 동시에 그들의 손에 무기를 쥐고 일본을 위해 싸우러 나가야 하면서도 일본인이 누리는 최소한의 권리도 얻지 못했던 것이다.

물론 일본 제국주의자들은 내선일체가 의무의 평등과 함께 권리의 평등을 수반해야 함을 주장하기도 했다. 가령, 미나미 총독은 "내선일체의 강화구현이야말로 동아 신건설의 핵심을 이루는 것이고……내선은 융합도 악수도 아니고 마음과 몸이 모두 일체가 되지 않으면 안 된다. 내선일체의 마지막 단계는 내선 무차별 평등에 도달하는 것이다"71)라고 하여 내선일체가 완전한 동화와 함께 조선인과 일본인 사이의 권리의 평등을 수반해야 함을 원칙론적으로 강조했다. 그러나 미나미는 몇 년 뒤 총독을 사임하고 일본으로 돌아가 "조선은 수천 년에 걸쳐 하나의 나라를 형성해 왔기 때문에 사상, 인정, 풍속, 관습, 언어 등을 달리 하는 이민족임은 엄연한 사실"72)이라고 주장하여 자신이 조선을 지배하면서 강조했던 동화와 그에 따른 민족 간의 평등이 조

---

70) 일본은 제국주의 역사에 있어 유일하게 식민지인에 대한 징병제를 도입한 경우이다. 이것은 모병제를 취한 영국의 인도군 정책과 뚜렷하게 대비된다. 이에 관해서는 변은진, 앞의 글, 432쪽 참조.
71) 朝鮮總督府,「國民精神總動員 朝鮮聯盟 任員總會席上 總督訓示」, 1939. 5. 10.
72)「行政簡素化 實施를 위한 內閣 所屬 部局 및 職員官制 改正의 件, 타29건」,『樞密院會議 筆記』, 1942. 10. 28.

선 지배를 위한 전략적 필요에서 비롯되었음을 드러내었다. 이렇듯 일제는 한편으로는 완전한 동화를 주장하면서도 스스로 동화를 믿지 않은 이율배반적인 모습을 보여주고 있다. 따라서 내선일체로 표현된 완전한 동화정책은 일제 스스로가 부정하고 있는 지배 원리였으며, 일방적으로 동화는 강요하면서도 조선인과 일본인의 차별을 없애려는 시도는 시행하지 않는 모순된 구조로 이루어져 있었다.

이러한 일제의 의도와는 상관없이 일부 친일 조선인들은 내선일체의 동화정책이 불가피함을 받아들이고 이를 계기로 조선인에 대한 차별 극복을 주장하기도 했다. 가령, "현하의 조선 문제는 필경 내선일체 문제 이외는 아무 것도 없다. 조선의 문제는 다만 내선일체의 문제로서만 제기될 수 있고, 그 외의 여하한 노선도 이미 철저히 파괴되고 절망적이다"[73]라고 함으로써 중일전쟁 이후 전시동원체제로 들어가는 상황에서는 내선일체가 불가피하다는 태도를 보여주기도 했다. 내선일체의 필연성에 바탕하여 이들은 미나미 총독의 '내선무차별 평등' 선언을 참뜻으로 받아들여 차별로부터의 탈출에 큰 기대를 두었다. 따라서 민족차별은 민족차이에서 비롯된다는 믿음 하에 민족차별을 극복하기 위해서는 조선인 스스로가 일본인과 차이를 없애도록 노력해야 하고 그 최선의 방안은 조선의 모든 고유한 것들을 버리는 적극적이고 자발적인 동화에 있음을 주장했다. 이 입장은 극단적으로 발전되어 조선어 사용의 완전히 폐지 주장으로 나아가기도 했다.[74]

그러나 일부 친일 지식인의 이러한 논리에도 불구하고, 내선일체의

---

73) 인정식,「내선일체의 필연성에 대해」, 최원규 편, 위의 책, 자료-4, 376쪽.
74) 이러한 주장을 한 대표적인 친일 지식인으로서는 현영섭이 있다. 그는『조선인의 나아갈 길』에서 적극적이고 자발적인 완전동화만이 조선인에 대한 차별을 없앨 수 있다는 친일의 논리를 제시한다. 이에 관해서는 宮田節子, 앞의 글, 355~356쪽 참조.

민족동화는 조선인의 문명화도 내선무차별의 평등도 가져오지 못했다. 오히려 보다 많은 조선인은 일제의 다양한 동화 시도에도 불구하고 조선인의 정체성을 지켜가면서 일제의 식민체제 속으로 완전히 흡수되기를 거부하였다. 1919년의 민족적 저항은 물론이며 그 이후에도 국내에서 다양한 형태의 저항이 계속되었고 특히 만주지역에서 전개된 무장투쟁은 일제의 종말에 이르기까지 끊임없이 전개되었다는 점에서 큰 의미를 가진다. 일본의 대만 지배가 비교적 약한 저항만을 수반한 채 무리 없이 진행된 것에 비하면 조선에서의 저항은 일제가 시도한 동질화가 결코 쉽게 이루어질 수 없는 목표였음을 입증하고 있다. 이는 다른 식민지와는 달리 조선은 상당히 오랜 기간 지속된 정치구조와 함께 민족적 단일성에 기반한 민족주의의 정체성을 식민지배기간 발전시켜 왔었다는 점에서 예견된 일이기도 하다.75)

V. 맺음말

일본 제국주의는 서구 제국주의와 비교하여 여러 가지 차이점을 보이고 있다. 영국의 제국주의가 전형적인 간접통치의 방식을 사용하여 식민지의 원주민 가운데 지도자를 육성하고 스스로 통치할 수 있는 역량을 키워나갈 수 있는 여지를 남겨둔 데 반해, 일본 제국주의는 철저한 직접통치의 방식을 취하였다. 물론 영국과 인도 사이의 거리와 일본과 조선 사이의 지리적 근접성이 가진 차이도 무시할 수는 없지만, 근본적으로는 일본의 조선 식민지 개척이 경제적 이유보다는 정치

---

75) 가령, 副島道正은 조선인의 민족주의가 결코 공허한 관념이나 신화가 아니기 때문에 이를 부정하고 동화주의를 추구하는 것은 불가능하다는 주장을 제기하고 있다. 副島道正, 「朝鮮統治の根本義」, 井本幾次郎, 앞의 책, 100쪽.

적, 군사적 목적으로부터 기인하였다는 것이 보다 중요한 차별적 요인으로 작용하고 있는 듯하다. 일본의 식민지 침략이 정치적, 군사적 목적에서 비롯하였기 때문에 같은 직접통치의 방식을 활용한 프랑스에 비해서도 훨씬 중앙집중화의 정도가 심한 정치체제를 구축하고 이를 통해 체계적이고 억압적으로 조선인을 지배했다.

　동시에 일제는 조선 지배의 정당성을 확보하기 위해 문명화와 동화의 원리를 제시하고 이를 통치이념으로 발전시켰다. 그러나 일제가 시도한 문명화를 조선인이 받아들이기에는 이미 상당히 강력한 힘을 가진 고유의 문화적 유산이 조선에 축적되어 있었기 때문에 이 시도는 실패로 돌아갈 수밖에 없었다. 문명화의 실패와 함께 일제는 문화적 동화를 배제한 두 민족 간의 강제적 통합을 위한 민족동화를 시도했는데, 이 시도는 조선인에게 권리의 평등을 수반하지 않은 채 의무의 평등만을 강요함으로써 효과적일 수 없었다. 오히려 이 과정을 통해 일본은 조선과의 동화가 불가능함을 인식함으로써 스스로의 우월성을 강조하는 방향으로 나아가게 된 측면도 있다. 결국 일본 제국주의의 가장 깊은 차원의 심성구조 속에는 조선인은 항상 일본인에 의존할 수밖에 없으며 내지인은 "항상 조선인보다 두세 발 앞서 나가 조선인을 지도하는" 인간으로 인식되었다. 결국 이들이 주장한 동화의 논리는 스스로 동화를 거부하는 본질적인 모순을 내포하는 것이었다. 그런만큼 일제는 동화를 위해 보다 강력한 물리력에 의존하여 강제화된 동화를 시도할 수밖에 없었고, 조선인은 이에 대해 저항하는 모습을 보이게 되었다.

　이러한 모습의 일본 제국주의를 비교사적으로 접근해 보면, 일본 제국주의는 영국이나 프랑스가 아닌 독일의 제국주의와 보다 유사한 형태로 이해될 수 있다. 유럽의 주변 강대국에 둘러싸여 있던 독일은 일본과 마찬가지로 자국의 안보를 확보하는 것이 중요한 과제였고, 이를 해결하기 위한 노력을 기울였다. 그러나 일본과 달리 독일은 처음부터 제국주의적 팽창을 통해 안보문제를 해결하려 하지는 않았다. 오히려 당시의 독일에게 보다 유리한 방안은 비스마르크가 채택했던 외교적 연합체제의 구축이었고, 일단 이 문제가 해결된 이후 독일은 밑으로부터 일어나는 내적 요구를 수용하기 위해 식민지 개척으로 나아가게 되었다. 따라서 일본과 독일이 제국주의로 나아가는 원인에 있어서는 상당한 차이가 있다. 그러나 일단 제국주의로의 팽창에 들어선 이후 두 나라는 상당히 유사한 형태의 식민지 운영 방식을 보여주고 있다. 식민지 운영의 효율성을 높이기 위해 강력한 관료제를 형성하였고, 이를 기반으로 체계적이고 억압적인 식민지배를 실행했다. 그런 점에서 독일과 일본은 제국주의의 식민지 지배 역사에 있어 가장 전형적인 통합적 체계를 구축한 것으로 이해될 수 있다.[76]

그러나 일본과 독일 제국주의가 가진 유사성에도 불구하고 일본 제국주의는 서구에서는 찾아보기 힘든 독특성을 지니고 있다. 그것은 아마도 식민지였던 조선의 특수성으로 인해 발생하는 것일 수도 있다. 다른 식민지들과 달리 조선은 이미 완성된 국가의 형태를 지니고 있었고, 비교적 잘 짜여진 정치체제를 구축하고 있던 상태에서 제국주의의 희생자가 된 것이다. 그런 만큼 저항은 강할 수밖에 없었고, 일본과의 문화적 동질화는 실현 불가능한 것이었다. 이런 내재적 한계를 가진 채 진행된 일본 제국주의의 조선지배는 이 한계를 극복하기 위해 보다 큰 강제적 억압력에 의존할 수밖에 없었고, 그 결과 많은 사회적 모순을 야기하게 된 것이다.

일본 제국주의의 강력한 통제로 인해 조선인은 끊임없이 저항을 시도했지만 다른 한편으로는 일제의 회유와 분열정책으로 인해 내적인

---

[76] Hyman Kublin, 앞의 글, 83쪽.

갈등을 수반하게 되었다. 제국주의에 대한 민족주의자와 사회주의자의 투쟁이 서로 다른 방향으로 전개되었고, 무장투쟁을 전개했던 일부를 제외한 상당수의 지도자들이 결국 투쟁을 포기하게 되었다. 그 결과, 해방이 되어 새로운 국가를 수립할 때 지도자의 빈곤이라는 문제에 부딪히게 되었다. 또한 영국의 식민지들이 식민지배에서 벗어난 이후 대체로 민주주의 국가를 형성했던 것에 반해, 일본의 식민지에서 벗어난 우리는 지나치게 강한 국가와 상대적으로 약한 사회를 역사적 유산으로 물려받게 되었다. 이 유산은 상당히 최근까지도 국가가 절대적인 힘을 발휘하면서 국민을 통제하는 형태로 계속 유지되어 또 다른 왜곡된 역사발전의 한 모습으로 자리 잡게 되었다.

일제의 면 지배와 농촌사회구조의 변화

김 익 한[*]

I. 머리말

일제 강점기 연구가 다양한 측면에서 활발하게 진행되었음에도 불구하고, 지방의 행정지배에 대해서는 아직 충분한 연구가 이뤄지지 않고 있다. 이러한 연구의 현실은 일제의 식민지 지배의 실상을 구체적으로 밝혀내지 못하는 결과를 초래하고 있다. 당언한 이야기지만 실제의 식민지 지배는 중앙기구의 장악만으로 이뤄지는 것이 아니다. 식민지 민중에 대한 직접적인 지배는 지방 차원 그것도 그들의 삶의 현장인 동리나 면과 같은 말단 지역단위에서 관철되는 것이며, 지방에서의 지배의 실상에 의해 식민지 지배의 성격 또한 규정된다. 또 한편으로는 지방 지배의 방식에 의해 계층 간의 길항 구조 역시 영향을 받게 마련이다. 그러나 아직 지방 사회에서의 각 계층의 배치, 계층 간의 관계, 계층의 일제 권력과의 관계 등에 대해서는 충분한 논의가 진행되지 못하고 있는 실정이다. 이 글은 이러한 연구 상황에서 지방행정제도의 실태를 밝힘과 동시에 행정지배에 의한 계층 구조의 변동을 파악하는 데에 목적을 두고 있다.

일제의 지방지배에 관한 기존의 연구는 1980년대부터 본격화되면

---

[*] 명지대학교 기록과학대학원 교수

서 1990년대 이후 비약적으로 발전하였다고 볼 수 있다. 1980년대 연구들은 행정기구와 법령 등의 제도 일반을 개관하면서 일제의 무단적 지배를 강조하던 초기단계의 연구[1]와는 달리 행정지배의 실상에 대한 보다 구체적인 접근을 시도하였다.[2] 이 연구들에서 밝혀진 사실은 대체로 다음과 같다. 1) 갑오개혁 이래 성장한 지방자치론과 민회 등은 자치 발전의 가능성을 구체적으로 보여준 것이었다. 2) 그러나 1917년 면제(面制)의 실시에 따라 지방지배체제의 골격이 갖추어지면서 동리에서부터 발전 가능했던 밑으로부터의 근대적 자치로의 이행 가능성이 단절되었다. 3) 총독부는 '유력자층'을 면장과 구장에 포섭·배치하려 했지만 초기에는 실패하였고, 1920년대 후반에 이르러 처음으로 지방지배를 위한 인적 기반을 확보할 수 있었다. 특히 이들 연구는 면단위의 행정지배가 지방지배의 핵을 이루었던 점을 밝혔고 지방에서 일제의 지배에 동원되었던 중간지배계층에 대한 관심을 보이기 시작하였다는 연구사적 의의를 지닌다고 할 수 있다.

1990년대에 발표된 김익한의 일련의 연구는 1980년대의 성과를 토대로 일제의 지방지배구조를 체계화하였다.[3] 이들 논고는 행정구획

---

1) 김운태, 『일제시대정치행정연구(一)(二)』, 서울대학교행정대학원, 1972 ; 김운태, 「일본식민통치사」, 고려대학교 민족문화연구소, 『한국문화사대계(六)』, 1982 ; 이태일, 「식민지통치기구의 정비와 운용」, 차기벽 편, 『일제의 한국식민통치』, 정음사, 1985 등이 그 대표적인 예이다.

2) 염인호, 「일제하지방통치에 관한 연구 -『조선면제』의 형성과 운영을 중심으로-」, 연세대학교대학원 사학과 석사논문, 1983 ; 이상찬, 「1906~1910년의 지방행정제도변화와 지방자치논의」, 『한국학보』 42호, 1986 ; 이상찬, 「한말 지방자치실시논의와 그 성격」, 『역사비평』 13, 1991년 여름 ; 大和和明, 「植民地期朝鮮地方行政に關する試論」, 『歷史評論』 458, 1988.

3) 김익한, 「1910년대 일제의 지방지배정책」, 『한국사회사학회논문집』 50, 1996 ; 「1920년대 일제의 지방지배정책과 그 성격 - 면 행정제도와 모범부락정책을 중심으로-」, 『한국사연구』 93, 1996 ; 「일제하 한국 농촌사회 운동과 지역 명망가」, 『한국문화』 17, 1996 ; 「1930년대 일제의 지방지배와 면행정」,

통폐합, 면제의 실시, 면협의회제도와 모범부락정책의 시행, 농촌진흥운동으로 이어지는 일련의 과정을 검토하면서 일제의 지방지배체제가 면을 매개로 하여 점차 농민 개개인에 대한 조직화까지 심화되어 가는 과정을 밝히고 있다. 또한 이러한 과정에서 과거의 명망가층이 사회적 영향력을 잃고 그에 대신하여 일제에 협력적인 새로운 유력자층이 지배계층으로 등장하였음을 밝히기도 하였다. 이 연구는 일제의 지방지배체제 구조를 체계화함과 동시에 이러한 지배체제 속에서 사회계층의 배치상의 변화를 함께 다룸으로써 일제의 지방지배에 대한 한 차원 높은 연구의 지평을 열었다고 할 수 있다.

같은 시기에 발표된 지수걸의 연구는 앞의 연구와는 달리 주로 지방사회의 계층문제에 주안을 두고 이들 계층의 일제와의 관계, 운동과의 관계 등을 일련의 논문을 통해 상세히 밝히고 있다.4) 지수걸은 계층에 대한 다양한 실증 방법을 동원하여 계층의 상을 구체적으로 그려내면서 이를 운동사와 연계시키는 또 다른 연구의 장을 열었다. 또한 김익한의 명망가, 유력자 등의 개념의 한계를 지적하고 이에 대신

『한국사론』 37, 1997 ; 「일제 초기 식민통치와 사회구조 변화」, 『한국현대사의 재인식 14 - 일제식민통치연구 1905~1919』, 백산서당, 1999.

4) 지수걸, 「일제하 공주지역 유지집단 연구 - 사례1 : 서덕순(1892~1969)의 '유지 기반'과 '유지 정치' - 」, 『역사와 역사교육』 창간호, 1996 ; 「일제하의 공주지역 유지집단 연구 - 사례2 : 김갑순(1872~1960)의 '유지기반'과 '유지정치' - 」, 『한국민족운동사연구』, 간송 조동걸선생 정년기념논총간행위원회, 1997 ; 「일제하 공주지역 유지집단 연구 - 사례3 : 지헌정(1890~1950)의 '유지기반'과 '유지정치'」, 『역사와 역사교육』 2, 1997 ; 「일제하 전남 순천지역의 소작인조합운동과 '관료-유지 지배체제'」, 『한국사연구』 96, 1997 ; 「일제하 충남 서산군의 '관료-유지 지배체제' - '서산군지'에 대한 분석을 중심으로 - 」, 『역사문제연구』 3, 1999 ; 「구한말~일제초기 유지집단의 형성과 향리」, 『한국근대이행기 중인연구』, 연세대학교 국학연구원, 1999 ; 「일제하 충남 조치원 유지, 맹의섭(1980~?)의 '유지기반'과 '유지정책'」, 『역사와 역사교육』 3·4호 합집(우제안승주박사추모역사논총), 1999.

하여 유지층이라는 개념을 사용할 것을 주장하고 있다. 유지층이 일제 및 관료층과 함께 지배의 중추를 이루었다면 이에 대항하는 세력개념으로 혁신청년집단이라는 개념도 사용하고 있다. 지수걸은 이들 개념을 토대로 조선후기가 수령이향 지배체제였다면 일제 강점기는 관료유지 지배체제였다는 인식 틀을 제기하였다.

이러한 계층 개념에 대한 이해는 일제 강점기의 지방지배체제를 이해하는 데 있어 중요한 의미를 지니므로 김익한과 지수걸이 각각 사용하는 개념에 대해 언급해 둘 필요가 있다. 먼저 김익한의 개념은 시기적 변화에 따른 계층구조의 변화에 주목하고 있다는 특징을 지닌다. 즉 조선시대 이래 지배계층으로 자리잡았던 재지 사족층을 염두에 두고 명망가층을 주로 이들의 후예로 보고 있으며, 이들이 식민지 사회가 되면서 어떠한 사회관계 속에 존재하게 되었는가에 주목하고 있다는 것이다. 그의 분석에 따르면 명망가층은 구래의 지배층으로 경제적으로나 학문, 문화적으로 아직 사회적 지배력을 일정 정도 행사하고 있었고, 따라서 일제 역시 초기에는 이들을 포섭하여 명망가에 의해 매개되는 '명망가 지배'5) 체제를 구축하려 하였다.

그러나 이들이 의병, 지방에서의 3·1운동 등을 통해 일제에 저항하자 일제는 이들에 대신하여 새로운 계층을 매개로 하여 지방지배를 실현하려 하였다. 식민지 지배가 일정 정도 진행됨으로서 일제의 보호 아래 새로이 성장하는 경제적 유력층이 발생하였고 이들은 면소재지나 읍지를 중심으로 하여 일제와 함께 지방지배의 중핵으로 성장하였다. 물론 명망가 출신 가운데 유력자층으로 자기 변신을 꾀하는 경우

---

5) 일반적 의미에서의 '명망가 지배'라고 함은, 기본적으로 국가에 의한 지방지배가 명망가를 매개로 해서 촌락 및 일반농민의 수준까지 관철해가는 것을 의미한다. 이에 대한 논의로서는, 歷史學硏究會近代史部會, 「近代國家成立期における'名望家層'の役割」, 『歷史學硏究』599號 增刊號, 1989. 10 참조.

도 다수 발생하였으나 이렇게 변신한 명망가층은 조선시대 이래 지방에서 일정한 명망을 유지하고 있었던 존재방식과는 다른 사회적 삶을 영위하게 된 것이므로 이미 명망가일 수 없는 것이라고 보고 있다. 따라서 명망가층의 대부분은 일제의 지배가 강화되면서 지방에서의 영향력을 상실하게 되었고 침묵으로 일제 지배를 견디거나 아니면 적극적으로 민족해방운동의 지도자로 참여하게 되었다는 것이다.

이렇게 본다면 유력자층에는 일제와의 결탁을 기반으로 성장한 새로운 유력자와 명망가로부터 변신한 유력자가 존재하였고, 개념 범주로 보아 지수걸이 이야기하는 유지층이 곧 유력자층이라고 할 수 있다. 지수걸은 당시의 사료에 유지라는 용어가 빈번하게 등장하고 있는 점을 들어 유지 개념의 적절성을 주장하고 있는데 이는 타당한 주장이라고 생각된다. 그러나 여기서 주의할 점은 유지 개념의 적절성이 인정된다고 하더라도 지수걸이 주장하는 바와 같이 명망가의 개념이 부정되어서는 안 된다는 것이다. 유지 개념만으로는 조선시대 이래의 지방 지배계층의 변화, 새로운 지배계층의 형성 등을 역동적으로 살필 수 없기 때문이다.

한편 지수걸은 민족해방운동을 주도한 세력으로 혁신청년집단이라는 개념을 사용하고 있는데 이는 부적절하다고 생각된다. 우선 조어 자체의 문제점을 지적하지 않을 수 없다. 혁신은 아마도 1920년대 전반기에 있었던 청년회 혁신운동 등의 과정을 염두에 두고 사용하고 있는 것으로 보이는데, 이는 하나의 운동 사조를 지칭하는 것이지 계층이나 집단의 개념으로 사용하기는 부적절하기 때문이다. 또한 혁신에 속하지 않는 운동세력이 다수 존재하는 상황에서 혁신청년집단을 운동의 주체로 설정하는 것은 많은 문제를 야기할 수 있을 것이다. 아울러 청년 역시 세대를 지칭하는 용어로, 당연한 이야기지만 청년이 아닌 세대는 포괄하지 못하는 개념이다. 따라서 운동에 참여한 비청년층을 포괄하지 못하는 한계를 지닐 수밖에 없다는 것이다. 물론 당시 운동에 참여한 장년층들도 청년이라는 용어를 사용하고, 또한 1920년대에 다수의 조직이 청년회라는 이름으로 존재한 것이 사실이지만 그렇다고 하여 청년 개념으로 운동세력을 표현하는 방식은 부적절하다고 생각된다. 오히려 전근대사회와는 달리 근대사회의 출현과 더불어 청년 개념이 사회 전면에 등장하는 의미를 역사학적으로 밝히는 작업 등이 중요할 것으로 보인다. 지수걸은 결국 혁신적인 청년집단에 의해 민족해방운동이 주도되었던 측면을 강조하고 있으나, 운동 참여층의 다양성, 운동 그 자체의 다양성을 표현하지 못하는 개념적 협소함을 초래하였다고 생각된다.

이 글에서는 위의 개념 정리에 따라 명망가, 유지의 두 개념을 적절하게 나누어 사용할 것이다. 명망가층의 사회적 지위의 변동과 그들의 행위, 유지층의 형성과 지방지배, 이들과 다양한 운동세력들과의 길항을 염두에 두고 일제의 지방 지배를 구조적으로 살피는 것이 이 글의 목적이다.

Ⅱ. 1910년대 지방행정지배의 기반구축과 면제

1. 강점 전후의 지방 사회구조

일제 강점 전후의 지방 사회구조는 통감부에 의한 각종 조치에도 불구하고 조선후기 이래의 촌락 자치를 축으로 하여 유지되고 있었다. 촌락 자치는 조선시대의 지배계층인 양반층의 분화와 중인, 평민계층의 상승 등의 영향을 받아 다양한 양태를 지니기는 하였지만, 대체로 동리의 명망가를 중심으로 하는 동계(洞契) 체제에 의해 유지되고 있었다. 동계는 동 자치의 실무를 담당하는 동장과 이를 지도하는 지사인(知事人) 등의 2중 구조 아래 운영되는 것이 일반적이었다.

　모두 알다시피 조선시대의 지방사회는 재지양반과 중앙에서 파견되는 수령, 그리고 중인층을 중심으로 하여 지배되고 있었다. 특히 17세기까지는 재지양반의 지방 장악력이 강하여 향약 등을 통한 재지양반 중심의 중세적 자치구조가 지방사회를 움직이는 핵심적 역할을 하였다. 조선후기에 이르러 양반층의 상당부분이 하향 분해함과 동시에 중인 및 평민층의 경제적 상승 현상이 두드러지면서 재지양반의 지배력이 약화되고 수령권이 강화되는 상황이 전개된다. 이러한 변화에 의해 조선후기, 한말의 지방사회는 지배세력의 다원화, 지방에 따른 차별화가 확대되는 현상을 나타내었다. 그럼에도 불구하고 재지양반의 후예들로 대표되는 계층들은 지방사회에서 아직까지 학식 등을 매개로 하여 존경의 대상이 되고 있었고, 이들은 지방의 명망가로서 일정 부분 영향력을 행사하고 있었다. 17세기까지와 같이 명망성의 여부가 반격(班格)과 경제력에 의해 명확하게 구분되는 것은 아니었지만, 학식을 지닌 재지양반의 후예인지 여부, 지방사회에서의 활동력 등에 의해 명망가 집단이 유지되고 있었던 것이다.

　『동래부각면보고철(東萊府各面報告綴)』[6)]에 실린 동장 35명의 이력을 분석해 보면 이와 관련하여 주목할 만한 현상을 발견할 수 있다.[7)] 먼저 이들 가운데 20·30대의 연령층이 16명이나 되어 미상을 제외하고 보면 무려 70%가 비교적 젊은 층으로 구성되어 있었다. 고령자가 촌락 내에서 권위를 지니기 마련이라는 점에서 보면, 동장이

---

6) 「面 洞長의 關한 件」, 『東萊府各面報告綴』(서울대 규장각 문서번호 18146)에 동래부 각 면 소속 35명의 동장 이력이 실려 있다. 뒤에 나오는 사하면 조례 부분을 보아 대체로 시기는 1908년에 해당하는 것으로 판단된다.

7) 이에 대한 상세한 내용은 김익한, 「일제초기 식민통치와 사회구조 변화」, 한국정신문화연구원 편, 『일제식민통치연구 1 : 1905~1919』, 백산서당, 1999, 171~173쪽 참조.

단지 촌락의 실무를 보는 인물에 불과하였음을 말해준다. 또한 경력과 직업에 있어서도 영수원, 동공사원, 순사 등을 역임했거나 상업에 종사한 경험이 있는 인물이 14명으로 전체의 34%를 차지하고 있다. 물론 향교나 서원의 장의(掌議), 유사(有司) 출신도 12명이나 되지만 이들 가운데는 상업이나 하급관리의 경력을 동시에 갖고 있는 인물이 4명 포함되어 있어, 이 지역의 향교, 서원에서의 경력이 그대로 양반 출신임을 말해주는 지표가 될 수 없음을 알 수 있다. 일부 전형적인 양반이 포함되어 있기는 하겠지만 전체적으로 보아 상업 종사자나 동공사인 등의 층에서 동장에 취임하고 있는 현실이 현저하게 나타나고 있다. 즉 조선후기 이래의 신분 변동을 반영하여 동장=중인 내지 평민 등과 같은 계층적 명확성을 나타내지는 않고 다양한 계층이 동장직을 수행하고 있었으나, 전반적으로는 양반 출신 보다는 중인층에서 동장을 맡고 있었음을 알 수 있다.

또한 1911년에 조사된 경북 상주군 북면 화전동(花田洞) 동계의 경우에는 "적립(積立)한 금곡(金穀)은 동장이 이를 관리하고 계원(契員) 가운데 양반인 자가 이를 감독함……각종 비용은 양반계원인 지사인에게 통지한 후 사용할 것"(번역은 필자)[8]이라고 명기하고 있다. 이는 동장의 실무를 아직 사회적 명망성을 유지하고 있는 촌락 내의 양반이 지도하고 있었음을 명확하게 말해주는 자료이다. 앞서 말한 바대로 조선후기 이래 양반층의 지방 지배력이 현저히 약화되었음에도 불구하고 "양반 계원인 지사인"의 존재는 동계 운영에 있어서 아직 중요한 의미를 지니고 있었고, 이는 명망가와 동장의 결합에 의한 동리자치의 운영 구조를 전형적으로 보여주고 있다고 해석할 수 있다. 물론 근대 사회로의 발전과정에서 신분제적 잔영에 의해 형성된 동리자치

---

8) 화전동 동계는 『慶尙南道 慶尙北道 管內 契, 親族關係, 財産相續의 槪況報告』(국사편찬위원회 소장 고문서)에 수록되어 있다.

구조는 변화를 겪어가기 마련이지만 적어도 일제 강점 전후기에는 아직 조선후기 이래의 전통적인 동리자치의 구조가 유지되고 있었던 것이다.

면 운영의 관행은 『지방행정제도 연혁개요』에서 "면장은……면내에서 수령의 행정사무를 보조집행"함과 동시에 "면내의 경이한 쟁사의 화해 등을 행하지만 면내의 중요한 사건에 관해서는 면내의 유력자가 회동해 협의 결정함을 관례로 함"9)이라고 하고 있는 바와 같이 면내의 자치적 운영을 전제로 하고 있었다. 이는 조선후기 이래 동리를 기본단위로 한 자치적 지역운영의 범위가 갑오개혁기의 향회조규, 향약판무규정을 거치면서 점차 보다 큰 지역단위인 면으로까지 확대되고 있었음을 의미한다.

면 운영의 실태를 보여주는 동래부 사하면(沙下面)의 사례를 보면 이러한 성격이 보다 구체적으로 파악된다. 규장각에 소장되어 있는 『동래부 각면 보고서철』에는 각 면의 조례 등이 포함되어 있어 사례의 단편성에도 불구하고 강점 직전의 면 운영의 실제를 살펴보는 데 매우 구체적이고 유용한 내용을 전해준다. 사하면 조례는 총 11장 42절로 구성된 상세한 규정으로 면소(面所) 조직 및 면회(面會) 규정 등을 포함하고 있다. 이 조례의 통칙 제1, 2조에 면역과 거주민의 권리, 의무조항이 명기되어 있는 것이나 제27조에서 32조까지 의결기관인 면회에 대해 상세히 규정하고 있는 것 등은 면까지 지역 자치 구조가 확대발전하고 있는 현상을 잘 나타내준다.

특히 면회의 운영은 300인당 1명씩의 면회의원에 의해 이뤄지고 제29조에 규정된 제반 사항에 대해 의결하도록 되어있어 면 자치운영의 측면에서 주목할 만한 내용을 담고 있다. 그리고 면회의원은 면내의

---

9) 朝鮮總督府, 『地方行政制度沿革槪要』(필사본, 쪽수 및 출판년도 없음). 내용 상 1910~1913년 사이의 것으로 추정됨.

"문필(文筆), 품항(品項), 박식(博識), 자력(資力)이 유한 자" 가운데서 선정하도록 되어 있는데, 대체로 면내 각 동의 존위나 해사인, 지사인 등으로 불리는 명망가들이 면회의원이 되었던 것으로 생각된다.10)

그러나 사하면의 조례에는 면을 통해 행정지배를 강화하려는 측면 역시 반영되어 있다. 면에 대한 행정 통제력의 강화는 징세원이 면을 단위로 하여 파악되고 있던 단계에서 국가수취의 효율성을 기하기 위해서 필수불가결한 것이었다. 통감부는 징세를 제외한 행정업무에 있어서는 군, 징세업무에 있어서는 재무서, 치안 등의 경무 관계에 있어서는 경찰서를 통해 면을 통제하는 체제를 구축하려 했다. 사하면 조례 제38조에 "부윤 또는 경찰서장 및 재무서장에게 보고, 신청"이라고 규정되어 있는 것은 이러한 측면의 반영이라고 볼 수 있다. 면장 임명시에도 면에 대한 감독, 통제의 경향은 나타난다. 면회에서 추천한 인물을 신임 면장으로 임명하기 위해서는 부윤뿐만 아니라 재무서장에게도 공문을 보내는 사례가 발견되기도 한다.11) 이렇게 하여 임명된 면장은 면의 업무를 장악하고 면회의 의장을 겸임할 수 있도록 규정되어(제30조), 면자치를 허용하면서도 면장을 통해 이를 통제할 수 있는 여지를 남기고 있음을 볼 수 있다.

그러나 문제는 면행정력의 강화나 상급기관의 감독, 통제의 긴밀화를 위해서는 행정업무의 실제 담당자인 면장의 질을 높이지 않으면 안되었다는 데 있었다. 통감부로서는 동리자치를 기반으로 한 아래로

---

10) 「面洞長의 關한 件」, 『東萊府各面報告綴』에 면회의원에 대한 기록이 남아 있다. 면회의원 명단에 ××洞解事人×××라는 식으로 기재되어 있는 것이 그 예이다.

11) 위의 자료에 포함되어 있는 사중면(沙中面)의 신임면장 임명 서류를 보면, 신임면장 후보 정희환(鄭憙煥)에 대해 "照亮하신 後 同意하시면 至急 回報하심을 爲要"한다는 내용의 공문서를 동래 재무서장에게 보내고 있다.

부터의 자치의 성장이 점차 면단위까지 진전되고 있는 상황에서 이러한 자치적 성격을 최소한 관치행정의 보조적 의미를 지니는 의사 자치로 유도해야 했는데, 이를 위해서는 면장의 실무능력과 면회를 이끌어갈 수 있는 자질이 요구되었던 것이다. 그러나 『面ニ關スル調査』에 실려 있는 재무감독국의 보고에 따르면 당시의 면장은 지역마다 차이를 보이고 있기는 하지만 대체로 그러한 요구에 부응하지 못했던 것으로 보인다.

"가능한 한 문자를 해득할 수 있고 사리에 통한 자를 선임할 방침이지만 그 실제에 있어서는 필요조건으로서 이를 실행하기는 곤란하다고 사료됨(한성)"

"면장의 자격으로는 문필의 소양이 있고 공직 근면하며 치재(治才)가 있음을 요하지, 부와 권세를 요하지는 않음에도 불구하고, 실제로는 이 요구에 합당한 자 적으며, 신분적으로는 양반도 희소하게 있기는 하지만 중민(中民)이 대부분임(전주)"[12]

결국 면장은 면내의 '2류'의 인물에 불과해 행정업무를 원활하게 수행하는 데에 많은 문제점을 노정하고 있었고 더욱이 각 동리의 명망가로 구성된 면회 등을 통솔해 가기에는 역부족이었다.

동리자치가 유지되고 이를 기반으로 한 면자치가 형성되어 가는 상황에서 일제는 부분적으로 면의 행정능력을 강화하고, 이를 통해 면자치를 관제 자치화하는 시스템을 구축하려 하였으나 결국 실패할 수밖에 없었다. 강점 직전의 단계에서는 명망가층을 중심으로 하는 동리운영과 각 동의 명망가에 의해 구성되는 면회, 그리고 면회에서 선출

---

12) 『面ニ關スル調査』 6쪽, 7쪽, 9쪽, 11~14쪽.

되는 실무자로서의 면장에 의해 면이 운영되는 구조를 유지하고 있었기 때문이다.

2. 강점 초기의 제도정비와 행정구획 통폐합

조선총독부의 성립이 곧 일제가 조선의 지방사회까지를 모두 장악했음을 의미하는 것은 아니었다. 강점 초기 일제는 단지 중앙권력을 장악하는 데 그쳤으며 이를 토대로 하여 점차 지방사회를 장악해가는 도정에 있었다. 이러한 일제의 의도와 앞서 언급한 명망가 중심의 지방사회의 움직임은 서로 길항하는 관계에 있을 수밖에 없었다. 조선총독부가 성립되어 국권의 상실이 기정사실화되면서 다수의 지방 명망가층은 의병투쟁에 이어 순국운동으로 이민족 권력에 저항하였기 때문이다.[13] 지역 자치의 주도층인 명망가들이 일제에 저항함으로써 기존의 자치구조 전체가 일제의 지방 지배정책과 직접적으로 길항하는 관계에 놓이게 되었던 것이다. 이로서 일제는 지방사회에 대해 장악력을 지니고 있었던 계층을 매개로 농촌지역과 농민 개개인을 지배하는 이른바 '명망가 지배'의 방식으로 조선의 지방사회를 지배하는 것은 불가능하게 되었던 것이다.

조선총독부 초기에는 지배력의 한계로 인하여 기존의 지역운영 관행을 그대로 둘 수밖에 없었다. 1910년 9월 30일과 10월 1일에 각각 발효된 조선총독부 지방관관제와 면에 관한 규정은 이러한 사정을 반영한 것이었다.[14] 칙령 357호로 공포된 조선총독부 지방관관제는 지방제도의 골격을 규정한 기본법령의 성격을 지니는 것으로, 면을 말단

---

13) 순국운동에 관해서는 김익한, 「일제 강점기 농촌사회변화와 명망가」, 『한국문화』 17, 1996 참조.
14) 『朝鮮總督府官報』 1910年 9月 30日과 1910年 10月 1日자 참조.

행정기관으로 법제적으로 확정하고 그 상급 행정기관을 군으로 일원화하였다. 또한 면에 관한 규정에서는 각 면에 판임관 대우직인 면장을 도장관의 임명으로 두며, 면 운영의 경비는 면 자체가 부담하게 하고 기존의 면장을 강점 이후에도 유임시키는 조치를 취하였다.

이 조치는 면의 명칭 및 구획을 종전대로 하고 기존의 면장을 조건 없이 그대로 판임관 대우직인 총독부의 면장으로 한다는 점에서 현상 유지적 성격의 조치로 이해할 수도 있으나, 앞서 살핀 강점 직전의 면 운영의 실제와 비교해 본다면 오히려 상당한 변화를 초래하기에 충분한 내용의 법제화 과정이었다고 이해하는 것이 타당하다. 왜냐하면 자치적 성격이 강하였던 면회가 부정되었고 또 면회의 추천에 의해 임명되던 면장이 도장관의 임명 관리로 바뀌었으며, 가장 중요하게는 동리단위의 자치적 요소는 제도적으로 완전히 부정되었기 때문이다.

동리에 대해서는 각 도의 도령을 통해 임시적인 조치가 취해졌는데, 예컨대 함경북도의 도령에서는 다음과 같이 규정하고 있다. "동장, 이장은 구관에 의해 당분간 이를 존치함. 동장, 이장은 면장의 지휘감독을 받아 동리 내의 사무를 보조 집행함."15) 이를 보면 기본적으로 구관을 당분간 유지하도록 하고는 있으나 면의 경우와 마찬가지로 동리내의 명망가층의 존재나 동회에 관한 규정이 전혀 나타나지 않고 있음을 알 수 있다.

전체적으로 보아 동리 및 면단위에 명망가와 동장, 면장을 중심으로 하는 종래의 자치구조가 현실 사회 속에서는 계속 작동하는 상태에서, 총독부의 법제적 조치에 의해 동회, 면회가 부정됨으로써 명망가층을 배제한 채 면장을 중심으로 하는 행정지배체제가 구축되어 가기 시작하였다고 정리할 수 있을 것이다. 일제 입장에서 문제가 되는

---

15) 「面事務ニ關スル規定」, 『朝鮮總督府官報』 1911年 3月 1日.

것은 명망가층의 저항을 어떻게 잠재우고 '2류'의 인물로 이뤄진 면장층의 능력을 어떻게 제고시켜 행정지배를 현실 속에서 관철시킬 것인가였다.

1910년 마련한 지방제도로는 면을 행정지배의 말단 전초기지로 하여 명망가 중심의 구래의 자치 구조를 무력화하려는 의도를 관철할 수는 없었다. 헌병경찰이라는 무력을 앞세워 강제 실시한 1914년의 군면동리통폐합 조치는 이러한 1910년의 미완성 제도를 현실적인 힘으로 작용하게 하기 위한 조선총독부의 처방이었다.

통폐합 조치의 실제 업무에 관계했던 하야시 시게키(林茂樹)의 증언에 따르면 이 행정구획 통폐합 조치는 1913년 1월의 각도 내무부장회의에서의 총독 지시 이래 1년여의 준비기간을 거쳐 1914년 3월과 4월에 전격 실시되기에 이르렀다고 한다.16) 이 조치에 대한 총독부 본부의 담당부서는 내무부였는데, 동부 관할하에 부장 우사미 가쓰오(宇佐美勝夫)와 지방국장 오하라 신조(小原新三)를 중심으로, 군면의 폐합은 동국 제1과에서, 부의 정리는 제2과에서 각각 담당하였다. 통폐합의 준비는 각 면의 보고를 기초로 군수가 정리안을 작성하고 토지조사국 출장원과 협의한 것을 도의 내무부에서 수집·발송하면, 총독부 지방국에 총괄 정리하는 방식으로 진행되었던 것으로 보인다.17)

이렇게 1913년부터 약 1년간 통폐합 준비를 완료한 총독부는 1913년 12월 29일 총독부령 제111호로 '도의 위치, 관할구역 및 부 군의 명칭, 위치, 관할구역'을 정하고 이를 1914년 3월 1일부터 시행하도록 했

---

16) 林茂樹, 「大政二年府郡統廢合事情の追憶」, 『朝鮮』 1931. 1, 33쪽 참조.
17) 이렇게 하여 총괄 정리된 행정구획 개편안은 현재 정부기록보존소에 다수 소장되어있다. 『地方行政區劃名稱變更書』, 『面に關する區劃變更簿』, 『面廢合關係書類』 등의 명칭으로 나뉘어 폐합 대상지역의 호구수 등의 자료와 면, 군단위 지도가 실려있다.

다.18) 부령을 통해 부 군의 통폐합조치를 일거에 시행해 부역에 속한 농촌부를 모두 군역으로 이관시키고, 군의 경우는 317개 군을 220개로 통폐합한 것이다. 면의 통폐합은 면의 구역명칭의 변경이 도장관의 권한에 속하기 때문에 1914년 3월 1일 도별로 도령을 발포하고 4월 1일자로 일거에 실시했다.19) 그 결과 종래의 4,336개의 면이 2,522개로 통폐합되었다. 동리의 통폐합은 군 면과 같이 일괄적으로 신속하게 처리될 수 없었고 1914년 4월부터 점차 도별로 진행되어 1918년 토지조사사업의 종료와 때를 같이해 종료되었는데, 총 6만여 개의 동리가 28,000여 개로 통폐합되었다.

이 통폐합은 일제의 지방통치에 있어 실로 커다란 변화를 의미하는 것이었다. 이는 기존의 동리 내에 포함되어 있던 자연촌락이 서로 다른 동리에 소속하게 되는 등 구동리의 구성상의 변화를 초래하는 것이었고, 면에 있어서도 기존의 면내에 속해 있던 자연촌락이나 동리가 서로 다른 면에 소속되는 등 면의 구성상의 변화를 동반하는 것이기도 했다. 강점 직후부터 법제적 차원에서 기존의 면회나 동회가 인정되지 않고 있었던 점을 생각하면 통폐합에 의한 이러한 변화가 실태적 차원에서 존속하고 있었을 기존의 자치조직에 상당한 타격을 입혔으리라고 추론하는 것은 그리 어려운 일이 아닐 것이다.

지역단위를 통폐합하는 것은 기존의 자치 영역을 지역적으로 분단 혹은 통합함으로써 자치적 지역운영의 관행을 단절시키는 의미를 지닌다. 하지만 자치적 지역운영 관행의 약화는 일제의 지방 지배를 관철시키기 위한 필요조건은 되어도 충분조건은 될 수 없었다. 조선총독부는 군면동리통폐합과 함께 충분조건의 하나를 마련하기 위해 각 지역단위의 장을 장악하는 일에 착수하였다. 우선 동리단위의 경우 강점

---

18) 『朝鮮總督府官報』 號外 1913年 12月 29日.
19) 平安南道令 第2號 등 『朝鮮總督府官報』 號外 1914年 3月 1日.

직후 동회를 부정함으로써 명망가층의 동리운영에 대한 개입의 길을 막은 이후, 통폐합 조치를 통해 동리장의 수를 줄이고 이 과정에서 총독부에 협조하지 않는 동리장은 직을 해제하는 방식을 사용하였다. 1918년까지 2명의 동리장 가운에 1명은 직이 해제되었으므로 이 과정에서 동리장 직을 유지하려면 총독부에 협조하지 않을 수 없는 구조가 마련되었다. 한편으로는 동리장의 수를 줄임과 동시에 이를 무급화하고 이에 들어가는 경비를 면에 충당하여 면서기 임용을 확대하는 조치를 취하기도 하였다.[20] 이는 동리자치의 관행을 전반적으로 약화시키고 이에 대신하여 면의 행정력을 강화시킴으로써 총독부의 행정지배를 강화시키려는 의도에 따른 것이었다.

총독부로서 무엇보다도 시급한 일은 총독부에 협조적이면서도 행정 능력을 지닌 면장을 확보하여 자치적 지역운영에 대체할 행정지배의 실무적 토대를 마련하는 것이었다. 비밀문건으로 남아 있는 「(秘)총독의견서(總督意見－地方行政區劃整理注意書)」를 보면, "명망 있고 재간 있는 유력자는 면장이 되는 것을 기피하고 비교적 경이(輕易)한 인물이 면장에 추대되고 있는데,……일층 적당한 인물, 즉 지방에 있어 재간 있는 유력자를 면장에 등용"[21]하도록 조선총독이 지시하고 있다. 총독부가 행정구획을 통폐합함과 동시에 이 과정에서 행정 능력을 갖추고 일제에 협력할 수 있는 면장의 확보에 주력하였음을 확인할 수 있는 대목이라고 하겠다.

경기도보를 기초 자료로 하여 편집한 『법령부록(法令附錄)』과 『지

---

20) "점차 동리장의 사무를 면에 집주(集注)하여 가능한 한 동리장을 무급직으로 하는 방침 하에서……이를 면사무의 팽창에 따른 면서기의 증원 및 기타 필요한 경비에 충당" 하였다는 기사가 이를 잘 말해준다. 朝鮮總督府, 『朝鮮總督府施政年報』 1915, 47쪽.
21) 「(秘)總督意見－地方行政區劃整理注意書」, 『府郡廢合關係文書』.

방부록(地方附錄)』의 1913년에서 1914년말까지 기사에 실려 있는 경기도 내의 면장 임면사항에 대해 분석해 보면 다음과 같은 사실이 확인된다.[22] ① 1913년 경기도의 면수는 492개였는데『법령부록』에 실린 동년 기사로부터 확인된 신임 면장의 수는 100명이었다. 따라서 1913년에는 약 20%의 면장이 교체되었음을 알 수 있다. ② 반면『지방부록』10호를 보면 이들 신임 면장 가운데 1914년 4월 1일자로 유임되는 면장은 20명에 지나지 않았다. ③ 산술적으로 계산할 경우, 경기도의 면이 통폐합에 의해 492개에서 250개로 감소하고 있으므로 1913년 신임 면장 100명은 52명으로 감소해야 하는데 52명중 32명(62%)이 다른 요소의 작용에 의해 통폐합의 시점에 면장에서 탈락하고 있음을 알 수 있다.

결국 총독부는 강점 직후에 충분히 이뤄내지 못했던 지방지배를 달성하기 위해 1914년 군면동리통폐합 조치를 취하였고, 이를 통해 식민지 지배와 길항하는 자치적 지역운영 구조를 해체시킴과 동시에 다수의 동리장, 면장을 친일적 인물로 일거에 교체함으로써 행정지배의 기초를 마련하였다. 총독부는 이러한 조치들을 근대적 행정체계의 수립을 위한 것이라고 강변하였지만 실제로는 지역 분단, 인적 분열 등을 정책적으로 조장하여 일제에 적합한 지역구조, 일제에 포섭된 지배 협력층을 만들어내기 위한 것에 지나지 않았다.

3. 면제의 시행

1917년 10월부터 시행된 제령(制令) 제1호 '면제' 및 부령(府令) 제34호 '면제시행규칙'은 자치적 지역운영에 대신하여 식민지 행정지배의 체제를 완비하려는 일제의 1910년대 지방통치제도 정비과정의 한

---

22)『法令附錄』1~20호,『地方附錄』10호에서 조사.

귀결점을 이루는 것이었다.23) 면제는 면을 일본인 거주가 비교적 집중되어 있는 지정면과 그 외의 보통면으로 나누어 지정면에 도장관이 임명하는 상담역을 두고 면 아래의 동리에 무급직인 구장을 두며 면이 담당할 업무를 상세히 규정하고 면 부과금의 항목과 세무관계 수속에 대해 자세한 규정을 두는 것을 내용으로 하고 있다.24)

면제는 동리장을 구장이라는 명칭으로 바꾼 이외에는 1910년 이래 추진되어온 면을 행정지배 전초기지로 강화하려는 일련의 정책 시행의 연장선상에서 해석될 수 있다. 아베(阿部) 참사관의「면제에 대한 의견」을 보면 일제가 면제의 시행과 더불어 자치의 억제에 주의를 기울이고 있었음이 명확하게 확인된다.

"대개 민족의 자각은 자칫 잘못하면 식민지를 모국으로부터 괴리시키며 수많은 동화의 방책도 이를 어떻게 처리하는가에 달려 있음은 열국사×(×는 판독불능을 뜻함)가 나타내는 바 성패의 적순(蹟洵)에 역력히 보인다. 고로 식민지에서는 민족의 자각심을 자극하는 사설을 피하고 힘을 경제의 발달에 경주하여……이로써 성과를 거두게 하도록 기하지 않으면 안 된다.……민족의 자각심에 기초하는 바 대단히 깊어 (중략) 종국에 가서는 독립 자치를 요구하기에 이르지 않는다고 보장할 수 없으니……"25)

일제는 이와 같이 면제를 시행하면서 자치가 곧 독립의 요구로 발전할 것이라고 보고 이를 경계하도록 함과 동시에 "면장 및 면리원의

---

23)「面制」및「面制施行規則」(朝鮮總督府 警務摠監部 保安科編,『朝鮮司法行政警察例規集 全』1917. 11, 제1편 통칙, 37~38쪽 및 38~42쪽)의 각 항목 참조.
24) 상세한 내용은 김익한,「일제초기 식민통치와 사회구조 변화」,『식민통치 연구 1 - 1905~1919』, 백산서당, 1999, 201~204쪽 참조.
25) 阿部參事官,「面制に對する意見」,『朝鮮面制制定書類』(필사본, 쪽수 없음).

(중략) 주도면밀한 감독을 가하지 않으면"26) 안됨을 강조하고 있다. 이는 강점 이전부터 이어지고 있던 종래의 자치적 지역운영을 억제하고 상급기관으로부터의 감독, 통제를 강화함으로써 면을 행정지배의 전초기지로 강력하게 정착시키겠다는 일제의 정책방향을 명시한 것이다. 또한 새로이 설정한 구장에 대해서도 그 의도를 다음과 같이 밝히고 있다. "종래 동리장은 마치 동리의 천한 심부름꾼과 같이 여겨져 일반적으로 이를 비하하는 풍습이 있고, 동리 내의 유력자는 이를 맡기를 즐겨하지 않는 상황이므로 이번에 동리장이라는 명칭을 구장이라 칭하여 종래의 폐풍을 일소하고 적임자를 얻는 데 일조하게 했다."27)

이상의 면제 제정에 임하는 일제의 정책적 의도에서 엿볼 수 있는 바와 같이 면제는 지정면의 상담역과 같은 의사 자치제적 성격의 조항을 포함하면서도 내용적으로는 기존의 면, 동리의 자치적 운영에 쐐기를 박고 그 대신 면에 대한 행정지배의 강화를 꾀하기 위한 법제적 정비의 귀결점으로서의 의미를 지니는 것이었다. 강점 초기부터 일제에 의해 시행된 지방통치정책의 결과 기본적으로는 총독부권력이 면장, 구장을 통해 사회 구석구석까지 미치기 시작하는 구조가 정착되기 시작한다. 이러한 의미에서 1910년대는 동리자치나 면자치에 대신해 일제의 행정지배가 관철되어 가는 과정의 초기단계로서, 명망가층의 사회적 영향력이 점차 해제되어 감에 따라 자치적 지역 운영과 일제의 행정지배의 길항관계가 뚜렷이 나타나는 시기라고 할 수 있을 것이다. 따라서 일제는 아직 행정지배가 완성되지 않은 상태에서 이 공백을 메우기 위해 헌병경찰을 동원한 무단통치정책을 동시에 구사하지 않을 수 없었고 이러한 대립 구조 속에서 3·1운동은 필연적으로 발생하지 않을 수 없었던 것이다.

---

26) 「(秘)面制說明書」, 『朝鮮面制制定書類』.
27) 「面制ニ就テ」, 『朝鮮面制制定書類』.

Ⅲ. 1920년대 면협의회와 모범부락제도의 시행

1. 면협의회 제도의 시행

그동안 1920년대는 무단통치에서 문화정치로의 전환이 이뤄진 시기로 인식되어 왔다. 헌병경찰제도가 보통경찰제도로 바뀌고 문관총독의 임용이 가능하게 되는 등의 정책적 변화를 고려하면 이러한 통설에는 일정한 의미가 있다. 그러나 1920년대에 취해진 문화정치가 1910년대와는 다른 정책기저에서 단절적으로 진행된 것으로 보는 것은 잘못이다. 특히 행정지배의 차원에서 1920년대를 살펴보면 1920년대에 취해진 제반 정책은 1910년대의 제도적 정비를 토대로 하여 이를 한 단계씩 발전시킨 측면이 강하기 때문이다.

앞서 언급한 대로 1910년대에 일종의 계엄 상태에 해당하는 무단통치를 통해 식민지를 장악하지 않을 수 없었던 것은 아직 행정지배의 체제가 완성되지 않은 상태에서 식민통치를 수행해야 했기 때문이었다. 면제를 통해 일단 지방 행정지배의 제도적 골간을 완성하기는 하였지만 아직 실태적 차원에서는 지방의 자치적 운영과 일제의 행정지배가 길항하고 있었고, 이러한 길항의 축에는 자치적 지역운영의 중심축에 있었던 명망가의 존재가 있었다. 3·1운동의 후기에 각 농촌지역에서 명망가들이 운동의 중심에 서 있었던 것은 이러한 상황과 무관하지 않았다.

일제는 일단 3·1운동 직후인 1919년 8월 19일에 천황 조서를 발표함과 동시에 관제 및 지방관관제를 개정하고 경찰관관제를 폐지함으로써 이른바 문화정치를 위한 제도개정에 착수하였다.[28] 하지만 이러

---

[28] 천황의 조서를 비롯해 '문화정치'에 관련된 문서를 게재하고, 총독부의 입장에서 '문화정치'를 선전하고 있는 것으로서는 朝鮮總督府,『朝鮮に於ける新施政』(同府, 1923)이 있다.

한 거시적 차원에서의 정책전환보다 중요한 것은 지방의 조선 인민들을 직접 지배하는 구조를 시급히 정착시키는 일이었다. 일제는 1910년대의 연장선상에서 면을 중심으로 하는 행정지배체제를 완성함으로써 지방지배구조를 정착시키려 하였고, 한편으로는 이의 전제가 되는 명망가층의 무력화 역시 적극적으로 시도하기 시작하였다. 흔히 '자치'의 도입이라고 선전되었던 1920년의 지방제도 개정은 명망가층의 무력화 정책으로서의 의미를 지니는 것이었다. 이때 실시한 개정제도의 내용을 간단하게 요약하면 다음과 같다.

① 면장의 자문기관으로서 면협의회(面協議會)를 둔다.
② 면협의회원 임기는 3년으로 하고, 정원은 면의 인구규모에 따라서 8~14명의 짝수로 한다.
③ 면협의회원은 군수 또는 도사(島司)가 임명한다. 다만 지정면(指定面)의 경우는 주민의 직접선거로 선출한다.
④ 선거·피선거권자의 요건은 1년 이상 그 면에 주소를 가지고, 독립생계를 영위하는 남자로 면부과금(面賦課金) 연액 5원 이상의 납부자로 한다.[29]

표면적으로 본다면 이 제도는 1910년대에 확립된 면을 중심으로 하는 지방지배 제도에 면협의회라는 의사 지방의회기구로 하나 더 만들어 넣은 것에 지나지 않는다. 일제는 이러한 점을 이용하여 이 지방제도 개정을 '자치'의 실현으로 대대적으로 선전하였다. 총독부의 고위관리가 "제반 혁신 가운데에서 가장 신경 썼던 것은 지방제도 개정이었다"고 하면서, "이것이(지정면협의회원 선거를 가리킴 : 필자) 설령

---

29) 「面制」 및 「面制施行規則」의 개정내용 참조. 平安南道大同郡研究會 『面制提要』(1926)의 「參考法規」 1~17쪽.

고도의 제한선거였다고 해도……준자치제도를 자리 잡히게 한 것이었다. 이는 오늘날 볼 때 아무 것도 아닌 것 같지만 당시에는 조선은 물론이고 외지(外地) 일반에서도 미증유의 신제도여서 신총독 정치 가운데 최대 영단이었다고 할 만하다"[30]고 표현하고 있는 것 등이 그 대표적인 예라고 할 수 있다. 하지만 총독부가 사실 행정적 차원에서는 별반 의미를 지니지 못하는 면협의회를 구성해 놓고 대대적인 선전을 펼친 데는 이유가 있었다.

우선 하나는 1910년대의 지방지배체제를 구축하는 과정에서 일제에 적극적으로 협력하는 이들을 면장 등의 직에 앉히는 것까지는 달성하였지만 점차 이보다 더 광범위한 범위의 조선인들을 식민지 지배체제 내로 포섭할 필요가 있었기 때문이었다. 사실 면장, 구장 등의 수만 가지고는 조선의 민심을 총독부 쪽으로 끌어올 수는 없는 것이었다. 2,500여 개가 되는 각 면에 선거 혹은 임명에 의해 8~14명의 면협의회원을 두도록 하였기 때문에 총독부는 적어도 3만여 명의 인물을 면협의회라는 느슨한 공간을 이용하여 포섭하는 것이 가능하였다.

또한 면제로 귀결되는 1910년대의 행정제도 확립에도 불구하고 실태로서는 동리자치에 기반한 자치적 지역운영이 여전히 힘을 발휘하고 있었고 이의 중심적 역할을 수행하는 각 지역의 명망가들이 총독부의 식민지 통치에 전혀 협조하지 않고 있는 상황 역시 1920년의 면협의회 제도의 신설과 무관하지 않다. 총독부는 지방의 3·1운동의 전개과정에서 상당수의 명망가층이 관련된 사실을 보고 더 이상 이들과 이들에 의해 유지되고 있던 기존의 지역운영 관행을 놓아둘 수 없었던 것이다. 자치가 곧 독립으로 귀결될 수 있다고 본 총독부는 면협의회라는 전혀 실권이 없는 의사 자치의회를 설립하고 '자치'의 발전이

---

30) 조선신문사, 『조선통치의 회고와 비판』, 234~235쪽(박경식, 『일본제국주의의 조선지배』 上, 청아, 216쪽에서 재인용).

라고 선전하면서 명망가들의 자치욕구를 체제 내로 흡수하려 하였던 것이다.

실제로 1920년의 지방제도 개정의 결과를 점검하면서 조선총독부 내무국에서 작성한 『(비)개정지방제도실시개요(秘 改正地方制度實施槪要)』에 따르면 조사대상 면협의회원 23,382명 가운데 62.2%에 해당하는 13,907명이 '양반유생'이었다고 한다.31) 총독부가 지방제도 개정 결과를 조사하면서 이례적으로 반상을 구분하여 통계를 잡은 것 자체가 이 제도의 시행과정에서 명망가층을 체제 내로 포섭하려는 강한 의도를 지니고 있었음을 말해줄 뿐만 아니라, 실제 결과로서 6할 이상이 '양반유생'으로 구분되었다는 것은 총독부의 지방제도 개정 의도가 나름대로 관철되었음을 의미한다.

식민지 지배정책사에 대한 고전적 연구인 강동진의 『일본의 조선지배정책사연구-1920년대를 중심으로-』가 일제의 정책을 민족분열정책으로 규정한 것은 직접적으로 그 의미하는 바는 다르다고 할지라도 면협의회제도의 해석과 관련하여 혜안이라 평가하지 않을 수 없다.32) 면협의회제도야 말로 조선 민중의 삶의 현장에서 민족이 분열되도록 조장한 대표적인 제도였다고 생각되기 때문이다. 명망가층 내지는 명망가 2세들이 다수 면협의회원으로 포섭되어 들어감으로써 이에 응하지 않은 층과 직접적인 대립이 발생하지 않을 수 없었을 것이다. 자의건 타의건간에 협의회원으로 들어간 일부 명망가들은 다른 명망가들로부터 비난을 면치 못했을 것이며 이러한 비난으로부터 자신을 방어하기 위해서라도 협의회원들은 '자치제도'에 참여한 자신의 행위를 정당한 것으로 강변했을 것이다. 이러한 지역 정서의 발생은 바로 명망

---

31) 『(秘)改正地方制度實施槪要』, 34~35쪽.
32) 姜東鎭, 『日本の朝鮮支配政策史硏究-1920年代を中心に-』, 東京, 東大出版會, 1979.

가들의 분열로 귀결되었으며 이는 곧 명망가층의 지방사회에서의 사회적 권위, 존경구조의 파괴를 의미하였을 것이다. 결국 이들을 축으로 하여 유지될 수 있었던 실태적 차원에서의 동리자치 역시 1920년대에 들어서면서 점차 일제의 행정지배에 무력화되는 결과를 초래하고 말았다.

2. 모범부락제도의 시행

면제의 시행으로 지방지배의 제도적 기반을 마련하고, 면협의회제도를 도입하여 기존의 치적 지역운영의 관행을 무력화시킴과 동시에 명망가층의 체제 내 포섭과 분열을 이뤄낸 일제는 이제 동리 자체의 직접지배라는 새로운 정책목표를 설정하게 된다. 면을 전초기지로 한 행정지배가 최종적으로 안정화되려면 지역 자치의 핵으로서 기능하고 있던 동리를 일제가 직접 장악하는 일이 무엇보다도 중요하기 때문이었다. 1920년대에 총독부가 이러한 과제를 해결하기 위해 내놓은 해법이 이른바 모범부락 조성 정책이었다.

모범부락정책은 1920년대 중후반에 이르러서 본격적으로 시작되었는데, 총독부가 모범부락에 대한 보다 체계적인 지도를 꾀해가면서 1927년부터 성적이 양호한 모범부락을 선정하여 200~400원씩 보조금을 지급하기 시작하였던 것이다.[33] 모범부락정책은 1920년대에 들어 기존의 동리운영의 주역이었던 명망가층의 다수가 면협의회에 포섭됨에 따라 그들의 지역내부에서의 사회적 위치에 일정한 변동이 일어나고, 그에 수반하여 동리운영의 관행이 점차 실질적으로도 의미를 상실하는 지역이 다수 발생하기 시작하는 지역사회의 상황을 배경으로 해서 처음 그 실효를 거둘 수 있었다.

---

33) 善生永助, 『朝鮮の聚落』 中編, 288쪽 참조.

총독부는 모범부락정책을 실시하면서 1927년부터 1931년 사이에 매년 27개, 28개, 37개, 36개, 38개소를 선정하여 총 166개의 모범부락을 표창하고, 보조금으로 총 44,990원을 교부하였다. 모범부락의 숫자 자체는 총 동리 수에 비해서 매우 적었지만 그 파급효과는 그리 간단한 것이 아니었다. 모범부락의 선정과 그에 대한 경제적 지원의 제도화는 모범부락정책이 다른 부락을 체제순응적으로 개편해 가는 데 매우 자극적인 요인으로 작용했다. 모범부락정책은 그 명칭에서도 나타나 있는 것처럼 그 수적 측면보다도 전조선의 동리 중에서 모범이 되는 부락을 정책적으로 설정·지원해서 이를 장차 전 동리로 확산시키기 위한 기초로 삼고, 다른 동리도 이에 자극받아서 점차로 체제순응적인 경향을 띠도록 하는 것을 목적으로 한 정책이었다. 뒤에 자세하게 서술하겠지만 총독부는 1920년대의 모범부락정책을 토대로 해서, 1930년대에 그 정책을 전 동리에 확대 실시하는 형태로 정책을 전개하게 된다.

총독부는 모범부락을 보다 널리 선전하기 위해 이에 관한 사례를 모은 서적을 발행 보급하였다. 1928년의 『우량부락조(優良部落調)』와 1930년의 『우량부락사적(優良部落事績)』, 그리고 젠쇼 에이스케(善生永助)가 편찬한 『조선의 취락(朝鮮の聚落)』 중편의 모범부락 부분 등이 그것인데,[34] 여기에 나오는 사례를 종합해 보면 모범부락은 대체로 다음과 같은 방식으로 사업을 전개하고 있었다. 비교적 총독부의 지방지배 정책에 잘 순응하여, 납세 등의 성적이 우수한 지역, 행정기관에 지리적으로 인접한 지역 혹은 일본인 농장이나 수리조합지역으로 일찍부터 농사개량 등의 사업을 행했던 지역이 군·면 등에 의해서 모범부락으로 선정되는 과정을 거친다. 그 이후 진흥회·흥풍회·

---

34) 朝鮮總督府 內務局 社會科, 『優良部落調』, 1928 ; 『優良部落事績』, 1930 ; 善生永助, 『朝鮮の聚落』 中編, 朝鮮總督府, 1933.

동약 등의 명칭으로 동리운영의 중심기관을 설치하고, 동장과 같은 행정계통의 인물과 유지가 중심이 되어 동리의 종래 운영 관행에 대신하는 새로운 지역운영 방식으로 권업·부업장려·민풍개선·납세장려 등의 사업을 행하였다.

여기에서 한 가지 주목할 부분은 모범부락정책 시행의 열쇠가 된 중심인물이다. 조선총독부는 행정지배의 체계를 세워가는 초기 단계에는 친일적이며 행정력을 겸비한 면장을 찾아내는 데에 조차 고심하였지만 직접지배의 단위를 동리에까지 확대시킨 이 단계에서는 동리에 거주하는 중심인물을 확보하는 수준으로까지 지배의 강도를 높이고 있었다. 앞서 소개한 모범부락사례 자료에 등장하는 중심인물 가운데 연령·학력·경력·현직 등이 부분적으로나마 확인되는 75명의 직업을 정리해 보면 다음과 같다.35)

우선 중심인물의 현직은, 없음이 36명(48%), 보통학교훈도가 7명(9.3%)이며, 기타 32명(42.7%)이 면장·면서기·구장 혹은 면협의회원이었다. 그러나 현직 없음의 36명 가운데 16명은 면장·구장 등의 관리경력이 있는 사람임을 볼 때 전현직관리가 중심인물 75명 가운데 46명으로 61.3%에 달한다. 이는 총독부의 모범부락정책이 매우 관치적으로 전개되었으며, 모범부락정책 시행의 초기단계에서는 전현직관리가 그 중심적인 담당자였음을 말해준다. 또한 경력 및 현직에서 주목되는 것은 중심인물 가운데 면협의회원의 경력자가 16명(전체 중심인물의 22.3% : 현직 면협의회원 14명, 구장 겸 협의회원 7명)이나 등장하고 있다는 사실이다. 이는 1920년의 지방제도 개정에 의한 면협의회 설치가 총독부의 지방운영 담당자를 확보해 가는 데에 일정한 성과를 거두고 있었음을 말해주고 있다.

---

35) 『優良部落調』, 『優良部落事績』, 『朝鮮の聚落』 中編에서 작성.

면 아래의 지역단위에 대한 지배의 강도를 높여가기 위해서는 기존의 명망가층을 대신할 동리단위의 지역운영 담당자의 확보가 무엇보다도 중요한 의미를 지니고 있었지만, 1920년대 중반까지 총독부는 아직 그와 같은 인적기반을 전조선적 차원에서 확보하지는 못하였다. 그러한 상황 속에서 총독부는 이후의 지역지배의 강도를 높이기 위해, 우선 중심인물이 확보된 곳을 위주로 해서 모범부락을 설정하는 정책을 전개하기 시작했다. 이 모범부락의 운영 담당자는 대체로 종래의 명망가층에 대신한 지역의 이른바 새로운 유지였는데, 이들은 신교육에 민첩하게 대응해서 비교적 젊은 시기부터 군·면 등의 행정기관과 보통학교학무위원, 금융조합평의원, 군농회통상위원 등에 진출한 인물들이었다. 또한 면협의회원의 경험자가 중심인물로 등장하는 경우가 있었음을 보아, 기존의 명망가 중에서도 총독부의 지방지배에 적극적으로 협조하는 인물들이 서서히 나오고 있었다고 생각된다. 모범부락은 이들을 중심으로 기존의 동리에서 관행적으로 이루어졌던 지역의 공동업무를 새로운 부락운영기관을 통해서 환골탈태식으로 대체하거나, 새로운 관치보조적 공동사무로 대체하거나 해서 총독부의 지방지배에 적극적으로 순응하는 모습을 보이고 있었다. 이러한 상황 속에서 총독부는 1920년대 중후반에 걸쳐서 중심인물의 보다 광범위한 확보·육성, 모범부락과 같은 동리운영방식의 전국적 확산을 통해 지방지배의 수준을 면 아래의 지역단위로까지 확대해 가기 위한 기초를 구축할 수 있었다.

IV. 1930년대 농촌진흥운동과 총독부 행정지배의 귀결

1917년의 면제 및 1920년의 면제개정을 통하여 지방제도의 정비를 꾀해 왔던 총독부는 1930년에 또 한번 지방제도의 대폭적 개정을 한다. 이 개정은 1920년의 제도개정을 주도하고 '문화정치'의 시대를 연 사이토(齋藤) 총독이 1927년에 총독을 그만두고 1929년에 또다시 조선총독으로 부임하여 곧바로 준비되기 시작했다. 앞서 살핀 것처럼 1920년의 지방제도 개정은 지방자치의 겉모습을 계속 갖추면서, 동시에 그때까지 총독부지배에 편성되지 않은 제계층을 체제 내로 포섭하는 것에 역점을 두었고 이는 일정한 성과를 올렸다. 사이토는 이러한 성과를 유지·발전시키면서, 동시에 자신이 공표한 지방자치를 적어도 형식적 차원에서는 완성한다는 목표 하에 1930년의 제도개정에 임했던 것이다. 1929년 초 부산에 도착한 사이토는 「민도의 향상에 비추어 민의창달에 노력한다」는 유고(諭告)를 발표하고, 1929년말부터 1930년까지의 1년 정도의 준비과정을 거쳐 지방제도 개정을 단행했다.36)

1930년의 지방제도 개정의 개략적인 내용을 정리하면 다음과 같다.

관계법령의 개정 :
1930년 11월 29일, 勅令 234호 朝鮮總督府地方官官制中改正
12월 1일, 制令 11호 府制改正
12월 29일, 府令 104호 府制施行規則改正
12월 1일, 制令 12호 面制를 邑面制로 개정
12월 29일, 府令 105호 面制施行規則을 邑面制施行規則으로 개정
12월 1일, 制令 15호 道制制定

개정내용의 요약 :

---

36) 이 과정에 대해서는, 손정목, 『한국지방제도·자치사연구(上) - 갑오경장~일제강점기 - 』, 236~237쪽에 자세하게 나타나 있다.

① 指定面 대신 邑을 신설하고, 道府面制를 道府邑面制로
② 府 이외에도 道·邑·面을 法人格으로 함
③ 자문기관이었던 府會·指定面協議會·道評議會 대신 의결기관인 府會·邑會·道會를 설치. 面協議會는 그대로 자문기관으로 함
④ 道會·府會·邑會·面協議會員의 임기를 4년으로 연장
⑤ 府의 경우, 학교조합과 학교비를 府로 통합, 府會에 第一敎育部와 第二敎育部를 신설
⑥ 임명제였던 面協議會員을 선거제로37)

이상에서 볼 수 있는 것처럼, 개정의 주요골자는 읍(邑)을 신설하고, 읍을 포함한 도·부·면을 모두 법인화하며, 도회·부회·읍회를 의결기관으로 격상하고, 면협의회는 자문기관으로 하는 대신 선거제를 도입한다는 것이었다. 이는 적어도 형식적 차원에서는 자치제의 면모를 상당한 수준까지 진행시키고 있는 것처럼 보인다. 당시 총독부의 내무국장 이마무라 다케시(今村武志)가 "이번 지방제도 개정의 주요점은, 지방제도를 이전보다 한층 자치적인 것으로 고치는 것에 있습니다"38)고 말한 것도, 제도개정의 내용을 자치의 발전이라는 측면에서 강조한 것이라고 할 수 있다.

그러나 실제로는 1920년대까지의 정책시행으로 동리자치는 법제적으로 부정되었으며, 면을 단위로 하는 행정우위의 지방지배체제하에서 밑으로부터의 자치 발전의 가능성은 거의 봉쇄되어 있는 실정이었다. 이러한 상황에서 총독부는 형식적 차원에서의 자치제를, 그것도

---

37) 帝國地方行政學會朝鮮本部, 『改正朝鮮地方制度輯覽 全』(1931)의 각법령 내용 및 今村武志, 「朝鮮地方制度の改正に就て」, 『朝鮮地方行政』 9권 10호, 1930. 10, 23~29쪽 참조. 이외에 손정목, 『한국지방제도·자치사연구(上) - 갑오경장~일제강점기 - 』, 237~243쪽에도 간략하게 정리되어 있다.
38) 今村武志, 「地方制度の改正と其の將來」, 『朝鮮地方行政』 10권 5호, 1931. 5, 11쪽.

일본인이 다수 거주하는 지역을 중심으로 도입하는 정책을 취하고 이를 조선인의 자치에 대한 욕구를 회유하는 도구로서 이용하는 한편, 기존 지역자치의 담당층을 면협의회 내부로 포섭하는 계기로 삼고자 했던 것이다.

총독부는 이러한 상황에서 면협의회는 자문기관의 지위에 둔 채로, 도·부·읍회에만 의결권을 인정하는 방향에서 제도개정에 임하게 된다. 기존의 지정면인 읍과 부의 경우는 다수의 일본인과 비교적 총독정치에 적극적으로 참가하고 있던 조선인 상공자산가층이 중심이 되어 부회·읍회를 구성하고 있었기 때문에, 읍회 등을 의결기관으로 격상한다고 하더라도 그다지 위험부담이 수반되지 않는다는 판단이 있었기 때문이었다.39) 총독부가 자치의 허용은 '민족의 자각심'을 불러일으킬 위험성을 내포하고 있다고 인식하고 식민지 조선에 자치제를 도입하는 데 매우 소극적이었음에도, 표면적으로는 1930년의 개정을 단행할 수 있었던 배경에는 이와 같은 사정이 있었다. 면협의회의 의결권을 부인한 데 대한 다소의 비판이 일어나자, 이는 조선의 실정을 고려하지 않은 '서생론'에 지나지 않는다고 일축하는 자세로 매듭지었다.40) 여기에는 외견상으로는 자치제의 '일대진보(一大進步)'를 꾀하면서도, 실제 조선농민에게 가까운 거리에 있던 면협의회에 대해서만은 신중하게 될 수밖에 없었던 총독부의 사정이 잘 반영되어 있다.

---

39) 道會·府會·邑會, 이들 기관이 자치의 발전과는 관계가 없는 유명무실한 것이었다는 점에 대해서는, 손정목, 『한국지방제도·자치사연구(上) - 갑오경장-일제강점기 -』, 제V장 「1930년대의 지방제도개정과 지방자치의 실태」에서 이들 기관의 실질적인 운영과정을 소개하면서 상세하게 다루고 있다. 본질에서는 道會·府會·邑會에 대해서는 손정목의 연구에 맡기기로 하고, 이 글에서는 주로 면협의회에 관한 분석을 중점적으로 다루고자 한다.

40) 兵頭儁, 「改正地方制度に對する批判の批判」, 『朝鮮地方行政』 9권 10호, 1930. 10, 29~30쪽 참조.

결국 총독부는 자치 허용에 의해 발생할 위험이 비교적 적은 도·부·읍 단위에 적어도 형식적으로는 상당히 진행된 형태의 자치제를 도입하여, '자치의 발전'이라는 측면을 최대한 선전하는 것에 의해서 1920년대 이래 추진해온 회유책으로서의 지배방식을 보다 강화·발전시켰다.

면행정제도의 정비·안정화 과정과 함께 1930년대 지방지배정책의 또 하나의 축을 이루고 있던 것이 다름 아닌 동리의 조직화를 통한 동리 직접 장악정책이었다. 1930년대의 동리 조직화정책은 1920년대 후반부터의 모범부락정책의 전개를 역사적 전제로 하면서, 면행정의 강화·안정화를 기반으로 해서 농촌진흥운동이라는 이름으로 본격적으로 전개되었다.

1920년대 중후반의 모범부락정책은 새로운 관치보조적인 지역운영 방식의 생성을 위한 출발점이었다. 총독부는 친일적인 유지층의 존재와 그들을 중심으로 하는 새로운 지역운영 방식의 정착 정도와 기타 납세성적 등을 지표로 모범부락을 설정하고, 이를 통해서 동리 조직화정책의 본격적인 전개를 준비하고 있었다. 총독부는 이 정책의 전개를 통해서 새로운 지역운영 방식의 모델을 시험하는 동시에 모범부락이 숫자상으로는 적지만 조선 각지에 문자 그대로 모범이 될 것을 기대하였다. 1932년 대대적인 선전과 함께 행정기구를 총동원하여 시행된 농촌진흥운동은 이와 같은 기대를 현실화하기 위한 총독부의 적극적 정책에 다름 아니었다. 총독부는 농촌진흥운동이라는 이름 하에서 1920년대의 모범부락정책의 연장선상에서 전조선의 각 지역 사회를 대상으로 동리 조직화정책을 본격적으로 전개하고, 그 결과 총독부의 조선지배가 농민생활의 터전인 동리에까지 철저히 관철되기를 기도하였다.

그러나 1930년대에 일부가 아니라 전 지역 단위에 이러한 정책을 관철시키기 위해서는 몇 가지 전제조건이 충족되지 않으면 안 되었다. 1920년대의 모범부락과 같이 소수의 지역만을 대상으로 시험적으로 정책을 전개하는 것과는 달리 다수 지역에 전면적으로 조직화정책을 전개시키기 위해서는 조직화 대상지역 혹은 대상지역 내의 협조층에 대한 일정한 반대급부가 필요하였다. 동시에 동리의 직접 장악을 위해 새롭게 지역운영을 담당해 갈 많은 인력의 양성이 요구되었다. 1930년대의 농촌진흥운동은 이러한 전제조건을 충족시키면서, 그때까지의 농촌조직화의 과제를 전면적으로 달성해가기 위한 대대적인 관제운동에 다름 아니었다.

농촌진흥운동은 1932년 6월의 정례 도지사회의에서 장기적 전망 하에서의 농촌진흥대책을 총독부의 중심과제로 설정해 갈 것이 분명해지면서 시작되었다. 이 회의에서 우가키(宇垣) 총독은 훈시를 통해서 "다수 농민의 생활안정에 관한 사항은 산업 및 사회정책상 반드시 필요한 문제로서 특히 현시와 같이 심각한 불황시대에 있어서는 이러한 문제들의 해결이 가장 긴급하다고 생각한다"고 전제하고, "농가경제 향상에 관한 종래의 시설에 대해, 한층 통제된 조치"[41]를 강구한다는 방침을 표명했다. 여기에서 '통제된 조치'란 농촌진흥운동의 실재를 의미하며, 우가키 시대의 이른바 '농민의 생활안정에 주안을 둔 새로운 농정'은 이렇게 출발했다.

총독부가 1930년대에 들어 '사회정책적 농정'[42]의 시행을 널리 표명

---

41) 「總督訓示(1932年 6月 道知事會議)」, 『農村振興施設要項』, 慶尙北道, 1쪽.
42) '사회정책적 농정(社會政策的 農政)'이란, 제1차 세계대전 이후 일본 정부가 생산중심정책에 의해 야기된 농업문제를 해소하기 위해, 농정의 기조를 소농보호 정책으로 설정하고, 산업정책으로부터 사회정책으로 전환한 점을 표현하는 용어이다. 이에 관해서는 大內力, 「日本現代史大系」, 『農業史』, 동양경제신보사, 1960, 104~107쪽 및 지수걸, 「1932~35년간의 조선농촌진흥운동 - 식민지『體制維持政策』으로서의 기능에 관하여 - 」, 142쪽 참조.

했던 것에는 몇 가지 사정이 있었다. 즉, 공황 이후의 농촌의 피폐는 그대로 방치될 수 없는 상황에까지 이르렀고, 또 다른 한편에서는 1932년 6월부터 일본의 임시국회에서 농산어촌갱생계획이 입안·추진되어[43] 조선총독부에서도 그 실행이 요구되었기 때문이었다. 농촌진흥운동에 깊이 관여했던 야마구치 모리(山口盛)가, "당시(사이토 총독 재임기간을 가리킴 : 필자)의 총독 순시는 도청 소재지 이외로는 겨우 군청 혹은 특수한 시설에 잠깐 들르는 정도로, 우가키 총독처럼 촌락 깊이 들어가서 농민생활의 실태에까지 살피는 것과 같은 일은 우선 없다고 해도 좋다"[44]고 우가키의 '농민적 성향'을 강조하고 있듯이, 우가키 총독의 시정방침도 역시 농촌진흥운동의 추진에 한 요인으로 작용했을 것이다.

어쨌든 이렇게 해서 출발을 알린 농촌진흥운동은 1932년 7월에 농정수행의 원활화를 위해 단행된 기구개편과 진흥운동의 주무기관인 농촌진흥위원회의 신설을 계기로 본격적으로 전개되어 간다. 기구개편 내용은 조선총독부사무분장규정을 개정하여 종래의 농정수행 중심이었던 식산국을 상공·수산·광산의 3과로 개편하는 한편, 새롭게 농림국을 신설해서 농무·토지개량·수리·임정·임업과를 두고 신

조선의 농촌진흥운동에 관한 종래 연구에서도 종종 이 용어가 사용되어 왔는데, 이 연구에서는 이 용어를 원용하면서도 동시에 이 용어를 통해서 농촌진흥운동의 본질을 해명하는 일이 가능할 것인가에 대해서는 비판적인 시각에서 논의를 전개해 나간다.

43) 일본의 農山漁村經濟更生運動에 대해서는, 森武麿,「日本ファシズムの形成と農村經濟更生運動」,『歷史學硏究』1971년 別冊特集 ; 高橋泰隆,「日本ファシズムと農村經濟更生運動の展開」,『土地制度史學』65, 1974 ; 中村政則,「大恐慌農村問題」,『岩波講座 日本歷史』20, 1976 등 참조.
44) 山口盛,『宇垣總督の農村振興運動』, 10쪽. 야마구치 이외에 농촌진흥운동에 깊이 관련된 야히로(八尋生男)도 유사한 인식을 보이고 있다.『資料選集 朝鮮における農村振興運動』, 41~42쪽 참조.

농정의 중심기구로 하는 것이었다. 이러한 개편은 한편으로는 1920년대의 산미증식을 담당한 실행기관의 축소를 의미하는 것이며, 또 다른 한편으로는 1930년대의 새로운 농정에 적극적으로 대응하기 위한 조치로서의 의미를 지닌 것이었다.45) 농촌진흥운동은 신설된 농림국이 가장 힘을 기울인 주력사업으로서 농림국과 각 도·군·면이 행정적으로 긴밀한 연락관계를 가지면서 추진되었다. 또한 이러한 일반적인 행정계통 이외에도 총독부는 농림국내에 농민지도의 사상적 중심으로 삼기 위해 일본농민지도의 권위자인 야마자키 노부요시(山崎延吉)를,46) 경영개선을 위한 실제적인 기술 지도를 전담시키기 위해서 농업경영 및 졸업생지도의 베테랑인 야히로(八尋生男)를, 그리고 행정사무의 전담자로 야마구치 모리(山口盛)를 배치하여 농촌운동의 입안 및 추진에 전념시켰다.47)

또한 1932년 9월 30일에는 훈령 제62호「조선총독부농촌진흥위원회규정(朝鮮總督府農村振興委員會規正)」이, 같은 해 10월 8일에는 정무총감통첩「농산어촌의 진흥에 관한 건(農山漁村ノ振興ニ關スル件)」이 공포되어, 농림국내의 주무기관 특설에 이어서 진흥운동의 추진주체를 기구적으로 보다 명확하게 하는 조치도 취해지게 되었다.

총독부는 총독부농촌진흥위원회 이하 도·군도·읍면진흥위원회로 이어지는 계통적인 기관을 설치하여 진흥운동을 보다 조직적으로 전개할 수 있는 기구적 기반을 확보했다. 이러한 기구정비는 정무총감을

---

45)『朝鮮農業發達史 政策編』, 624쪽 참조.
46) 야마자키에 대해서는 山崎延吉,『農村自治の硏究』(明治大正農政經濟名著集22, 農山漁村文化協會, 복각판, 1977년)에 실린 綱澤滿昭의 해제를 참고할 수 있다. 그는 일본의 농업지도자로서 활약하고,「신풍의숙(神風義塾)」으로 유명한 인물이다. 특히 그의 농민도(農民道)는 갱생운동의 정신적인 지주로 중시된다.
47) 山口盛,『宇垣總督の農村振興運動』, 11~13쪽.

정점으로 하는 도지사, 군수·도사, 읍면장 등의 행정수반과 권업을 비롯한 관계업무의 행정담당자를 중심으로 행정기관의 종적 체계를 명확히 하는 동시에 경찰·학교·금융조합·산업조합·수리조합·기타 지역의「유식자」들을 횡적으로 잇는 농정기관의 새로운 체계를 구축하도록 만들었다. 또한 이 연구에서 주목하고 있는 면행정 측면에서 보면, 1930년대의 면행정 강화과정에 더하여 준행정기관이 면사무소에 설치되는 면농촌진흥위원회를 통해서 유기적인 연관을 강화해 가는 계기가 되었다고 볼 수 있다.

한편, 정무총감통첩을 통해서 진흥운동의 추진주체에 관한 지시가 각도에 하달되자마자, 도에서는 각급 행정기관에 설치하도록 된 진흥위원회를 구성하기 시작하는 동시에 면진흥위원회 밑에 각 동리를 단위로 하는 농촌진흥회를 조직하는 일에도 착수했다.[48] 경상북도의 경우, 실제로 1932년 12월말 현재 도농촌진흥위원회는 각 부장·과장·주임·주사·기술관 등의 관리가 27명, 참여관 1명, 소작간보 1명, 금융조합연합회이사장·어업조합연합회이사장·대구농림학교장 각 1명, 도평의회원 6명의 38명으로, 23개의 군도농촌진흥위원회는 평균 군행정관리 16명, 경찰서장 1명, 공립학교장 2명, 금융조합이사 1.4명, 도평의회원 1.2명, 각종산업단체장 2.3명, 지방유지 9명의 33명으로 구성되었다. 또한 읍면농촌진흥위원회도 면 평균으로 볼 때, 읍면리원 6.4명, 구장 15명, 경찰관주재소수석 1명, 공립초등학교장 0.9명, 금융조합이사 0.5명, 산업조합·수리조합이사 0.2명, 면협의회원 9명, 지방유지 11명의 44명으로 구성되었다.[49] 한편, 면 보다 아래의 지역단위

---

48) 경상북도의 경우는 「農村ノ振興ニ關スル件通牒」, 慶尙北道, 『農村振興施設要項』, 8~9쪽 참조.
49) 慶尙北道, 『農村振興施設要項』「附錄」, 34~36쪽, 「慶尙北道農村振興委員會委員一覽」, 「郡島農村振興委員會委員一覽」, 「邑面農村振興實行委員會

에 조직된 농촌진흥회는 1933년 단계에서는 모든 도에 획일적으로 조직된 것은 아니었지만, 진흥운동의 출발과 함께 1920년대 후반의 모범부락과는 비교할 수 없는 수준으로까지 확대되어 갔다. 이 진흥회는 각급 진흥위원회와 함께 진흥운동의 추진에서 최말단 주체로서 기능하게 된다.

이렇게 해서 준비 작업을 끝낸 총독부는 1933년 3월에 운동의 기본방침과 실시요령을 포함한 정무총감통첩 농가갱생계획수립에 관한 방침과 농가경제갱생지도계획요강을 발포하여 진흥운동은 구체적인 시행단계로 들어가게 된다. 우선 '방침'에서는 "계획은 농가 개개의 경제갱생의 구체적 방책을 본체"로 하고, "정신생활적 의의"도 동시에 고려에 넣고 노동력의 완전한 소화・자급자족을 꾀하는 경제계획을 세우도록50) 한다는 운동의 기본방침을 명확히 했다. 이러한 기본 방침 아래 갱생지도부락은 다음과 같은 요령과 수순에 의해 운영되었다.

① 군에 의한 지도부락 선정 : 지도부락은 굳이 리동 등의 구획에 상관없이 지도상 편하다고 인정되는 30~40호 내외의 집단부락으로 할 것. 지도부락은 각 읍면 대개 1개소로 하고 기설의 지도부락이 있으면 그 중에서 적당한 부락을 선정할 것.
② 면에 의한 지정부락의 현황조사 : 현황조사에는 가능한 한 신고서를 사용하지 않고 청취조사로 할 것.……
③ 갱생계획의 수립 : 5월까지 농가 각호의 경제갱생계획을 수립할 것. 읍면장이 중심이 되어 군도 아래에 각 농가주재자 및 중심인물 등의 의견을 들어서 대체로 5년 내외의 연차계획으로 각호의 사정에 따라 적당한 기간을 정하여 계획 입안할 것.
④ 읍면위원회의 자문과 군에 의한 계획안 승인 : 계획안은 읍면위원

一覽」 참조.
50) 「農山漁村振興計劃實施ニ關スル件」, 『朝鮮農村振興關係例規』, 7~9쪽.

회의 자문을 거친 다음 군수 또는 도사의 승인을 받을 것.
⑤ 갱생계획의 실행 : 실행할 때 계획의 내용, 실행의 순서 방법 등에 대해 간절하고 정중하게 설시(說示)하여 각 농가로 하여금 충분하게 이해시켜서, 이것으로 자가경제의 재정비를 꾀할 수 있다는 확고한 인식을 갖게 하여 계획수행에 발분정진하도록 유도할 것. 군도, 읍면에서는 사무를 안배하여 가능한 한 전속의 전담자를 정할 것.51)

즉, 군이 각 면에 1개소씩 30~40호 규모의 갱생지도부락을 선정하면 지정된 부락에 대해서 면이 청취조사방법에 의한 현황조사를 한다. 이를 기초로 각 농가 및 부락의 중심인물의 의견을 듣고 1933년 5월 말까지 농가갱생 5개년계획을 수립하여 계획안을 만든다. 이것을 면 진흥위원회의 자문을 얻은 다음 군면 담임자의 출장지도하에서 농가별로 실행하도록 한 것이다. 이리하여 농가갱생 5개년계획을 수립하고 '식량충실', '현금수지균형', '부채근절'의 갱생 3목표를 달성하는 기본방침이 각급 행정기관 및 진흥위원회에 하달되었다.

이상이 농촌진흥운동 전개의 기본적인 내용인데, 이는 다량의 자금을 살포한다든가 지주제 그 자체에 변동을 가하지 않고 다만 행정력을 총동원하는 것만으로 농민의 노동의욕을 고양시키고, 고정된 농가경제 규모 내에서의 경영다각화 등을 도입시켜서 농민의 생활안정화를 꾀하는 다분히 정신운동적인 성격을 띠었다. 부분적으로는 자작농지창설사업(1932년 10월), 면화증산계획(1933년 2월), 면양장려계획(1934년 3월), 기타 저리자금 융통에 의한 농가부채정리 등이 농가갱생운동과 연동하면서 진행되었다. 그러나 이는 운동이 비교적 모범적으로 진행되는 부락과 농가를 대상으로 우선적으로 혜택이 주어진 것

---

51) 「農山漁村振興計劃實施ニ關スル件」, 『朝鮮農村振興關係例規』, 9~12쪽.

에 지나지 않았다. 대부분의 농가는 계획표와 회계부 작성 및 행정기관을 동원한 지도라는 경제외적인 방식에 의존할 수밖에 없었다. 우가키(宇垣)가 농촌진흥운동에 대해 "자기노력에 의해 소작농으로의 낙하(落下)를 막아서, 소작에서 자작으로 상승해 가야 한다"[52]고 그 근본정신을 표현하고 있는 것은 총독부가 농촌구제의 기본을 그저 농민개인의 노력에서 구하고 있었음을 단적으로 말해준다고 할 수 있다. 총독부는 각급 행정기관 및 농민 스스로의 적극적 참여정신이야말로 갱생운동의 성패를 결정하는 열쇠라고 인식했으며, 진흥운동의 출발점부터 운동의 근본정신에 대한 선전활동에 힘을 쏟은 것도 진흥운동의 이러한 성격과 무관하지 않다.

이렇게 해서 1933년 5월에 제1차 갱생지도부락 선정 및 갱생계획 수립이 개시된 뒤 1939년까지 7차에 걸쳐 진흥운동은 계속적으로 추진되었다. 구체적으로 보면, 첫해에 1,950부락, 42,995호의 농가가 지도부락·농가로 선정되고, 1939년에 이르면 32,758개 부락, 약 70만호의 농가가 지도의 대상이 되었다. 젠쇼 에이스케(善生永助)가 보고한 바와 같이, 1920년대 후반에 총독부로부터 표창된 모범부락 총수가 258개소였던 점[53]과 1928년 충청남도의 지정진흥회 숫자가 241개소였음을[54] 생각해 보면 1920년대 후반에는 많게는 2,000개 정도의 모범부락이 있었다고 추측된다. 1930년대에 이르러 약 3만개 부락이 갱생지도부락으로 지정되었다는 것은 농촌진흥운동이 1920년대와는 확연하게 구별되는 차원에서 전면적으로 시행되었음을 나타내고 있다.

1935년 3월에 발표된 정무총감통첩 농가갱생계획실시상의 요항에 관한 건이 발표되면서 농촌진흥운동은 더 한층 전 조선적 차원에서

---

52) 『宇垣一成日記』 2, 916쪽.
53) 『朝鮮の聚落』 中篇, 129~167쪽.
54) 「忠淸南道の誇り」, 『朝鮮地方行政』 第10卷 4號, 1931. 4, 86~87쪽 참조.

본격적으로 확대 실시되기에 이르렀다. 통첩은 "농촌진흥운동의 수행상 조치해야 할 사항은 물론 많은데, 그 가운데 가장 중요한 것은 부락에 중견 선도할 수 있는 인물을 다수 그것도 신속하게 양성하는 데에 있다"[55]고 전제하고 농민훈련소·강습소 및 농업보습학교에 의한 중견인물의 장기양성과 군·도 혹은 농업보습학교에 의한 단기양성의 적극적 실시를 지시했다.

총독부는 이 지시를 각도에 하달하는 것에 의해서 1935년부터 본격적인 중견인물양성사업에 돌입하게 된다. 지역단위별로 다양하게 존재했던 양성기관 중 장기양성을 위해 특설된 농산어민훈련소와 농업보습학교는 실제로 중견인물을 양성하는 핵심기관으로 기능하였다. 이들 기관은 9개월부터 1년간의 교육일정으로 "농촌진흥운동에 수반하는 갱생지도부락의 중견인물을 양성"[56]하는 전문기관으로서의 역할을 수행했다. 이들 시설은 갱생지도부락의 중견인물 양성이라는 목적을 달성하기 위해 훈련생 선정지역을 갱생지도부락으로 한정하고 가능한 한 많은 지역에서 1명씩 선정하여 훈련시키는 방법을 취했다. 이들 기관의 시설수와 훈련생수는 중견인물에 대한 정무총감통첩이 발포된 1935년을 계기로 본격적으로 증가하고 있다. 선정된 훈련생수와 갱생지도부락수를 비교해 보면 1935년에는 같은 해의 갱생지도부락수 3,612부락의 34.6%를, 1938년에 이르면 6,370부락의 67.6%를 포괄하는 수준까지 확대되었음을 확인할 수 있다.[57] 이것은 총독부의 중견인물양성정책이 매우 광범위한 지역의 인물을 포함하게 되고, 그

---

55) 「農家更生計劃實施上ノ要項ニ關スル件」, 『朝鮮農村振興關係例規』, 12~13쪽.
56) 朝鮮總督府, 『農山漁村に於ける中堅人物養成施設の概要』, 1936. 12, 42쪽.
57) 이상 상세한 내용에 대해서는 『農村漁村に於ける中堅人物養成施設要覽』, 1940, 1~16쪽 참조.

들의 양성을 통해서 부락갱생운동의 실시가 동리 내부의 인물을 통해 어느 정도 가능한 수준에까지 진전되어 있었음을 의미하고 있다.

갱생지도부락의 선정과 이른바 갱생운동의 전개, 그리고 이와 짝하는 광범위한 중견인물의 양성은 총독부가 동리운영을 직접 장악하려는 당초의 목표를 실현하는 데에 결정적인 역할을 하게 된다. 총독부는 강점 전후부터 체계적으로 접근해 온 동리자치에 대한 억제책을 이 단계에서 완성하게 되는데, 동리자치에 대체하여 총독부가 동리를 직접 장악하는 매개체로서의 역할을 수행한 것이 바로 농촌진흥회였다. 이러한 현실은 진흥회의 구체적인 운영 실태를 보면 확연히 드러난다.

진흥회에 의한 동리운영의 실태에 대해서는 '모범적'인 진흥회의 사적을 소개하고 있는 전라북도의 『여명(黎明)을 바라보는 전북농촌』, 경상북도의 『자력갱생하고 있는 부락단체』, 충청남도의 『뻗어가는 농촌』 등 도 발행 서적이나 전조선의 진흥운동의 모범자를 표창하고 그 사적을 기록한 『농산어촌진흥공적자명감(農山漁村振興功績者名鑑)』을 통해서 알 수 있다.58)

총독부는 1920년대의 경험을 토대로 진흥회를 중심으로 하는 지역운영의 모델을 미리 설정하고 초기단계부터 각도에 진흥회규약준칙을 발포시켜서 통일적인 지역운영 체계를 전지역, 전진흥회에 실시하려고 했다. 총독부는 진흥회의 운영방식, 관공서와의 관계, 사업내용의 전반에 대한 포괄적 규정을 준칙에 의해 제시하고, 각 진흥회가 그에 준해서 규약을 정해서 지역운영에 임하도록 하였던 것이다. 지역운영의 기본방식으로서는 진흥회장과 부회장 및 진흥위원 등으로 구성되

---

58) 전라북도, 『黎明을 쳐다보는 全北農村』, 1934년 6월 ; 경상북도 『자력갱생하고 있는 부락단체』; 충청남도, 『뻗어가는 농촌』, 1933년 5월 ;『農山漁村振興功績者名鑑』, 1937.

는 간부를 중심으로 월례회를 개최하고 지역운영의 실무를 담당하는 동시에 청년단, 부인단을 병설해서 지역운영의 보조적인 역할을 담당하게 하고, 그것을 관의 지시와 감독에 의거해서 운영시키는 형태가 권장되었다. 또한 중심사업으로서 조세공과 납부 및 관의 장려, 지시사항의 준수, 그리고 농경법개선·부업·저축 등의 장려를 지시하였다. 진흥회를 관치보조의 기관으로서 위치지우는 동시에 산업장려에 적극적으로 임하도록 하는 정책방향이 취해졌음을 알 수 있다. 한편 종래의 지역운영 관행에 의해서 행해졌던 교화적 기능, 혼상계 등을 통한 상호부조의 기능, 입회지 관행에 의한 산림이용과 보호의 기능 등에 대해서도 진흥회에서 전반적으로 관리, 운영하도록 하고 있었다. 이것은 종래 동리단위의 자치적 운영관행을 진흥회라는 관치보조기관에 의해 완전하게 대체시킴으로써 총독정치에 순응하는 새로운 지역공동성을 전 조선에 보편적으로 창출시키려는 총독부의 정책의도의 표상이라고 할 수 있다.

한편 중견인물양성에 의해 진흥회를 통한 동리운영의 주체가 이 시기에 이르러 변화하였음을 확인할 수 있다. 『농산어촌진흥공적자명감』에 기재되어 있는 중견인물의 사례를 정리해 보면, 진흥회장 및 부회장 19명, 기타 7명의 사례가 실려 있는데, 이를 통해 1930년대의 동리운영 담당자의 성격을 개략적으로 파악할 수 있다.[59]

우선 연령구성을 보면 20대가 19%, 30대가 35%, 40대가 27%, 50대 이상이 19%로, 지역 내의 '고로(古老)'보다는 새로운 지역운영에 적극적으로 대응하기 쉬운 중견연령층이 그 대부분을 구성하고 있다. 또한 계층구성 내지 지역 내에서의 지위라는 측면에서 보면, 이전 시기와는 구별되는 특징이 발견된다. 즉, 1920년대의 모범부락 담당자가

---

59) 「更生指導部落中堅人物」, 『農山漁村振興功績者名鑑』, 1937, 89~187쪽의 내용에서 구성함.

대개 중소지주 정도의 경제적인 기반과 총독정치와 관련하는 사회적 지위를 가진 유지층에 의해 구성되었던 것과는 대조적으로 1930년대의 중견인물의 경우에는 유지로 판단되는 인물은 7명으로 35%(미상 6명을 제외하고 20명을 총수로 해서 계산한 비율), 유지라고 하기에는 경력이나 경제적 기반이 미약한 자작·자소작, 경우에 따라서는 소작농과 같은 일반농민이 13명으로 65%를 점하고 있다. 이러한 양상은 1930년대의 농촌조직화가 소수의 유지층에 머물지 않고, 일반농민 중에서 총독정치에 대한 협조층을 형성해가며 전개되었던 점을 확인할 수 있는 것이라고 할 수 있다. 『농산어촌진흥공적자명감』이 1936년말까지의 보고에 의거해서 작성된 것임을 감안하면, 중견인물양성과 진흥회의 조성이 본격화되는 1930년대 후반의 시기에는 이러한 농민층 담당자의 등장은 보다 현저한 양상을 보이게 되었으리라고 판단된다.[60]

결국, 농촌진흥운동은 현상적으로는 농민구제를 위한 농가갱생운동을 위주로 전개되었지만 실제에서는 농촌진흥회를 통한 면 이하의 지역단위에 대한 총독부의 직접 장악이라는 목표를 실현하는 것으로 귀결되어 갔다. 총독부는 진흥운동의 초기단계부터 이러한 정책목표를 설정했는데, 1930년대 초에는 목표달성을 위해 필요한 농민층으로부터의 지지기반 확보와 농민측 담당자 확보라는 전제조건을 충족할 수 없었기 때문에 대대적인 선전과 함께 농가갱생운동을 전개하는 데에 중점을 두지 않을 수 없었다. 그러나 갱생운동도 결과적으로는 총독부의 지방지배에 순응하는 중상층의 자작 및 자소작농에게 경제적 혜택

---

[60] 중견인물양성기관인 농민훈련소나 농업보습학교, 기타의 농사강습소 출신자가 4명에 지나지 않는 점도 사료의 작성시기 문제와 관련되어 있다고 생각된다. 이것도 역시 후반기로 가면 갈수록 양성기관의 출신자가 다수 출현하는 양상으로 변화해 간다고 생각된다.

이 주어졌고, 그 이면에는 다수 세농의 몰락이 존재하는 것이었다. 따라서 갱생운동은 농민구제적인 성격 보다는 중상의 농민을 중심으로 하는 농민측 협조자를 양산하기 위해 실시된 일종의 농촌조직화 정지작업으로서의 성격을 강하게 띠었다. 1935년부터 실시된 중견인물양성정책은 갱생운동과 같이 단순히 총독정치에 대한 협조자를 양산하는 것에 그치지 않고, 바야흐로 총독정치의 농민측 담당자를 직접 육성하려는 목적 아래 시행된 것이었다.

중견인물양성은 장단기 농민훈련에 의해 실시되었는데, 훈련내용에는 농가갱생의 실시요령은 물론 지역운영의 방식, 그리고 총독정치에 대한 적극적인 협조를 담보하기 위한 각종 공민교육이 포함되었다. 양성대상자는 대개 자작 혹은 자소작농에 집중되어 있으며, 배출인원은 갱생지도부락은 물론 일반부락까지 포괄하고도 남는 수에 도달해서 총독부는 동리 직접 장악을 위한 인적 기반을 확보할 수 있었다. 동리에 대한 총독부의 직접 장악의 구체적인 표현은 농촌진흥회를 통해서 나타났는데, 진흥회는 기본적으로 동리를 단위로 해서 조직되어, 동리의 지역운영기관으로서 기능하고, 내용적으로는 1920년대 후반의 모범부락이 보였던 지역운영의 새로운 체계를 전면적으로 실현하고 있었으며, 그것에 의해 기존의 자치적 지역운영 관행은 거의 그 의미를 상실하기에 이른다. 이러한 과정을 통해서 기존의 동리자치는 실제에서도 거의 소멸하게 되며 동시에 기존의 동리운영의 중심세력이었던 명망가층의 사회적인 지위도 상실되는 상황이 만들어지게 된다. 이와 같이 해서 총독부는 행정력 강화와 농촌진흥운동에 의한 농촌조직화를 완성하고, 여기에 지방지배의 첨병 역할을 한 면뿐만 아니라 농민의 삶의 터전인 동리까지도 직접 장악하게 되었던 것이다.

V. 맺음말

　이상에서 일제가 식민지 조선을 단지 중앙 권력의 장악 차원에서가 아니라 농민의 삶의 터전인 동리 단위까지 직접 장악해가는 과정을 살펴보았다. 이 과정에서 조선후기, 한말까지 유지되었던 동리자치가 일제의 관치보조적 기관인 농촌진흥회에 의해 대체되어 가는 사실을 확인할 수 있었다. 또한 동리자치에서 중심적 역할을 하였던 명망가층이 일제의 지배과정에서 사회적 영향력을 상실해 간 반면 새로운 유지층이 일제 지배의 동반자로서 등장하였고 1930년대에 이르면 일반 농민층 가운데서도 적극적 협력자들이 중견인물이라는 이름으로 육성되었음을 확인하였다. 이러한 역사 상황은 일제의 지방지배와 지역자치 간의 길항관계를 만들었고 적어도 국내의 농촌사회운동은 이 관계 구조 속에서 전개되지 않을 수 없었다.

　이상의 역사과정을 검토함으로써 다음과 같은 새로운 문제관심을 도출할 수 있다. ① 일제 강점 하의 농촌사회운동은 단지 경제관계, 계급구조 등의 차원에서만 볼 것이 아니라 명망가층의 사회적 지위의 변동, 그들의 행위, 유지층의 형성과 지방지배, 이들과 다양한 운동세력들과의 길항관계를 고려하면서 연구될 필요가 있다. ② 그동안 일반적인 차원에서 논의되어 왔던 민족분열정책은 일제의 지방지배 과정과 관련하여 보다 구체적으로 분석될 필요가 있다. 면협의회제도의 실시나 중견인물양성 등에 의해 다양한 계층, 다양한 지점에서 민족분열이 강요되었고 이러한 분열은 일제시기 조선 민중의 실상을 규명하는데 중요한 의미를 지닌다. 강요된 분열이었지만 이러한 상황에서 광범위한 일제 협조층이 양산되었고 이들의 존재는 해방 이후의 정치사회 상황, 왜곡된 의식구조를 배태하는 핵심 요인이 되었다. ③ 일제의 지배정책으로 인해 인위적으로 행정구획이 왜곡된 형태로 통폐합되었고, 이러한 구획을 단위로 하여 지속적으로 사회조직을 조성하는 등의 정책 집행으로 인해 사회문화적 전통성을 지니는 지역단위가 상당부분 해체되었다. 일제시기에 해체된 지역단위는 해방 이후에도 미군정을 통해 기본 골격이 유지되었고 이는 현대사회의 행정구획 상의 문제점의 연원이 되었다. ④ 자치기구를 환골탈태하여 관치보조기관으로 대체하였던 일제의 지방지배정책은 해방 이후에도 유지되었고 제3공화국의 새마을운동은 이를 확대재생산하는 성격까지 지니고 있었다. 자치와 관치의 대립 길항이 민권을 확대하는 방향으로 귀결되지 못하였던 현대사의 실상이 일제시기와 긴밀하게 연결되어 있음을 구체적으로 밝힐 필요가 있다. ⑤ 명망가층의 지위 상실과 새로운 유지층의 대두 역시 해방 이후에도 일정한 영향력을 발휘하고 있었다. 지역 사회에서의 유지층의 영향력, 부정적 이미지, 관권과의 결탁 등의 양상은 일제 시기부터 유래한 것으로, 긍정적이고 자치적인 지역문화를 새롭게 형성하기 위해서는 이러한 구태를 보다 구체적으로 연구할 필요가 있다. 역대 면장이나 관공서 출신자 혹은 그 집안에서 지방자치체 의원을 다수 역임하는 현실 등도 이와 무관하지는 않을 것이다.

일제 지배의 법적 구조

이 철 우[*]

I. 들어가는 말

 이 글에서는 일본 제국주의의 한국 지배가 어떤 법적 양식을 띠고 있었고 어떠한 법제도에 기초하였는지를 개관하고, 일제하의 법제 및 법질서의 성격을 조명하고자 한다. 해방 전과 후의 연속성을 찾아야 하는 실무적 요청에서가 아닌, 순수학문적인 견지에서 일제시대의 법을 연구하는 국내의 흐름은 1960년대 말 70년대 초에야 모습을 갖추었다. 초기의 연구 중 가장 많이 인용된 구병삭과 정문길의 고전적 연구는 법제도의 기본구조와 주요 법령을 소개, 정리함과 동시에 억압과 수탈의 수단으로서 법의 역할을 비판적으로 평가했다.[1] 그러한 논의의 방식은 이후의 여러 연구들에 계승되었다. 그로부터 지금까지 일제시대의 법에 대한 연구자들은 일제의 통치제도와 통치방식을 탐구하는 데 법에 대한 지식을 활용하거나 법제도를 소재로 일제의 통치방식을 읽어내는 것과 같이 거시적이고 종합적인 통치사 중심의 연구를 계속하는 한편, (협의의) 공법, 형사법, 민사법의 각 영역에서 역사상

---

* 연세대학교 법학과 교수
1) 구병삭・정문길, 『일제식민지하의 한국사회법제사 연구』, 문교부 연구보고서(사회학계 3), 1970 참조. 같은 견지의 글로서 선행하는 것으로 남흥우, 「일제의 한국침략에 있어서의 법규범과 그 적용에 관한 문제」, 『아세아연구』 12-1, 1965, 27~50쪽 참조.

을 재구성하는 작업을 수행해 왔다. 이 글은 연구사의 정리를 목적으로 하지는 않으나 그간 축적된 연구들을 직간접적으로 소개, 인용함으로써 연구의 흐름을 전달하고, 몇 가지 쟁점과 관련하여 법의 사회사를 재구성하기 위한 논의의 실마리를 찾고자 한다.

이 글은 그간의 연구가 축적한 사실의 이해를 계승한다. 그와 동시에 기존의 연구가 지닌 한계를 다음과 같이 지적한다.[2]

첫째, 그간의 연구는 악법을 소재로 하여 탄압과 수탈의 역사를 서술하는 데 그치는 경향이 있어 왔다. 그와 같은 연구들에서는 법은 탄압과 착취의 도구로 자리매김되며 법의 배후에 있는 일제의 관념은 억압과 수탈의 의도로 단순 환원되기 쉽다. 그러한 연구는 종종 감상적 어휘와 도덕적 평가를 앞세워 연구 대상인 사람들의 의미세계를 연구자의 정치적 관점으로 대체한다. 동시에 탄압과 착취가 적나라하게 드러나지 않는 실천영역에 대해서는 침묵하거나 비판을 포기하게 되며, 역으로 '부정적인 면' 외에 '긍정적인 면'을 함께 보자는 식의 절충적 가치판단에 입각한 반론에 취약하다.

둘째, 일제 지배의 억압적, 폭력적 성격을 강조하면서도 그 억압과 폭력의 성격은 규명하지 않는 경향이 있다. 서로 다른 사회 또는 서로 다른 역사시대에 행사되는 억압과 폭력은 단지 양적인 차이만을 가지는 것이 아니라 그것이 작동하는 사회적 조건과 기제, 또 문화적 매트릭스를 달리한다. 따라서 단지 일제의 '무자비한' 억압만을 강조할 것이 아니라 그 억압의 특수한 사회·문화적 조건과 기제를 밝혀내어야 한다.

셋째, 일제하 한국을 고찰함에 있어 제국 전체의 구도를 간과하는

---

[2] 기존의 어떤 연구가 어떤 한계를 지녔는지를 분명히 지적하는 것이 올바른 비판의 자세이겠으나 연구사의 비판적 검토는 다른 기회로 미루고 여기에서는 많은 연구들에서 종종 느끼는 문제점을 예시하는 수준에 그친다.

경향이 있다. 법제의 총체적 구조, 특히 제국 전체에 대한 지배체제 속에서 한국에 구축된 법제가 차지하는 위치를 규명해야 한다. 나아가 제국주의 법제의 여러 유형과 일본의 경험을 비교하는 것도 필요하다.

이 글에서는 이상의 문제의식을 바탕에 두고 제국 질서 속의 조선과 조선인의 공법적 지위, 재산과 가족질서, 형사사법과 권력이라는 세 주제에 관해 논의를 전개한다. 여기에서는 법사학계의 기존 연구에 의존할 뿐만 아니라 사회사와 경제사의 연구 중 법에 관해 의미 있는 부분들을 활용하고자 한다.3)

Ⅱ. 제국과 조선

이미 지적했듯이, 일제 지배의 성격을 파악하기 위해서는 제국 전체 속에서 차지하는 조선의 위치와 조선을 그렇게 자리매김하는 일본 제국주의의 논리를 살펴보아야 한다. 여기에서는 일본의 제국 관념을

---

3) 이 글은 저자의 선행 연구들에서 다루어진 내용을 포괄적으로 종합하는 것임을 밝힌다. 이철우, 「토지조사사업과 토지소유법제의 변천」, 『(박병호교수 환갑기념) 한국법사학논총』, 박영사, 1991 ; 「인류학과 사회사의 접점에서 본 법」, 최대권외 10인, 『법사회학의 이론과 방법』, 일신사, 1995 ; 「일제시대 법제의 구조와 법질서의 성격」, 한국정치외교사학회 엮음, 『한국정치와 헌정사』, 한울, 2001 ; 「1920~30년대 전라남도 순천지방의 사법기구와 분쟁」, 『사회와 역사』 62, 2002 ; 「일제하의 법과 사회-연구의 쟁점」, 『법사회학연구』 2, 2003 ; Chulwoo Lee, "Cultural Missions and Ideological Resources of Japanese Colonialism in Korea," 『법사학연구』 14, 1993 ; Chulwoo Lee, "Modernity, Legality and Power in Korea Under Japanese Rule," in Gi-Wook Shin and Michael Robinson, eds., *Colonial Modernity in Korea*, Cambridge, Mass. : Harvard University Asia Center, 1999 ; Chulwoo Lee, "Talking about Law and Society in Korea under Japanese Rule : Issues to Be Addressed," 『法社會學』 57(日本法社會學會誌), 2002.

살펴보고, 그에 바탕을 둔 제국의 법적 구성 및 일본 헌법질서에서 차지하는 조선의 지위를 개관한다.

1. 식민지 지배와 무력강점

오늘날 일제 지배를 식민지 지배라 부르는 것은 일반화되어 있다. 일본의 진일보한 과거사 인식을 보여준 것으로 평가되는 1995년 무라야마 담화는 "식민지 지배"에 대해 "통절한 반성"의 뜻을 표하였다. 일제시대사를 연구하는 국내외 학자들은 "식민지 자본주의", "식민지 근대성", "식민지 근대화", "식민지 조합주의", "식민지 규율권력", "식민지 방송정책" 등의 용어로써 일제하 한국사회의 현상들을 설명한다. 일본 제국주의의 성격을 서양의 독자들에게 일목요연하게 소개한 쿠블린(Hyman Kublin)의 고전적 논문, 일본 제국주의에 대한 총괄적 소개서로서 영향력을 확보한 마이어스(Ramon Myers)와 피티(Mark Peattie) 편집의 『일본식민제국, 1895~1945』(*The Japanese Colonial Empire, 1895-1945*) 등 해외의 주요 저술에서도 일제 지배를 설명함에 있어 '식민주의'라는 용어를 사용했다.4)

그런데 일제 지배를 식민지 지배로 볼 수 없다는 견해도 존재한다. 그러한 견해는 다음의 두 상반되는 입장으로부터 제기된다. 첫째는 일본 제국주의자들의 입장이다. 1895년 대만(臺灣)을 병탄한 때부터 일본 정부 내외에서는 해외 영토를 통치하는 기본방침에 관한 무성한 논의가 전개되었다. 그 논의는 대만과 조선을 얼마나 일본 본토와 같은 수단과 방법으로 통치할 것인가라는 문제에 관한 것이었다. 뒤에서

---

4) Hyman Kublin, "The Evolution of Japanese Colonialism," *Comparative Studies in Society and History* 2, 1959, 67~84쪽 ; Ramon Myers and Mark Peattie, eds., *The Japanese Colonial Empire, 1895-1945*, Princeton : Princeton University Press, 1984.

보듯이, 일본은 대만 및 조선과의 인종적, 지리적, 문화적 근접성을 내세워 지배를 정당화한 반면 실제로는 일본 본토와 차별화되는 방식으로 통치하는 양면전략을 구사했다. 일제는 지배를 정당화함에 있어 일본의 제국 경영 원리가 서유럽 식민주의와 다르다는 점을 강조하였으며, 일본 정부는 해외 영토를 나타내는 공식적 용어로서 '식민지(colony)'를 피하고 그 대신 외지(外地)라는 용어를 사용하여 본토를 뜻하는 내지(內地)와 구별했다.5) 둘째는 일제의 지배가 인접국에 대한 무력강점이었음을 강조하는 한국의 일부 학자들의 견해이다. 이태진은 다음과 같이 말한다. "36년간의 일본의 한국 통치는 명백한 군사 강점이었다. '식민지', '식민지시대'는 그들의 용어일지언정 우리가 취할 용어는 아니다."6) 다시 말하자면, 식민지 지배라는 용어는 일제 지배가 무력에 의한 강점이었음을 정확히 표현하지 않는다는 것이다.

일제의 지배를 식민지 지배로 볼 것인가의 문제는 일본 제국주의에 대한 정치적, 도덕적 평가와 밀접한 관계를 맺고 있다. 오늘날에는 '식민지 지배'는 나쁜 행동으로서 사죄해야 마땅하다는 인식이 많은 사람들에게 공유되어 있고, 무라야마 담화는 그러한 인식을 반영하고 있다. 국제적으로도 적어도 제2차 세계대전 후에는 식민주의를 부정하는 데 공감대가 형성되었다. 그러나 식민지 지배의 죄악을 모두가 공히 인정하는 것은 아니다. 식민지 지배가 가져온 문명화, 근대화, 경제성장의 혜택은 식민지 치하에서 빚어진 폭력보다 더 크다는 식의 논리가 비단 식민주의자들 뿐만 아니라 식민지 지배를 받은 사람들 사이에도 유포되어 있으며, 동아시아를 연구하는 서양학자들은 일본의

---

5) 물론 행정 당국과 일반인들이 식민지(植民地)라는 용어를 사용하지 않은 것은 아니다.
6) 이태진 「'보호'에서 '병합'까지-점철된 강제, 기만, 범법」, 『일본의 대한제국 강점-'보호조약'에서 '병합조약'까지』, 까치, 1995, 17쪽.

식민지 지배를 그것의 득과 실을 비교하여 평가하자고 제안하기도 한다.[7] 일본 우익은 식민지 지배에 대해 사죄한 예는 세계적으로 찾을 수 없다고 하면서 한국의 과거청산 요구가 유별나다고 말한다. 일제 지배가 식민지 지배가 아닌 무력강점이었다고 말하는 사람들은 그러한 주장을 일축하고 일제 지배에 대한 단죄를 확실히 하려는 것으로 보인다.

식민지 지배라는 말이 가지는 정치적, 도덕적 함의를 일단 뒤로 하고 분석적 범주로서의 식민주의 또는 식민지 지배를 정의한다면 어떻게 되는가? 사회과학 사전들은 식민주의(colonialism) 또는 식민지 지배(colonial rule)를 "지배국으로부터 분리되고 지배국에 종속된 이민족을 지배하는 것",[8] "강한 국가가 자신의 이익과 번영을 위해 약한 사회를 복속시키고 점령하고 착취하는 행위",[9] "지배 권력에 의해 병합된 영토가 지위에 있어서 종속적인 제국주의의 특정 형태"[10] 등으로 정의한다. 이상을 종합하면 식민지 지배는 지배집단과 피지배집단 간 지위의 격차를 둔 이민족 지배로 정의된다. 그러한 정의는 대단히 넓어 많은 이민족 지배에 적용될 수 있다. 또 무엇을 식민지 지배로 보고 무엇을 그렇게 보지 않는가에 대한 기준이 뚜렷한 것은 아니며, 개념의 적용을 배제하는 경우 왜 그리하는지를 설명하는 것이 어려운

---

7) Mark Peattie, "Japanese Colonialism : Discarding the Stereotypes," in Harry Wray and Hilary Conroy, eds., *Japan Examined : Perspectives on Modern Japanese History*, Honolulu : University of Hawaii Press, 1983, 210~211쪽.
8) Rupert Emerson, "Colonialism : Political Aspects," in International Encyclopedia of the Social Sciences, Vol.3, London : Macmillan, 1974, 1쪽.
9) Lawrence Ziring, and C. I. Eugene Kim, *The Asian Political Dictionary*, Santa Barbara : ABC-Clio, 1985, 63쪽.
10) Charlotte Seymour-Smith, *Macmillan Dictionary of Anthropology*, London : Macmillan, 1986, 43쪽.

때도 많다. 예를 들어, 시베리아와 중앙아시아 민족들에 대한 러시아와 소비에트의 지배는 식민주의의 전형적인 양상을 보여주었다는 평가도 있지만,11) 식민지 지배의 범주에 포함시키지 않는 입장도 있다.12) 동티모르에 대한 포르투갈의 지배를 식민지 지배로 묘사하는 데는 이론이 없지만, 인도네시아의 통치를 그렇게 규정하는 경우는 찾기 어렵다. 인근 지역에 대한 독일의 점령과 발틱 3국에 대한 소비에트의 지배는 식민지 지배라 부르지 않는다.13)

위의 정의가 지배 행위의 외면적 양상을 중심으로 하는 것이라면, 지배의 이데올로기와 정당화 논리를 기준으로 식민지 지배와 그렇지 않은 것을 구분해 봄직도 하다. 서유럽 국가들의 식민주의 경험을 소재로 본다면, 인종적 우월감, 문명화과업(mission civilisatrice)을 수행한다는 관념, 사회적 다원주의(social Darwinism) 세계관 등이 식민주의의 징후로 주목된다. 특히 인종주의(racism)는 식민주의에 "일관되게 수반되는" 징표로 여겨져 왔다.14)

행위의 외면적 양상을 중심으로 보건, 지배의 정당화 논리라는 관념적 기준으로 보건, 일제의 한반도 지배는 식민지 지배의 모습들을

---

11) D. K. Fieldhouse, *The Colonial Empires : A Comparative Survey from the Eighteenth Century*, 2nd ed., London : Macmillan, 1982, 334~341쪽.
12) Rupert Emerson, "Colonialism : Political Aspects," in *International Encyclopedia of the Social Sciences*, Vol.3, London : Macmillan, 1974, 1쪽.
13) 서유럽 국가들의 식민주의와 스스로를 차별화하면서 식민주의 개념의 적용을 많건 적건 거부한 예로, 소비에트의 시베리아 및 중앙아시아 지배, 19세기말에 시작된 알래스카, 하와이, 괌, 마리아나 군도, 푸에르토리코에 대한 미국의 지배, 20세기 전반기의 쿠바, 도미니카, 니카라과, 아이티에 대한 미국의 군사적 개입을 들 수 있다(D. K. Fieldhouse, 앞의 책, 339~348쪽 ; Lawrence Ziring and C. I. Eugene Kim, 앞의 책, 71~72쪽).
14) Charlotte Seymour-Smith, *Macmillan Dictionary of Anthropology*, London : Macmillan, 1986, 43쪽.

여실히 보여주었다. 이민족을 정복하여 종속적 지위를 강요하고 그러한 지배를 종족적(ethnic) 우열 관념으로 정당화하려 했다는 점에서 그러하다. 그러나 식민주의의 개념은 연역적으로 서유럽 자본주의 국가에 의한 비서구사회의 지배로부터 도출된 것으로서, 그 외의 사례들에 적용할 때에는 동일한 이미지가 연상되지 않는 것이 사실이다. 일제의 지배는 서유럽 제국주의에서 찾아볼 수 없는 특이한 면모를 보여주었고, 그것은 식민주의 또는 식민지 지배라는 용어를 적용함에 의해 충분히 포착되지 않는다. 일제 스스로 강조한 바와 같이 지배집단과 피지배집단이 인종적, 지리적, 역사적, 문화적으로 분리되어 있던 서유럽의 식민지 지배와 달리 지리적으로 인접한 두 집단이 오랫동안 밀접한 관계를 맺어왔다는 사실은 일제 지배를 식민지 지배라는 용어가 불러일으키는 통상의 이미지와는 다른 것으로 만들었다. 그러한 인식이 일제의 정당화 논리를 그대로 받아들이는 것으로 오해되어서는 안 된다. 서유럽 국가와 비서구 식민지의 관계와 구별되는 한국과 일본의 특수한 관계는 일본 제국주의에 저항하는 한국인의 관념에도 반영되었다.

일제 지배에 대한 한국인의 적대감, 그리고 피지배의 경험을 유달리 비통하게 생각하는 정서는 식민지 지배에 공통적으로 나타나는 현상들만으로는 설명할 수 없고, 지배집단과 피지배집단의 특수한 관계에서 그 원인을 찾아야 한다.[15] 그 특수한 관계는 역사적으로 교호해 온 인접국간의 점령과 병합이다. 19세기 말부터 지금까지 계속되어온 동유럽의 분규는 식민지 지배에 해당하지 않는 인접국간의 점령과 병

---

15) 일제 지배에 대해 한국인이 유달리 강한 적대감을 가졌고 집요하게 저항했다고 말하는 것이 일제 지배의 경험이 모든 한국인들에게 같은 의미로 받아들여진 것이 아니라는 사실, 그리고 일제 잔재가 철저히 청산되지 못하였다는 사실을 부정하는 것이 아님은 물론이다.

합이 식민지 지배에 비해 더 큰 폭력과 상처를 수반할 수 있음을 보여준다. 한국과 일본이 지리적, 역사적, 문화적으로 근접하다는 사실은 일제의 지배를 정당화하는 조건으로 원용되었지만, 동시에 일제의 억압과 한국인의 저항을 강화하는 배경이기도 했다.16) 일제의 지배를 '강점'이라고 표현하는 한국인들의 용어 사용은 일제의 지배를 정당하지 않은 전쟁을 통한 영토의 점령으로 보는 시각을 담고 있으며, 이는 자신을 포로로 대우하라는 안중근의 주장과도 맥을 같이 한다. 식민지 지배라는 용어에는 이러한 특수한 관계와 정서가 충분히 반영되지 않는다.

한편 피티는 아시아적 정체성에 호소하면서 인접 지역을 병탄한 일본 제국주의를 아렌트(Hannah Arendt)가 말하는 '대륙형 제국주의(continental imperialism)'에 비견했다.17) 대륙형 제국주의는 "식민지도 없고 해외 팽창의 희망도 없는 상태에서 다른 강대민족처럼 팽창

---

16) 커밍스(Bruce Cumings)는 이를 다음과 같이 묘사한다. "일본의 인접 영토가 부족들이 드문드문 살고 있을 뿐이고 영토를 갖춘 승인된 국민국가의 지위를 주장하지 못한 아프리카와 달랐다는 점이 일본에게는 불행이었다. 일본은 아무 것도 없는 데에서 새로운 국민체(nation)를 만들어낸 것이 아니라 500년간 지속된 조선왕조를 파괴해야 했다. 새 국민체를 만들기보다는 오래된 국민체에 종지부를 찍은 것이다. 그래서 한국에서의 식민지 사업을 정당화하려는 일본의 시도는 늘 한국인들에게 얼토당토하지 않은 것으로 받아들여져 왔다.……한국에 대한 일본의 식민지 지배는 아프리카와 동남아에 대한 유럽의 식민지 지배보다는 예컨대 영국과 아일랜드, 독일과 폴란드의 역사적 관계와 더 유사하다.……일본은 하나의 민족이 아니라 하나의 국가를 식민지화했을 뿐이다. 자신이 일본에서 온 '섬나라 야만인들'보다 우월하다고 오랫동안 간주해온 국가를 대체한 것이다."(Bruce Cumings, "The Legacy of Japanese Colonialism : Some Preliminary Comparisons," in Ramon Myers and Mark Peattie, eds., 앞의 책, 485~486쪽).

17) Mark Peattie, "Introduction," in Ramon Myers and Mark Peattie, eds., 앞의 책, 14쪽 ; Mark Peatiie, "Japanese Attitudes Toward Colonialism, 1895~1945", 위의 책, 123쪽.

할 권리가 있으나 해외에서 그렇게 할 수가 없다면 유럽에서밖에 할 수 없다고 마음먹은" 19세기 말 20세기 초의 중동부 유럽 민족들의 움직임에서 도출한 개념이다. 이는 범게르만주의, 범슬라브주의에서 보듯이 공통의 정체성을 팽창의 근거로 삼는 제국주의를 뜻한다.18) 이 개념은 전통적 식민주의와 다른 면모를 보인 일본 제국주의를 바라보는 데 시사를 준다. 그러나 아렌트가 대륙형 제국주의에서 강조하는 모습은 영토를 둘러싼 국가 간의 충돌과 병합이 아니라 거대한 종족집단(ethnic group)의 이름으로 국가의 틀을 넘어서려는 밑으로부터의 움직임과 그에 의해 타자화되는, 유태인과 같은 제3집단을 향한 폭력이라는 점에서, 일본과 한국이라는 서로 다른 국민체(nation) 사이의 갈등에 주목하는 우리의 관심과 일치하지 않는다. 대륙형 제국주의는 여러 국가에 걸쳐 있는 거대 종족집단의 집단의식을 자극하고 "제도로서의 국가에 대한 적대감"을 표출한 데 반해 일본 제국주의는 아시아라는 훨씬 느슨한 지역 또는 인종집단의 통합을 내세우면서도 일본이라는 국민체를 국가주의적으로 동원하여 일본과 구분되는, 뚜렷한 국가적 경계 속에 형성되어온 타민족을 복속시키고 그들을 자기와 차별화하였다는 점에서 차이가 있다.19) 때문에 피티는 일본 제국주의로부터 대륙형 제국주의의 색채를 발견하면서도 전통적인 해외팽창형

---

18) Hannah Arendt, *The Origins of Totalitarianism*, New ed., San Diego, New York and London : Harcourt Brace Jovanovich, 1951, 제9장.
19) "'대륙형 제국주의'와 해외팽창형 제국주의(overseas imperialism)가 국민국가의 협소함을 경멸하는 점에서 공통적이라면, 전자는 경제적 주장 때문이 아니라······'확대된 부족의식(tribal consciousness)' 때문이다. 그것은 유사한 민족적 기원을 갖는 사람들을, 역사와 그들의 거주지에 관계없이 통합하는 것으로 여겨진다.······해외팽창형 제국주의가······국민국가의 낡은 제도들에 새로운 삶을 불어넣는 데 성공하였다면 대륙형 제국주의는 모든 기존의 정치체들에 분명한 적대감을 지녀왔다."(Hannah Arendt, 위의 책, 223, 225쪽).

제국주의에서 보는 분리와 차별의 면모가 기이하게 결합되어 있음에 주목한다.20) 일제의 그러한 지배전략은 메이지시대 이후 일본이 구축한 아시아관을 반영한다. 메이지유신 이후 일본은 서양에 대립되는 아시아의 정체성을 강조함과 동시에 여타의 아시아 사회에 대한 일본의 우월성을 강조하는 양면전략, 즉 자아(self)이면서 동시에 타자(other)로서의 아시아를 만들어내는 양면적 동양담론, 그들의 '오리엔탈리즘'을 구성했다.21)

일제의 지배가 분석적 개념으로서의 식민지 지배에 해당한다는 점은 부정할 수 없다. 그러나 전통적 식민주의와 다른 많은 모습들을 보였고, 그것이 정당화와 함께 긴장을 불러일으켰다. "식민지적"이라는 수식어만으로는 그러한 일본 제국주의의 특수한 모습을 포착하는 데 충분치 않다. 그것은 한국이 이민족의 지배를 받았다는 사실 외에는 별로 말해주는 것이 없다. 따라서 이 글에서는 관용되는 '식민지 지배'라는 용어로서 일제의 한국통치의 성격을 규정하기보다는 '점령지'에 대한 일제의 전략이 가지는 복합적인 모습에 주목하고자 한다.

2. 병합에 이르는 과정

'대일본제국헌법'이 제정된 것은 1889년이었다. 메이지유신이 단행된지 20여 년이 지난 이 당시까지 일본이 획득한 해외 영토는 쿠릴열도와 류큐(琉球), 오가사와라(또는 보닌) 섬에 불과했다. 일본이 본격

---

20) "일본의 사례의 아이러니와 비극은 식민제국이 결국 두 패턴으로부터 도출되는 최악의, 그리고 가장 모순된 인종적 가정들을 포함하였다는 점이다."(Mark Peattie, "Introduction," in Ramon Myers and Mark Peattie, eds., 앞의 책, 15쪽).
21) Stefan Tanaka, *Japan's Orient : Rendering Pasts into History*, Berkeley : University of California Press, 1993.

적으로 제국주의 열강 대열에 합류한 것은 청일전쟁의 승리로 1895년 시모노세키(下關)조약을 체결하면서부터였다. 이 조약에 의해 일본은 대만을 얻었고, 대만 경략을 통해 제국 경영의 노하우를 습득·개발하였다. 중국은 시모노세키조약에서 대만과 함께 요동(遼東)의 관동주(關東州)를 일본에 할양했다. 그러자 만주에 대한 일본의 세력 확장을 우려한 프랑스, 독일, 러시아는 이른바 3국 간섭을 통해 일본의 진출을 방해하면서 관동주를 러시아에 25년간 조차(租借)하도록 강제했다. 그러나 러일전쟁에서 러시아를 격파한 일본은 1905년 포츠머스(Portsmouth)조약을 통해 관동주에 대한 러시아의 조차권을 양수하고, 러시아가 구축한 남만주철도와 그 부속지에 대한 지배권도 획득했다. 같은 조약은 사할린의 북위 50도 이남 지역을 러시아로부터 일본에 이양했는데 일본은 이 지역을 가라후토(樺太)라 불렀다. 일본은 1915년 21개조 요구로 중국을 압박하여 관동 조차지에 대한 권리를 99년으로 연장했다. 이어 제1차 세계대전 참전과 더불어 독일령 태평양 군도를 점령했는데 이 섬들은 1919년 베르사이유(Versailles)조약에 의해 국제연맹의 관리에 들어갔다가 일본의 위임통치에 이전되었다.22)

한국은 을미사변 후 러시아 세력을 이용하여 일본을 견제했으나 일본의 러일전쟁 승리와 더불어 곧바로 일본의 공략 대상이 되었다. 일본은 1904년 러일전쟁 기간 중 한국을 압박하여, 시설개선에 관한 일본의 충고를 받아들이고 한반도내 일본의 군사작전에 협력하는 것을 내용으로 하는 '한일의정서'를 체결했다. 그리고 같은 해 '한일협약'을 체결하여 정부 주요 부문에 일본인 고문을 두는, 이른바 고문정치를 시작했다.

---

22) Mark Peattie, 앞의 글, 217~229쪽.

포츠머스조약이 체결된 지 2개월 후인 1905년 11월 일본은 한국 각료들을 강박하여 을사조약을 체결했다.[23] 이로써 한국은 외교권을 상실하고 일본의 보호국(protectorate) 지위로 전락하였다. 을사조약과 관련해서는 다음 두 쟁점이 논의되어야 한다. 첫째는 조약의 효력에 대한 의문이다. 일본은 서울을 군사적으로 장악하고 한국 정부의 대신들을 강박하여 조약에 서명케 하였으나 고종황제의 비준을 받아내는 데 실패했다.[24] 당시 국제법질서에서는 어떤 국가에 대한 강박을 이유로 조약의 효력을 부정하지는 않는 것이 관행이었다. 그러나 조약 체결에 임하는 국가 대표에 대한 강박은 무효의 원인으로 인정했다. 국제법학자 프란시스 레이(Francis Rey)는 1906년의 한 논문에서 이 점을 들어 을사조약의 효력을 부정했다.[25] 조약이 비준권자인 황제의 비준을 결여하였다는 점도 그 효력을 부정할 만한 중대한 하자(瑕疵)이다.[26] 둘째, 조약의 효력 문제와는 무관하게, 한국은 을사조약에 의

---

[23] 을사조약에는 공식 명칭이 없다. 또 그 조약의 영문 표현도 agreement라고 했다가 convention이라 하는 등 일관성을 결여했다(이태진, 「조약의 명칭을 붙이지 못한 '을사보호조약'」, 이태진 엮음, 『일본의 대한제국 강점-'보호조약'에서 '병합조약'까지』, 까치, 1995). Agreement와 convention에 대한 당시의 번역어도 지금과는 달랐던 것 같다. 오늘날의 국제법 용어의 번역례에 의하면 agreement는 협정으로, convention은 협약으로 번역된다.

[24] 강박을 넘어 외부대신 박제순의 직인을 강제로 빼앗아 날인한 것으로 알려져 있다(이태진, 「'보호'에서 '병합'까지-점철된 강제, 기만, 범법」, 이태진 엮음, 『일본의 대한제국 강점-'보호조약'에서 '병합조약'까지』, 까치, 1995, 13쪽).

[25] 프란시스 레이(Francis Rey), 「대한제국의 국제법적 지위」, 이태진 엮음, 『일본의 대한제국 강점-'보호조약'에서 '병합조약'까지』, 까치, 1995.

[26] 백충현, 「국제법으로 본 1900년대 한일조약들의 문제점」, 『한국사시민강좌』 19, 1996, 72~85쪽. 1904년부터 1910년 병합에 이르기까지의 조약들이 체결된 과정과 조약들이 가진 하자(瑕疵)에 대해서는 이태진 엮음, 『일본의 대한제국 강점-'보호조약'에서 '병합조약'까지』, 까치, 1995 참조.

해 일본의 제국질서에 편입되었다. 즉 1910년의 병합 이전에 이미 일제의 지배는 시작된 것이다. 콘로이(Hilary Conroy) 등 소위 수정주의 (revisionist) 일본사 연구자들은 일본이 한국을 장악한 것이 사전에 계획된 것이 아닌, 우연히 발생한 사건이라고 말한다.27) 보호국으로 지배할 것인가 또는 영토의 일부로 병합할 것인가는 제국주의적 지배의 방법상의 문제에 불과함에도 불구하고 을사조약 이후의 5년간의 과정을 논하면서 일제의 행위가 계획된 것이었는지 우연적인 것이었는지를 논하는 것은 무의미할 뿐만 아니라 현실을 호도하는 것이 될 수 있다.28)

---

27) Hilary Conroy, *The Japanese Seizure of Korea, 1868-1910*, Philadelphia : University of Pennsylvania Press, 1960 ; Hilary Conroy, "Meiji Imperialism : Mostly Ad Hoc," in Harry Wray and Hilary Conroy, eds., 앞의 책.

28) 콘로이는 명치시대의 주류 지도자들이 한국을 식민지화하기보다는 개화하는 것을 목표로 삼았고, 일본의 한국 지배는 "계획되지 않은"(unplanned), "대체로 임기응변적"(mostly ad hoc)인 것이었으며, 병합은 "사전에 획책된 살인"(premeditated murder)이 아닌 "사고에 의한 죽음"(accidental death)이었다고 말했다(Hilary Conroy, 앞의 책, 83쪽 ; Hilary Conroy, "Meiji Imperialism : Mostly Ad Hoc," in Harry Wray and Hilary Conroy, eds., 앞의 책). 일본의 전략이 처음부터 계획된 것이 아니었다는 견해는 다른 일본 연구자들에게서도 찾아볼 수 있다(Ann M. Harrington, "Meiji Imperialism : Not Based on Preordained Design," in Harry Wray and Hilary Conroy, eds., 앞의 책 ; Mark Peattie, "Introduction," in Ramon Myers and Mark Peattie, eds., 앞의 책 ; Marius Jansen, "Japanese Imperialism : Late Meiji Perspectives," 위의 책 ; W. G. Beasley, *Japanese Imperialism 1894-1945*, Oxford : Clarendon. 1987). 한 국가가 다른 국가를 지배하는 "계획"이 과연 어느 정도 구체적으로, 어떤 모습으로 존재할 수 있는 것인지에 대해서는 사회과학적인 논의가 필요하다. 콘로이의 주장을 반박하는 한 연구자는 국가 내의 장기적인 목표 설정을 "계획"이라고 한다면 1870년대의 정한론 단계에서부터 계획이 있었다고 단언하면서 보호국 지배와 병합은 모두 제국주의의 방식이므로 병합의 획책이 언제부터 있었는가를 논하는 것은 핵심에서 벗어난다고 콘로이를 비판한다(Bonnie B. Oh, "Meiji Imperialism : 'Phenomenally

을사조약은 외교권의 박탈을 내용으로 하는 것이었지만 조약에 따라 설치된 통감과 '통감부 및 이사청(理事廳) 관제(官制)'에 의해 구성된 통감부는 시정개선이라는 명목으로 각종 내정에 간섭하였다.29) 간섭은 1907년의 정미7조약에 의해 강화되었다. 헤이그밀사사건을 계기로 일제가 고종의 폐위를 요구한 결과 황태자로 하여금 황제를 대리케 한다는 조칙(詔勅)을 얻어낸 후 체결한 이 조약(제3차 한일협약이라고도 함)은 통감에게 시정개선지도권, 법령 및 행정처분의 사전 승인권, 한국 고등관리 임면의 사전 동의권을 명시적으로 부여하고, 통감으로 하여금 일본인을 한국 정부의 관리로 추천하여 임명되도록 했다.30) 이처럼 단계적으로 강화된 일제의 내정간섭은 결국 1910년 병합조약으로 귀결되었다. 정미조약과 병합조약 역시 체결상의 하자를 노출했다. 정미조약도 을사조약과 마찬가지로 정부 대표의 위임장이나 비준서를 결여했다.31) 병합조약의 경우 비준에 갈음할 황제의 공포조칙에의 서명을 결여했고, 더욱이 한국 정부의 "외교에 관한 사항을 관리"하는 직책에 있던 통감이 일본을 대표하였다는 점이 하자로 지적된다.32)

Rapid'," in Harry Wray and Hilary Conroy, eds., 앞의 책, 126~127쪽, 130쪽).
29) 시정개선을 명목으로 하는 간섭은 을사조약에 근거가 없으며 1904년의 한일협약 제1조의 "시정의 개선에 관한 충고를 받아들일 것"이라는 규정을 어렴풋한 근거로 할 뿐이었다(정긍식, 『한국근대법사고』, 박영사, 2002, 123~124쪽 참조).
30) 정긍식, 『한국근대법사고』, 박영사, 2002, 124쪽.
31) 이태진, 「통감부의 대한제국 보인(寶印) 탈취와 순종황제 서명 위조」, 이태진 엮음, 『일본의 대한제국 강점-'보호조약'에서 '병합조약'까지』, 까치, 1995, 130~131쪽.
32) 이태진, 「공포 칙유가 날조된 '일한병합조약'」, 이태진 엮음, 위의 책 ; 戶塚悅朗, 「'을사보호조약'의 불법성과 일본정부의 책임」, 이태진 엮음, 위의 책, 316~317쪽.

3. 일본 헌법질서에서 조선의 지위

형식적으로 보호국은 토착 국가가 존재하는 것이므로 토착 제도를 유지 또는 변경하여 활용하고 지배국이 이에 간섭을 하는 방식으로 다스려진다. 이에 비해 할양과 병합에 의해 일본에 복속한 대만과 조선은 완전히 일본의 영토가 되었다. 그런데 대만과 조선이 일본의 영토가 된 것은 '대일본제국헌법'이 제정된 후였으며, 신영토의 통치에 관한 구체적인 헌법적 근거와 방침은 존재하지 않았다. 대만을 영유(領有)하게 된 일본은 거의 백지상태에서 통치의 방침을 고민하였다.

이때 일본 정부에 의견을 제시한 영국인 고문 커크우드(Montague Kirkwood)는 선택할 수 있는 방안으로 다음의 세 가지를 들었다. 첫째는 미합중국과 같은 연방국가, 둘째는 영국의 인도 지배와 같은 식민지 지배, 셋째는 러시아의 중앙아시아 지배나 영국의 웨일스 및 스코틀랜드 지배와 같이 제국의 일부로 편입하는 방안이었다. 커크우드는 대만인들을 일본인과 동일하게 취급하는 것은 어려울 것이므로 본국과는 별도의 법제와 통치제도를 실시할 것을 제안하면서 두 번째 방안을 권고했다. 한편 또 다른 외국인 고문인 루봉(Michel Lubon)은 출신국인 프랑스의 경험을 바탕으로 다른 의견을 제시했다. 그는 대만이 장래 제국의 한 현(縣)으로까지 동화될 수 있다고 전망하면서, 프랑스의 알제리 통치에서와 같이 대만인들에게 일본법을 연장 적용할 것을 권고했다. 그는 대만에 일본법을 직접 적용하는 한 토착제도를 존중해야 하는 관동주(關東州)와는 달리 '식민지'라 부를 수 없다고 말했다.33) 루봉의 의견은 외무차관으로서 대만정책 입안에 참여하고

---

33) 두 외국인 고문의 의견에 대하여는 Edward I-te Chen, "The Attempt to Integrate the Empire : Legal Perspectives," in Ramon Myers and Mark Peattie, eds., 앞의 책, 249~250쪽 ; 春山明哲, 「明治憲法體制と臺灣統治」, 『近代日本と植民地 4 : 統合と支配の論理』, 東京 : 岩波書店, 1993, 34~35

있던 하라 다카시(原敬)의 지지를 받았다. 후에 총리대신이 되는 하라는 일본인과 대만인 사이의 인종적, 문화적 유사성을 강조하면서 대만이 제국의 일부를 구성하는 것은 시코쿠(四國)나 규슈(九州)가 일본 영토를 구성하는 것과 동일하다고 말하였다. 그는 일본의 대만 영유를 프랑스의 알제리 지배 외에도 독일이 알사스-로렌(Alsace-Lorraine)을 취한 것에 비유했고 일본의 대만 지배가 지배자와 피지배자간의 문화적 차이가 현저한 유럽의 식민주의와 판이한 만큼 대만을 식민지라 부를 수 없음을 역설했다. 그는 대만의 사정이 허락하는 한 모든 일본법령을 대만에 적용하고 필요한 경우에 한해 칙령으로 공백을 메울 것을 제안했다.[34]

대만을 제국의 통치질서 속에 단단히 결박하고 대만인을 동화시켜 일본인으로 만들겠다는 생각은 대부분의 정책당국자들에게 공유되어 있었다. 그러나 이토 히로부미(伊藤博文) 내각과 대만통치당국의 최종적 판단은 루봉이나 하라의 철저한 동화주의와는 차이가 있었다. 계속되는 무장저항과 대만의 문화가 열등하다는 인식은 일본의 제도를 그대로 대만에 적용하는 것이 무리라는 생각을 가져왔다. 그런 인식하에 1896년 제국의회는 '대만에 시행할 법령에 관한 법률'을 통과시켰다. 법률 63호로 불린 이 법률은 대만총독에게 그 관할구역 내에서 "법률의 효력을 갖는 명령"을 발할 권한을 부여했다. 율령(律令)이라 불린 이 입법의 형식은 제국의회의 "협찬"을 입법의 요건으로 한 헌법 제5조에 반한다는 반론에 부딪혔는데 이에 대해 대만통치당국은 헌법이 신영토에 대해 아무런 규정을 두고 있지 않았고 일본 본토에

쪽 ; 小熊英二, 『'日本人'の境界-仲繩・アイヌ・朝鮮/植民地支配から復歸運動まで』, 東京 : 新曜社, 1998, 78~85쪽 참조.
34) 萩原彦三, 「日本統治下朝鮮の法制」, 『友邦シリズ』 14, 1971, 1~3쪽 ; Edward I-te Chen, 위의 책, 250~251쪽 ; 小熊英二, 앞의 글, 83~86쪽.

서 헌법을 공포한 형식인 칙령에 의해 명시되지 않은 이상 대만에는 헌법이 적용되지 않는다고 반박했다.35) 그러나 제국의회는 헌법이 대만에도 적용된다는 입장을 취했으며, 법률의 위임에 의해 행정부가 명령으로써 입법사항을 정할 수 있다는 위임입법의 개념을 가지고 율령 제정권을 정당화했다. 다만 법률 63호를 승인함에 있어 3년의 시한을 부가했다.36) 그러나 구체적인 법률에 의해 필요한 범위를 정하여 법규명령의 제정을 행정부에 위임한다는 위임입법의 원리는 총독에게 포괄적인 입법권을 부여하는 율령을 정당화하는 데에는 무리가 있었으며, 이 때문에 법률 63호는 계속 위헌 시비에 시달려야 했다. 그러한 우여곡절에도 불구하고 동 법률은 1899년, 1902년, 1905년에 각각 갱신되었고, 1907년에는 시한을 5년으로 연장한 법률 31호에 의해 대체되었다.37)

이와 같은 대만 통치를 위한 입법의 기본 골격은 병합 후의 조선을 통치하는 데에도 모델이 되었다. 일제는 병합과 더불어 '조선에 시행할 법령에 관한 건(件)'이라는 칙령을 공포하고 1911년 같은 제목과 내용의 제국의회 법률 30호를 공포했다. 이 법률의 6개 조항은 다음과 같다.

    제1조 : 조선에 있어서 법률을 요하는 사항은 조선총독의 명령으로써 이를 규정할 수 있다.
    제2조 : 전조의 명령은 내각총리대신을 거쳐 칙재(勅裁)를 청하여야 한다.
    제3조 : 임시긴급을 요하는 경우에 있어서 조선총독은 직접 제1조의

---

35) 中村哲,「植民地法」, 鵜飼信成外編,『日本近代法發達史』第5卷, 東京 : 勁草書房, 1959, 135쪽 ; Edward I-te Chen, 위의 책, 247쪽.
36) Edward I-te Chen, 위의 글, 252쪽.
37) 위의 책, 252쪽.

명령을 발할 수 있다. 전항의 명령의 발포 후 즉시 칙재를 청하지 않거나 칙재를 얻지 못하는 때에는 조선총독은 즉시 그 명령이 장래에 향하여 효력이 없음을 공포하여야 한다.

제4조 : 법률의 전부 또는 일부를 조선에 시행함을 요하는 것은 칙령으로써 이를 정한다.

제5조 : 제1조의 명령은 제4조에 의하여 조선에 시행할 법률 및 특히 조선에 시행할 목적으로써 제정한 법률 및 칙령에 위배할 수 없다.

제6조 : 제1조의 명령은 제령(制令)이라 칭한다.

이에 따라 조선은 다음과 같은 입법형식에 의해 통치되었다. 첫째는 상기 법률 제5조가 언급하는 "특히 조선에 시행할 목적으로 제정한 칙령과 법률"이다. 그러한 칙령의 예로는 조선 통치기구의 구성을 위한 '조선총독부관제(朝鮮總督府官制)', '조선총독부지방관관제', '조선총독부재판소령'이 있고, 그러한 법률의 예로는 '조선은행법'이 있다. 둘째는 조선에 시행하기 위해 제정한 것이 아닌, 일본 본토에 시행되는 법률로서 조선에도 시행하고자 하는 법률이다. 그러한 법률은 상기 제4조에 의해 칙령으로 그 시행을 선언하도록 되었다. 1925년에 제국의회가 제정한 '치안유지법'이 그 대표적인 예로서, 그것은 '치안유지법을 조선, 대만 및 가라후토에 시행하는 건'이라는 이름의 칙령에 의해 조선에 시행되었다. 셋째는 위의 법률에 언급되지 않은 것으로서, 조선에 시행한다는 목적이나 선언은 없으나 규정의 내용상 당연히 조선에 효력이 미치는 일본 본토의 칙령과 법률이다. 1941년의 '국방보안법'이 이에 해당한다. 넷째는 상기 제1조와 6조가 말하는 제령(制令)으로서 이에 관해서는 후술한다. 다섯째는 합방 당시의 구한국 법령 및 일본국 법령으로서 통치의 필요상 효력을 지속한 것들이다. 이들은 1910년 제령 제1호 '조선에서의 법령의 효력에 관한 건'이 "조선총독부 설치 시 조선에서 그 효력을 상실해야 할 제국법령 및 한국 법령"은 "당분간 조선총독이 발한 명령"으로서 효력을 지속한다고 규정함으로써 효력을 지속했다. 정치적 표현을 규제하기 위한 1907년의 '보안법', 언론·출판을 규제하기 위해 제정된 1907년의 '신문지법'과 1909년의 '출판법'이 대표적인 예이다. 을사조약이 체결되기 전 구한국 정부가 자율적인 입법을 할 수 있었던 마지막 단계에서 제정한 1905년의 '형법대전(刑法大全)'도 1912년 이전까지는 효력을 인정받았으며 1912년 형사법제의 확립 후에도 중형의 근거가 되는 일부 조항은 그대로 유지되었다. 그밖에는 통치기구에 관련된 사항에 관하여 제정된 법규명령과 지방법규로서 조선총독부령, 경무총감부령, 도령(道令), 도경무부령, 도령(島令), 부조례(府條例)가 있었다.38)

위의 입법형식 중 일제 통치의 특징을 가장 두드러지게 보여준 것은 제령이었다. '조선에 시행할 법령에 관한 건' 제5조에 의해 제령은 "조선에 시행할 법률 및 특히 조선에 시행할 목적으로써 제정한 법률 및 칙령에 위배할 수 없다"는 통제를 받았다. 그러나 그러한 칙령 또는 법률이 없는 사항에 관하여는 구체적인 법률의 위임 없이 어떤 내용의 제령도 발할 수 있었다. 제령의 제정은 내각총리대신을 비롯한 일본 정부 누구의 간섭도 받지 않았고, 단지 형식적인 천황의 칙재만을 요하였다. 제령에는 민사에 관한 기본법인 '조선민사령', 형사에 관한 기본법인 '조선형사령', 일제 초기의 '조선태형령', 말기의 '사상범보호관찰령'과 '사상범예방구금령' 등이 포함되었다.

전술했듯이, 조선 통치의 기본 방침은 대만 통치의 경험을 바탕으

---

38) 김창록, 「식민지 피지배기 법제의 기초」, 『법제연구』 8, 1995, 63~77쪽 ; Edward I-te Chen, 위의 글, 254~262쪽 ; 梶村秀樹·姜德相, 「日帝下朝鮮の法律制度について」, 『(仁井田陞博士追悼論文集) 日本法とアジア』 第3卷, 東京 : 勁草書房, 1970, 322쪽.

로 마련되었다. 그러나 양자 사이에는 간과할 수 없는 차이가 존재했고 그 차이는 입법의 방식에서도 나타났다. 대만의 율령과 조선의 제령은 총독이 구체적인 법률의 위임 없이 발하는, 법률과 동일한 효력을 가지는 명령이라는 점에서 공통적이었지만 대만총독에게 율령제정권을 부여한 1896년의 법률 63호와 1907년의 법률 31호가 3년 또는 5년의 한시법이었음에 비해 '조선에 시행할 법령에 관한 건'에는 아무런 시간적 제한이 없었다. 양자의 차이는 율령의 근거가 되는 법률 31호가 법률 3호로 대체된 1921년에 더욱 현저하게 되었다. 법률 3호는 한시적 성격에서 벗어났으나, 대신 그 제2조에서 "대만에 있어서 법률을 요하는 사항으로서 시행할 법률이 없는 때 또는 전조의 규정에 의하기 곤란한 때에는 대만의 특수한 사정으로 인해 필요한 경우에 한하여 대만총독이 명령으로써 이를 규정할 수 있다"고 하였다. 즉 대만의 율령은 해당 일본 법률이 없거나 있더라도 시행하기 곤란한 특수한 사정이 있는 경우에 한해 제정될 수 있게 됨으로써 조선의 제령에 비해 훨씬 예외적인 장치가 된 것이다.39) 율령에 대한 이 변화는 대만 통치가 하라가 이상적으로 본 내지법률연장주의에 근접하게 되었음을 의미한다. 대만 통치 50년 동안 대만에는 275개의 율령이 공포되었고 해방 당시 120여 개가 효력을 가지고 있었던 데 비해, 조선에서는 병합 후 35년간 총 676개의 제령이 공포되었고 해방 당시 존재하는 것만도 270여 개에 달하였다. 조선에 적용된 일본 법령은 180여 건에 불과하여 원칙적으로 일본의 법률이 연장 적용된 대만과 대조를 이루었다.40) 또 대만의 율령은 대체로 통치기구에 관한 기술적인 사항을 다

---

39) 中村哲, 「植民地法」, 鵜飼信成外編, 『日本近代法發達史』 第5卷, 東京 : 勁草書房, 1959, 195~200쪽 ; Edward I-te Chen, 위의 책, 260~261쪽.
40) 김창록, 「식민지 피지배기 법제의 기초」, 『법제연구』, 8, 1995, 73쪽 ; Edward I-te Chen, 위의 글, 261쪽.

루었음에 비해 조선의 제령은 일상사에 영향이 큰 사항을 규율했다. 초기에는 대만에서도 민형사와 관련하여 일본 법률의 적용이 제한되었으나 1923년부터는 민법을 비롯한 일본 법률이 대만에 직접 연장 적용되었다. 이에 비해 조선에서는 일제 전 기간에 걸쳐 민사에 관한 일반법은 1912년 제령으로서 제정된 '조선민사령'이었다. 그밖에도 제령과 율령 사이에는 제정 절차에서도 다소의 차이가 있었는데, 이는 조선총독의 지위가 대만총독에 비해 높았고, 대만에 비해 조선을 일본 정부의 통제 밖에서 더 특수하게 다스렸음을 의미한다.41)

제국의회는 조선의 제령제도를 크게 문제 삼지 않았다. 제령이 율령보다 더욱 강력한 헌법외적 입법 수단이었음에도 불구하고 제령에 대한 논란이 상대적으로 적었던 데 비해 율령은 늘 시빗거리가 된 이유는 1921년까지 율령은 3년 또는 5년마다 갱신을 위해 의회에 회부되었기 때문이다. 아울러 율령에 대해서는 대만인들 스스로가 그 위헌성을 문제시하였음에 비해 조선인들은 일제 통치 자체에 대한 저항이 컸던 만큼 일본 헌법을 근거로 특정 입법이나 조치를 비판하는 경향은 그리 강하지 않았다.42)

---

41) 율령은 주무대신을 경유하여 천황의 칙재를 얻도록 되어 있었으나 제령은 내각총리대신을 경유하도록 되어 있었다. 이는 조선총독과 대만총독간 지위와 권한상의 차이를 반영하는 것이었다. 조선총독은 육해군 대장급의 인물 가운데 임명되었던 만큼 대체로 대만총독에 비해 높은 지위에 있었을 뿐만 아니라, 대만총독과는 달리 "천황에 직예(直隷)하여" 주무대신이나 심지어는 내각총리대신의 감독으로부터도 벗어나 있었다. 일제하 통치기구를 중심으로 한 조선과 대만의 비교에 관하여는 Edward I-te Chen, "Japanese Colonialism in Korea and Formosa : A Comparison of the Systems of Political Control," *Harvard Journal of Asiatic Studies* 30, 1970 참조.
42) 조선인과 대만인이 보인 일제에 대한 대조적인 태도에 관하여는 Edward I-te Chen, "Japan : Oppressor or Modernizer?," Andrew C. Nahm, ed., *Korea Under Japanese Colonial Rule : Studies of the Policy and Techniques of Japanese Colonialism*, Kalamazoo : Center for Korean

외지(外地)에 대한 일제의 통치 방식이 일본 헌법에 비추어 문제시된 또 하나의 계기는 참정권과 관련된 것이었다. 일제는 조선인과 대만인을 일본 국적자로 취급했다.43) 대만과 조선이 일본의 영토였고 대만인과 조선인이 일본제국의 일원이었다면 그들은 헌법이 정하는 바에 따라 정치적 권리를 행사하였는가? 병합 당시 일본은 직접 국세 10엔 이상을 납부하는 성인남자에 한해 중의원선거권을 부여하고 있었다. 1919년에는 그 기준이 3엔으로 하향되었다가 1925년에 이르러 성인남자의 보통선거권을 제도화했다. 그러나 일제 전 기간을 통하여 대만과 조선에서는 입법대표의 선거를 실시하지 않았다.44)

Studies, Western Michigan University, 1973 참조. 위헌적인 입법제도를 없애고 대만인을 일본인과 동등하게 취급해 달라는 요구는 일본 내에서도 있었다. 그러한 캠페인을 선도한 자 중에는 사이고 다카모리(西鄕隆盛)와 함께 정한론을 내세우다 자유민권운동에 편승한 이타가키 다이쓰케(坂垣退助)가 있었다. 그는 일본이 서양에 대항하여 아시아를 이끌기 위해서는 강력한 동화가 필요하다고 외쳤다 (Harry J. Lamley, "Assimilation Efforts in Colonial Taiwan : The Fate of the 1914 Movement," *Monumenta Serica* 29, 1970/71, 496~520쪽).

43) 그 경위에는 차이가 있었다. 일본은 시모노세키조약이 발효한 후 2년 내에 대만에 머물러 있기를 희망하지 않는 대만인은 대만을 떠날 수 있도록 하였다. 280만 대만인 중 5,000여 명이 떠난 후인 1899년 국적법을 대만에 적용했고 1906년에는 율령으로 모든 대만 주민이 1897년 5월 8일에 소급하여 일본 국적을 취득했음을 선언했다. 이에 비해 조선에 대해서는 국적법을 적용하지 않았다. 조선인은 병합에 의해, 그리고 관습과 조리(條理)에 의해 일본국적을 취득한 것으로 해석하였다. 이는 일본 국적법이 적용되는 경우 타국적을 취득한 사람은 일본국적을 상실케 됨을 기화로 만주에 거주하는 조선인이 중국이나 러시아 국적을 취득함으로써 일본의 경찰권으로부터 벗어날 수 있음을 우려했기 때문이다(Edward I-te Chen, 앞의 글 : 245~46 ; 정인섭, 「법적 기준에서 본 한국인의 범위」, 『(임원택교수 정년기념) 사회과학의 제문제』, 법문사, 1988, 654쪽). 일제시대와 종전 후 한국인의 국적 문제에 대한 개괄적 이해를 위해서는 江川英文·山田鎬一·早田芳朗, 『國籍法』, 新版, 東京 : 有斐閣, 1989, 190~216쪽 참조.

해외의 신민에게 참정권을 부여하는 방식에는 두 가지가 있었다. 첫째는 영국식 방식으로서 식민지에 별도의 의회를 설치하여 제한된 자치를 시행케 하는 것이다. 둘째는 프랑스 식민지에서 보듯이 현지에서 선출된 대표가 본국의 의회에 참여하는 방식이다. 일제는 전자의 방식이 동화정책에 부합하지 않는다고 보았으며 해외 영토를 본국으로부터 분리시킬 위험이 있는 것으로 판단했다. 그러나 후자도 마땅치 않았다. 공법학자 마쓰오카 슈타로(松岡修太郎)는 성인남자의 보통선거를 조선에 실시하게 되면 일본에서 선출되는 중의원 의원 460명의 1/3에 해당하는 150명이 조선에서 선출될 것인바 일본이 아직 그런 사태를 감당할 수 없다고 말하였다.45) 일본 헌법질서 하의 정치참여

---

44) 법률 63호는 총독부 관리로 구성되는 총독의 자문기구인 대만총독부평의회라는 기구를 두었으나 법률 31호에서는 이를 삭제하였다(中村哲, 「植民地法」, 鵜飼信成外編, 『日本近代法發達史』 第5卷, 東京 : 勁草書房, 1959, 182~189쪽). 조선에는 중추원(中樞院)이 있었으나 이것이 대의기구가 아니었음은 상식이다. 다소의 정치 참여가 있었다면 제한된 지방자치의 수준에서였다. 조선에서는 1920년 문화정치의 일환으로 도평의회(道評議會)와 부·면협의회(府·面協議會)가 구성되었고 대만에서도 이에 준하는 기구가 마련되었다. 그러나 이 회의체들은 의결기구가 아닌 자문기구에 불과했고, 조선의 도평의원은 2/3만이 면협의원들에 의해 선출되었을 뿐 나머지는 임명되었다. 부(府)협의회와 소수의 지정면(指定面)을 제외한 면협의회 의원들 역시 임명되었으며 선거를 하는 경우에도 납세액의 기준이 있어 조선인 유권자는 극소수에 불과했다. 1930년 지방제도 개정에 의해 도평의회는 도회(道會)로 명칭이 변경되고 제한된 의결권을 얻었고, 부회(府會)와 읍회(邑會)도 제한된 의결기구로 발전했으며, 면협의회도 선거에 의해 구성되었다. 그러나 면협의회는 변함없이 자문기구에 불과했으며, 1926년 일본에서 보통선거가 실시된 이후에도 여전히 일정액의 읍면세를 납부한 사람만이 선거권을 행사할 수 있었다. 또 도평의원 중 1/3은 여전히 임명되었다(손정목, 『한국지방제도·자치사연구(上)』, 일지사, 1992 ; Edward I-te Chen, "Japanese Colonialism in Korea and Formosa : A Comparison of the Systems of Political Control," 148~155쪽 참조).

45) 松岡修太郎, 「植民地制度と朝鮮」, 『朝鮮』 139, 1926, 15쪽.

에 대해 상대적으로 관심이 적었던 조선과는 달리 대만에서는 1차대전 후 활발한 참정권 운동이 전개되었다. 그에 직면한 당시의 수상 하라는 평소의 지론인 동화주의를 밀어붙이지 못하고 친일분자들을 상대로 선거권 부여에 관한 미온적인 암시를 주는 것으로 그쳤다.46)

총독에게 지나치게 넓은 입법권을 부여하는 한편 외지에서 입법대표의 선거를 실시하지 않는 것은 과연 대일본제국헌법을 외지에 적용하고 있는가, 그리고 적용해야 할 것인가에 대한 의문을 불러일으켰다. 일본 정부는 공식적으로는 헌법의 적용을 인정하고 있었지만 실제로는 애매한 태도를 취하였고, 학계는 이를 비판하면서도 같은 딜레마에서 벗어나지 못했다. 일본 공법학계에서 천황제 이데올로기를 앞장서서 대변한 호즈미 야쓰카(穗積八束)는 헌법이 신·구영토를 불문한 모든 일본 영토에 당연히 적용됨을 단언한 반면, 입헌주의자로 일컬어진 미노베다쓰키치(美濃部達吉)는 신영토에 헌법이 적용되고 있지 않을 뿐만 아니라 신영토를 획득하기 전에 제정된 헌법이 당연히 그에 적용되어야 할 이유도 없다고 주장했다. 호즈미는 대만의 율령과 조선의 제령은 위임입법의 법리로 설명할 수 없는, 위헌적 제도임을 역설하면서 대만과 조선을 헌법에 근거한 천황의 긴급칙령권과 계엄선포권, 비상대권으로 통치할 것을 주문했다. 이에 비해 미노베는 헌법의 해석론에 구애받지 않고 현지의 실정에 부합하는 통치방식을 채택하면 된다고 보았다. 그는 후에 자기의 학설을 수정하여 헌법 가운데 신영토에 적용되는 조항과 그렇지 않은 것을 구분하면서 입법에 있어 의회의 협찬을 규정하는 제5조와 참정권을 비롯한 신민의 권리에 관한 조항은 성질상 당연히 적용되지 않는 조항이라 함으로써 차별을

---

46) Edward I-te Chen, "The Attempt to Integrate the Empire : Legal Perspectives," 253쪽 ; 강동진, 『일제의 한국침략정책사』, 한길사, 1980, 305쪽.

정당화했다. 한편 호즈미의 제자인 우에스기 신키치(上杉愼吉)와 입헌주의학파의 일원인 사사키 쇼이치(佐佐木總一)는 각각 천황주권과 의회의 권한이라는 대조적인 두 원리를 근거로 율령·제령의 제도가 위헌임을 지적하면서도 공히 "통치상의 필요", "정치상의 필요"를 이유로 헌법 적용에 예외가 있을 수 있음을 강조했다.47) 이처럼 일본학계는 천황주의자인가 입헌주의자인가에 관계없이 공히 대만과 조선에 대한 차별적 취급을 정당화하는 데 부심했다.

위와 같은 일본의 태도를 평가함에 있어서는 다음의 사항을 감안하여야 한다. 첫째, 참정권의 인정 여부는 내지와 외지라는 지리적 기준에 기초한 것이며 속인적 기준에 따른 것이 아니었다. 조선인과 대만인은 일본 국적을 보유했다 하더라도 병역법 등에 있어서는 내지인과 구별되었고 그 구별은 어느 쪽의 호적에 등재되어 있는가를 기준으로 했다. 호적상 본적의 이동이 불가능한 이상 그 기준은 속인적인 것이었다. 반면 선거법의 적용은 거주지를 기준으로 했다. 즉, 조선인과 대만인도 1920년부터는 일본에 거주하는 이상 선거법의 적용을 받았고 내지인이라도 조선에 거주하는 자는 선거를 할 수 없었다.48) 둘째, 일본의 배제적인 태도가 당시의 제국주의의 관행에 비추어 볼 때 특이한 것은 아니었다.49) 앞에서 식민지 의회를 통한 자치를 영국형 식민

---

47) 이상의 내용은 김창록, 「일본제국주의 헌법사상과 식민지 조선」, 『법사학연구』 14, 1993, 137~174쪽 ; 김창록, 『일본에서의 서양 헌법사상의 수용에 관한 연구』, 서울대학교 박사학위논문, 1994.

48) 小熊英二, 『'日本人'の境界-仲繩·アイヌ·朝鮮/植民地支配から復歸運動まで』 208, 367~373쪽 ; 松田利彦, 『戰前期の在日朝鮮人と參政權』, 東京 : 明石書店, 1995, 13~26쪽.
반면 패전 후에는 일본 호적법의 적용 여부를 기준으로 재일조선인과 대만인의 참정권을 정지시켰다.

49) 해외 영토에의 헌법 적용 여부에 관해서는 제국주의 국가마다 차이가 있었다. 1795년 프랑스 공화력 3년 헌법은 "프랑스 식민지는 공화국의 완전한 구

지 정치참여로 규정하였으나 실제로 영국의 식민지 가운데 실질적인 선거를 통해 식민지 의회를 구성한 예는 드물었다. 캐나다와 호주처럼 백인들의 이주에 의해 형성된 식민지, 그리고 영령 가이아나(British Guiana)와 1923~1931년의 실론, 1944년 이후의 자메이카를 제외하면 식민지 입법의원의 상당수가 주민에 의해 선출된 경우는 없었다.50) 정치참여의 제한은 동화주의의 모델로 간주되는 프랑스의 식민지 통치에서도 다르지 않았다. 프랑스 공화국의 일부를 구성한 편입식민지(colonies incorporées)의 원주민은 1946년 헌법 개정이 있기까지는 프랑스 국적은 보유하였어도 시민의 자격(qualité de citoyen)을 당연히 가지는 것은 아니었다.51) 따라서 비록 편입식민지에서는 프랑스 국회에 의원을 선출할 수 있었다 해도 배당된 의석은 극히 적어, 1848년에는 의원 총수 750명 중 8명, 1936년에도 612명 중 20명에 불과했다.52)

해외 신민을 본국과 차별하여 취급하는 것이 당시의 제국주의 질서에서 특이한 것이 아니었다 해도 조선인과 대만인을 동문동족(同文同族)이라 하면서 그들과의 동질성을 지배의 근거로 삼은 일본 제국주의의 논리는 차별로 인해 정합성을 가지지 못했다. 그러나 시간의 흐

성부분으로서 동일한 헌법의 지배에 복속한다"고 규정하였음에 비해 1922년 네덜란드 헌법은 "반대로 명시한 경우를 제외하면 유럽의 왕국에만 시행된다"고 규정함으로써 식민지를 배제했다. 1871년 독일헌법은 영토에 속하는 지역을 열거함으로써 그 외의 지역에는 헌법이 적용되지 않았다(中村哲, 「植民地法」, 鵜飼信成外編, 『日本近代法發達史』 第5卷, 東京 : 勁草書房, 1959, 177~178쪽).

50) D. K. Fieldhouse, *The Colonial Empires : A Comparative Survey from the Eighteenth Century*, 2nd ed., London : Macmillan, 1982, 293쪽.
51) 원주민은 종교, 생활습관, 언어 등에서 프랑스에 동화되었음이 인정되어야 시민권을 얻을 수 있었다. 1936년까지 시민권을 취득한 알제리 원주민은 7,800여 명에 불과했고, 1939년 서부 아프리카 식민지 인구 중 시민권자는 0.5%에 지나지 않았다(D. K. Fieldhouse, 위의 책, 315쪽, 318쪽).
52) 위의 책, 309쪽.

름에 따라 제국 전체의 통합이 진행되었음도 부정할 수 없다. 외지에 대한 일본 정부 내의 관할 배분도 그렇게 일관된 것은 아니었으나 1940년대에 이르러서는 통합의 방향을 시사하는 조짐이 좀 더 뚜렷해졌다. 일본 정부 내에서 대만과 가라후토에 관한 주무관청은 내무성이었으나 조선이 제국에 추가된 후 척식국(拓植局)이 세 지역을 모두 관할하게 되었다가 1913년 척식국이 폐지된 후에는 세 지역 모두 내무성 관할로 복귀하였다. 그 후 1929년 조선, 대만, 가라후토와 관동조차지 및 남양군도 위임통치지가 모두 새로 설치된 척무성(拓務省)의 관할로 이전되었다가 1942년에 척무성이 폐지되면서 조선, 대만, 가라후토는 내무성에, 관동조차지와 남양군도는 대동아성에 의해 관할되게 되었다.53) 1942년의 조직개편은 태평양전쟁과 함께 동남아시아의 여러 점령지가 대동아공영권으로 포섭되는 것에 비례하여 조선, 대만, 가라후토에 대한 통합이 가속화되었음을 의미한다. 제국의 중심부로 작용하는 구심력은 1943년 가라후토의 내지 '승격'을 가져왔다.54) 조선과 대만은 내지에 편입되지 않은 채 해방을 맞았지만 제국의 마지막 수년간 강력한 동화의 압력에 직면했다. 징병제의 실시는 그 일부였다.

일제가 조선인의 전쟁 동원을 계획한 것은 중일전쟁이 발발한 1937년이었는데 그 첫 단계는 지원병제의 도입이었다. 일제는 1938년 공포된 칙령 '육군특별지원병령'에 기초하여 조선과 대만에서 지원병을 모집하던 중 태평양전쟁으로 인한 병력자원의 부족을 타개하기 위해 1942년 징병제의 실시를 발표하였다. 이에 따라 1943년 병역법이 개정되었고 1944년 9월부터 징집이 실시되었다.55) 징병제의 실시는 조선

---

53) Edward I-te Chen, "The Attempt to Integrate the Empire : Legal Perspectives", 262~265쪽.
54) 위의 글, 265쪽.

인의 '황국신민화'가 충분히 진전되었다는 공식적 인정을 논리상 필연적으로 요구하였으며 이는 역으로 참정권 부여의 압력을 가져왔다.56) 그러나 일제는 일본과 같은 보통선거가 아닌, 극히 한정된 수의 의원을 제한된 선거로 선출하는 방안을 검토했을 뿐이며 이마저 종전(終戰)에 의해 실현되지 못하였다.57) 즉, 내선일체의 슬로건 아래 전개된 강력한 황민화정책은 권리가 수반되지 않는 의무만의 부과로 종료되었다.

Ⅲ. 재산과 가족 : 민사질서의 재편

동화와 차별화의 양면성은 조선의 민사질서에 대한 법정책에서도 나타났다. 재산과 가족으로 이루어진 민사의 영역은 통감부시대의 법령을 거쳐 조선민사령(朝鮮民事令)과 의용민법(依用民法)에 의해 규율되었다. 여기에서는 민사제도 및 법체계의 구축과정, 새로이 규정된 토지소유권의 주체 확정의 과정과 법인(法認)된 농업생산관계, 친족관계의 재편성, 민사 분쟁의 해결을 위한 제도를 개관한다.

1. 통감부의 민사정책과 민사법령

"민법과 형법을 엄명하게 제정"한다는 홍범 14조의 공언이 무색하게 조선과 대한제국 정부는 민사에 관한 체계적인 입법을 조속히 수

---

55) 최유리, 『일제말기 식민지지배정책연구』, 국학자료원, 1997, 제5장.
56) 일본에 거주하면서 1932년과 37년 중의원 선거에서 당선된 친일파 박춘금(朴春琴)은 내선(內鮮)의 평등을 부르짖으며 참정권의 부여와 징병제의 실시를 요구했다(小熊英二, 『"日本人"の境界-沖縄・アイヌ・朝鮮/植民地支配から復歸運動まで』, 東京 : 新曜社, 1998, 373~391쪽 참조).
57) 최유리, 『일제말기 식민지지배정책연구』, 국학자료원, 1997, 228~251쪽.

행하지 못하였다. 1905년 제정된 형법대전(刑法大全)이 일부 민사관련 규정을 포함한 데 이어 민법을 본격적으로 제정하기 위해 법률기초위원회를 조직하기까지 하였으나 성과 없이 을사조약을 맞았다.58) 사법제도에 관해서는 1895년 재판소구성법(裁判所構成法)이 행정과 사법의 분리를 전망하였으나 행정으로부터 분리된 법원의 구성은 일시적이고 제한적인 성과만을 거두었고 그나마도 흐지부지된 상태에서 일제의 사법개혁에 직면했다. 토지에 대해서는 갑오승총(甲午陞摠), 을미사판(乙未査辨), 광무사검(光武査檢)을 통해 역토(驛土), 둔토(屯土), 궁장토(宮庄土) 등 국유지의 소유권을 확정하고자 했고, 광무연간의 양전(量田)·지계(地契) 사업을 통해 경지의 토지귀속관계를 확인, 인증하고자 했다. 갑오·광무정권의 토지정책의 성격과 성과에 대해서는 여러 평가가 있으나 분명한 것은 한국사회의 자체적 노력에 의한 토지제도의 개혁이 성취되지 못한 상태에서 일제의 간섭과 지배가 시작되었다는 점이다.59)

통감부 설치 이후 민사에 있어 일제가 취한 첫 조치는 관습의 조사였다. 이를 위해 1906년 부동산법조사회(不動産法調査會)가 설치되었

---

58) 정긍식, 「일제의 관습조사와 의의」, 한국법제연구원, 『국역 관습조사보고서』, 한국법제연구원, 1992, 8쪽.
59) 한말의 토지정책 가운데 특히 양전·지계사업에 대해서는 견해의 대립이 있다. 한편에서는 광무양전과 기존 양전의 차이를 강조하는 반면(김용섭, 「광무년간의 양전·지계사업」, 『한국근대농업사연구』(중판), 일조각, 1982, 434~634쪽), 다른 한편에서는 광무양전이 이전의 양전 방식과 토지에 대한 관념에서 벗어나지 못하였음을 지적한다(이영훈, 「광무양전에 있어서 '시주' 파악의 실상-충청남도 연기군 광무양안의 사례분석」, 김홍식 외, 『대한제국기의 토지제도』, 민음사, 1990 ; 이영훈, 「양안 상의 주(主) 규정과 주명 기재방식의 추이」, 김홍식 외, 『조선토지조사사업의 연구』, 민음사, 1997 ; 宮嶋博史, 「광무양안의 역사적 성격」, 김홍식 외, 『대한제국기의 토지제도』, 민음사, 1990).

고 민법학의 대가인 우메 겐지로(梅謙次朗)가 고문으로 고빙(雇聘)되었다. 부동산법조사회는 이듬해 법전조사국(法典調査局)으로 대체되었다. 두 기관은 몇 개의 보고서를 작성하였으며, 법전조사국의 관습조사는 병합 후 조선총독부에 의해 『관습조사보고서(慣習調査報告書)』라는 제목으로 간행되었다.60)

관습조사사업과 병행하여 민사에 관한 초보적인 입법이 시도되었다. 이 시기의 대표적인 입법으로는 1906년 칙령으로 공포된 '토지가옥증명규칙(土地家屋證明規則)', 같은 해의 '토지가옥전당집행규칙(土地家屋典當執行規則)', 1908년의 '토지가옥소유권증명규칙' 등 토지의 소유권 및 거래를 인증하고 토지거래계약의 집행을 확보함으로써 토지의 상품화를 도모하려는 법령과 1906년 법률로 공포된 '이식규례(利息規例)' 등이 있었다.61)

통감부는 이러한 부분적인 입법과 함께 한국의 민사관계를 규율할 법의 총체적 체계를 구상하였다. 관습조사도 궁극적으로 한국에 적용할 민법을 구상하기 위한 것이었다. 후술하듯이, 병합 후 조선의 민사관계는 조선민사령 및 그에 의해 적용된 일본의 민사, 상사법에 의해 규율되었다. 그러나 통감부시대에는 일본의 법전을 의용하지 않고 한국에 시행할 별도의 법전을 제정해야 한다는 의견이 있었고, 이것이 초대 통감 이토 히로부미(伊藤博文)의 뒷받침을 받고 있었다. 이 입장에서 작업을 착수한 자들은 민법과 상법을 하나로 묶은 민상이법통일법전(民商二法統一法典)을 설계하는 한편 민사소송법의 기초에 착수

---

60) 『관습조사보고서』는 1910년, 1912년, 1913년의 3회에 걸쳐 간행되었는데, 그 중 1912년판을 기본으로 한 한국어 번역판이 한국법제연구원에 의해 출간되었다(한국법제연구원, 『국역 관습조사보고서』, 1992). 이 글에서는 조선총독부의 1912년판을 참조, 인용한다.
61) 통감부시대 법령의 체계에 관해서는 한국법제연구원, 『한말법령체계분석』, 1991 ; 한국법제연구원, 『통감부법령 체계분석』, 1995) 참조.

했다. 그러나 시간이 흐를수록 별도의 법전을 편찬할 것이 아니라 일본 법전을 '의용'할 것을 주장하는 목소리가 강해졌으며, 이토 히로부미가 죽고 관습조사 및 법전편찬 작업의 실무총책인 우메 겐지로 역시 사망하자 별도 법전의 편찬을 위한 시도는 종결되었다.[62]

2. 민사법의 구조

일제하 조선에 있어서 민사에 관한 기본법은 1912년 제령으로 제정된 '조선민사령'이었다. 제정 당시 82개 조문으로 구성된 이 법령은 민사 실체법과 절차법의 규율을 담고 있었으며, 그 제1조에서 "민사에 관한 사항은 본령 기타의 법령에 특별한 규정이 있는 경우를 제외하면 다음의 법률에 의한다"라고 규정한 후 민법, 민법시행법, 상법, 상법시행법, 민사소송법, 경매법 등 23개의 법률을 열거함으로써 민사관계에 일본의 법률이 적용되는 근거를 마련했다. 조선에서는 이처럼 조선민사령에 의해 민법 등이 '의용'된 것이며 대만에서처럼 내지의 법률이 연장 적용된 것이 아니었다.

한편 조선민사령은 한국의 관습이 통용되는 여지를 다음과 같이 인정했다. 첫째, 민사령 제10조는 "조선인 상호간의 법률행위에 있어서는 법령 중 공적 질서에 관계되지 않는 규정과 다른 관습이 있는 경우에 그 관습에 의한다"고 규정했다. 즉 조선인 상호간에는 관습이 공적 질서에 관련됨으로써 반드시 지켜야 하는 강행규정이 아닌 한 법률의 규정을 개폐할 수 있다는 것이다. 이는 법률과 관습의 관계에 관한 일본법의 일반원칙을 선언한 법례(法例) 제2조에 비해 관대한 것이었는데, 이 조항에서는 "공적 질서 또는 선량한 풍속에 반하지 않는 관습은 법령의 규정에 의해 인정되는 것 및 법령에 규정 없는 사항에 관한

---

62) 鄭鍾休, 『韓國民法典の比較法的研究』, 東京 : 創文社, 1989, 89~92쪽.

것에 한하여 법률과 동일한 효력을 갖는다"고 규정되어 있다. 한편 민법 제92조는 "법령 중 공적 질서와 관계없는 규정과 다른 관습이 있는 경우 법률행위의 당사자가 이에 의한다는 의사를 가진 것으로 인정될 때에는 그 관습에 따른다"고 규정했다. 민사령 제10조와 민법 제92조는 각각 관습법과 '사실인 관습'을 규정하는 것으로 해석되었다.63) 둘째, 민사령 제12조는 "부동산에 관한 물권의 종류 및 효력의 적용에 있어서는 제1조의 법률에서 정한 물권을 제외하면 관습에 의한다"고 규정하여, "물권은 본법 기타 법률에서 정하는 것 외에 이를 창설할 수 없다"는 일본 민법 제175조에 비해 관습의 존재여지를 넓혔다.64) 셋째, 민사령 제11조는 "제1조의 법률 중 능력, 친족 및 상속에 관한 규정은 조선인에 이를 적용하지 않는다. 조선인에 관한 전항의 사항에 있어서는 관습에 의한다"고 규정하여 친족·상속법상의 규율은 원칙적으로 관습에 의하도록 했다.

일본의 동화주의자들의 눈에는 이러한 법 규정이 조선의 관습을 지나치게 널리 인정하는 것으로 비추어졌다. 그들은 민사령 제10조로 인해 같은 관습이 조선인 사이에서는 관습법이 됨으로써 당사자에 의해 입증될 필요가 없고 일본인이 관련되면 '사실인 관습'이 되어 당사자의 입증을 요하게 되는 것이 불합리하므로 민사령 제10조를 폐지하자고 주장했다. 또 관습상의 물권을 인정하는 제12조는 거래의 불안정을 초래할 뿐만 아니라 조선을 일본 법제로부터 분리하는 결과를 가져올 것이라 경고했다.65) 그러나 실제로 일본의 법규범과 현저히 다른 조

---

63) 朝鮮高等法院 1921. 12. 23 판결 ; 1925. 10. 9 판결(司法協會, 『朝鮮高等法院判例要旨類集』, 1943, 31~32쪽).
64) 일본 민법은 조선민사령이나 현행 한국 민법과 달리 관습법에 의한 물권 창설을 가능케 하는 규정을 가지고 있지 않으나 판례를 통해 온천권이나 유수이용권과 같은 관습법상의 물권을 인정하고 있다.
65) 鄭鐘休, 위의 책, 107~109쪽.

선의 관습이 통용되었는가는 별개의 문제였다. 이와 관련하여 통감부의 관습조사에 대해서부터 비판적인 입장을 취해온 법학자 아사미 린타로(淺見倫太郎)의 다음과 같은 언급은 흥미롭다.

> [관습조사의 결과] 그 전부는 대략 우리 현행법 중의 민·상사사항을 답한 것으로 보아 조선에는 종래 우리 민법과 동일한 관습을 가졌다고 인정하는 것 같다. 이는 나에게는 의외인 바로서 또한 은근히 기쁘게 생각하는 바이다. 이를 기쁘게 생각하는 소이는 조선의 구관(舊慣)의 결과로서 이에 쓰인 대로라면 조선인은 우리와 동일한 민법을 가짐에 있어서 하나도 불가한 것이 없게 되기 때문이다.[66]

"민도(民度)"가 낮고 열등하므로 선진적인 일본과는 현저히 다른 관습을 가져야 마땅한 조선이 일본법과 유사한 관습을 가졌다는 "의외"의 결과는 조선의 법 상황을 평가하고 이를 개편하고자 하는 일제의 딜레마를 보여줌과 동시에 관습조사의 성격을 말해주는 것이었다. 관습조사는 일본 민법의 조항에 해당하는 관습이 존재하는가를 묻는 방식으로, 즉 일본 민법의 범주에 맞추어 조선의 법 현실을 재해석하는 방식으로 실시됨으로써 차이보다는 유사성을 부각시키는 방향으로 기울어졌고, 이는 그것을 기획하고 주도한 이토 히로부미와 우메 겐지로의 의도와는 달리 일본법의 직접적 시행을 주장하는 입장의 간접적 논거가 되었다.

관습 및 관습법은 단지 옛부터 내려오는, 계속성을 갖는 사회규범에 그치지 않는다. 관습은 당대의 정치적, 경제적 요구에 의해 끊임없이 재해석, 재발견되고 더 나아가서는 발명, 창출된다. 관습에 대한 국

---

66) 淺見倫太郞,「朝鮮法系の歷史的硏究」,『法學協會雜誌』 39(8), 1921, 34쪽 ; 鄭鍾休,『韓國民法典の比較法的硏究』, 東京 : 創文社, 1989, 90쪽에서 부분 인용.

가 및 사회세력의 태도는 사회규범의 객관적 존재에 대한 지식이 아니라 일정한 정치적, 경제적 이익을 정당화하기 위한 요구에 의해 구성되며, 관습은 그러한 요구에 따라 취사선택, 탈맥락화, 재맥락화, 가공된다.67) 관습조사에서 보이는 인식이 일본의 자문화중심주의(ethnocentrism)를 반영한다면, 구체적인 사안에 있어 관습이 어떻게 인식되고 법과 상호침투 했는지를 알아볼 필요가 있다.

3. 농업생산관계와 법

병합 당시 전 호수의 83%에 달하던 농업인구는 점차 감소하였으나 해방 당시에도 여전히 64%에 달하였다(농림신문사, 1949, 41쪽). 따라서 농업생산관계를 둘러싼 법의 모습은 일제치하 한국인의 법 생활을 연구함에 있어 빼놓을 수 없는 주제이다. 일제하에 이루어진 농업생산관계의 법적 재구성은 두 측면으로 나누어진다. 첫째는 경지에 대한 소유권의 확정이며, 둘째는 소유권과 용익권의 관계 정립이다.

소유권의 확정은 1910년대의 '조선토지조사사업'에 의해 이루어졌다. 그러나 그것은 병합 전의 징세대장 정비작업과 연속선상에 있었다. 한말까지의 수세(收稅)는 지방마다 구구한 깃기(衿記)를 기초로 이루어지고 있었는데 일제는 지세대장을 합리화함으로써 은결(隱結)을 최소화하고 지주납세의 원칙을 확립할 필요를 느꼈다. 1909년에 시작된 결수연명부(結數連名簿)의 작성은 그러한 필요를 만족하기 위한 것이었다. 1910년까지 2차에 걸쳐 실시된 결수연명부의 작성은 결국 토지소유권의 소재를 조사, 판단하는 것이었으며 그 성과는 조선토지

---

67) Martin Chanock, *Law, Custom and Social Order : The Colonial Experience in Malawi and Zambia*, Cambridge : Cambridge University Press, 1985.

조사사업으로 이어졌다.68)

조선토지조사사업은 권리를 주장하는 자의 신고를 받아 결수연명부와 대조하여 사정(査定)하고 이에 대한 불복이 있으면 고등토지조사위원회가 재결(裁決)하는 방식으로 실시되었다. 당시의 법원은 사정 및 재결의 효력을 기존 권리관계의 확인으로 보기도 했지만 대체로는 기존의 권리관계가 어떠했는지에 관계없이 소유권을 '창설'하는 것으로 해석하였다.69) 종래 학계에서는 토지조사사업이 기존의 토지귀속관계를 일변하는 대규모의 소유권 박탈을 가져왔다는 설이 대세를 이루었다.70) 그러나 1980년대 들어 특정 지역의 토지조사 과정에 대한 실증적 연구가 발표되면서 토지조사사업을 통한 토지귀속관계의 파괴적 재편이 미미했다는 인식이 대두했다.71) 권리주장자에게 권리

---

68) 田中愼一,「韓國財政整理における'徵稅臺帳'整備について」,『土地制度史學』53, 1974, 1~20쪽 ; 田中愼一,「韓國財政整理における徵稅制度改革について」,『社會經濟史學』39(4), 1974, 51~77쪽.
69) "사정 또는 재결이 확정한 때는 동령 15조에 의해 토지소유자의 권리는 이로 인하여 확정되고……사정 또는 재결 명의인은 종래 소유권을 가졌는가 아닌가에 관계없이 절대적으로 그 토지의 소유자로 확정되는 것으로 한다." (朝鮮高等法院 1917. 3. 27 판결 / 司法協會,『朝鮮高等法院判例要旨類集』, 1943, 733쪽).
70) 朴文圭,「農村社會分化の基點としての土地調査事業に就て」, 京城帝國大學法文學會編,『朝鮮社會經濟史硏究』, 東京 : 刀江書院, 1933 ; 印貞植,『朝鮮の農業機構分析』, 東京 : 白揚社, 1937 ; 李在茂,「朝鮮のおける「土地調査事業」の實體」,『社會科學硏究』7(5), 1955, 22~58쪽 ; 신용하,『조선토지조사사업연구』, 지식산업사, 1982.
71) 배영순,『한말・일제초기의 토지조사와 지세개정에 관한 연구』, 서울대학교 박사학위논문, 1987 ; 조석곤,「조선토지조사사업에 있어서 소유권조사과정에 관한 연구-김해군의 사례를 중심으로」, 장시원 외,『한국 근대 농촌사회와 농민운동』, 열음사, 1988 ; 조석곤,『조선토지조사사업에 있어서의 근대적 토지소유제도와 지세제도의 확립』, 서울대학교 박사학위논문, 1995 ; 조석곤,「토지조사사업에 있어서 분쟁지 처리」, 김홍식 외,『조선토지조사사업의 연

를 신고토록 하고 이를 결수연명부와 대조한 후에 사정한 것은 행정 편의주의로 보이지만 그 때문에 실제의 토지귀속관계가 제대로 반영되지 못했는지의 여부는 별개의 문제이다. 실제로 조사과정에서 분쟁으로 공식 집계된 사건은 적었다. 분쟁이 공식화하지 않도록 조기 화해가 고무되었으며 사인(私人)간에 해결된 비공식적 분쟁도 염두에 둘 필요가 있으나, 흔히 말하듯이 총칼에 의해 분쟁이 폭력적으로 억제되었다고 볼 수는 없다. 물론 사유지에서의 신고와 사정이 순조로웠던 것에 비해 국유 여부를 둘러싼 분쟁이 상대적으로 치열했음은 사실이다. 대규모의 권리 변동이 없었음을 보여주는 근래의 연구들이 소재로 삼은 경상남도 김해군의 경우 민유지 분쟁은 한 마을당 한 필을 넘지 않는 빈도로 발생하였음에 비해 국유지 분쟁은 토지 52필당 한 필의 높은 빈도로 발생하였다.72) 국유지 분쟁은 병합 이후 새삼스럽게 생겨난 것이라기보다는 갑오승총 이래 국유지의 정리과정에서 야기된 분쟁이 '조선토지조사사업'으로까지 이어져 종국적인 해결을 요구하게 된 것이었다고 볼 수 있다. 특정 지역의 사례를 연구한 배영순과 조석곤은 국유지 분쟁이 비록 상당한 빈도로 발생하였다고 해도 일단 공식적인 분쟁절차를 거쳐 고등토지조사위원회의 심판에 회부된 이상은 민간인의 소유로 귀정되는 비율이 대단히 높아 본래의 소유권자인 개인의 권리가 상당한 정도로 구제된 것으로 본다. 이들에 의하면 고등토지조사위원회가 처리한 불복사건 중 불복을 인용한 건수가

구』, 민음사, 1997 ; 이영훈, 「토지조사사업의 수탈성 재검토」, 김홍식 외, 『조선토지조사사업의 연구』, 민음사, 1997.
   토지조사사업에 대한 연구는 아니나 같은 취지의 글로서 Edwin Gragert, *Landownership Under Colonial Rule : Korea's Japanese Experience, 1900-1935*, Honolulu : University of Hawaii Press, 1994 참조.
72) 배영순, 『한말·일제초기의 토지조사와 지세개정에 관한 연구』, 서울대학교 박사학위논문, 1987, 164쪽.

배척한 건수에 비해 압도적으로 많았으며 특히 절대 다수를 이루는, 민간인이 국가를 상대로 한 불복에서 그러한 경향이 더욱 두드러졌다는 것이다.73) 이는 일제가 절차적 적법성을 무시하고 자의적으로 토지귀속관계를 왜곡하였음을 전제로 한 기존의 많은 연구들을 반박하는 것이다.

일제하 소유권의 변동은 토지조사사업에 의한 것이 아니라 그 이후의 경제변동에 의한 것이었다. 1913년에 전 농가호수의 41%, 토지조사사업 종료기에 38%를 차지하던 순소작농의 비율이 일제말에 47.6%에 이르렀고 자소작농을 합하면 소작에 종사하는 농민이 1913년의 74%에서 81%로 증가하였다는 점, 그리고 전 경지에서 소작지가 차지하는 비율이 농지개혁 전야에 53%를 구성했다는 사실은 소유의 하강분해와 토지 분배의 불평등성을 여실히 보여 준다.74) 그렇다면 일본 민법 제206조 이하의 규정에 의해 보호된 소유권과 대항관계를 이룬 소작권은 어떤 법적 내용을 가지고 있었는가?

조선의 소작인이 향유할 수 있는 토지이용권은 이론상 세 가지로 범주화된다. 조선민사령 제12조가 인정하는 관습상의 물권, 민법 제270~279조가 규정하는 영소작권, 민법 제601~622조가 규정하는 임차권이었다. 조선민사령의 규정과 일본 민법의 이식으로 말미암아 조선 전통사회에서 존재해 온 소작인의 토지용익권은 이 세 가지의 공

---

73) 예를 들어, 김해군의 경우 배영순과 조석곤이 제시한 수치에 다소의 차이가 있으나 총 소유권 분쟁 중 불복신립을 채용하는 방향으로 재결된 비율은 80~90%, 특히 민간인이 국가를 상대로 한 불복사건 중 그러한 비율은 85~95%에 달하였다(배영순,『한말·일제초기의 토지조사와 지세개정에 관한 연구』, 서울대학교 박사학위논문, 1987, 163~165쪽 ; 조석곤,「조선토지조사사업에 있어서 소유권조사과정에 관한 연구-김해군의 사례를 중심으로」, 장시원 외,『한국 근대 농촌사회와 농민운동』, 열음사, 1988, 45~47쪽).
74) 신용하,『한국근대사회사연구』, 일지사, 1987, 320쪽 ; 농림신문사,『농업경제년보』, 1949, 43, 241쪽.

식적 권리범주 가운데 어느 하나로 정리되어야 했다.

 소유권을 제외한 가장 강력한 경작권은 도지(賭地), 병경(倂耕), 화리(禾利) 등 다양한 명칭을 가졌으며 일찍이 신용하가 "도지권(賭地權)"으로 총칭한 이익들이다. 이들은 소작인의 개간 참여, 토지개량시 노동력 또는 금전의 제공, 지세의 대납, 토지 매입 시 지가의 일부 부담, 소작지의 전대(轉貸) 또는 소작권의 매매에 대한 지주의 방임 등의 경로를 거쳐 발생하였으며, 영구적인 경작과 제3자에 대한 대항, 그리고 양도, 전대의 자유가 확보되어 있었던 것으로 묘사된다.75) 일부 경제사가들은 소위 중도지(中賭地)를 향유하던 중답주(中畓主)들이 안정된 권리를 바탕으로 부농경영을 발전시킬 수 있었다고 본다.76) 소위 '도지권'이 얼마나 광범위하게 존재했고 어떠한 경제사적 의의가 있었는지, 그리고 그것을 이루는 권능들이 그처럼 뚜렷한 사회적 합의를 얻고 있었는지에 대해서는 면밀한 검토가 필요하다. 그러나 뒤에서 볼 보통의 경작권과 다른 특수한 관습상의 권리가 존재하였음은 조선총독부도 인지했다. 행정당국은 때로 도지권이 민법상의 권리로 환원됨이 없이 관습상의 물권으로서 고유의 내용을 유지할 수 있음을 인정했다.77) 그러나 행정당국과 법원의 지배적 경향은 민사령 제12조를 적용치 않고 민법상의 권리범주에 편입시키는 것이었다. 그

---

75) 朝鮮總督府,『慣習調査報告書』, 1912, 130~139쪽 ; 朝鮮總督府,『朝鮮ノ小作慣行』上, 1932, 707~811쪽 ; 박병호,『한국법제사고』, 법문사, 1983, 237~246쪽 ; 신용하,『조선토지조사사업연구』, 지식산업사, 1982, 260~269쪽 ; 신용하,『한국근대사회사연구』, 일지사, 1987, 191~257쪽 ; 허종호,『조선봉건말기의 소작제연구』, 평양 : 사회과학원연구소, 1969, 제3장.
76) 김용섭,「조선후기의 경영형부농과 상업적 농업」,『조선후기농업사연구(II)』, 일조각, 1981 ; 김용섭,「한말에 있어서 중답주와 역둔토지주제」,『한국근대농업사연구(하)』, 일조각, 1984 ; 宮嶋博史,「朝鮮甲午改革以後の商業的農業-三南地方を中心に」,『史林』57(6), 1974, 67~70쪽.
77) 朝鮮總督府,『民事慣習回答彙集』, 1937, 201~203, 243~245, 358~361쪽.

리하여 최장 50년으로 제한되고 제3자에 대한 대항요건으로서 등기가 요구되는 영소작권으로 해석했다.78) 그나마 이는 보호의 최대한이었고 대부분의 영구도지 관행은 일반적인 소작관계로 축소되었다.79)

민법상의 영소작권으로 인정되지 않은 경작권은 모두 민법상의 채권적 임차권으로 해석되었다. 그러함에 있어 가장 문제가 된 것은 경작 기간이었다. 대부분의 지주-소작관계는 기간의 정함이 없는 구두계약에 의존하고 있었다. 신용하는 그러한 경작권을 "관습상의 경작권"으로 명명하면서 그것이 오랜 존속기간을 거쳐 사실상 영구적인 권리가 되었다고 본다.80) 반면 박병호는 전통적 경작권의 실제 존속기간이 그리 길지 않았으며 농시를 제외하면 지주의 의사에 의하여

---

78) 鄭鍾休, 『韓國民法典の比較法的硏究』, 東京 : 創文社, 1989, 126~129쪽. 朝鮮高等法院 1915. 7. 2 판결 / 司法協會, 『朝鮮高等法院判例要旨類集』, 1943, 119쪽.
79) 신용하, 『한국근대사회사연구』, 일지사, 1987, 250~256쪽.
  소작의 법률관계를 천착한 조선고등법원 판사 노무라(野村調太郎)는 개간에 의해 발생한 원도지(原賭地)를 분할소유권에 비유하면서 이것이 민사령 제12조에 의해 민법상의 영소작권과 달리 영구의 물권으로 존속할 수 있고 공시방법에 있어서도 등기함이 없이 관습상의 명인방법에 의할 수 있다고 하는 관대한 입장을 보이는 듯 했으나, 그러한 관습이 당시에는 거의 소멸하여 옛 시대의 유물로만 존재하기 때문에 논의의 실익이 별로 없다고 말하였다. 더욱이 소작권 매매의 방임으로부터 발생한 화리와 궁장토 등의 관리권으로부터 발생한 중도지는 양도와 전대의 자유가 예외적으로 인정된 채권적 임차권으로 해석했다(野村調太郎, 「朝鮮に於ける小作の法律關係(六)」, 『司法協會雜誌』 8(11), 1929b, 235~246쪽 ; 鄭鍾休, 『韓國民法典の比較法的硏究』, 東京 : 創文社, 1989, 129쪽). 사실 궁장토의 중도지는 이미 1907년의 역둔토관리규정(驛屯土管理規程)에 의해 소작권의 처분이 금지되는 등 그 권능을 상실했다(박명규, 「식민지 지주제의 형성 배경-한말 전북지역을 중심으로」, 한국사회사연구회 편, 『한국근대농촌사회와 일본제국주의』, 문학과지성사, 1986, 39~43쪽).
80) 신용하, 『조선토지조사사업연구』, 지식산업사, 1982, 248~254쪽.

언제든지 해지될 수 있는 열악한 권리였다고 본다.81) 소작관행을 조사한 일제 당국은 경작기간과 경작자의 지위가 경우에 따라 매우 달랐음을 보여주었다. 즉 지주의 의사에 의해 언제든지 해지할 수 있는 권리로서 장기적으로 경작이 계속된다고 해도 매년 묵시적으로 갱신하는 경우가 있는가 하면, 지주의 해약이 제한되어 소작인의 과실이 없으면 영구히 존속했으며 조상 대대로 소작한 경우에는 지주의 탈작(奪作) 시도가 소작인과 공동체에 의해 저지되는 경우도 있었다는 것이다.82) 소위 "관습상의 경작권"을 신용하의 해석처럼 영구적 권리였다고 일반화할 수는 없으나, 권리의 존속기간과 그에 대한 규범의식에 있어서 많은 지역적, 상황적 편차가 있었음을 알 수 있다.

소작인의 지위가 민법상의 임차권으로 획일적으로 취급되었다고 해서 반드시 법의 해석과 적용이 일의적, 정합적인 것은 아니었다. 예를 들어, 기간이 정해지지 않은 계약의 경우 탈작과 경작의 지속을 둘러싸고 많은 분쟁이 발생하였는데 지주와 소작인이 자기의 편익을 위해 원용할 수 있는 규정에는 여러 가지가 있었다. 민법 제617조는 그런 계약은 언제라도 해지할 수 있으나 수확계절이 있는 임대차의 경우 그 계절 후 다음 경작에 착수하기 전에 해지의 의사표시를 하여야 하고(2항), 해지의 통지 후 1년이 경과함으로써 해지의 효력이 발생한다고 규정했다. 그러나 실제로는 해지의 의사표시와 더불어 바로 탈작하는 경우가 다반사였다. 법원의 해석과 법학자들의 지배적 견해는 소작이 1년을 기간으로 한다는 묵시적 합의를 함축하고 있으며 소작이 계속되는 경우에는 이를 매년 묵시적으로 갱신하는 관습이 있다고 보았다.83) 반면 탈작에 대항하는 농민들은 "과실이 없으면 탈작할 수 없

---

81) 박병호, 『한국법제사고』, 법문사, 1983, 163~167쪽.
82) 朝鮮總督府, 『朝鮮ノ小作慣行』下, 1932, 參考編, 39, 50~56, 78~79, 109~110쪽.

다"는 도덕경제(moral economy)의 원리를 원용하는 경우가 많았다. 농민들의 입장을 대변한 법률가들은 소작권이 영구의 권리가 아니라 매년 갱신되는 1년간의 권리임을 인정하면서도 소작인의 과실이 없는 경우 지주가 갱신을 거절할 수 없는 관습이 있다고 주장했다.84) 그런 관습의 존재는 사법당국자의 글에서도 인정되었다.85) 이에 비해 민법 제17조는 법원과 지주, 농민 공히 거의 원용하지 않았다.

지주-소작관계에 있어 또 하나의 중요한 갈등원인인 이앙기의 갑작스런 탈작을 보자. 이미 이앙의 준비를 완료한 경우는 기간 만료 후 임차인이 목적물의 사용·수익을 계속하고 임대인이 이를 알고도 이의를 제기하지 않으면 전 임대차와 동일한 조건으로 갱신된 것으로 추정한다는 민법 제619조의 적용을 받을 수 있었다. 그러나 이 조항을 원용하는 대신 춘분이 지난 후에는 분쟁을 허용치 않고 현 점유자를 보호한다는 전통적 규범(春分已過停訟歸農)을 원용하여 대항하는 경우가 있었다. 법원은 이 규범을 춘분 후 소작계약을 해지할 수 없다는 관습으로 인정했다.86)

---

83) 野村調太郎,「朝鮮に於ける小作の法律關係(三)」,『司法協會雜誌』8(7), 1929, 121~124쪽.

84) 그러한 관습의 존재를 인정한다면 그것을 조선민사령 제10조에서 언급한 관습으로 보는 것도 가능하였지만, 대체로는 민법 제92조의 '사실인 관습'으로서 당사자가 그에 의하지 않는다는 의사가 있다고 할만한 사정이 없으면 그에 의한다는 의사를 가진 것으로 추정하였다(朝鮮高等法院 1917. 6. 5 판결 ; 1921. 12. 23 판결 / 司法協會,『朝鮮高等法院判例要旨類集』, 1943, 31쪽). 민족주의 법률가 이인(李仁)이 그러한 논리로써 탈작에 대응할 것을 고무한 바 있다(이인,「법률과 소작농민」,『농민』4(1), 1933, 38~39쪽).

85) 野村調太郎,「朝鮮に於ける小作の法律關係(三)」,『司法協會雜誌』8(7), 1929, 123쪽.

86) 朝鮮高等法院 1917. 10. 19 판결 / 司法協會,『朝鮮高等法院判例要旨類集』, 1943, 267쪽 ; 光州地方法院 順天支廳 1925년 民第791號 (1925. 10. 12. 판결).

여기에서 강조하고자 하는 것은 관습과 성문법 공히 의미가 확정된 규범의 체계가 아니라 다양한 해석에 열려 있는, 모순과 흠결 투성이의 구성물로서 그것을 활용하는 사람들에게 선택의 여지를 남겨두고 있다는 점이다. 관습이 사회규범의 객관적 존재에 대한 지식에 의해서가 아니라 이익을 정당화하기 위한 요구에 의해 취사선택, 탈맥락화와 재맥락화, 가공된다는 점은 앞에서 지적했다. 그러한 관습의 모습은 특수한 상황의 산물이 아니라 통상적인 현상이다. 제정법은 관습에 비해 의미가 고정되어 있지만 그 역시 항상 협상에 노출되어 있다. 법을 주어진 구조가 아닌 유동적인 과정으로 바라보는 무어(Sally Falk Moore)는 법과 관습을 포함한 삶의 규칙이 전략적 상황조정(situational adjustment)과 정규화(regularization)의 두 과정의 교차 속에 모습지어진다는 점을 강조했다.[87] 같은 견지에서, 코마로프(John Comaroff)와 로버츠(Simon Roberts)는 법을 확고부동하게 정해진, "내적으로 정합성을 가지는 코드"로서가 아니라 행위자가 자기의 목표지향적 행위를 합리화하기 위해 원용하는 자원(resources)으로 정의했다.[88] 위에서 살펴본 법과 관습의 적용과 원용의 과정은 일제가 점령지의 통치를 위해 일방적으로 부과한 법규범을 바라봄에 있어서도 통치 대상인 인민들의 행위주체성(agency)을 시야에서 제거하지 말아야 함을 보여 준다.[89]

그러나 그렇다고 해서 행위자들을 평등한 게임의 주체로 취급하지

---

[87] Sally Falk Moore, *Law as Process : An Anthropological Approach*, London : Routledge and Kegan Paul, 1978.
[88] John L. Comaroff and Simon Roberts, *Rules and Processes : The Cultural Logic of Dispute in an African Context*, Chicago : University of Chicago Press, 1981.
[89] 이철우, 「인류학과 사회사의 접점에서 본 법」, 최대권외 10인, 『법사회학의 이론과 방법』, 일신사, 1995.

말아야 함은 물론이다. 행위자들 사이에는 엄연한 권력의 격차가 존재하며, 특히 행위 주체의 하나가 폭력을 독점한 국가일 때 법의 의미를 규정함에 있어 그것이 갖는 압도적인 힘의 우위를 간과해서는 안 된다. 전술한 법적 협상의 과정을 지배한 것은 특유의 정치적, 경제적 동기에 의해 움직이는 일제의 의지였다. 1920년대까지 조선총독부가 일본의 경제적 요구에 따라 한반도에 실시한 정책은 산미증식계획으로 대표되는 지주적 농정이었고, 지주-소작관계를 둘러싼 법과정은 그러한 구도 속에 있었다. 그러나 일제의 의지도 고정된 것이 아니었다. 공황을 겪으면서 제국 내의 경제적 관계가 변화하여 한반도는 더 이상 일본 본토를 위한 식량생산기지로 이용될 필요가 없게 되었으며, 농민사회의 동요를 차단해야 하는 정치적 요구에 따라 농업생산관계에 대한 접근이 수정되지 않으면 안 되었다. 1930년대의 소작입법은 그러한 맥락에서 등장했다.

1930년대의 소위 '신농정(新農政)'의 백미라 할 수 있는 1934년의 '조선농지령'은 보통작물의 소작권의 최단 기간을 3년으로 못 박고 기간의 정함이 없는 소작의 기간을 3년으로 추정했으며, 소작인의 배신행위 또는 지주의 정당한 사유가 없는 한 계약의 갱신을 거절할 수 없도록 했다. 또 불가항력으로 인해 수확고에 "현저한 감소"가 있을 경우 감면을 청구할 수 있도록 기존의 요건을 완화하고 이보다 소작인에게 불리한 특약을 무효로 했다. 조선농지령은 일본 국내 농정의 연장선상에서 나온 것이지만 나름대로는 20년대 말부터 수년간 추진된 한국 농촌의 관습조사를 바탕으로 한 것이었다.[90] 그것은 소작인의 과실 없는 탈작을 부당하게 보는 민중적 정의관념과 그간 관습으로

---

90) 조선농지령과 유사한 내용을 갖는 일본의 농지조정법(農地調整法)은 난항 끝에 1938년에야 통과되었다. 의회가 없었던 조선에서는 지주층의 이익을 제한하는 것이 상대적으로 수월했다.

원용된 요소들을 명문화한 것으로서 지주의 온정주의를 가부장적 국가주의에 복속하여 농촌을 확고히 장악하기 위한 것이었다. 그러나 이러한 '농민적' 농정에도 불구하고 지주제를 부정하는 어떤 조치도 취해지지 않았다.[91] 소작권의 안정화는 추구되었지만 소작료의 착출에 대해서는 1939년 '소작료통제령'이 공포될 때까지 아무런 제한이 없었다. 1920년대와 30년대 전반기의 소작쟁의와 농민운동에 시달린 지주제는 1930년대의 농정에 의해 더 이상 번성할 수 없었으며 30년대 말과 40년대 전반기의 전시 총동원체제 아래 직접적 그리고 최대의 착취자로 등장하는 국가의 규제 속에 시들었지만 그것이 최종적으로 해체된 것은 해방후 남북한 정권의 단안에 의해서였다.

4. 민사사법제도와 쟁송

갑오개혁이 낳은 1895년의 재판소구성법(裁判所構成法)은 일반 행정으로부터 분화된 법원의 조직을 예정하였지만 그 성과는 크지 않았다. 1899년에 평리원(平理院)으로 개칭되는 고등재판소, 그리고 초기에만 잠깐 독립된 법원으로 기능한 한성재판소와 경기재판소를 제외하면 을사조약이 있기까지 재판소구성법이 예정한 새로운 법원은 설치되지 못하였고, 평리원조차도 법부대신이 재판장으로 앉아 있는 수준이었다.[92] 재판소구성법이 설치를 예정한 지방재판소는 기존의 고을관아에 명칭만 붙인 것에 불과했다. 그러한 지방사법에 제도적 변화가 가해진 것은 1907년에 재판소구성법이 새로이 제정되면서부터였

---

91) 1930년대 농정의 성격과 효과에 대한 상이한 견해로서 정문종, 『1930년대 조선에서의 농업정책에 관한 연구』, 서울대학교 박사학위논문, 1993 ; 정연태, 『日帝의 韓國 農地政策』, 서울대학교 박사학위논문, 1994 참조.
92) 박병호, 『근세의 법과 법사상』, 진원, 1996, 제4장 ; 정긍식, 『한국근대법사고』, 박영사, 2002, 259~260쪽.

다. 이 법에 의해 최고법원인 대심원(大審院)을 정점에 두고 공소원(控訴院)을 항소심으로, 지방재판소와 구(區)재판소를 1심에 둔 4급3심제의 사법기구가 설치되었다. 이 법원들은 행정업무로부터 기능적으로 분화되었다. 1909년 사법 및 감옥사무가 일본에 위탁된 후에는 '통감부재판소령'을 공포하여 대심원을 고등법원으로 개칭했다. 이 체제는 병합 후에도 계속되다가 1912년 법원의 명칭이 변경되고 관할구역이 재조정되었다. 법원조직은 최고법원인 조선고등법원과 3개 복심법원(覆審法院), 그리고 8개 지방법원과 55개 지청(支廳)으로 개편되었다. 부분적인 변화가 있었으나 이것이 해방에 이르기까지 법원의 기본구조였다.[93]

일제시대에 인민들은 법원을 얼마나 그리고 어떻게 활용하였는가? 1928년과 1937년의 통계를 보면 민사소송이 각각 인구 330명당 1건과 428명당 1건의 비율로 제기되었음을 알 수 있다.[94] 1950년대에 가장 소송 빈도가 높았던 1959년의 소송률-인구대비 소송건수-이 800명당 1건이었고, 소송률이 점증한 결과 1975년에 378명당 1건의 비율을 기록하였음에 비추어 보면 당시의 소송 빈도가 그리 낮지 않았음을 알 수 있다.[95]

---

93) 김병화,『한국사법사』(근세편), 정정중판, 일조각, 1982, 9, 35~41쪽.
94) 朝鮮總督府,『朝鮮總督府統計年報』, 1928, 428쪽 ; 朝鮮總督府,『朝鮮總督府統計年報』, 1937, 320쪽.
95) 법원행정처,『사법연감』, 1960, 4쪽 ; 1976, 113쪽. 대한민국의 소송률은 계속 높아져 2000년에는 66명당 1건의 민사본안사건이 발생했다(법원행정처,『사법연감』, 2001, 394~395쪽). 일본의 경우에도 종전(終戰)에서부터 1980년에 이르기까지 소송률이 오히려 전전(戰前)에 비해 더 낮은 해가 많았는데 일본법 연구자 헤일리(John Haley)는 그 원인으로서 전전에 비해 오히려 전후에 사법서비스가 더 불충분하게 공급되었다는 점에 주목했다(John Owen Haley, Authority Without Power : Law and the Japanese Paradox, Oxford : Oxford University Press, 1991, 제5장). 헤일리의 견해에 대한 평

법원의 활용에 관해 자세한 정보를 얻기 위해 광주지방법원 순천지청(현재의 명칭은 순천지원)의 사례를 보자. 이 법원은 지주제가 발달한 농업지역인 전남 동부 5개 군을 관할했다. 아래의 표는 이 법원의 1924~28년과 1936~38년의 민사소송 건수를 나타내고 주요 사건종류별 건수를 예시한다.

<표 1> 광주지방법원 순천지청의 민사소송 건수와 주요 사건종류별 건수

사건/연도	1924	1925	1926	1927	1928	1936	1937	1938
토지/임야소유권	85 9.4%	145 13%	181 16.5%	171 14.5%	149 12.3%	330 28.8%	286 22.3%	280 22.3%
대여금청구	367 47.7%	390 35%	425 38.7%	447 37.9%	535 44.3%	303 26.4%	358 28%	374 30%
소작 관련	140 14.1%	201 18%	135 14%	128 9.9%	108 9.3%	77 6.7%	114 8.7%	94 7.4%
총 소송건수	992	1,115	961	1,294	1,161	1,141	1,316	1,267

(백분율은 총 소송건수에 대한 비율을 나타냄)
자료: 光州地方法院 順天支廳, 『民事事件簿』 1924, 1925, 1926, 1927, 1928, 1936, 1937, 1938

1928년과 1937년의 소송건수를 순천지청 관할구역의 인구에 대비시키면 각각 364명당 1건, 380명당 1건의 빈도를 보임으로써 전국적 소송률과 크게 다르지 않았다. 이 법원은 소가(訴價) 1,000원 이하의 사건에 대해 관할권을 갖는 단독심이었는데, 1928년에 취급한 총 제소사건의 68%가 100원 이하의 사건이었으며 500원을 넘는 사건은 단지 6%에 불과했다.[96] 즉, 반드시 규모가 큰 분쟁만이 법원에 회부된 것이 아니었다.

가, 그리고 한국에 대해서도 같은 설명이 가능한지에 대한 판단은 보류한다.
[96] 朝鮮總督府, 『朝鮮總督府統計年報』, 1928, 428, 436~437쪽; 朝鮮總督府, 『朝鮮總督府統計年報』, 1937, 320쪽.

그렇다면 누가 어떤 사건을 가지고 법원을 찾았는가? 가장 흔한 소송은 대여금청구소송으로서 위의 기간 전체 소송의 35%에 달했다. 다음으로는 토지/임야 소유권에 관한 소송으로서 전체의 18%를 차지했다. 소작에 관한 소송은 1924~28년에는 9~18%, 1936~38년에는 7~9%를 점하였다. 소작에 관한 소송 가운데에는 소작료청구소송이 절반을 훨씬 넘었고 특히 1930년대 후반에는 대다수를 점하였다.97) 금전(대여금)과 미곡(소작료)을 비롯한 대체물은 소송 이전에 독촉절차에 의한 지급명령으로 청구하는 경우가 순천지청에서만도 연간 수천 건에 이르렀기 때문에 위의 수치는 법원이 처리한 분쟁의 극히 적은 일부에 불과했다.

소송 중 절반은 취하 또는 화해로 종결되었고, 판결로 종결된 사건 중 절반 이상이 피고의 불출석에 의한 원고승소의 판결이었다.98) 대여금과 소작료 청구소송이 많았고 소송 중 많은 수가 궐석(闕席)판결로 종결되었다는 점은 법원을 통한 분쟁해결이 어떤 계급적 함의를 가지고 있었는지를 암시한다. 이를 염두에 두고 1924~28년의 소작 관련 사건을 분석해 보면, 지주가 소작인을 상대로 제기한 소송이 60%를 점했는데 그 중 36%는 취하로 종결되었고 33%에서 지주가 승소 또는 일부 승소, 15%에서 지주가 패소했다. 소작인과 소작인 사이의 소송은 38.5%에 달했는데, 이는 지주의 탈작에 따른 신·구소작인간의 점유를 둘러싼 분쟁이었다. 그러한 소송은 현실적 점유를 기준으로 승패가 결정되었기 때문에 반드시 지주의 의지를 뒤에 업은 신소작인에게 유리한 것은 아니었다. 어떻든지 간에, 법원이 지주의 탈작에 대

---

97) 이철우, 「1920~30년대 전라남도 순천지방의 사법기구와 분쟁」, 『사회와 역사』 62, 2002, 111쪽. 이하에서는 광주지법 순천지청의 원 자료를 인용하지 않고 이에 바탕을 둔 필자의 연구(위의 글)를 인용한다.

98) 위의 글, 122~123쪽.

해 소작인을 보호했다고 말하기는 어렵다.99) 경제적 약자가 능동적으로 법원을 활용하기는 어려웠는데, 이는 실체법적 권리 배분이 이미 불리하게 결정되어 있었고, 청구할 권리가 있더라도 법률서비스의 공급이 미흡하여 법원의 활용이 쉽지 않았기 때문이다.100)

  소송을 통한 분쟁해결이 위와 같은 모습을 보이고 있을 때, 1932년에 공포된 '조선소작조정령'과 1934년의 '조선농지령'은 소작 관련 분쟁해결의 양상을 크게 바꾸었다. 조선소작조정령은 1924년에 제정된 일본의 '소작조정법'을 모델로 했다. 조정(調停)을 비롯한 대안적 분쟁해결(alternative dispute resolution)은 일도양단의 승패를 가르는 소송이 많은 비용을 요할 뿐만 아니라 당사자 간의 갈등을 치유할 수 없으므로 적은 비용으로 화합을 도모할 수 있는 신축적인 방식으로 분쟁을 해결하자는 것을 취지로 삼는다. 일본 소작조정법도 이런 이유에서 제정되었다.101) 조선에서 조정제도는 1930년대 농촌 동원체제의 이념적 소재였던 농본주의에 부합하는 분쟁해결의 방식으로 관념되었다. 사실 일제는 1910년 '민사쟁송 조정에 관한 건'을 공포하여 200원 이하의 분쟁과 토지점유에 관한 분쟁 등에 대해 당사자의 동의에 의해서 군 경찰서장에 의한 조정을 가능케 하고 조정이 이루어진 사건을 제소할 수 없도록 했다. 이렇게 조정되는 사건이 전국적으로 해마

---

 99) 위의 글, 126쪽.
    일본의 한 지역에 대한 연구에서 스메트허스트(Richard Smethurst)는 지주의 소작지 회수 소송의 패소율이 높다는 이유로 그런 결론을 도출했다 (Richard J. Smethurst, *Agricultural Development and Tenancy Disputes in Japan, 1870-1940*, Princeton : Princeton University Press, 1986, 408쪽)
100) 순천지청의 제소사건 중 원피고 모두 변호사를 선임하지 않은 경우가 82%에 달했다(이철우, 「1920~30년대 전라남도 순천지방의 사법기구와 분쟁」, 133쪽).
101) 小倉武一, 「農業法」, 鵜飼信成外編, 『日本近代法發達史』 第1卷, 東京 : 勁草書房, 1958, 262쪽.

다 수백 건에서 1만 건 이상에 이르기까지 등락했는데 그 중 소작에 관한 사건은 2~3%에 불과했다.102)

조선소작조정령은 분쟁 당사자의 신청 또는 재량에 의해 합의부 법원이 조정을 할 수 있도록 하고 조정이 성립하면 소송상 화해가 이루어진 것과 동일한 효력을 부여했다. 또 조정과정에서 법원이 "적당하다고 인정되는 자"에게 권해(勸解)를 위임할 수 있게 했고 권해에 의해 화해하면 이에 계약과 같은 효력을 부여했다. 1933년에는 부·군·도(島) 소작위원회를 구성하여 권해의 기구로 삼았고, 1934년에는 조선농지령에 의해 소작위원회에게 판정 권한을 주었으며, 판정에 대해서는 계약의 효력을 부여했다. 1936년에는 소작조정령을 재차 개정하여 일방 당사자의 신청에 의해 단독판사도 조정을 할 수 있도록 하고 당사자가 조정을 받아들이지 않으면 법원이 조정안을 부과하는 강제조정의 제도를 도입했다.103) 소작조정제도가 실시된 첫 두 해에는 조정에 회부된 사건의 수가 많지 않았으나, 조정이 체계화, 간편화되고 조선농지령에 의해 소작에 관한 실체법이 크게 달라지자 조정사건이 대폭 증가하여 1937년에는 전국적으로 1만 건을 돌파했고 권해를 위해 소작위원회에 회부된 사건도 8,000건에 이르렀다. 상기 순천지역 관할구역의 일부인 순천군에서도 매년 2, 3백건의 분쟁이 조정에 의해 해결되었다.104)

조정 신청의 80%는 소작인이 소작권의 확인이나 소작권의 계속을 구하는 사건이었으며 일부는 수확감소로 인해 소작료의 재조정을 위

---

102) 朝鮮總督府, 『朝鮮總督府統計年報』, 1928, 486~487쪽 ; 朝鮮總督府, 『朝鮮總督府統計年報』, 1937, 333~334쪽.
103) 조선농지령과 조선소작조정령에 관해서는 이재원, 『조선소작법개론』, 이문당, 1934 ; 司法協會, 『朝鮮農地令·朝鮮小作調停令解說』(改訂版), 1937 참조.
104) 朝鮮總督府, 『朝鮮農地年報』 第一輯, 1940, 57쪽, 64쪽, 81쪽.

한 것이었다. 이에 비해 지주가 소작료를 청구하는 사건은 0.5%에 불과했다.105) 앞에서 본 광주지법 순천지청의 사례에서 1930년대 후반에 소작관련 소송의 빈도가 감소하였음을 발견할 수 있는데 특히 매년 수십 건에 달하였던 소작인간 점유 분쟁은 10건 미만으로 현저히 감소했다.106) 이는 조선농지령이 소작권을 안정화하는 데 기여했음과 동시에 조정절차를 통해 분쟁을 해결할 수 있었기 때문이다. 조선농지령과 소작조정령은 30년대 초반까지 집단적, 급진적으로 전개된 소작쟁의를 개별 당사자들 사이의 이익 분쟁으로 축소하는 성과를 거두었다. 동시에 1910년에 법제화된 경찰서장의 민사쟁송조정 외에 사실상 분쟁에 개입해온 경찰 기타 관리들, 그리고 관(官)과 밀접한 관계를 맺은 지방의 유력자들을 분쟁해결기구 속에 공식적으로 편입시켰다. 분쟁해결을 분쟁 당사자 간의 관계뿐만 아니라 분쟁에 개입하는 제3자의 권력 재생산의 견지에서도 바라보아야 한다면, 1930년대의 조합주의적 농촌통제의 일환으로 실시된 소작조정제도가 국가권력에 의한 사회의 재편성의 한 단면을 보여주는 것으로서 지방사회 내 권력관계의 변화를 반영하고 촉진하는 것이었음에 주목해야 한다.107)

5. 가족질서의 재편

조선민사령에 의해 조선에 적용할 민사법의 체계가 정해지기 전까지 친족과 상속의 분야는 1905년에 제정된 형법대전(刑法大全)에 의해 규율되었는데 형법대전은 경국대전(經國大典) 이래의 고유 법제의 조항을 답습하고 있었다.108) 앞에서 본대로, 조선민사령 제11조는 능

---

105) 朝鮮總督府, 『朝鮮農地年報』 第一輯, 1940, 66~70쪽.
106) 이철우, 「1920~30년대 전라남도 순천지방의 사법기구와 분쟁」, 111쪽.
107) 이철우, 「인류학과 사회사의 접점에서 본 법」, 최대권외 10인, 『법사회학의 이론과 방법』, 일신사, 1995, 101~102쪽.

력, 친족, 상속에 관한 일본 법률의 규정은 조선인에게 적용치 않고 관습에 의한다고 규정했다. 그러나 제11조는 몇 차례의 개정을 통해 일본의 제도를 대폭 도입했다. 1921년의 개정에서는 능력, 친권, 후견, 보좌인, 무능력자를 위한 친족회에 관한 민법의 조항을 불러들였다. 1922년에는 혼인 연령, 재판상의 이혼, 인지, 상속의 승인, 재산의 분리에 관한 민법 규정 및 친족회에 관한 남은 조항을 의용하고, 분가, 혼인, 협의상의 이혼 등에 있어 사실주의를 신고주의로 전환했다. 가장 극적인 1939년의 개정은 씨(氏)에 관한 일본 민법의 규정, 서양자(婿養子) 연조(緣組)의 무효 또는 취소에 관한 규정, 재판상의 이연(離緣)에 관한 규정을 의용하고, 제11조의 2에 이성양자(異姓養子)를 허용하는 규정을 삽입했다. 일본식 씨 제도의 도입과 이성양자의 허용은 한국 가족제도의 근본을 뒤흔드는 것이었고, 특히 전자는 창씨개명으로 절정에 달했다.

창씨개명은 1939년에 공포된 두 개의 제령을 근거로 했다. 제령 제19호 '조선민사령 개정의 건'은 위에서 언급한 민사령의 개정을 가져오는 것이었는데, 그 부칙에서 조선인 호주로 하여금 6개월 내에 씨를 정하여 신청하도록 하고 그렇게 하지 않을 경우 제령 시행 시점의 호주의 성(姓)으로 씨를 삼는다고 규정했다. 같은 날 공포된 제령 제20호 '조선인의 씨명(氏名)에 관한 건'은 역대 천황의 이름을 씨 또는 명(名)으로 사용하는 것과 자기 성 이외의 성을 씨로 사용하는 것을 금지하고, 씨명은 정당한 사유가 있을 때 허가에 의해서만 변경할 수 있도록 했다.[109] 이로써 모든 한국인은 일본식 씨를 가지게 되었다. 적

---

108) 이병수, 「조선민사령에 관하여-제11조의 관습을 중심으로」, 『법사학연구』 4, 1977, 59쪽.
109) 김영달, 「창씨개명의 제도」, 정운현 편역, 『창씨개명』, 학민사, 1994, 54~57쪽.

극적으로 창씨하지 않더라도 종래의 성으로 씨를 삼도록 되어 있었기 때문이다.110)

창씨개명까지 거론하지 않더라도 조선민사령의 개정에 의한 일본 민법 규정의 적용은 한국의 가족 관습을 왜곡, 말살한 것으로 비판받는다. 그런데 일제가 내선일체와 황국신민화의 모토 아래 일본의 가족 제도를 강제 이식하여 한국의 가족제도를 파괴하였다는 명제가 반드시 한국의 '관습'을 '왜곡', '말살'하였다는 말로 표현될 필요는 없다. 그러한 표현은 관습이 오래도록 전승된 고정불변의 코드라는 가정을 담고 있으며, 일제에 의해 '왜곡'되고 '말살'된 관습의 실체를 다시 회복하는 것이 바람직하다는 정치적 결론으로 귀결되기 쉽다. 1930년대 영국이 간접통치를 실시한 아프리카 식민지에서는 기존의 정책이 고유의 토착 관습을 파괴하였음을 개탄하면서 전통과 관습을 회복, 보존해야 한다는 주장이 대두하였으며, 독립 이후에도 식민지 잔재 청산과 관습의 회복을 동일시하는 경향이 있었는바 이러한 신전통주의(neo-traditionalism)의 법 정책은 전통과 관습의 이름 아래 특정 세력의 이해관계에 부합하는 규범을 창조하였다.111) "순풍미속"으로 둔갑하여 한국 민법 내에 강인하게 존재한 호주제도 그와 같은 견지에서 평가된다.

호주제의 폐지를 향한 실천적 관심은 일제시대에 취급된 관습의 의

---

110) 이로써 한국 고유의 성과 본관이 없어진 것은 아니며, 동성동본 불혼 제도의 효력이 지속되었고 호적에도 성과 본관이 기록되었다(김영달,「창씨개명의 제도」, 정운현 편역,『창씨개명』, 학민사, 1994, 43쪽 ; 坂元愼一,「'명치민법'의 성씨제도와 '창씨개명'(조선)·'개성명'(대만)의 비교분석」,『법사학연구』 22, 2000, 175쪽).
111) Martin Chanock, *Law, Custom and Social Order : The Colonial Experience in Malawi and Zambia*, Cambridge : Cambridge University Press, 1985, ch.1.

미를 재조명하고자 하는 문제의식을 환기시켰다.112) 그러한 문제의식에 따르면 일제시대 가족법의 문제는 일본 민법과 조선 관습법의 대립구도에서 전자가 후자를 제압, 해체한 것이 아니라 일본의 가(家) 관념의 도입이라는 큰 구도 속에서 민법 규정과 관습이 통합되고 후자가 재해석, 창조되는 것이었다고 할 수 있다. 조선민사령 제11조에 의해 인정된 관습과 민사령 개정에 의해 민법 규정에 자리를 내준 관습은 모두 "과거와 현재의 조선, 조선과 일본이라는 이질적인 시공간이 혼미하게 교차"된 가운데 일제 지배의 현실을 반영하는 기호들이었던 것이다.113) 조선민사령이 개정되어 관습이 일본 민법에 자리를 내주기 전에도 관습 자체가 해석을 통해 일본 가족제도의 강제 이식에 봉사하는 방향으로 모습지어졌다. 관습은 현실적인 삶의 양식이 아니라 일제의 지식에 의해 구성된 것이었으며『관습조사보고서』등의 출간물, 그리고 행정당국과 법원의 해석에 의해 공식적으로 표상된 것이었다. 그러한 관습의 해석과 선언에 있어서 누가 관습을 그렇게 묘사하는가라는 주체의 문제는 사상되어 있다.

공식 기관들은 조선에는 재산상속과 제사상속 외에 호주상속의 관습이 있다고 해석한 후 제사상속의 법적 효력은 부정했다. 이어 상속 관습을 일본의 가독(家督)상속에 비추어 해석함으로써 조선의 친족·상속제도를 일본식 가(家)제도에 합치시키고자 했다. 즉 조선시대와는 판이하게 다른 호주의 개념을 법으로 규정한 후, 재산에 관해서도 호주상속인이 일단 상속한 후 분배하는 것이 관습이라고 선언함으로써 가산의 중심으로서의 호주의 지위를 축조해냈다. 일본식 가 제도의

---

112) 양현아,「'전통'과 '여성'의 만남 : 호주제도 위헌소송에 관한 문화 연구」,『법사학연구』25, 2002, 105~130쪽.
113) 양현아,「식민지 시기 한국 가족법의 관습 문제」,『사회와 역사』58, 2000, 35~70쪽.

이식은 실질적 혈연관계보다는 가적(家籍)의 동일성이라는 형식적 요건을 중심으로 상속관계를 편성할 것을 요구했고 이는 출가한 여성의 상속권을 부정하는 것으로 귀결되었다. 일제에 의해 가공된 관습은 해방 후에도 한국의 관습으로 표상되어 한국인의 가족관계를 규정했다.114)

Ⅳ. 규율과 억압 : 형사사법과 권력

종래 일제시대의 법을 논함에 있어 형사법은 늘 그 중심에 있어 왔고, 형사사법의 모습은 일제 지배의 압제적 성격을 확인하는 근거로 묘사되어 왔다. 여기에서는 형사법의 체계를 설명함과 동시에 단순한 폭력의 많고 적음이 아닌, 권력의 성격 변화에 주목하여 형사사법을 보아야 함을 강조한다.

---

114) 이상욱,「일제하 호주상속관습법의 정립」,『법사학연구』9, 1988, 23~61쪽 ; 이상욱,「일제하 전통가족법의 왜곡」,『(박병호교수 환갑기념) 한국법사학논총』, 박영사, 1991 ; 양현아,「식민지 시기 한국 가족법의 관습 문제 I」,『사회와 역사』58, 2000, 35~70쪽 ; 윤진수,「고씨 문중의 송사를 통해 본 전통 상속법의 변천」,『가족법연구』19(2), 2005.

지적한대로, 이에 대한 인식이 일제의 관습 '왜곡' 및 '말살'에 대한 성토 및 일제의 이데올로기에 "오염되지 않은 원상태의 우리 가족법의 복원"(정긍식,「일제의 관습조사와 의의」, 한국법제연구원,『국역 관습조사보고서』, 한국법제연구원, 1992, 40쪽)의 희구로 표출된다면 이는 관습의 본질에 대한 오해에 기초하고 있다는 비판을 받을 수 있다. 양현아는 이병수, 이상욱, 정긍식을 그런 견지에서 비판하였는데 그들이 그와 같은 표현상의 문제를 노출하고 있음은 사실이지만, 일제하에 관습이 재해석, 가공되는 과정 및 그 내용에 대한 그들, 특히 이상욱의 인식은 양현아와 크게 다르지 않다고 생각된다. 이에 관해서는 양현아, 위의 글, 37~38쪽 ; 이병수,「조선민사령에 관하여-제11조의 관습을 중심으로」,『법사학연구』4, 1977 ; 이상욱,「일제하 호주상속관습법의 정립」,『법사학연구』9, 1988 참조.

1. 병합 전의 형사법

갑오개혁에 의해 능지처참과 장형(杖刑)이 폐지되는 등 형벌제도에 변화가 가해졌지만 "민법과 형법을 엄명하게 제정"한다는 홍범 14조의 선언에 따라 새로운 형법전을 편찬한 것은 그로부터 10여 년이 지난 1905년에 이르러서였다.[115] 그 사이에 '감옥규칙'과 '징역처단례'를 제정하여 징역형을 도입하고, 형벌총칙에 해당하는 형률명례(刑律名例)를 1896년에 제정하여 기존의 태, 장, 도, 유, 사의 5형 체제를 사형, 유형, 역형(役刑), 태형의 4형 체제로 전환하였으며, 같은 해 일본의 구형법을 모델로 한 '형법초안(刑法草案)'을 작성하였다.[116] 그러나 아관파천 후 보수 회귀의 경향 속에서 장형이 다시 등장하고 사형집행방법으로 참형이 부활하였으며, 형법초안은 폐기되었다.

1905년 공포된 형법대전(刑法大全)은 총 680개 조문으로 구성된 방대한 법전으로서 전통적 6분주의를 탈피하고 신분제 철폐를 수용하였으며 참형을 폐지하는 등 새로운 모습을 보였다. 그러나 민사법적 규칙도 포함하고 있어 법 영역간의 분화에 충실하지 못하였고 형법에 해당하는 부분도 대명률직해(大明律直解)와 대전회통(大典會通)의 구조를 답습하였으며 인율비부(引律比附, 유추해석)와 불응위율(不應爲律, 조리에 의한 처벌)을 인정하여 오늘날의 죄형법정주의와 차이를 보였다.[117]

형법대전은 일제의 직접적 압력을 받지 않은 자주적 입법이었지만 그것이 공포, 시행된 때에는 대한제국이 이미 러일전쟁에서 승리한 일

---

115) 이 10년의 과정에 대하여는 문준영, 「대한제국기 형법대전의 제정과 개정」, 『법사학연구』 20, 1999, 31~56쪽 참조.
116) 위의 글, 36~39쪽.
117) 도면회, 「갑오개혁 이후 근대적 법령 제정과정-형사법을 중심으로」, 『한국문화』 27, 2001, 338~339쪽.

본에 정치적 자주성을 빼앗겨 가는 상태였다. 을사조약이 체결되자 형법대전은 일제 통치의 효율적인 집행에 봉사하는 수단으로 활용되었다. 그 시기에 형법대전은 두 차례 개정되었는데 1906년에는 단편적인 기술적 개정이 있었고 1908년의 제2차 개정에서는 270여 개 조항이 삭제되었다. 제2차 개정을 위해 법부(法部)가 만든 개정안은 많은 낡은 제도를 철폐하는 내용을 담고 있었으나 통감부 주도 하에 추진된 실제의 개정은 태형을 존치하고 인율비부를 계속 허용했다.118)

같은 시기에 법률로 제정된 신문지법(1907)과 출판법(1909)이 공포되어 언론과 출판에 대해 사전검열을 포함한 규제를 가했으며 일본의 치안경찰법을 모방한, 그러나 더 강력한 규제와 형벌을 담은 보안법(1907)이 제정되어 정치적 행동 및 집회, 결사를 제약했다.119) 보안법은 병합 후에도 대표적인 탄압법규로 그 존재를 지속했는데 형법대전이 건재하는 동안에는 후자가 더 무거운 형벌을 규정한 경우가 많아 이후 시기에 비해 상대적으로 활용도가 낮았다. 이 시대에는 한국인과 일본인에 대해 다른 통제법령을 적용하는 체계를 가지고 있어 일본인에게는 통감부령으로 제정된 보안규칙(1906), 신문지규칙(1908), 출판규칙(1910)을 적용했다.

절차를 본다면, 1907년 '민사형사소송에 관한 건'이 제정되어 군수의 관할권이 민사사건 및 태형에 해당하는 형사사건으로 축소되었고,

---

118) 위의 글, 347~351쪽.
119) 신문지법의 초안은 우메 겐지로의 주도 아래 만들어졌다. 일제 간섭 이전에도 표현의 자유를 제한하는 시도가 있었음은 물론이나 이 역시 제국주의의 간섭을 계기로 했다. 즉 조선 정권이 체계적인 입법으로 이를 추진하기 시작한 것은 1898년 독립신문 등이 열강의 이권쟁탈을 비판하자 열강들이 신문규제를 요구한 때였다(정근식, 「식민지적 검열의 역사적 기원-1904~1910년」, 『사회와 역사』 64, 2003, 9~10, 16쪽). 보안법과 치안경찰법의 비교로는 鈴木敬夫, 「「倂合」以前의 治安法」, 『(박병호교수 환갑기념) 한국법사학논총』, 박영사, 1991, 320~322쪽 참조.

1907년 재판소구성법에 의해 사법이 행정으로부터 분리된 반면, 1908년의 민형소송규칙(民刑訴訟規則)에 의해 사법경찰관에게 독립적인 수사상 강제처분권한이 부여되었다. 이때 이미 일본인은 단순한 보좌관이 아니라 한국의 정식 경찰 관리로 임명될 수 있었다.[120] 이어 1909년에 '한국 사법 및 감옥사무 위탁에 관한 각서', 1910년 6월에 '경찰사무 위탁에 관한 각서'가 교환되어 사법, 감옥, 경찰업무가 모두 일본 정부에 위탁되었다.

통감부시대의 형사사법은 자주성 상실로 특징지을 수 있지만 제도 개혁의 함의는 복잡했다. 일본 측의 기록에 의하면, 고문 폐지를 한국 관리들이 반대한 반면 이토 히로부미가 방침을 관철시켜 1907년 '신문형(訊問刑)에 관한 건'의 제정을 가져왔다고 서술되어 있다.[121] 또 행정과 사법의 분리는 1907년 정미7조약이 선언하고 있었는바 이를 문명화의 일단으로 환영하는 여론이 있었다.[122] 그러나 통감부는 형법대전의 개정과 관련해서는 개혁적인 개정안을 기각하고 형벌의 편의성을 추구했다. 후자의 경향은 1908년의 '경찰범처벌령'과 1909년의 '한국에 있어서 범죄즉결령'으로 나타났다.

2. 무단정치와 형벌

병합 후 당장은 통감부시대의 법령체계를 지속하는 가운데 형벌의 편의성을 제고하기 위한 법령을 제정했다. 범죄즉결령을 대체한 1910년의 제령 '범죄즉결례'가 대표적인 예이다. 총체적인 형사법의 구조

---

120) 문준영, 「제국일본의 식민지 형사사법제도의 형성-1895~1920년 대만과 조선에서의 법원과 형사법규를 중심으로」, 『법사학연구』 23, 2001, 121~122쪽.
121) 도면회, 「갑오개혁 이후 근대적 법령 제정과정-형사법을 중심으로」, 『한국문화』 27, 2001, 344~346쪽.
122) 위의 글, 352쪽.

가 마련된 것은 1912년이었다. 제령 제11호 '조선형사령'은 일본의 형법, 형사소송법 등 12개의 법률을 의용했다. 그러나 보안법과 같은 이전의 치안입법이 효력을 지속했음은 물론 일반 범죄에 관해서 형법대전의 일부를 존속시킴으로써 형법에 비해 무거운 형벌의 부과를 가능케 했다. 형법대전을 부분적으로 존속시킨 조선형사령의 해당 규정은 1917년 말에야 폐지되었다.[123]

병합 후 첫 10년의 통치는 무단정치로 특징지어진다. 한국인에게는 칼을 찬 헌병경찰의 강압적인 모습이 이 시대, 나아가 일제 지배 전반에 대한 강한 기억으로 남아 있다. 러일전쟁 기간 중 전신과 철도를 방어하기 위해 투입된 헌병경찰은 일반 경찰과 하나의 조직적 체계 속에 통합되어 3·1운동 후까지 대민(對民) 일선에서 권력을 행사했다. 그들은 1909년의 범죄즉결령과 1910년의 범죄즉결례에 의해 일반 범죄에 대해 즉결처분을 내리고 태형까지 과할 수 있었다.

태형은 무단정치시대의 가장 주된 형벌 수단이었다. 신체형의 대표적 형태인 태형은 감금을 내용으로 하는 자유형과 원리적으로 대립하는 것이었다. 자유형은 시간을 박탈하는 것으로서, 측정 가능한 경제적 가치 형태로서의 시간 개념을 요한다. 푸코의 말을 빌면, 신체형으로부터 자유형으로의 이행은 "견딜 수 없는 감각의 고통을 다루는 기술로부터 권리의 정지를 내용으로 하는 경제의 문제로 이행"하는 것을 뜻한다.[124] 한국에서 이러한 변화는 갑오개혁의 일환으로 '감옥규칙'과 '징역처단례', '형률명례'가 제정된 것에서 비롯된다. 형법대전도 역형과 금옥형(禁獄刑)을 형벌의 수단으로 규정했다. 일제는 1909년

---

123) 한인섭, 『한국형사법과 법의 지배-과거청산과 제도개혁의 과제』, 한울, 1998, 30쪽 ; 문준영, 「대한제국기 형법대전의 제정과 개정」, 52~53쪽.
124) Michel Foucault, *Discipline and Punish : The Birth of the Prison*, New York : Vintage Books, 1979, 11쪽.

감옥사무를 이양 받은 후 줄곧 감옥제도의 발전을 시정(施政)의 성과로 자찬했다. 그러나 갑오개혁으로부터 1910년대 말까지의 15년간 자유형은 지배적인 형벌이 되지 못했다. 일본 구형법을 모델로 한 '형법초안'에서도 "몽매하고 가난한 자에 대해서 벌금이나 구류가 효과가 없다"는 이유로 일본 구형법에서 폐지된 태형의 존속을 예정하였으며,[125] 태형의 폐지를 시도한 형법대전 개정안이 기각되자 태형은 각종 범죄에 대한 형벌로 계속 사용되었다. 일제는 1912년 조선형사령에 의해 형법대전이 일부 조항을 제외하고는 효력을 상실하게 되자 '조선태형령'을 제정하여 태형을 계속 활용했다. 조선태형령은 3월 이하의 징역 또는 구류, 100원 이하의 벌금 또는 과료, 미납된 벌금 또는 과료를 태형으로 환형(換刑)할 수 있도록 했다. 이러한 체제하에 태형은 이전보다 더 빈번히 활용되었다. 1911년 전체 유죄사건 중 21%에 대해 실시된 태형은 1916년에 이르러 전체 행형의 47%를 점하여 징역형을 능가했다. 이 수치는 정식재판의 결과만을 반영하는 것이므로 즉결처분의 결과까지를 감안하면 태형의 활용이 압도적이었음을 짐작할 수 있다. 1916년 태형이 집행된 52,546건 중 70%에 해당하는 36,960건이 즉결처분의 결과였다.[126]

태형은 대만에서도 활용되었다. 대만과 조선에서 태형을 존치시킨

---

125) 이종민, 『식민지하 근대감옥을 통한 통제 메카니즘 연구-일본의 형사처벌 체계와의 비교』, 연세대학교 박사학위논문, 1998, 65쪽.
126) 朝鮮總督府, 「笞刑について(一)」, 『朝鮮彙報』 1917. 10, 55쪽.
특히 인민의 생활과 밀접한 풍속에 관한 범죄나 행정 목적을 위한 법령 위반에 대해 즉결처분이 많았다. 1915년과 16년에 도박죄에 대해 태형이 집행된 건수 중 즉결처분에 의한 것이 49,812건으로서 정식재판에 의한 4,684건의 10배를 넘었다. 같은 기간, 도살규칙 위반에 대해서는 즉결처분에 의한 2,622건, 정식재판에 의한 32건의 태형 집행이 있었다(朝鮮總督府, 「笞刑について(一)」, 『朝鮮彙報』 1917. 10, 58쪽).

데 대한 일제의 논거는 "염치를 알지 못하고 사리를 이해하지 못하며", "생활 정도가 낮은 자에 있어서는 감옥의 구금에 대해 하등 고통을 느끼지 못하기" 때문이라는 것이었다.127) 한편 조선에 비해 대만의 태형 의존도가 낮은 이유로 대만인들의 배금주의 때문에 벌금형이 효과를 보았다고 설명했다. 이처럼 처벌대상의 경제적 동기에 주목한 일제의 동기에도 경제가 크게 작용하고 있었다. 태형은 자유형에 비해 40%의 비용 절감 효과가 있었던 것이다.128)

3. 규율과 사회

3·1운동을 계기로 일제의 통치는 무단정치에서 문화정치로 전환했다. 헌병경찰제도와 태형이라는 적나라한 폭력의 기제가 폐지되었다. 그러나 그러한 변화를 가시적인 폭력의 완화로 규정하고 말 수 없음은 물론이다. 이는 문화정치를 온건한 통치로만 평가할 수 없음을 뜻하며, 동시에 무단정치를 넘치는 폭력으로만 단순화할 수 없음을 뜻한다. 무단정치와 문화정치 모두 일제 지배 이전에 볼 수 없었던 권력의 성격 변화를 반영하고 있으며, 그 권력은 단순히 많고 적음의 양적 척도로 평가될 수 없다. 주목해야 할 것은 사회의 곳곳에 스며들어 사회를 총체적으로 관리하고 운영하는 국가의 역할과 그 권력의 조밀성이다.

사회생활의 세부에까지 국가권력을 확산시키는 데 경찰은 핵심적 역할을 담당했다. 무단정치시대의 경찰에서 주목할 것은 그 폭력성에 그치는 것이 아니라 그 규모와 체계성이었다. 갑오개혁 직후 치안업무를 주 기능으로 삼은 인력이 4천명 정도였음에 비해 1910년대 말에는

---

127) 朝鮮總督府, 「笞刑について(二)」, 『朝鮮彙報』 1917. 11, 82쪽.
128) 위의 글, 55~56쪽.

14,500명으로 늘어났고, 이들은 전국 각지에 배치되었다. 경찰에 의한 즉결과 태형은 이런 조건 속에 실시된 것이었다. 문화정치로 전환한 후 경찰 권력의 세밀화는 더욱 진전되었다. 1924년 경찰 재정은 전체 공공지출의 16%를 차지하였고, 인력도 1925년에 18,500명에 달해 인구 10,000명당 9.4명의 비율을 기록했다.129) 경찰의 지방 배치도 계속 진전하여 1925년에는 2,504개 면에 2,339개 파출소가 설치되었다. 이러한 경찰의 밀도는 일본의 많은 지방에 비해서도 높은 것이었다.130)

사회의 말단부에까지 미친 경찰의 권력은 고문과 가혹행위에만 연결되는 것이 아니었다. 경찰은 생산 활동과 생활양식 전반에 걸쳐 사회를 '지도'하려는 국가의 기획을 최일선에서 실천하는 기구였다. 권력의 심화와 체계화는 경찰뿐만 아니라 행정권력 전반에서 보여졌다. 1917년의 조선면제(朝鮮面制)에 의해 법인격을 부여받은 면은 국가기구와 인민이 공식적으로 접촉하는 최말단의 행정단위로서 강화된 기능을 가지게 되었다. 지방행정기관의 기능 강화와 함께 토지대장과 호적 등 재산과 신분에 관한 기록이 한 시점의 상황이 아닌 통시적 변화를 추적할 수 있도록 정비되자 국가는 인민의 삶에 대해 유례없이 많은 정보를 가지게 되었다. 일제하의 국가는 강화된 폭력을 구비했을 뿐만 아니라 '앎'과 '힘', 지식과 권력의 결합을 고도화했다.131)

---

129) 일제말기 경찰인력은 60,000명에 이르렀다(김일영,「권위주의체제의 한국적 특성과 변화」,『한국정치외교사논총』20, 1998, 365쪽).
130) 朝鮮總督府,『朝鮮警察之槪要』, 1925, 11~12, 25, 27, 35쪽 ; 朝鮮總督府,『朝鮮總督府施政年報』, 1940, 84~87쪽 ; Ronald Dore and Tsutomu Ouchi, "Rural Origins of Japanese Fascism," in James Morley, ed., *Dilemmas of Growth in Prewar Japan*, Princeton : Princeton University Press, 1971, 187쪽.
131) Chulwoo Lee, "Modernity, Legality and Power in Korea Under Japanese Rule," in Gi-Wook Shin and Michael Robinson, eds., 앞의 책.

국가의 일상생활 침투는 많은 법령의 뒷받침을 받았다. 1912년 제정된 '경찰범처벌규칙'은 공공질서와 위생 등 일상생활과 밀접한 관련이 있는 생활영역에 속하는 87개 행위를 구류와 과료로 다스리도록 하였는데 무단정치시대에는 구류와 과료의 환형에 의해 태형을 집행할 수 있었다. 그밖에 특정 생활영역을 규제하는 법령들이 과거에는 국가의 관심 밖에 존재하면서 직접적 규제를 받지 않았던 행위들을 국가에 의한 공식적 규제의 틀 속에 편입시켰다. 1911년 공포된 '삼림령'은 과거 무주공산으로 관념되었던 삼림에 새로이 부과된 권리의 경계를 각인하고 삼림을 물리적으로 보존하는 것을 목적으로 하여, 각종 삼림 이용 행위를 규제했다. 1912년에 제정된 '묘지, 화장장, 매장 및 화장취체규칙(墓地火葬場埋葬及火葬取締規則)'은 사설 묘지를 제한했다. '도살규칙'은 도살장 이외에서의 가축 도살을 금지했다. 1914년의 '조선연초세령'은 담배 생산자의 경작규모를 규제하여 소생산자들을 축출했고, 1921년의 '조선연초전매령'은 담배에 대한 과세를 국가전매로 대체했으며, 1927년의 개정에서는 자가소비용 담배의 생산을 금지했다. 1916년의 '조선주세령'도 최소·최대 생산량을 규정하여 면허를 부여하고 1934년 이후에는 자가소비용 주조를 금지했다. 이러한 법령들은 사회의 직업적 분화를 강제하는 사회경제적 효과가 있었다. 그러나 그러한 효과와 관계없이 통제의 사실 자체가 중요한 의미를 가지고 있었다. 신고와 등록의 강제로 인민에 대한 상세한 정보를 가지고 있던 국가가 인민의 생활주기를 정확히 파악하고 있었기에 통제가 가능했던 것이다. 필자가 분석한 광주지방법원 순천지청의 형사사건부는 말단 법원의 대부분의 업무가 위와 같은 규제법규 위반을 처벌하는 데 있었음을 보여준다. 1926년 총 675건의 기소사건 중 주세령과 연초전매령 위반은 각각 241건과 221건에 달했다. 1931년에는 두 법령 위반이 총 2,345건 중 각각 472건과 1,370건, 1936년에는 총 1,262

건 중 396건과 247건, 1941년에는 총 1,160건 중 451건과 30건으로 집계되었다. 삼림령과 삼림관련 도령(道令) 위반은 1930년대 중엽부터 증가하여 1936년에 285건, 1941년에 352건을 기록했다.[132]

권력의 세밀화, 지식과 권력의 결합은 푸코(Michel Foucault)가 말하는 규율권력(disciplinary power)의 양상이다.[133] 근자의 사회사적 연구들은 "유순한 몸(docile body)"을 만들어내는 규율(discipline)의 양상들이 일제시대에 어떻게 나타났는지에 주목한다.[134] 그런데 푸코의 규율권력이 특정 주체에로 환원되지 않는, 비가시적이고 분산된 권력이라면, 우리가 보는 것은 국가의 작용 속에 나타나는 '앎'과 '힘'의 결합이다. 이는 기든스(Anthony Giddens)가 주목하는, "행정권력(administrative power)의 하위 유형"으로서의 규율권력이다. 즉 질서와 치안, 주권자에 대한 복종의 확보라는 국내 평정(internal pacification)의 과정 속에 국가의 체계적 정보 관리와 감시, 합리적 통제를 통해 행사되는 권력인 것이다.[135]

4. 사상 통제의 논리

푸코가 말하는 탈주체화된 규율권력이건 국가에 의해 전유된 행정권력으로서의 규율권력이건 규율의 준거점인 정상적인 삶의 이미지를 전제한다. 푸코에게 있어 규율권력은 "자유를 발견한 계몽철학"의 소

---

132) 光州地方法院 順天支廳, 『刑事事件簿』, 1926, 1931, 1936, 1941.
133) Michel Foucault, *Discipline and Punish : The Birth of the Prison*, New York : Vintage Books, 1979 ; Michel Foucault, "Two Lectures," in *Power/Knowledge : Selected Interviews and Other Writings 1972-1877*, New York : Vintage Books, 1980.
134) 김진균·정근식 엮음, 『근대주체와 식민지 규율권력』, 문화과학사, 1997.
135) Anthony Giddens, *The Nation-State and Violence*, Cambridge : Polity Press, 1985, 제7장.

산이다.136) 계몽철학이 상정하는 주체, 즉 시민적 자유와 자율을 누리는 집합적 주권의 구성자의 모습이 규율을 통해 형성되는 인간의 이미지이다. 규율권력은 누군가에 의해 기획된 것이 아니라 사회에 비가시적으로 스며들어 구성원 상호간에 익명으로 투사하는 감시의 시선 속에 존재한다. 이를 국가가 동원할 때 규율은 국가의 의지를 실현하는 기법과 수단이 된다. 국가는 대중교육, 군대, 감옥을 비롯한 형벌기구를 통해 사회의 규율화가 준거하는 정상적인 삶의 이미지를 명시적으로 지향하는 훈육을 실시한다.

그렇다면 일제의 형사법 체제가 추구한 훈육의 지향점은 무엇이었는가? 정근식은 일제하의 신체규율이 정신주의를 동반한 집단주의적 연성이라는 특징적 면모를 가지고 있었음을 강조한다.137) 즉, 규율의 준거점은 자유롭고 평등한 집합적 주권의 구성주체로서의 시민이 아닌 일본혼으로 충만한 신민의 모습이었다. 그러한 이념적 준거점은 '대일본제국헌법'과 같은 시점에 공포된 '교육칙어'에 압축적으로 요약되어 있었다. 교육칙어의 공포는 헌법을 정점으로 하는 형식적 법체계, 특히 외국법을 모델로 만들어진 법체계에 의해서 충분히 반영될 수 없을지 모르는 일본정신을 법외적으로 선언한 것이었다.138) 이 법외적 가치는 막번체제 하에 분열되어 있었던 일본의 인민을 하나의 국민으로 통합하여 국가의 법질서에 복속시키는 이념적 바탕이었다는 점, 그리고 천황으로 상징되는 국가에의 충성심을 고취하여 준법을 동기화했다는 점에서 법체계와 보완관계에 있었다.

---

136) Michel Foucault, *Discipline and Punish : The Birth of the Prison*, 222쪽.
137) 정근식, 「식민지 지배와 신체규율」, 『(화양신용하교수정년기념) 한국사회사 연구』, 나남, 2003.
138) Chulwoo Lee, "Modernity, Legality and Power in Korea Under Japanese Rule", 44쪽.

일본정신이 법외적 독트린으로 존재한다는 것은 법이 공동체의 궁극적인 이데올로기적 준거점을 그 자체 내에 내장하고 있지 않음을 뜻한다. 즉 '신문지법', '출판법', '보안법' 등의 사상통제법은 "국헌 문란", "안녕질서"의 방해, "풍속"의 "괴란(壞亂)", "정치에 관해 불온한 언동", "치안 방해" 등을 처벌하였는데, 그것을 통해 추구하는 궁극적인 이념적 지향점 내지는 보호하려는 이념을 법문 안에 포함하고 있지 않았던 것이다. 1919년 제령 제7호 '정치에 관한 범죄 처벌의 건'에서도 "정치의 변혁을 목적으로……안녕질서를 방해"하는 행위를 처벌한다고 하였으나 "정치"와 "안녕질서"의 내용은 당시의 체제를 추상적으로 뜻할 뿐이었다. 3·1운동 지도자들에 대한 법원의 판결에서도 "치안을 방해하고", "국헌을 문란케 했다"는 단죄가 있었을 뿐 어떤 이념을 훼손하였는지에 대한 정의는 없었으며,139) 지방의 시위 주동자에 대한 일부 판결에서는 "시세의 추이를 알지 못하여", "신정에 반대"하고 "치안"을 방해하였다고 하여 마치 비난받아야 할 정신상태의 본질이 단순히 '개화되지 못함'인 것 같은 인상을 주기도 했다.140) 명치시대 일본의 치안입법도 마찬가지였다. 1922년의 '과격사회운동취체법안'은 "무정부주의, 공산주의 기타"를 탄압 대상으로 명시하였으나 그 문언은 삭제되고 "조헌(朝憲)을 문란케 하는 사항"을 처벌한다는 어구만 남게 되었는데 "조헌"의 의미가 불명확하다는 반발에 부딪혀 입법화되지 못했다.141)

1925년의 '치안유지법'은 사상통제의 궁극적 지향점 또는 이데올로

---

139) 京城覆審法院 1920 刑控 第522·523號에 대한 판결(1920. 10. 30) / 김병화, 『한국사법사』(근세편), 정정중판, 일조각, 1982, 594~621쪽 참조.
140) 光州地方法院 順天支廳 1919 刑公 第456號와 477號에 대한 판결.
141) 奧平康弘, 『治安維持法小史』, 東京:筑摩書房, 1977, 제1장 ; Richard H. Mitchell, *Thought Control in Prewar Japan*, Ithaca : Cornell University Press, 1976, 44~53쪽.

기적 준거점이 법외적으로만 선언되고 법체계 내에 들어와 있지 않은 상태, 즉 법과 일본정신의 이원적 상태를 지양하고자 하는 시도였다.142) 치안유지법은 "국체(國體)를 변혁하거나 사유재산제도를 부인하는 것을 목적으로" 하는 결사를 처벌 대상으로 삼았다. 후에 사유재산제도 문언을 별도의 구절, 나아가 별도의 조항으로 이동함으로써 '국체'가 최상위의 가치임을 명확히 했으며, 결사와 관계없는 개별적 행동을 처벌 대상에 포함했다.143) 그렇다면 '국체'란 무엇인가? 원래 일본 정부의 법률안에는 "국체 또는 정체(政體)의 변혁"이라 규정했으나 정체 개념이 애매하다 하여 중의원에서 삭제되었다. 그러나 구체적인 통치권 행사의 방법을 뜻하는 정체에 비해 국체는 더 애매한 것이었다. 그래서 국체를 법적 의미를 가지지 않는 윤리적 개념으로 해석하는 입헌주의자들은 그러한 용어가 법문에 들어오는 데 반대했다. 그럼에도 불구하고 법문 속에 국체를 온존시킨 것은 국체 개념을 단지 '주권의 소재'를 나타내는 형식적이고 무미건조한 개념으로 보았기 때문이다.144) 그러나 국체는 그런 형식에 그치지 않았다. 군국화 속에서 승리하게 되는 군권주의(君權主義) 학파에게 있어 국체는 일본정신과 전통, 일본적인 것 그 자체였고, 만세불변이라는 점에서 정체와 구별되었다.145)

---

142) Chulwoo Lee, "Modernity, Legality and Power in Korea Under Japanese Rule", 45~46쪽.
143) 한인섭, 「치안유지법과 식민지 통제법령의 전개」, 『(박병호교수환갑기념) 한국법사학논총』, 박영사, 1991, 429쪽 ; 鈴木敬夫, 『법을 통한 조선식민지지배』, 고려대학교 박사학위논문, 1988, 351~352쪽 ; 奧平康弘, 『治安維持法小史』, 東京 : 筑摩書房, 1977, 207~211쪽.
144) 奧平康弘, 『治安維持法小史』, 東京 : 筑摩書房, 1977, 50~59쪽.
145) Carol Gluck, *Japan's Modern Myths : Ideology in the Late Meiji Period*, Princeton : Princeton University Press, 1985, 138~146쪽 ; Richard Minear, *Japanese Tradition and Western Law : Emperor, State, and Law in the*

국체가 법문 속에 들어온 것은 국가에 의한 규율화의 이념적 준거가 성문법 속에 자리잡은 것을 뜻한다. 그러나 그 준거가 법체계의 내적 논리에 의해 확정될 수 없는 것이었기에 그것의 성문화는 성문법의 체계적 정합성을 위협하는 것이었다. 국체 개념의 애매함 때문에 잠재적 처벌 대상은 무한정 확대되었는데 이는 법 밖에서 정신동원을 통해 법체계에 가해지는 부담을 덜어줌으로써만 해소될 수 있었다.146) 이로써 정신주의에 의한 법과 윤리의 착종은 가일층의 정신주의를 불러일으키는 악순환이 계속되었다. 행위의 외적 측면뿐만 아니라 정신을 통제할 수 있다는 믿음이 당시의 법률관과 형벌관을 특징지었는데 고삐 풀린 보안처분과 전향제도가 그것을 실천하였다.

일제의 사상통제는 혹독한 것이었지만, 역으로 일본정신이라는 '정상적' 상태로의 복귀가 기대된다면 기소와 처벌이 완화될 수 있었다. 1928~41년간 일본에서는 약 66,000명의 체포자 중 8%만이 기소되었다.147) 그러나 황국신민이 될 것을 요구받으면서도 타자화되어 있는 조선인은 동등하게 취급될 수 없었다. 조선에서는 1937~38년간 체포된 전체 사상범의 47%가 기소되었다.148)

그러한 차이에도 불구하고 일본과 조선 모두에서 법을 통한 사상통제는 정신동원과 보완적 관계에 있었다. 사상 통제를 위한 입법은 인민의 상징세계를 통제하기 위한 광범위한 프로그램의 일부였다. 그러한 법의 논리적, 이데올로기적 함의를 이해하기 위해서는 '황민화'

Thought of Hozumi Yatsuka, Cambridge, Mass. : Harvard University Press, 1970, 64~71쪽.
146) Chulwoo Lee, "Modernity, Legality and Power in Korea Under Japanese Rule", 49쪽.
147) Richard H. Mitchell, *Thought Control in Prewar Japan*, Ithaca : Cornell University Press, 1976, 141~142쪽.
148) 朝鮮總督府, 『最近における朝鮮治安狀況』, 1938, 15~17쪽.

를 향한 총체적 정신동원의 과정을 살펴보아야 한다.149)

V. 맺음말

이상에서는 일제 지배의 법적 양식을 조선과 조선인의 헌법상 지위, 민사질서의 재편, 형사사법과 권력이라는 세 주제와 관련하여 살펴보았다. 이 글에서는 제도의 변천과정과 골격을 개관하고 약간의 사례를 제시하는 데 그쳤으며, 중요한 많은 쟁점들을 다루지 못하였다. 함께 다루어졌어야 할 주제 가운데에는 새로운 법의 형식을 통해 국가가 사회를 조합주의적으로 편성, 장악하는 양상이 포함된다. 조선농회와 금융조합은 법인(法人)의 중층적, 피라미드적 구조를 통해 국가와 사회가 삼투하는 모습을 보여주는 좋은 실례이다. 1930년대 이후의 농촌진흥운동과 국민정신총동원운동 역시 단체의 법인격이라는 법 형식을 매개로 국가가 사회를 조직화하는 모습을 보여준다.150) 그에 대한 연구는 동아시아의 국가와 시민사회의 관계에 대한 사회과학적 연구들과 상호보완적 관계를 맺을 수 있다.

근래 지평을 확대해 가고 있는 다른 분류사의 연구들이 법사 연구를 자극함은 물론이다. 정체성, 젠더, 의료와 복지, 신체에 대한 관념, 교육 등이 일제시대사 연구의 주제로 부상하고 있으며 그에 대한 연

---

149) 형사사법을 논함에 있어서는 응당 형사절차를 다루어야 하지만 여기에서는 지면의 제약으로 생략한다. 형사절차에 관해서는 신동운, 「일제하 형사절차에 관한 연구」, 『(박병호교수 환갑기념) 한국법사학논총』, 박영사, 1991 참조.
150) 농촌진흥운동을 '식민지 조합주의' 개념의 틀 속에서 분석한 연구로서 Gi-Wook Shin and Do-Hyun Han, "Colonial Corporatism : The Rural Revitalization Campaign, 1932-1940," in Gi-Wook Shin and Michael Robinson, eds., 앞의 책 참조.

구는 사회이론의 최신 동향으로부터 영감을 얻고 있다. 그러한 주제들과 관련된 법의 모습에 대한 연구 관심의 증대는 단순히 악법을 열거하는 수준의 탄압사 중심의 법사 서술을 지양하는 동력이 될 것이다.

일제시대의 법 현상에 대한 연구는 다른 분류사와 마찬가지로 당시에 일어난 변화의 성격을 묻는 데로 귀결하며 이는 상용되는 개념들에 대한 천착을 요구한다. 이 글에서는 일제하 한국사회를 묘사함에 있어 '식민지적'이라는 수식어의 습관적 사용을 자제하였지만 분석적 개념으로서의 '식민지성'이 무용하거나 그에 대한 논의가 불필요하다는 주장을 하는 것은 아니다. 다만 그 용어의 적용방식이 이민족 지배 하의 모든 것은 '식민지적'이라는 지극히 당연한 전제규정 이상의 함의를 가지고 있지 않다는 점을 지적할 뿐이다. '식민지성'과 함께 한국사회의 변화를 설명하는 데 적용되어온 개념은 '근대성'이다. 국민주권, 권력분립, 기본권 보장을 내용으로 하는 법치의 개념에 익숙한 법학자들에게는 일제 지배는 그저 '전'근대적일 뿐이었다. 근대에 대한 그와 같은 본질주의적이고 가치함유적인 접근은 본질화된 근대 외의 모든 시간성을 사상하고, 그에 부합하지 않는 다양한 현상과 변화를 예리하게 포착하게 하지 못한다. 근대성에 부여되는 "지나친 가치지향성을 해체시키고 이를 새로운 분석적 개념으로 대체"하고자 하는 사회과학적 관심은 법 현실을 분석함에 있어서도 고려되어야 한다.[151]

---

151) 김동노, 「식민지시기 인식의 새로운 방향 정립」, 김필동 외, 『한국사회사연구』, 나남, 2003, 308쪽 참조. 같은 취지의 글로서 Gi-Wook Shin and Michael Robinson, "Introduction : Rethinking Colonial Korea," in Gi-Wook Shin and Michael Robinson, eds., 앞의 책과 Chulwoo Lee, "Modernity, Legality and Power in Korea Under Japanese Rule" 참조. 반면 이철우는 근대성 개념의 사회과학적 유용성에 회의를 표한다. 이에 관해서는 이철우, 「법에 있어서 '근대' 개념-얼마나 유용한가」, 『법과 사회』 16·17, 1999 참조.

일제의 미곡기술정책 : 이식에서 육종으로

우 대 형[*]

I. 서 론

　오랜 기간의 정체와 빈곤으로 특징 지워지는 '전통적 농업'에서 벗어나게 해준 것은 다름 아닌 기술혁신이었다.[1] 그리고 기술혁신은 민간의 관행적 기술개선보다는 근대 농학의 응용 즉 농업연구(agricultural research)에 의해 이루어졌다.[2] 이 점에서 농업연구를 전담하는 농업연구기관의 설립은 기술혁신(technological innovation)을 위한 필수불가결한 '제도혁신(institutional innovation)'의 하나로 평가받고 있다.[3] 우리는 정부 주도의 농업연구기관이 산업화 초기 농업성장에 주도적인 역할을 한 나라들의 경험을 알고 있다. 예컨대, 18세기 후발국 독일은 기술과 교육을 통해 당시 선진국이었던 영국을

---

* 연세대학교 국학연구원 연구교수
1) "맬더스(Malthus)의 세계"가 지배하는 전통사회로부터 근대사회로의 이행과정에 있어 기술혁신이 갖는 의의에 대해서는 쿠츠네츠, 『근대경제성장』 참조. 농업의 경우에는 Shultz, T., *Transforming Traditional Agriculture*, New Haven and London : Yale University Press, 1964 참조.
2) Ruttan, V., *Technology, Growth, and Development*, New York : Oxford University Press, 2001.
3) Hayami and Ruttan, *Agricultural Development*, revised edition, Ithaca : Cornell University Press, 1985.

따라잡으려 했고, 그 일환으로 1852년 세계최초 정부 주도의 농업연구기관을 설립했다.4) 일본 역시 독일의 농사시험제도를 모방하여 1888년 국립 농사시험장을 설립하였으며, 이를 통해 메이지시기 농업성장을 주도하였다.5)

일제하 한국의 경험 역시 이와 크게 다르지 않다. 일제는 1906년 권업모범장(勸業模範場 : 1929년 농사시험장으로 개편)을 설립하여 식민지 농업 개발의 '참모부' 역할을 맡긴 이후, 이 두 연구기관은 일본품종의 이식과 보급을 통해, 신품종의 육성을 통해 일제시기 농업 성장을 이끄는 주도적 역할을 담당하였다. 그렇지만 일제하의 경험은 일본과 독일 등의 경험과 다른 측면이 내포되어 있는 것같다. 예컨대, 일본이 자국의 토착기술을 바탕으로 한 신기술의 개발과 보급에 주력하였다면, 일제는 조선 전래의 재래기술이 아니라 외국기술, 보다 구체적으로 말하면 일본 농업기술의 이전을 통해 농업개발에 주력하였다. 이 점에서 많은 비판이 집중되어 있기도 하다. 그렇지만 이러한 외국기술의 이전을 통한 기술혁신은 시공간적으로 넓게 보면 특이한 사례는 아니다.

국가 단위를 넘어선 품종과 농법의 지역간 전파는 농업연구기관의 설립 훨씬 이전부터 여행자나 교역의 부산물로서 꾸준히 이루어져 왔다. 예컨대, 신대륙으로부터 전파된 감자와 옥수수는 유럽농업에 커다

---

4) Ruttan, V., *Agricultural Research Policy*, Minneapolice : University of Minnesota Press, 1972, 71~75쪽 ; Grantham, G., "The Shifting Locus of Agricultural Innovation in Nineteenth Century Europe : The Case of the Agricultural Experiment Stations," *Research in Economic History* 3, 1984, 191~214쪽 ; Ruttan, V., *Technology, Growth, and Development*, 209~274쪽 참조.

5) 農業發達史調査會,『日本農業發達史』제9권, 中央公論社, 1956 ; 速水佑次朗,『日本農業の成長過程』, 創文社, 1973, 131~152쪽.

란 영향을 미쳤으며, 우리나라의 경우 담배, 고구마, 감자 등은 모두 조선시대에 일본과 중국으로부터 들어와 구황과 기호 작물로서 중요한 기능을 담당하였다. 이 글에서 다루는 미곡 그 자체도 전파된 외래 작물이다.6) 물론 전파된 작물은 귤이 강남을 건너면 탱자가 되듯이 그 지역에 맞게 토착화되는 과정을 거치게 된다. 이 점에서 일제하 일본종의 이식과 보급, 신품종의 개발 역시 농업기술의 국제적 이전의 한 사례에 불과하다.7) 다만 차이점은 그것이 우연이나 부산물의 형태가 아니라 식민지 수탈을 위해 이를 전담하는 농업연구기관에 의해 체계화되고 제도화되었다는 점에 있다.

이 글은 이러한 문제의식 하에 1906년 권업모범장의 설립에서부터 1929년 농사시험장으로의 개편 이후에 이르는 식민지 기간 동안 두 농사기관이 담당한 역할, 특히 일본종의 이식과 이에 기반을 둔 신품종의 개발 과정을 살펴보는 데 목적이 있다. 그동안 권업모범장 및 농사시험장의 역할, 넓게는 일제가 보급하고자 한 이른바 개량농법의 특성과 보급과정, 그리고 그 역사적 의미에 대해서 적지 않은 연구 성과가 축적되어 있다.8) 이 글은 이러한 연구 성과를 바탕으로 일제하 권

---

6) 허문회, 「벼의 계통분류와 동북아시아로의 전파」, 허문회 외, 『벼의 유전과 육종』, 서울대학교 출판부, 1986.
7) Evenson, R. E., "International Diffusion of Agrarian Technology," *The Journal of Economic History* 34-1, 1974, 51~73쪽.
8) 김도형, 「권업모범장의 식민지지배」, 『한국근현대사연구』 3, 1995 ; 김도형, 『일제의 농업기술 기구와 식민지농업지배』, 국민대 박사학위논문, 1995 ; 주봉규·소순열, 『근대지역농업사』, 서울대출판부, 1996 ; 이두순, 「일제하 수도품종의 성격에 관한 연구」, 『농업정책연구』 17-1, 1990 ; 이두순, 「일제하 수도 신품종의 보급과 수도작 기술의 변화」, 한국농촌경제연구원, 『한국 농촌사회의 변화와 발전』, 한국농촌경제연구원, 2004 ; 우대형, 『한국근대농업사의 구조』, 한국연구원 2001 ; 홍금수, 「일제시대 신품종 벼의 도입과 보급」, 『대한지리학회지』 제1호, 2003, 48~69쪽 ; 이호철, 「식민지기 농업기술 연구와 그 보급」, 한국농촌경제연구원, 위의 책.

업모범장에서 농사시험장으로의 개편과 이것과 동전의 양면으로 진행된 품종 개발의 전략 변화가 어떠한 배경에서 이루어졌으며, 그것으로부터 어떠한 역사적 함의를 이끌어낼 수 있는지에 대해 초점을 두고자 한다.

이 글은 다음과 같이 이루어져 있다. 서론에 이어 2절에서는 농업연구기관이 선택할 수 있는 기술전략과 그 기술전략에 맞는 바람직한 조직이 무엇인가에 대해 이론적인 논의를 살펴본다. 제3절과 제4절에서는 이상의 논의를 하나의 준거틀로 삼고, 이를 바탕으로 권업모범장과 농사시험장이 일제시기 기술전략과 조직으로 선택된 배경과 특히 권업모범장에서 농사시험장으로 개편된 배경과 그 의미, 나아가 그 한계를 살펴본다. 제5절에서는 이상의 논의를 요약하고, 분석을 통해 얻을 수 있는 몇 가지 함의를 찾으려 한다.

Ⅱ. 이론적 고찰

1. 연구자원의 배분

농업연구(agricultural research)는 희소한 자원을 이용하여 유용한 산출물을 만들어낸다는 점에서 일반적인 재화 생산과 다를 바가 없다.9) 그렇지만 그 산출물이 신기술 혹은 신지식의 형태를 취하는 정보이며,10) 또한 그 정보(신기술)는 농업의 특성상 각 지역의 기후, 토

---

9) Shultz, T., "The Allocation of Resources to Research," Fishel, W.(ed), *Resources Allocation in Agricultural Research*, Minneapolis : University of Minnesota Press, 1971.
10) 연구의 가시화된 산출물은 새로운 지식(new knowledge) 또는 신기술(new technology)의 형태를 취하는 "정보"이며, 이 중 가장 기초적인 것은 학술논문으로 발표되며, 보다 구체적인 응용 분야는 신품종이나 백신, 신약 등의

양, 강수량 등에 제약을 받는다는 점(environmental sensitivity)에서 일반적인 재화 생산과는 커다란 차이점이 있다. 이러한 차이점은 농업 연구에 대한 분석이 일반 재화에 대한 연구와는 달라야 함을 시사한다.

일반적으로 정보는 '비배제성'과 '비경합성'을 갖고 있다는 점에서 공공재(public goods)로 분류된다. 즉, 어느 한 사람이 그것을 많이 이용한다고 해서 다른 사람이 쓸 수 있는 정보의 양이 줄어들지 않으며(비경합성), 또 대가를 지불하지 않는 사람이라 하더라도 정보의 이용에서 그 사람만 배제하기가 쉽지 않다(비배제성).[11] 특히, 농업의 경우 유용한 정보가 대부분 품종 등 투입요소에 체화되어 있어 쉽게 복제가 가능하고, 또 공개된 장소에서 생산 활동이 이루어지기 때문에 대가를 지불하지 않는 사람을 배제하기는 매우 어렵다. 경제학 교과서에서는 이러한 공공재를 "시장 실패"의 대표적 사례로 간주하며, 이 때문에 공공재의 공급은 민간기업이 아닌 공공기관이 담당하는 것이 바람직하다고 설명하고 있다. 많은 국가에서 농업연구가 정부 등의 비영리기관에 의해 주도되어 온 것은 기본적으로 농업기술의 이러한 공공재적인 특성에서 기인된다.[12]

상품으로 실현되어 나타난다. 일반적으로 생화학적 농법의 경우에는 주로 신품종으로 구체화되어 있다. Ruttan, V., *Technology, Growth and Development,* Oxford : Oxford University Press, 2000, 83~85쪽.

11) 물론 특허권, 영업비밀 등의 제도적, 기술적 장치를 통해 배제가 가능하기도 하지만 이 경우에도 기초연구는 적용되기가 쉽지 않다.

12) 교과서에서는 이처럼 시장의 실패가 발생할 때 정부의 개입을 당연한 것으로 간주하고 있지만, 역사적으로 볼 때 정부 개입에 의한 제도의 출현은 그렇게 쉽게 자동적으로 이루어진 것은 아니었다. 현실은 여러 요인, 예컨대 계급구조에 의해 지연되거나 제도가 부재한 상태로 오랫동안 방치된 경우도 적지 않았다. 노스(Douglas North)는 이와 관련하여 효과적인 제도의 출현 이야말로 서구세계 발흥의 핵심이었음을 지적하고 있으며, 하야미와 루탄

농업연구가 이처럼 민간기업이 아니라 정부에 의해 주도됨에 따라 희소한 연구자원을 어떻게 배분하고 또 어떠한 형태의 연구기관을 설립할 것인가 하는 문제가 새롭게 제기된다. 먼저 연구자원의 효율적인 배분과 관련하여 고려해야 할 사항은 크게 세 가지로 지적되고 있다. 첫째는 그 나라의 요소 부존의 상태이다. 예컨대, 미국과 한국은 요소 부존의 상태가 크게 다르다. 미국은 토지가 희소하고 노동력이 부족한 반면, 한국은 노동력이 풍부한 대신 토지가 희소하다. 따라서 미국에서는 생산에 가장 커다란 제약인 노동을 절약할 수 있는 기술(labor-saving technology)의 발전이 바람직한 반면, 한국은 가장 희소한 자원인 토지를 절약하는 기술(land-saving technology)을 발전시키는 것이 바람직하다. 따라서 연구자원도 전자의 경우에는 농업기계화를 추구하는 기술개발에 보다 많이 배분되는 것이 바람직한 반면, 후자의 경우에는 토지절약적인 품종과 비료를 통한 농법의 개발에 보다 많이 배분되어야 한다. 요컨대 연구자원의 배분 혹은 신기술의 개발은 자국의 요소 부존조건의 상태를 염두에 둘 필요가 있다.

둘째, 신기술의 개발과 보급에는 자국 내의 재래기술을 바탕으로 할 수도 있지만 다른 공산품과 마찬가지로 해외 기술의 수입을 통해서도 가능하다. 예컨대, 해외로부터 자국의 요소 부존조건에 맞는 신기술을 수입할 수 있다면, 자국에서 직접 개발에 따른 비용을 절감할 수 있다는 장점이 있다. 특히 하야미(Hayami)가 지적한 바와 같이 농업연구의 성패는 연구 활동의 특성상 유능한 연구인력 즉 인적자원의

(Hayami and Ruttan)은 효율적인 제도의 설립을 경제발전의 주요한 "제도적 혁신"(institutional innovation)으로 간주하고 있다. 효율적인 제도의 출현 여부가 농업성장과 경제성장의 관건으로 보는 시각은 North and Thomas, *The Rise of the Western World,* Cambridge : Cambridge University Press, 1973 ; Hayami and Ruttan, 앞의 책, 참조.

확보에 달려 있다.13) 그렇지만 인적자원의 공급은 장기간의 고등교육과 훈련을 통해 이루어지는 것이기 때문에 단기간의 공급은 매우 비탄력적일 수밖에 없다. 따라서 해외로부터의 신기술을 수입할 수 있다면, 희소한 인적 자원을 절약할 수 있는 장점이 있다. 물론 농업의 경우 나라마다 기후와 풍토에 직접적인 제약을 받고 있기 때문에 아무리 우수한 기술이라 하더라도 풍토에 맞지 않으면 그 나라에 맞게 적응하는 데 드는 비용이 오히려 개발비용보다 더 소요될 수 있으므로, 해외기술의 수입이 개발보다 반드시 유리하다고 단정할 수는 없다. 이와 관련하여 에벤슨과 빈스왕거(Evenson and Binswanger)의 분석은 유용한 시사점을 제공해 주고 있다.14)

이들은 연구기관이 선택할 수 있는 기술전략을 크게 세 가지로 분류하고 있다. 첫째는 외국에서 이미 개발되어 있는 여러 기술 중에서 자국에 손쉽게 적용할 수 있는 것을 선택하여 이를 농민에게 직접 보급하는 방안으로, 그들은 이 방안을 '직접 이전' 혹은 단순이식(simple transfer)이라고 불렀다. 두 번째는 외국기술을 자국의 상황에 맞게 변형하여 쓰는 방안 즉 적응연구(adaptive transfer)이다. 마지막 세 번째 방법은 자국의 토양과 부존조건에 맞는 신기술을 직접 개발하는 방법 즉 육종연구(comprehensive research)이다. 적응연구가 순계분리(pure selection) 등 비교적 간단한 방법에 의존하는 것과 달리, 육

---

13) Hayami and Yamada, "Agricultural Research Organization in Economic Development : A Review of the Japanese Experience," in Reynolds, L. G(ed.), *Agriculture in Development Theory*, New haven : Yale university press, 1975, 230쪽.
14) Evenson and Binswanger, "Technology Transfer and Research Resource Allocation," Binswanger and Ruttan, eds., *Induced Innovation : Technology, Institutions and Development*, Baltimore : Johns Hopkins University, 1978.

종연구에는 인공교배 등에 필요한 고도의 지식과 장비 그리고 오랜 시간이 필요하기 때문에 적응연구에 비해 보다 많은 비용이 소요된다.

이 세 가지 전략 중 어느 것이 가장 바람직한가 하는 것은 그 나라가 처해 있는 내외 조건과 인적자원을 포함한 그 나라 부존조건의 상태에 따라 다르다.15) 예컨대 자국과 비슷한 토양과 기후 조건을 가진 나라가 주변에 없거나 있다 하더라도 자국의 기술수준과 큰 차이가 없다면, 기술이전의 메리트가 없기 때문에 '육종연구'의 선택은 불가피하다. 반면에 자국과 동일한 토양과 기후 조건을 지닌 인접국이 있다면 그리고 그 나라가 자국보다 높은 수준의 기술을 보유하고 있다면 '육종연구'보다는 '단순이식' 혹은 '적응연구'의 방안이 보다 효과적(profitable)일 수 있다. 그 이유는 다음의 그림으로 설명될 수 있다.

<그림 1>에서 x축은 개발국(initial developer)과 수입국(borrowing country)간에 환경의 차이를 나타내는데 원점에서 멀어질수록 그 차이가 크다는 것을 의미한다. y축은 생산 한 단위당 단순이식 및 적응연구와 육종연구에 소요되는 이전비용과 개발비용을 나타낸다. 이전비용은 외래 품종을 선발(screening)하고 적부시험(field test)에 들어가는 비용으로 구성되어 있으며, 개발비용은 신품종의 육종과 적부시험에 소요되는 비용을 말한다. 그림에서 보듯이 이전비용은 수입국과 개발국 간의 환경의 차이가 클수록 증가한다. 선발과 적부시험, 그리고 적응연구에 따르는 비용은 개발국과 수입국간에 풍토 등 지리적 환경의 차이가 크면 클수록 증가하기 때문이다. 개발비용은 환경의 차이와 관계없이 수평으로 그려져 있는데, 육종연구에 소요되는 비용은

---

15) Davis, J. S., "Spillover Effects of Agricultural Research : Importance for Research Policy and Incorporation in Research Evaluation Models," J. R. Anderson, *Agricultural Technology : Policy Iissues for the International Community,* Wallingford, UK : CAB International, 1994.

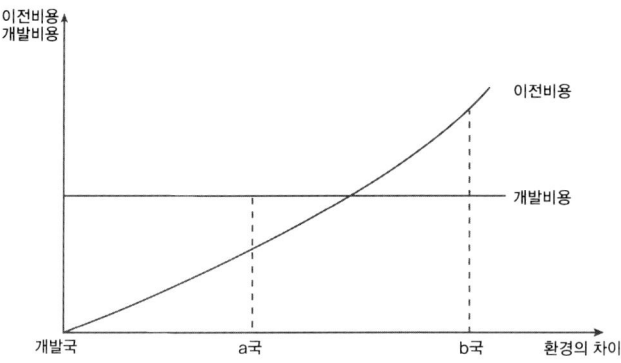

<그림 1> 환경의 차이에 따른 이전비용과 개발비용의 비교

그 나라의 인적자원에 주로 의존하고 있어 토양의 차이와 무관하기 때문이다. 현재 이 그림에는 개발국을 기준으로 환경의 유사성이 서로 다른 a국과 b국이 표시되어 있는데, 이 그림에서 보듯이 환경의 차이가 적은 a국은 단순이식 혹은 적응연구의 전략이, 그리고 환경의 차이가 큰 b국은 육종연구를 선택하는 것이 보다 바람직함을 보여준다.

물론 현재 시점에서 단순이식 전략이 보다 효과적이라고 해서 시간에 상관없이 항상 그 전략이 유리한 것은 아니다. 시간이 지남에 따라 인접 국가로부터 수입 기술이 고갈되거나, 그동안의 기술 이전을 통해 양국 간의 기술격차가 축소되었을 경우, 또는 시간이 흘러 인적자원의 공급이 원활하여 자국의 개발비용을 크게 낮출 수 있다면, 이제는 오히려 '육종개발'이 보다 효과적일 수도 있기 때문이다. 이에 대해서는 뒤에서 다시 언급될 것이다.

요약컨대, 지금의 논의가 시사하는 바는 다음과 같다. 첫째, 단순이식과 적응연구 그리고 육종연구 중 어느 하나를 선택할 때는 자국의 기술개발의 수준뿐 아니라 동일한 기후대의 다른 나라의 기술수준 등을 종합적으로 고려할 필요가 있다. 둘째, 적정 기술은 고정불변이 아니라 내외적 조건의 변화와 자국의 개발능력에 달라질 수 있으므로, 내외조건의 변화에 따라 신속하게 기술전략을 변화시킬 필요가 있다. 이때 유의할 것은 '단순이식'에서 '육종연구'로 나갈수록 시간과 자원, 고도의 연구능력이 필요하며, 특히 '육종연구'는 시작에서부터 실용에 이르는 데 적어도 7~8년 이상이 소요된다. 따라서 이러한 시차를 감안하면, 기술전략의 변화를 꾀할 때는 미리 준비하지 않으면 시간 지체에서 오는 손실을 피하기 어렵다는 점이다.16)

2. 농업연구기관의 조직

연구자원의 배분과 관련하여 또 하나의 선택해야 할 것은 어떠한 조직의 농업연구기관을 설립할 것인가 하는 것이다. 원론적으로 말하면, 농업연구를 효율적으로 수행할 수 있는 조직이 가장 바람직할 것이다. 그런데 이제 살펴보겠지만 농업연구는 두 가지 상반된 성격을 지니고 있어 바람직한 조직의 구성을 혼란스럽게 만든다. 첫째, 연구의 생산함수(research production function)에는 '규모의 경제'가 나타나는 것으로 알려져 있다.17) 연구에는 대규모의 장비가 필요하고, 다수의 연구자 간의 끊임없는 상호 교류와 자극이 전체 연구의 생산성

---

16) "연구기관은 생명력을 유지하기 위해서는 자원의 일정 부분을 제도적 능력을 증가시키는 데 돌려야 한다. 장치 설비와 행정조직, 그리고 이념 등은 새로운 기술의 기회, 시장, 부존조건의 변화에 대응하여 끊임없이 재조정되지 않으면 안 된다". Dresch, S., the Economics of Fundamental Research, Sommer(ed.), *The Academy in Crisis : The Political Economy of Higher Education,* New Brunswick : Transaction Publishers, 1995.

17) Shultz, T., *Transforming Traditional Agriculture,* New Haven : Yale University Press, 1964, 150~152쪽 ; Evenson, E., "Economic Aspects of Organization of Agricultural Research," in Fishel, *Resources Allocation,* 163~182쪽.

을 증대시키는 데 기여(이른바 긍정적인 외부효과)하기 때문이다. 이러한 외부효과는 같은 분야의 연구자뿐 아니라 인접 분야, 예컨대 화학 생물학의 연구자 사이에도 적용된다. 지금도 각 분야별 연구소간, 연구소와 대학 간의 유기적 관계를 강조하는 것은 이러한 외부효과로부터 얻어지는 이득을 극대화하기 위해서이다. 따라서 이러한 연구의 "규모의 경제"에 따른 이득을 극대화하기 위해서는 농업연구기관 역시 분산된 조직보다는 집중화된 조직이 바람직하다.

반면에 농업기술은 앞서 여러 차례 언급한 바와 같이, 그 지역의 자연 조건에 제약을 받는다. 예컨대, 어느 신품종이 어느 한 지역에서 성과가 좋다고 해서 기후와 토양이 다른 지역에서도 반드시 성과가 좋다는 보장은 없다. 즉, 이처럼 품종이 지역별 조건에 민감하게 반응한다면, 농업연구도 단일의 품종이 아니라 각 지역에 맞는 다수의 품종이 필요하다. 따라서 이를 고려하면, 농업연구기관은 집중화된 단일 조직보다는 각 지역의 토양의 차이를 반영하여 지역별로 분산화된 다수의 소규모 조직이 보다 효율적이다. 각 지역에 맞는 신기술을 선발하여 개발하고 또 지역의 목소리를 듣는데 당해 지역에 위치하는 것이 가장 효과적이기 때문이다.[18] 요컨대 농업연구조직은 농업연구의 생산함수를 고려하면 집중화된 조직이 바람직한 반면, 신기술이 갖는 지역적 제약이란 측면을 고려하면 기후와 토양에 따라 여러 개로 분산되는 것이 바람직하다. 이러한 상충관계를 어떻게 조정하는가가 농업연구기관의 효율적인 운영에 관건이 된다. 앞에서 살펴본 에벤슨과 빈스왕거(Evenson and Binswanger)의 논의는 이 점에 대해서도 중요한 단서를 제공해 준다.[19]

---

[18] Lin, Justin Yifu, "Public Research Resource Allocation in Chinese Agriculture," *Economic Development and Cultural Change*, 40-1, 1991, 40~41쪽.

단순이식 혹은 적응연구의 기술전략을 선택할 경우 연구기관의 주된 역할은 외국품종 중에서 각 지역에 맞는 최적의 품종을 선발하는 것이다. 이때 이를 위한 적부시험은 당해 지역별로 실시될 수밖에 없으므로, 연구조직은 단일한 중앙조직보다는 지역별로 분산되는 것이 바람직하다. 그리고 분산화된 조직의 숫자는 그 나라 내부에서 토양과 기후의 차이의 정도에 달려 있을 것이다. 게다가 적부시험에서는 대규모의 조직이 불필요하고 또 규모의 경제가 나타나지 않으므로 분산에 따른 단점도 없다. 반면에 육종연구의 기술전략을 선택할 경우, 연구기관의 역할은 적부시험 외에 육종연구가 추가된다. 육종연구는 적부시험과는 달리 대규모 실험설비와 우수한 연구 인력과 장시간의 연구기간이 소요되므로 앞서 언급한 규모의 경제는 바로 여기에서 집중적으로 나타난다. 따라서 육종연구의 전략을 선택할 경우, 연구기관의 조직은 '규모의 경제'를 극대화하기 위해서 소수의 집중화된 조직이 바람직하다. 물론 육종연구 결과 얻어진 신품종의 적부시험은 각 지역별로 행해지지 않으면 안 되므로 적부시험을 위한 분산된 다수의 소규모 조직은 여전히 필요하다. 요컨대 육종연구의 전략을 선택한 경우에는 이를 전담하는 소수의 집중화된 대규모 기관과 그 품종의 적부시험을 전담하는 분산된 다수의 소규모 조직으로 이원화되는 조직이 바람직하다는 결론에 도달하게 된다.[20] 그러면 이하에서는 이상의 논의를 바탕으로 일제는 어떠한 농업기술전략과 어떠한 형태의 연구기관을 선택하였는가를 살펴보기로 하자.

---

19) Evenson and Binswanger, 앞의 논문.
20) Ruttan, V., *Agricultural Research Policy,* Minneapolis : University of Minnesota Press, 1983.

Ⅲ. 권업모범장 시기(1906~1929)

1. 권업모범장의 설립과 '단순이식'

조선후기의 농민은 높은 인구 압력으로 인한 토지의 영세화와 소유의 불균등 그리고 예측하기 힘든 고율의 조세부담으로 인해 생존위기에 직면하고 있었던 것으로 보인다.[21] 그들은 이러한 위기를 작부의 고도화로 대표되는 토지이용률의 제고와 상품작물 및 농촌직물업의 확대[22] 그리고 효율적인 농사경영 등을 통해 대처해 나갔다. 조선후기의 농민들 역시 일반적인 전통적 농민들과 마찬가지로 '가난하지만 효율적인(poor but efficient)'이었다.[23] 그렇지만 민간 차원의 관행적인 기술 개선과 농민들의 자원배분의 효율화만으로 '맬더스의 세계'의 굴레로부터 벗어나기는 역부족이었다. 이를 벗어나기 위해서는 정부의 물적 및 인적 자본의 투자 그리고 무엇보다 지속적인 기술 혁신을 가능하게 해주는 농업연구 등에 대한 투자가 필수 불가결하였다.

개항 이후 비로소 농업연구의 중요성을 인식한 조선 정부는 보빙사의 일원으로 미국의 농사시험장 제도를 보고 온 최경석의 건의를 받아들여 1884년 뚝섬에 농무목축시험장을 설립하였다.[24] 1900년에는 농상공부(農商工部) 산하에 잠업시험장을 설립하였으며, 1905년에는 농상공학교의 부속으로 농사시험장을 설립하였으며,[25] 1906년에는 다

---

21) 이영훈 편, 『수량경제사로 다시 본 조선후기』, 서울대출판부, 2004.
22) 우대형, 「인구압력과 상품작물 및 농촌직물업의 발달」, 『경제사학』 36, 2004.
23) Shultz, T., *Transforming Traditional Agriculture*, New Haven : Yale University Press, 1964.
24) 김영진, 「개화기 한국의 구미농학수용」, 한국농업사학회편, 『조선시대농업사 연구』, 국학자료원, 2003.
25) 「農商工學校附屬農事試驗場官制」(光武9년 12월 29일 칙령 제60호), 『韓末 近代法令資料集』 Ⅳ, 대한민국국회도서관, 1971, 452~453쪽.

시 농상공부 산하에 농사모범장(農事模範場)의 설립을 추진하였다.26) 그러나 후술하듯이 이러한 일련의 농사시험기관의 설립은 결실을 맺기 전에 일제의 식민화 과정과 맞물려 모두 좌절되었다.27)

일제가 조선에서 농업개발 그리고 농업연구기관의 설립에 관심을 갖게 된 것은 개항 이후 이른바 미면교환(米綿交換) 체제에 편승한 일본 상인들의 도래에서 비롯된다. 한국에 건너온 이들은 "종자 개량의 유리함을 한국인 일반에게 자각시키기 위해" 단체 명의로 일본 농상무성으로부터 일본종자를 수입하여 조선 농가에 나누어주거나,28) 한국 정부에게 농사개량을 전담하는 농사시험장의 설치를 요청하기도 하였다.29) 그들이 이처럼 한국에서의 농사기술과 개량에 관심을 갖는

---

26) 『高宗實錄』 光武 9年 12月 29日.
27) 한국정부에 의해 설립된 이 농업연구기관의 구체적인 활동 내용은 자세히 알려진 바가 없다. 단지 일본인들에 의해 "이 나라 관리는 중앙이든 지방이든 농사 지식이 거의 없다"(小早川九郎편, 『朝鮮農業發達史 政策扁』, 1959, 36쪽)거나 "천편일률적 한국정부는 근래 훈령 기타의 방법으로 착실히 개량 방법을 제시할지라도 여전히 형식적인데 그치고, 실행을 보지 못하기 때문에 도저히 효과를 기대하기 힘들다"(『最新韓國事情』, 46~47쪽)는 비판을 통해서 그 활동 내용의 성과를 짐작할 수 있을 뿐이다.
28) "한국 농업은 유치, 개량의 여지가 많다. 본 회의소는 발달의 초보로서 종자 개량의 유리함을 한국인 일반에게 자각시키기 위해, 당 지방의 중요 농산물인 벼와 면화의 종자를 일본으로부터 수입하여, 1902년 파종기에 맞춰 적당한 방법으로 대가 없이 분여 시작할 것을 결정하였다.……일본 농상무성은 그 요청에 따라 都를 선정하여 목포상공회의소에 전달하였으며, 이 품종은 조선농민에게 배부하였다."(『木浦誌』, 507~508쪽 ; 小早川九郎, 앞의 책, 43~45쪽).
29) "농사시험장이 농업국에 필요한 것은 다시 말할 필요도 없다.……한국은 농본주의로서 세워진 나라로서……농업은 수구적으로 추호의 개량도 없이 자연에 방임되어 금일에 이르러 생산력이 증대하지 않고 여전히 천편일률적이며……한국정부로 하여금 주요 토지에 농사시험장을 설립하는 것이 시의에 적절하다고 확신하고 이를 한국정부에 권고……"(「한국 농사개량에 관한 청원서」, 『最新韓國事情』, 46~47쪽).

이유는 조선 곡물의 질과 양이 곧바로 자신들의 상업 이득과 직결되어 있기 때문이었을 것이다. 그렇지만 이 시기는 이른바 고문정치가 시작되기 이전으로, 이들이 할 수 있는 것은 재조선 일본인 공사로 하여금 한국 정부에 건의하는 정도에 불과하였다.

일제가 조선에서의 농업개발에 보다 큰 관심을 갖기 시작한 것은 러일전쟁의 발발(1903년 12월)과 이른바 제1차 한일협약(1904년 8월)이 계기가 되었다. 이즈음을 전후하여 상인을 대신하여 농업 이민자들과 토지 투자를 목적으로는 하는 기업가 지주들의 도래가 크게 늘어났기 때문이다.30) 농상무성과 지방관청 관리들의 출장이 늘어나고 한국농업 보고서와 이민 안내 책자의 출간이 빈번해진 것도 이 때문이었다.31) 이들은 귀국 후 공히 일본인의 한국에 대한 농업 투자와 이민의 성공 가능성을 높게 평가하는 한편, 조선에 비해 토지생산성이 거의 2배가 높은 일본의 농법을 한국에 이식할 경우 그리고 이를 전담할 일본과 같은 농사시험장 혹은 농사모범장이 설립될 경우 농업 개발에 커다란 큰 도움이 될 것이란 보고서를 잇따라 출간하였다.32) 그

---

30) 최원규, 「일제의 초기 한국 이민책과 일본인 농업이민」, 『동방학지』 77, 1993 ; 정연태, 『일제의 한국농지정책』, 서울대 박사학위논문, 1994, 24~35쪽.
31) 이 시기 간행된 보고서는 다음과 같은 것이 포함되어 있다. 岡傭一, 『最新韓國事情』, 1903 ; 吉川祐輝, 『韓國農業經營論』, 1904 ; 加藤末郎, 『韓國農業論』, 1904 ; 少島喜作, 『韓國之農業』, 1905 ; 辻重忠, 『韓國農事視察復命書』, 1905.
32) "양국의 사정은 비슷하여……도작(稻作)을 주로 하며 농업 조직 역시 유사하지만, 그 발달 진보의 정도를 비교하면 한국은 일본에 비할 바가 아니다. (일본은-인용자) 유신 이래 농업 교육에 힘을 쏟고 농사시험장을 설립하는 등……일본의 농업은 한국이 마땅히 채택할 모범이다.……한국 농업을 진흥시키는 방법은 일본의 농업자를 이주시키는 것이 첩경이며 이와 동시에 모범농장 혹은 농사시험장을 요지에 설립하여 이주농업자의 참고와 편의를 제공하고 한국농민 교도용으로 제공하는 것이 절실하다.……"(吉川祐輝, 『韓國農業經營論』, 127~128쪽, 134쪽).

러나 당시까지 농사시험장의 설립을 누가 주도할 것인지, 설립에 따른 경비 마련은 어떻게 할 것인가 하는 것에 대해 구체성을 띤 제안은 아니었다.

이러한 여러 보고서의 출간을 계기로 보다 체계적인 조사를 위해 일본 농상무성은 1904년 12월 동경대 농학부 교수와 농사시험장 기수 등 "일본의 제1선에 있는 우수한 연구자"[33]에게 한국 전역에 걸쳐 토지 및 농산에 관한 조사를 의뢰하였다.[34] 약 6개월에 걸쳐 진행된 조사(1904년 12월~1905년 6월)를 토대로 같은 해 9월 일본 외무성과 당시 한국 정부 재정고문 메가타(目賀田種太郎)에게 농사모범장의 설치 필요성을 정식으로 요청하였다. 그리고 이에 따른 경비는 현재 재정 여건으로 보아 한국 정부가 마련하기 쉽지 않으며 또 설립될 "모범장은 기실 일본의 이익을 본위로 하기 때문에 일본 정부가 그 비용을 지출하는 것이 바람직"[35]하다고 보고하였다.[36] 이 제안의 배경은 앞의 보고서와 큰 차이가 없지만, 일본 내 최고 전문가들의 주도면밀한 조사 끝에 나온 것이란 점에서 그리고 설립에 따른 경비 마련의 방법이 보다 구체적으로 명시되어 있다는 점에서, 끝으로 재정 고문의 한

---

33) 農林省熱帶農業センタ, 『舊朝鮮における日本の農業試驗硏究の成果』, 1978, 178쪽.
34) 이 조사의 목적은 "한국 식량의 공급력과 일반 토지의 생산력조사"였지만 앞서 언급한 일본인들의 농사시험장의 설립 요구와 관련하여 그 타당성에 대한 조사의 임무도 갖고 있었던 것으로 보인다. 조사의 결과는 2000페이지에 달하는 農商務省偏, 『韓國土地農産調査報告』라는 이름의 세권으로 출간되었다. 보다 자세한 것은 農林省熱帶農業センタ, 위의 책, 178~179쪽 ; 최원규, 「일제의 초기 한국이민책과 일본인 농업이민」, 『동방학지』 77, 1993, 701쪽 ; 駐韓日本公使館, 「韓國農業調査ノ件」, 『駐韓日本公司記錄』 20, 국사편찬위원회, 1991, 407~409쪽 참조.
35) 「韓國農事模範場設置理由」, 『日本外交文書』 38-1, 1978, 877쪽.
36) 그 외 설립 시 본장의 위치는 경성 부근이 좋으며, 구성은 장장 1인, 기사 4명, 기수 4인, 서기 5인으로 하는 것이 좋겠다는 제안도 들어 있다.

국 정부에 대한 설립 권고가 단순히 권고 이상의 강제력을 담고 있다는 점에서 기존의 설립 요청과 그 무게가 다른 것이었다.

일본 정부는 토지농산조사보고서 팀의 이러한 요청을 받아들여 1906년 창설비와 경상비를 마련하고, 이토(伊藤) 통감을 통해 수원에 농사모범장을 짓겠다는 의사를 한국 정부에 전달했다. 아울러 한국 정부와의 마찰을 피하기 위해 설립될 농사모범장은 통감부가 계속 관리하는 것이 아니라 이듬해에 설비와 기사 모두 한국 정부에 양도하겠다는 의사도 밝혔다. 1905년 11월 '을사늑약'이 체결됨으로써 일본의 설립 요청을 거부할 힘이 남아 있지 않는 한국 정부가 이를 수락함으로써, 1906년 4월 '통감부 권업모범장관제'가 반포되고37) 이에 근거하여 같은 해 6월 경기도 수원에 권업모범장이 설립되었다. 이에 따라 종래의 원예모범장과 농사시험장 등 한국 정부에 의해 운영되어 왔던 농업연구기관들도 모두 권업모범장 체체로 일원화되었다. 개항 이후 일본인 상인, 지주 및 농업 이민자들의 오랜 요구가 일본의 주도하에, 일본의 재정으로 그리고 일본이 원하는 방식 그대로 한국에서 설립되게 된 것이다.

일제가 이처럼 자국의 경비를 들여 조선에서 농사시험장의 설립을 서두른 이유는 무엇보다 6개의 지장(地場)을 갖는 국립농사시험장의 설립과 운영을 통해 자국의 농업개발에 성공한 경험을 갖고 있었으며, 또한 앞서 언급한 6개월간의 주도면밀한 조사를 통해 조선 농업의 개발 잠재성을 확인하였기 때문이다.38) 여기에다 한국과 일본은 풍토가

---

37) 권업모범장은 그 업무를 크게 대별하여 1. 實地指導, 2. 模範作業, 3. 試驗調査, 4. 種苗・種畜・種禽의 육성 및 蠶種의 제조 및 배포, 5. 技術員과 當業者의 養成의 다섯 가지로 구분하고 있다. 이 중에서 "가장 중요한 업무는 모범작업"이었으며, 시험조사는 "일본에서 學理 實習한 것을 가지고 조선에 이식"하는 데 중점을 두었다. 朝鮮總督府 農林局, 『朝鮮の農業』, 1921, 98~102쪽.

비슷하여, 일본 품종을 가져다 조선에 이식 보급시키는 단순한 사업만으로도 커다란 성과를 거둘 수 있다는 확신이 더해졌다.39)

권업모범장 관제에 따르면, 권업모범장의 역할은 크게 1) 조사와 시험, 2) 배부, 3) 지도 및 강습으로 나누어진다. 그러나 이때 조사와 시험은 "일본 양지의 농사시험장과 같이 학술적인 연구의 시험이 아니라"40) "일본에서 학리실습(學理實習)한 것을 가지고 조선에 이식"하는 데 필요한 적부 시험에 국한되었다. 실제 뒤에서 살펴보겠지만, "권업모범장 시대 20년간은 내지에서의 품종을 시험하여 농가에게 옮기는 것"41)에 충실하였다. 그리고 권업모범장이란 이름 그 자체에도 학술연구가 아니라 그 업무를 '단순이식' 그리고 여기에 부수되는 약간의 적응연구에만 국한하겠다는 의미가 내포되어 있다.42) 즉, 설립 당초부터 '단순이식'의 방향이 정해진 것이다.

---

38) "한국의 농산은 농경 축산의 개량, 황무지의 이용, 수리시설 등으로 인하여 다대의 증식을 기할 수 있다. 그러나 이 목적을 달성하기 위해서는 농사모범장의 설치가 최첩경이다." 「韓國農事模範場設置理由」, 『日本外交文書』 38-1, 1978, 877쪽.
39) "어떠한 장려 시설을 택하는 것이 가장 효과적인가는 전혀 미경험의 문제였다.……농업개량의 문제에서 조선은 완전히 신개지였다.……참고할 수 있는 것은 명치유신 이래 농업발달상에서 얻은 귀중한 체험과 우수한 농업기능 그리고 조선에서의 농업에 관한 조사였다." 小早川九郞 編, 『朝鮮農業發達史 政策扁』, 46쪽.
40) 『皇城新聞』 1906年 6月 13日字.
41) 渴川又夫, 「時局と農民の覺悟」, 『朝鮮農會報』 13-7, 1939. 7, 5쪽.
42) 앞서 살펴본 바와 같이, 1902년 재조선상업회의소가 농업연구기관의 설립을 건의할 때의 이름은 '농사시험장'이었으며, 이후 토지농산조사보고서팀이 6개월간의 조사 이후 외무성에 설립을 건의할 때는 '농업모범장'이라는 명칭을 사용하였다. 이토(伊藤博文)가 한국 정부에 설립을 제안할 때의 이름도 농업모범장이었다. 따라서 권업모범장이란 명칭은 설립 직전에 붙여진 것임이 틀림없는데, 이 이름은 이토와 초대 권업모범장의 장을 지낸 혼다(本田幸介)가 지은 것으로 알려져 있다(農林省熱帶農業センタ, 앞의 책, 180쪽).

그렇다면 일제가 1906년의 시점에서 '단순이식'의 전략을 선택한 이유는 무엇일까. 조선의 농업기술에 대한 편견 때문이었는가 아니면 재래농법의 발전을 저지하기 위한 목적인가? 우리는 앞의 2절에서 농업연구기관이 선택할 수 있는 기술전략은 크게 1) 단순이식, 2) 적응연구, 3) 육종연구의 세 가지로 분류할 수 있음을 살펴본 바 있다. 아울러 자국과 비슷한 토양과 기후 조건을 지닌 인접국이 있으며, 또 그 인접국이 자국보다 높은 수준의 기술을 보유하고 있을 때, 1)이나 2)가 3)보다 효과적(profitable)인 전략이 될 수 있음을 보았다. 일제가 단순이식 전략을 선택한 경제적 배경은 기본적으로 바로 이 점으로 설명할 수 있다.

일본과 한국은 오랜 기간 자포니카 계열의 품종을 공유하였으며, 양국은 또한 같은 위도에 걸쳐 있음으로서 풍토와 기후에서도 상대적으로 유사하였다. 특히 같은 일본의 식민지인 대만과 비교해 볼 때도 조선과 일본의 유사성은 매우 이례적이라 할 만하다. 특히 양국은 공히 소농 위주의 높은 인구 압력이란 제약조건 하에 다수확품종의 도입을 통한 토지절약적인 기술의 개발이란 동일한 지향점을 갖고 있었다. 반면에 각각 다른 역사적 경로의 차이를 반영하여, 양국의 벼농사 사이에는 적지 않은 기술 격차가 존재하였다. 먼저 수리시설의 측면에서 1910년대 전후 한국은 관개율이 15~20%에 불과하였지만 일본은 거의 100%에 육박하였다. 이렇게 부실한 한국의 수리시설은 시비(施肥)의 효과를 낮게 만들었으며, 나아가 수리시설이 없는 조건하에서도 일정 수준의 수확을 보장해주는, 안전성 위주의 품종이 채택될 수밖에 없도록 만들었다.[43] 반면에 일본은 높은 관개율을 바탕으로 다비(多肥)의 효과가 발휘될 수 있었고, 이러한 수리와 다비를 바탕으로

---

43) 일본종과 대비되는 재래종의 특성에 대해서는 우대형, 『한국근대농업사의 구조』, 3~5쪽.

다수확 위주의 품종이 선택되고 발전될 수 있었다. 이러한 차이가 궁극적으로 조선이 오랜 기간 농업성장이 상대적으로 지체된 반면, 일본에서는 도쿠가와 시절 신리키(神力) 등의 다수확품종이 개발되고 또 그것이 농사시험장에 의해 체계적으로 보급됨으로써 높은 농업성장을 이룩할 수 있었던 결과를 낳은 것이다.

"조선의 풍토, 농업조직 및 작물, 가축의 종류 등은 일본과 큰 차이가 없어 일본에서의 학리실습의 결과를 조선에 이식시키는 것이 조선농업개발상의 첩경"44)이라거나, "일본과 풍토가 거의 동일하기 때문에 이를 조선에 응용함으로써 수확의 증식을 얻을 수 있다"45)는 지적은 한일간 환경의 유사성을 적극적으로 활용한 선택이었음을 의미한다. 특히 설립 이전에 이미 도래한 일본인 지주들에 의해 일본품종 이식의 성공 가능성은 확인되고 있었다.46) 권업모범장 설립 이후 수집된 일본 품종의 약 반수가 일본이 아니라 조선에서 수집되었다는 사실도 비록 일인 지주에 국한된 것이기는 하지만 이미 다양한 일본 품종이 시작(試作)되고 있었음을 의미한다.47) 이러한 것은 모두 일본 품종의 이식과 보급에 따른 비용과 위험을 크게 낮추었다.

일제가 단순이식의 전략을 선택한 또 다른 요인으로는 품종의 이식은 비교적 단순하며 그 효과도 확실하기 때문에 조선 농민들이 커다란 거부감 없이 받아들일 수 있을 것이란 점도 고려되었다.

> 금일의 조선 농민은 노력, 자산의 두 요소가 결여되어 있고 또 지식도 매우 유치하다. 당국의 농업개선을 도모할 때는 이 세 요소의 분량

---

44) 小早川九郎 編, 『朝鮮農業發達史 政策偏』, 100~101쪽.
45) 農林省熱帶農業センタ, 앞의 책, 181쪽.
46) 靑柳綱太郎, 『韓國農事案內』, 1904, 64~67쪽 ; 최원규, 앞의 논문 ; 김도형, 앞의 논문 참조.
47) 農林省熱帶農業センタ, 앞의 책, 230~232쪽.

을 알고 그 범위 내에서 시작하여 개선 진보의 길로 나아가고, 시기와 더불어 점진적으로 보무를 진행하지 않으면 안 된다. 그렇지 않으면 이상에 빠지는 폐단을 면키 어렵다. 그러면 방법은 무엇인가? 먼저 품종의 개량 즉 농작물, 가축 품종 중에 한국에 적용할 수 있는 것을 선발하고 그 종을 나누어주어 과거 그들이 재배하고 길러온 종자를 대체하는 일이다. 그러면 가령 뇌력(腦力)이 박약한 그들이라도 품질의 가부 선악을 식별할 수 있게 되면, 이제 개선의 제1보를 디딘 것이다. 품종의 개량을 통해 생기는 이득은 가격의 상승과 수확량의 증대이고, 다음으로는 한국농가가 우리들이 분여한 종자를 심음으로써 그들에게 친절과 온정의 관념을 심어주게 되는 일이다. 이 세 번째 역시 모든 방면에 대한 개량발달을 환영하는 단서를 연다는 점에서 그 의의가 매우 크다.48)

요컨대, '단순이식' 전략은 양국간의 환경의 유사성과 기술 격차를 적극적으로 활용한 정책일 뿐 아니라, "조선 농가의 지식, 노력, 자금에 비추어 볼 때 가장 적합"49) 하다는 치밀한 전략 하에서 선택된 것이다. 이처럼 '단순이식'의 전략을 선택한 이상, 식민지 농업연구기관의 주된 역할은 자명하다. 그것은 고도의 학술적 연구가 아니라, "당해 지방에서 풍토와 기후, 민도 등의 제반 요소에 가장 적합한 품종을 선발"50)하여 이를 보급하는 일이다. 일제가 학술 연구의 이미지가 강

---

48) 本田幸介,「農業改良の第一步」,『韓國中央農會報』, 2-1, 1908, 1~2쪽. 동경대 농학부 교수인 혼다는 앞서 살펴본『한국토지농산조사보고서』의 저술에 참여하여 조선의 실태조사를 실행한 바 있으며, 권업모범장의 명칭을 정한 장본인이자 설립 이후 1907~1926년까지 장장을 지냈다. 그는 또 "신분은 장장이지만 실제는 조선의 농업정책을 추진할 때 최고의 기본방침을 수립한 최고의 책임자"로서 강점 초기 대부분의 농업 정책은 그의 구상에서 비롯되었다. 一記者,「朝鮮農界の恩人本田博士を思びて」,『朝鮮農會報』 4-5, 1930 ; 農林省熱帶農業センタ, 앞의 책, 180~181쪽.
49) 農林省熱帶農業センタ, 앞의 책, 183쪽.

한 '농사시험장'이란 이름을 피한 것은 그 이름과 조선에서의 농업연구기관의 실제 역할과 어울리지 않다고 본 것이며, 업무 내용과 '명실상부'하다고 지은 이름이 바로 권업모범장이었던 것이다. 즉, 권업모범장이란 이름은 이러한 단순이식의 전략과 불가분의 관계를 맺고 탄생한 것이다.

2. '단순이식' 전략의 성과와 한계

권업모범장의 설립 이후 이들이 가장 심혈을 기울인 것은 각 지역에 맞는 품종을 선발하는 일이었음은 충분히 예상되는 일이다. 일제가 그동안 시험 재배한 품종 중에 히노데(日ノ出 : 북부지방), 속진리키(早神力 : 중부지방), 고큐료토(穀良稻 : 남부지방) 등을 장려품종으로 결정하고,51) 이것을 대대적으로 보급 장려하기 시작한 것은 1911년이었으므로 설립에서부터 장려품종의 선정과 보급에 이르기까지 약 5년의 시간 지체가 있었다. 이들이 이에 대해 이렇게 신중했던 이유는 다음과 같이 설명된다.

첫째, 일본은 자국의 경험을 통해, 품종은 지역의 토양에 민감하기 때문에 "섣부르게 경거망동하면 화를 입을 수도 있다"는 사실을 잘 알고 있었다. 따라서 권업모범장은 각 지역에 적합한 품종을 선발하는 데 신중에 신중을 기하였다. 1906년 설립 이후 매년 시험 조사를 실시하였으며, 또한 시험 지역과 품종의 종류도 차츰 넓혀나갔다. 예컨대 1906년에는 수원 부근, 1907년에는 수원과 군산, 목포, 1908년에는 경남, 경북, 전남, 전북 충남, 경기, 황해, 평남 등으로 시험지역을 넓혀나갔으며, 1910년은 북한을 제외한 전국에 걸쳐 광범위한 조사를 실시

---

50) 本田幸介,「農作物の改良」,『朝鮮彙報』, 1916. 1, 7쪽.
51) 向坂幾三郎,「朝鮮に於ける優良品種普及の成績」,『朝鮮』, 1921. 2.

하였다. 시험품종도 1906년에는 조동지(曹同知)와 속진리키(早神力) 등에 불과하였지만, 1908년에는 시험 품종을 넓혀 일본종 6종, 재래종 3종으로 확대하였다. 이러한 여러 차례의 시험을 통해 일제는 마침내 나름대로의 지역별 적합 품종을 선발할 수 있게 된 것이다.

둘째, 일제는 1906년 권업모범장을 설립하였을 뿐, 선정된 품종을 육성하고 배부하는 전국 조직을 만드는 데 시간이 필요했다. 이를 위해 1908년 3월 일제는 "종자와 종묘의 육성과 배부를 목적"으로 하는 「도종묘장관제(稻種苗場官制)」를 공포함과 동시에 진주와 함흥에 도종묘장을 설치하였으며,[52] 1909년에는 광주, 전주, 해주, 의주, 경성 등 5개소에,[53] 1910년에는 청주와 춘천 등에 종묘장을 설립하여 본장이 있는 경기와 출장소(이후 지장으로 바뀜)가 있는 대구와 평양을 제외한 전국 9개도에 종묘장을 설립하였다.[54] 1910년에는 종묘장관제를 개정하여 중묘의 육성배부뿐 아니라 단기강습 및 순회강화, 현지지도 등의 농사지도의 업무를 추가시켰다.[55] 1912년에는 품종의 시험과 조사의 역할도 하게 되어 모범장이 요청하는 비교연구의 업무도 부차적으로 수행하였다.

셋째, 우량종이 재래종에 비해 수확량이 많다는 일제의 시험 결과를 일반 농민들이 액면 그대로 받아들이기는 힘들었다. 오랫동안 관에 대한 불신, 거기에다 일제에 대한 반감이 여전히 존재하고 있었으며 또한 수백 년 동안 심어온 품종을 포기하고 몇 차례 시험에서 수확량

---

52) 「種苗場管制」, 『韓國中央農會報』 2-3, 1908. 3, 22~23쪽 ; 「種苗場新設」, 『韓國中央農會報』 2-2, 1908. 2, 55~56쪽 ; 「農商工部種苗場增設」, 『韓國中央農會報』 3-2, 1909. 2, 69쪽.
53) 「農商工部種苗場の新設」, 『韓國中央農會報』 3-2, 1909. 2, 69쪽.
54) 대구와 평양은 1914년에 설립하였으며, 모범장이 있는 경기는 1917년 고양에 설립함으로써 전국 13개도에 모두 종묘장을 설립하였다.
55) 「種苗場官制ノ改訂」(「勅令」第10號), 『舊韓國官報』 1910. 2. 1.

이 많다고 그 품종으로 바꾸는 것은 쉬운 일이 아니었다. 즉, 일본의 입장에서는 조선 농민을 설득하는 것이 중요한 과제였고, 이들에게 개량종의 우수성을 홍보하는 데 시간이 필요했다. 일제가 매년 비교시험의 성적을 발표하는 것은 시험 자체의 목적도 있지만 발표 그 자체가 일종의 선전이었다. 이들은 시험 재배지를 농민들이 잘 볼 수 있도록 교통이 편리한 곳에 선정한다거나,56) 지방 독농가에 보조금을 주어 모범답을 설치케 하여 그 실적을 일반 농민에게 보이게 하였다. 일제는 또 보조금을 지불하면서 일반 농민을 대상으로 매년 수 차례의 단기강습회와 입모품평회 등을 개최하기도 하였다. 1910년 권업모범장의 예산은 89,597원에 불과하지만, 강습회, 품평회, 종묘구입비에 일제는 각각 176,943원과 81,863원을 썼으며, 여기에 지방비로 나간 권업비 82,186원를 합하면 일제는 권업모범장의 시험 연구비보다 약 4~5배 많은 금액을 보급 사업에 투자하였다.57)

5년의 시간 지체는 이상과 같이 일을 하는데 걸린 시간이었던 셈이다. 일제는 일단 이른바 '우량종'을 선정하자마자 대대적인 보급 사업을 전개해 나가기 시작했다. 앞서 언급한 종묘장, 농회 등 각종 외곽단체를 동원하여 품평회, 강습회를 더욱 확대하는 한편, 헌병대와 경관을 동원하는 '채찍 정책'도 서슴지 않았다.58)

한편 일제는 일본종의 보급사업과 더불어 자급비료의 증산운동도

---

56) 「水稻早神力と在來種との比較」, 『韓國中央農會報』 3-11, 1909.
57) 「韓國の本年度豫算」, 『韓國中央農會報』 4-1, 1910, 12, 13~14, 25쪽 참조. 지방비는 『朝鮮農會報』 4-7, 1910, 25쪽 참조.
58) "관의 지도에 따르지 않는 자는 경찰의 지휘를 받아 강제적으로 행하게 된다. 재래종에 대해서도 똑같이 일정한 장려품종이 정해지고, 이의 연차적인 보급 생산계획이 계통적으로 정연하게 확립되고, 정해진 품종 이외는 재배가 금지되어 농민의 의욕과 상관없이 강력하게 실행된다."(久間健一, 『朝鮮農政의 課題』, 1943, 7~9쪽).

전개해 나갔다. 잘 알려진 바와 같이, 개량종은 재래종에 비해 상대적으로 비료반응의 정도가 높다.59) 또한 다수확은 비료가 동반될 때 실현될 수 있었다. 일제는 당시 농민들의 경제 여력과 운송시설의 상태 등을 고려하려 금비(金肥) 소비의 장려는 시기상조라고 판단하여, 금비 대신 퇴비생산과 녹비 재배를 독려하였다. 한 통계에 따르면 녹비는 수확고 기준으로 1912년 701관에서 1919년 34,073관으로 증가하였으며, 퇴비는 1915년 54만 7천관에서 1919년 170만관으로 증가하였다.60)

그렇다면 이러한 단순이식의 정책은 어느 정도 성공을 거두었을까. <표 1>에 따르면, 1912년 2.8%에 불과한 우량종은 1920년 거의 60%를 차지하였으며, 특히 남한지방의 경우 70%를 상회하고 있다. 한 일본인의 표현에 따르면, 우량종 보급정책은 "요원의 불길같이 재배종을 구축 보급"61)하는데 성공하였던 것이다. 이러한 개량종의 확산과 앞서 살펴 본 자급 비료의 증가와 맞물려 <표 2>에서 보듯이, 1913~20년 미곡생산성은 연율로 1.4%의 비교적 높은 성장을 실현하였다. 특히 개량종의 보급률이 높은 남한지역이 보다 높은 생산성의 증대 효과를 나타내었다.62) 이 점에서 일본의 단순이식의 전략은 성공적이었다고 볼 수 있을 것이다. 그러나 그 효과가 오랫동안 지속되지는 못했다. 1920년대에 들어서서 생산성이 정체하기 시작한 것이다(<표 2> 참조).

---

59) 자세한 것은 우대형, 『한국근대농업사의 구조』 제1장, 특히 42쪽의 <표 1-7> 참조.
60) 조선총독부, 『農業統計表』 1940년판 참조.
61) 菱本長次, 『朝鮮米の研究』, 1938, 153쪽.
62) 우대형, 『한국근대농업사의 구조』, 제1장 참조.

<표 1> 개량종 보급율의 추이 (%)

	1912	1920	1925	1930	1936
남 한	3.5	72.3	82.8	83.6(3.1)	85.1(36.9)
선진	1.6	74.7	83.6	87.8(0.0)	84.5(24.0)
후진	5.3	70.1	82.1	79.6(5.9)	87.2(46.4)
북 한	0.5	18.3	37.5	44.6(0.0)	81.8(36.9)
전 국	2.8	58.5	70.8	72.7(2.2)	84.8(35.8)

주 : 1) 남한 : 경기 경상 전라 충청, 북한 : 황해 강원 평안 함경.
　　2) 선진지대 : 경북 경남 전남, 후진지대 : 경기 전북 충남 충북.
　　3) ( )은 후기개량종인 銀坊主와 陸羽132號의 보급률.
자료 : 1912년은 加藤末保次, 『朝鮮ニ於ケル稻ノ優良品種及分布普及ノ狀況』(1924), 나머지 年度는 『朝鮮總督府統計年報』(각년판).

<표 2> 지역별 단보당(段步當) 수확고의 성장률 (%)

	1913~20	1920~25	1925~30	(1920~30)	1930~35
남한평균	1.63	0.35	-0.90	(-0.28)	2.20
선진	1.87	0.19	-1.34	(-0.57)	0.78
후진	1.24	0.51	-0.40	(0.05)	3.66
북한평균	0.63	1.39	3.48	(2.43)	3.01
전국평균	1.41	0.50	0.15	(0.33)	2.45

주 1) 남한 : 경기 경상 전라 충청, 북한 : 황해 강원 평안 함경.
　　2) 선진지대 : 경북 경남 전남, 후진지대 : 경기 전북 충남 충북.
　　3) 단보(段步)당 수확고=산출고/작부면적
　　4) 1935년 이후의 작부면적은 원 통계값에서 1.05배 곱해서 구함. 1936년 이전의 산출고는 원 통계값에서 1.258배를 곱해서 구함.
　　5) 성장률은 5개년 이동평균하여 구한 기준년도를 중심으로 복리로 계산.
자료 : 朝鮮總督府, 『朝鮮總督府統計年報』(各年版).

　이러한 생산성 정체의 원인은 다음의 두 가지로 설명된다.[63] 슘페터에 따르면, 기술진보는 발명과 보급의 두 과정으로 나누어진다. 즉,

---

[63] 이하 자세한 것은 우대형, 「1920년대 한국 미곡생산의 정체」, 『경제사학』 25, 1998 참조.

기술진보는 신기술(=신품종)이 일반 농가에 확산될 때 일어나며, 더 이상 채택하는 농가가 없을 때 멈추게 된다. 1920년대의 정체는 이 가설로 설명된다. <표 1>에서 보듯이 1910년대 빠른 속도로 보급된 개량종은 1920년대에 들어와 현저하게 그 보급 속도가 둔화되면서 생산성 역시 한계에 도달하였던 것이다. 일본종의 급속한 보급은 높은 미곡 성장을 가져다 주었지만, 역으로 그 성장의 한계도 빨리 찾아오게 만들었던 것이다. 두 번째 요인은 과다한 금비투입에서 또 다른 이유를 발견할 수 있다. 초기 개량종은 1910년대 수리시설의 미비와 상업비료의 소비가 일반화되지 않은 경제적 조건을 고려하여, "비교적 관개가 불량하고 적은 비료 하에서 좋은 성적을 내는" 소비(少肥) 품종들이 선정되었다. 이들 품종은 재래종에 비해서는 다비(多肥) 품종이지만 일본품종 기준으로는 여전히 소비 품종에 불과하였다.[64] 그럼에도 불구하고 일제는 1920년대 산미증식계획을 실시하여 저리 자금을 대출하면서 금비의 사용을 독려하였으며, 이에 힘입어 1920년대 금비 사용은 크게 증가하였다. 그러자 내비성(耐肥性)이 약한 초기 개량종들이 이러한 금비의 증가를 견디지 못하고 도열병이 발생하는 등 부작용이 발생하게 된 것이다.

Ⅳ. 농사시험장 시기(1929~1944)

1. 육종연구로의 전환과 농사시험장의 설립

단순이식은 일종의 무임승차(free riding) 전략이다. 품종의 개발은 이웃 국가에서 하고 자국은 단지 개발비를 부담하지 않은 채 거의 무

---

64) 이두순, 앞의 논문, 130쪽.

임으로 이용만 하겠다는 전략이다. 따라서 수입국이 개발국의 기후와 여타 조건이 같다면, 최소한의 비용과 소규모의 연구조직만으로 개발국의 생산력 수준까지 따라갈 수 있다. 그러나 어떤 이유에서든 개발국에서 품종의 개발이 더 이상 이루어지지 않으면, 자국 역시 자동적으로 수입할 품종이 고갈되면서 개발국과 더불어 더 이상 농업성장은 일어나지 않는다. 이러한 점에서 단순이식 전략은 "개발비용-이전비용"만큼을 절감할 수 있는 장점이 있는 반면, 자국의 농업성장을 이웃 나라의 품종개발 능력에 의존하는, 종속적이며 위험한 전략이라는 한계를 동시에 지니고 있다.

일본의 농업성장은 도쿠가와 말기에 개발된 '노농(老農)품종'들의 보급에 힘입어 1910년대 말까지 순조롭게 이루어졌다. 그 후 이들 품종의 보급이 거의 마무리되면서 1920년대부터 정체 국면에 접어들었다.65) 따라서 일본은 정체를 극복하기 위해서 새로운 품종을 개발 보급할 필요가 있었다. 그렇지만 일본농업은 1920년대 초 정체국면에 들어간 이후에야 비로소 신품종의 개발에 착수하였으며, 따라서 일본종에 거의 의존해왔던 조선의 입장에서 1920년대 미곡 생산성 증가의 정체를 벗어나기 위해서는 일본에서의 새로운 품종의 개발이 완료될 때까지 일본 농민과 함께 기다려야 할 형편이었다.

이제 한국의 입장에서는 다음의 두 가지 선택, 즉 단순이식(적용연구를 포함하여)의 전략을 계속 고수하면서 일본에서 품종개발이 이루어질 때까지 기다릴 것인가 아니면 단순이식의 전략을 포기하고 육종연구를 통해 스스로 신품종을 개발할 것인가라는 기로에 직면하게 된 것이다. 그러나 어느 전략을 선택한다 하더라도 일제의 입장에서는 여전히 그 나름의 문제점이 남아 있었다. 전자를 선택할 경우 일본의 신

---

65) 1920년대 일본 농업의 정체의 원인에 대해서는 速水佑次郎, 『日本農業の成長過程』, 創文社, 1973, 131~152쪽 참조.

품종 개발이 끝날 때까지 정체상태를 감수해야 하며, 후자를 선택할 경우에 신품종의 육성에서 실용화되는 데까지 걸리는 기간 즉 최소한 8~10년의 기간을 기다려야 하는 문제점이 있다. 또한 기존의 단순이식 전략에 맞게 고안된 권업모범장 조직이 육종연구를 수행할 수 있을까라는 문제도 남아 있었다.

 이러한 고민과 관련하여 권업모범장 내부에서는 단기적으로는 선발 기능을 강화하여 일본 품종 중에서 다비시대에 적합한 품종을 찾아내어 이를 초기 개량종과 교체 보급하고, 장기적으로는 설비와 조직을 개편하여 육종연구를 시작하자는 주장이 제기되었다. 예컨대 일본 국립농사시험장 장장(場長)인 안도(安藤廣太郎)는 "시비의 급증을 요구하는 시기에 속진리키(早神力)와 고큐료토(穀良稻) 등의 기존 품종에 계속 기대는 것은 위험"하므로 장기적으로는 "조선에 맞는 내비(耐肥) 내병성(耐病性)의 신품종을 육성하고", 단기적으로는 "품종의 육성은 당연히 인공교배에 의존하지 않을 수 없는데 그러면 적어도 6~7년이 소요되므로 당장의 긴급함에 응하기 위해서는 현재 일본에서 육성된 내비 내병성의 품종을 모집, 시험하여 적당한 것을 보급하도록 노력"할 필요가 있다고 역설하였다.66) 또한 그는 현재의 "적은 연구 인력과 노후화된 설비로는 정치한 시험이 불가능하기 때문에 인력을 보강하고 또 많은 자금을 들여 설비를 완성하자"고 주장하였다.

 이러한 그의 주장은 1926년 제2대 장장으로 취임한 가토(加藤茂苞)에 의해 현실화되기 시작하였다. 가토는 일본 최초로 인공교배에 성공한 육종연구의 최고의 권위자이며 조선 농업에 대해서도 나름의 식견을 갖고 있는 인물이었다.67) 새로운 품종이 요구되는 시점에서 육종

---

66)「安藤廣太郎氏の朝鮮の農事改良に關する卓見」, 農林省熱帶農業センタ, 앞의 책, 185~186쪽.
67)「加藤農事試驗場富民協會より表彰さる」,『朝鮮農會報』5-11, 1931. 11,

연구 전문가인 그가 장장으로 취임한 것은 우연이 아니었다. 그는 취임하자마자 기사 전임을 11명에서 14명, 기수를 22명에서 25명으로 늘리는 등 연구 인력을 보강하여 "조선 특유의 우량종의 육성"68)에 착수하였다. 권업모범장의 역할은 그의 부임과 더불어 급속히 육종연구 쪽으로 그 중심이 옮겨간 것이다. 일제가 이처럼 단순이식에서 육종연구로 방향을 전환한 배경은 무엇일까?

<그림 2>는 시간에 따라 이전비용과 개발비용의 추이를 그린 것이다. 이 그림에서 x축은 시간을 나타내며, y축은 단순이식과 육종연구에 소요되는 비용, 즉 이전비용과 개발비용을 나타낸다. 그러면 시간에 따라 이 두 비용은 어떻게 움직일까를 살펴보자. 먼저 이전비용의 추이는 다음과 같이 두 가지의 경우로 나누어 생각해 볼 수 있다. 하나는 기술의 공여국가에서 품종 개발이 지속적으로 이루어져 수입국

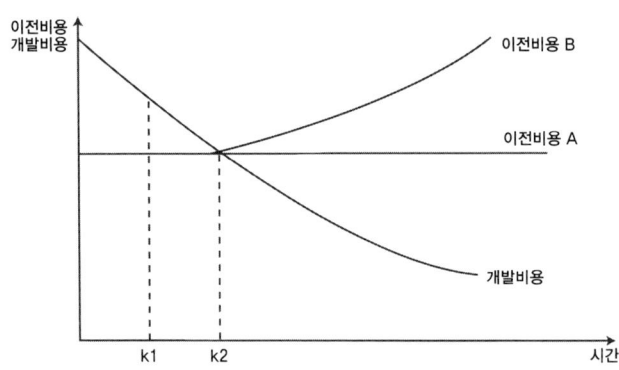

<그림 2> 시간에 따른 이전비용과 개발비용의 비교

108쪽. 그의 조선농업관은 加藤茂苞,「朝鮮米作の改良に就て」,『朝鮮農會報』19-2, 1924. 2 ;「就任に際て」,『朝鮮農會報』21-4, 1926, 2쪽 ;「産米の増殖に就て」,『朝鮮農會報』1-1, 1927, 49쪽.

68) 加藤茂苞,「産米の増殖に就て」, 46쪽.

의 입장에서 이식할 수 있는 품종의 공급이 무한할 경우이며, 또 하나는 품종 개발이 원활하지 못하여 수입 가능한 신기술의 원천(pool)이 점차 고갈되는 경우이다. 전자의 경우 이전비용은 시간에 상관없이 일정하지만 후자의 경우는 품종고갈에 따라 선발과 적부시험이 점차 까다로워지면서 그 비용이 증가하게 될 것이다. <그림 2>에서 이전비용 A와 이전비용 B는 각각 이를 반영한 것이다. 한편 개발비용은 시간이 지남에 따라 점차 낮아질 것이다. 그 이유는 2절에서 살펴본 바와 같이 설립 초기 가장 희소한 자원이었던 인적 자원의 공급이 시간이 지남에 따라 점차 탄력적으로 바뀌기 때문이며, 또 그동안 선발과 적부시험의 지속적인 반복은 육종연구에 필요한 경험과 지식을 축적하게 해주기 때문이다.[69] 위 <그림 2>에서 이전비용이 일정하거나 증가하는 것과 달리, 개발비용이 하락하는 것은 이 때문이다. 그렇다면 이러한 변화에 따라 어느 전략이 보다 효과적인가? 위 그림은 농업개발의 초기인 t1 시점에서는 육종연구보다는 단순이식의 전략이 효과적이지만, 시간이 지남에 따라 특히 t2 시점을 지나면서부터는 반대로 육종연구가 보다 유리한 전략임을 보여주고 있다.

우리는 앞서 1910년대 초 권업모범장에 의해 장려된 품종이 1920년대에 들어와 보급이 거의 완료되었으며, 아울러 금비 사용의 증가와 함께 내비성에 약한 단점들이 노출되었음을 지적한 바 있다. 특히 이것과 더불어 앞서 언급한 바와 같이 일본에서도 더 이상 신품종이 개발되지 않고 있음을 고려하면, 조선의 입장에서 다비시대에 맞는 새로운 품종의 선정과 적부시험이 그 이전만큼 용이하지 않음을 시사해 주는 것이다. 반면에 육종연구에 따른 비용은 권업모범장의 설립 초기에 비해 낮아졌다. 비록 일본인들이 대부분이지만 인적 자원의 공급이

---

69) Evenson and Binswanger, 앞의 논문.

원활해졌을 뿐 아니라 그동안 '단순이식'의 전략을 추구하는 동안 내부적으로 소규모의 순계분리와 인공교배 등의 육종연구를 실시해 옴으로써, 나름대로의 육종연구에 대한 지식과 경험이 축적되었다.70) 특히 1920년대 들어와 산미증식계획이 실시되면서 금비사용의 증가와 수리시설의 개선은 육종연구에 따른 사회적 비용을 낮추어주는데 크게 기여하였다.71) 요컨대, 일제의 육종연구로의 전환은 단순이식 전략의 실패에서 나온 시행착오의 결과가 아니라 1920년대에 들어와 나타난 일본과 조선농업에서의 부존조건의 변화에 대해 합리적으로 대응한 것이라는 결론에 도달하게 된다.

그렇지만 일제의 입장에서는 기존의 권업모범장의 설비와 인력 그리고 조직이 모두 과거 선발과 적부시험을 염두에 둔 것으로 육종연구를 위해서는 적합하지 않다는 문제점은 남아 있다. 이런 점에서 인력 및 장비의 보강, 나아가 육종연구를 효율적으로 수행하기 위한 조직의 개편 요구가 내부로부터 제기되는 것은 자연스럽게 이해될 수 있다.72) 앞서 살펴본 안도(安藤廣太郎)의 견해가 그 대표적이다. 1928년 들어와 권업모범장은 '농사시험기관의 개선촉진에 관한 건'을 통해 연구시험기관으로의 변화를 총독부에 정식으로 요구하였으며,73) 총독부는 이를 수락하면서 마침내 1929년 9월 권업모범장은 조선총독부 농사시험장으로 개편되게 되었다.74) 일본농법의 모범을 보여준다는

---

70) 本田幸介, 「農作物の改良」, 『朝鮮彙報』, 1916. 1 ; 農林省熱帶農業センタ, 앞의 책, 141쪽.
71) Kikuchi and Hayami, "Agricultural Growth against a Land Resource Constraint : A Comparative History of Japan, Taiwan. Korea and Philippines," *Journal of Economic History* 38, December, 1978.
72) 渡邊豊日子, 「如何に農事を開發すべき乎」, 『朝鮮農會報』 22-1, 1927.
73) 「本府農業技術官會議狀況」, 『朝鮮農會報』 2-4, 1928.
74) 「勸業模範場を農事試驗場に改稱」, 『朝鮮農會報』 3-11, 1929, 88~89쪽.

의미로 창설된 권업모범장은 그 사명을 다하고 이제 육종연구 중심의 명실상부한 농업연구기관으로 탈바꿈하게 된 것이다.75) 권업모범장이 설립된 지 23년만의 일이었다.

농사시험장으로의 개편이 처음 제기되었을 때 반대의 목소리도 적지 않았던 것 같다. "권업모범장이란 이름은 이토(伊藤博文)와 혼다(本田幸介)가 함께 지은 이름으로 그 명칭을 없애는 것은 애석하다"는 주장은 그렇다 치고76) "본격적인 시험연구가 조선에서 과연 필요한가"라는 근본적인 반론도 제기되었다. 이러한 반대를 무릅쓰고 농사시험장으로의 개편을 관철시킨 것은 그들의 표현을 빌리면 "時運의 진전에 따라 시험 조사에 일층 힘을 기울일 필요가 인정되었기 때문이며," 기존의 권업모범장 조직으로는 이를 효과적으로 수행하기 어렵다는 점을 인정한 것이라 할 수 있다.77)

---

75) 농사시험장은 그 업무를 1.농업 잠사업 및 축산업의 발달개량에 관한 조사 및 시험, 2. 토양・비료, 농산물 등의 분석 감정 및 조사, 3. 種苗種畜種禽의 육성 및 蠶種의 제조 및 배부, 5. 기술원의 양성, 講習講話 등 5가지로 대별하고 있다. 이를 권업모범장 시절의 업무와 비교해보면 크게 세 가지 차이점이 발견된다. 첫째, 권업모범장의 주된 업무였던 '模範作業'과 '實地指導'가 농사시험장의 업무에는 완전히 빠져 있으며, 둘째, 권업모범장 시절에는 시험조사가 세 번째 업무였지만 농사시험장에서는 첫 번째 업무로 옮겨갔으며, 셋째, '토양비료의……조사'에서 새로이 "조선의 실정에 적합한 자급비료 및 판매비료 및 토양에 관해 시험을 행한다"는 점을 언급하여 시험의 대상이 '조선의 실정'임을 분명히 하고 있는 점이다. 즉, 전체적으로 일본농법의 모범기관에서 탈피하여 조선 농업을 대상으로 하는 연구기관으로 변화되었음을 보여주고 있다. 朝鮮總督府 農林局, 『朝鮮の農業』, 1933, 148~50쪽.

76) 加藤茂苞, 「元勸業模範場の改名と農事指導に對する用意」, 『朝鮮農會報』 4-8, 1930, 2쪽.

77) "농사시험장의 개편은 단순히 편의적인 것이 아니라 신중한 판단 하에 나온 것으로써, 시운의 진전에 따라 시험조사에 일층 힘을 기울일 필요가 인정되었기 때문이며, 명실상부한 시험기관의 대혁신이었다." 農林省熱帶農業センタ, 앞의 책, 190쪽.

이듬해인 1930년 3월에는 조선 최대 곡창지인 전북 이리에 다수확 품종의 육종전문기관인 남선지장(南鮮地場)을 신설하였다.78) 설립과 동시에 일제는 수원 본장(本場) 종예부에서 사토(佐藤健吉) 기사, 하라(原史六)와 나카토모(永友辰吉)의 두 기수를 남선지장으로 전보시켜 육종연구에 착수케 하였다. 이제 남선 지장이 조선 남부 곡창지대에 적합한 품종의 육성을 담당함에 따라, 수원 본장은 중부 이북을 담당하는 것으로 역할 분담이 이루어지게 되었다. 그러나 이 두 기관 중에서 주요 곡창지대를 배후로 하는 남선지장이 일약 육종연구의 메카가 된 것은 당연한 귀결이었다. 특히 남선지장은 "1개소의 육종시험장으로서는 규모가 크고, 육종의 초기 단계에서 지방의 적부시험까지 일관하여 1개소의 시험장이 담당하는 것은 일본에서도 보기 힘든 것"79)이었다. 이는 일제가 그만큼 남선지장의 육종연구에 지대한 관심을 갖고 있음을 잘 보여주고 있다.

1932년에는 각도의 도종묘장(道種苗場)을 도농사시험장(道農事試驗場)으로 승격 개편하였다.80) 그동안 도종묘장의 주된 역할은 권업모범장에서 선발된 우량종을 육성하여 일반 농가에 배포하는 일이었다. 그러다가 이제 농사시험장의 주된 역할이 시험 조사에서 육종연구로 옮겨감에 따라 그동안 권업모범장이 해왔던 시험조사의 업무를 하위의 기간인 도종묘장으로 내려 보낸 것이다. 이와 같이 도종묘장의 주된 업무가 육성과 배부에서 시험 및 조사로 바뀜에 따라 그 역할에 걸맞게 이름도 도농사시험장으로 승격시킨 것이다.81) 이와 함께 종래

---

78) 「勸業模範場南鮮地場設置」, 『朝鮮農會報』 3-7, 1929, 105쪽.
79) 농림성열대농업연구센터, 『성과』, 235쪽.
80) 「各道種苗場の改稱」, 『朝鮮農會報』 6-11, 1932, 11쪽 ; 『朝鮮農務提要』, 1936, 244쪽.
81) 조선총독부 농림국, 『道農事試驗場事業要覽』, 1935 ; 김도형, 앞의 책, 155~158쪽.

종묘장의 주된 업무인 육성 배부는 조선농회, 식산계(殖産契) 등 하위의 지방 농사기관에게 자연스럽게 이관되었다. 그런데 이처럼 도 농사시험장이 시험 조사를 담당함에 따라, 각 도마다 비슷한 시험을 하는 등 각 도농사시험장 간에 그리고 육종전문기관과 각 도농사시험장 간에 "직무통제가 되지 않는 문제"가 대두되었다. 이에 대해 일제는 이러한 낭비를 줄이고 각 도농사시험장의 경험을 공유하고 또 나아가 각 도농사시험장과 본장(本場)간의 유기적인 연관성을 높이기 위해 "농사시험장개선안"을 마련하였다.[82] 또한 일제는 본장의 육종사업의 효과를 극대화하기 위해 조선 전체를 입지 조건에 따라 5개 지구로 나누고, 각 지구에 주관 기관을 할당하여 여기에서 육성한 품종을 각 지구가 속해 있는 도농사시험장에 위탁하여 지방 적부시험을 거치는 이른바 "품종개량연락시스템"을 구축하였는데, 이는 일본에서 시행된 이른바 '농림성지정품종개량시험제도'를 모델로 한 것이었다.[83]

일반적으로 농업연구기관의 업무를 크게 1) 육종, 2) 적부시험, 3) 육성배부의 세 가지로 나누면, 권업모범장 시절에는 육종과 관련된 업무를 일본의 농사시험장이 담당하고, 조선의 농업기관은 적부시험(권업모범장)과 육성배부(도종묘장)만을 담당하는 구조였다. 그러다가 1929년 농사시험장체제로 개편된 이후 세 가지 업무 모두를 국내의 연구기관이 담당하게 됨에 따라 각 농업연구기관의 역할을 재조정할 필요가 생겼다. 우리는 앞의 2절에서 단순이식의 경우 소규모의 분산적인 조직이 바람직한 반면, 육종연구는 규모의 경제가 작용하기 때문에 소수의 대규모 집중화가 효과적임을 살펴보았다. 아울러 육종연구의 성과를 극대화하기 위해서 그리고 육종에서부터 실용화에 이르는 오랜 기간을 단축시키기 위해서는 육종전문 연구기관과 신품종의 적

---

[82] 보다 자세한 것은 「農事試驗の改善案成る」, 『朝鮮農會報』 8-5, 1934.
[83] 주봉규·소순열, 앞의 책, 125~127쪽.

부시험을 담당하는 하위의 연구기관 간에 긴밀한 협조가 필수적이라는 것도 언급하였다. 농사시험장으로의 재편과 남선지장의 설립은 전자를 위한 것이었으며, 도종묘장의 도농사시험장으로의 승격과 품종개량 연락시스템은 바로 후자를 위한 제도 개편이었던 것이다.

2. 육종연구의 성과와 한계

농사시험장 체제로의 개편 이후 일제는 앞서 살펴본 안도(安藤廣太郎)의 제안대로 단기적으로는 적응연구를 강화하여 내비성(耐肥性) 품종의 선정을 서두르는 한편, 장기적으로는 육종연구에 박차를 가하기 시작했다. 1910년대의 적응연구는 보통 재배 하의 것밖에 하지 않았지만, 1926년부터 증비구(增肥區)가 추가되었으며, 1929년부터 다시 도열병과 내병성 검사를 추가하였다.84) 보다 비료반응성이 높은 다수확품종을 선발하기 위해서였는데, 그 결과 새롭게 선정된 품종이 긴보우즈(銀坊主)와 로쿠우(陸羽 132호)였다. 긴보우즈는 1922년에 처음 도입이 되었지만 장려품종으로 지정된 것은 1931년, 즉 농사시험장체제의 개편 이후의 일이었다. 1930년 긴보우즈의 재배면적은 3만 6천 정보에 불과하였지만, 1937년에는 50만 정보로 확대되어 고쿠료토(穀良稻)를 제치고 조선 제1의 품종이 되었다.85) 로쿠우(陸羽 132號) 역시 도입시점은 1922년이지만 1931년 처음으로 장려품종으로 지정되었다. 긴보우즈와 마찬가지로 1937년에는 19만 4천 정보까지 확대되어 긴보우즈와 고쿠료토에 이어 조선 제3의 지위를 차지하였다.86) 앞의

---

84) 農林省熱帶農業センタ, 앞의 책, 141쪽.
85) 朝鮮總督府 農事試驗場編, 『水稻銀坊主に就て』, 1934 ; 泉有平, 「朝鮮に於ける內地系水稻品種の來歷及び栽培經路」(二) 참조.
86) 泉有平, 「朝鮮に於ける內地系水稻品種の來歷及び栽培經路」(三), 22~24쪽.

<표 3> 일제하 주요 품종의 변천

품종명	구분	교배조합	육성년도	장려품종 결정년도	재배기간	최대면적	수확고 (kg/10a)
趙同知	재래종						237
早神力	도입종			1911	1912~35	253	310
穀良稻	도입종			1911	1912~58	463.4	
多摩錦	도입종			1911	1912~60	171	320
銀坊主	도입종			1930	1930~72	500.4	360
陸羽132	도입종			1931	1931~72	207	
豊玉	육성종	中生銀坊主/ 改良愛國	1932	1936	1937~72	111.3	
瑞光	육성종	九大耐潮性旭3호/銀坊主	1933	1938	1953~64	25.6	
榮光	육성종	九大耐潮性旭3호/銀坊主	1933	1937	1953~54	5.0	
日進	육성종	九大耐潮性旭3호/銀坊主	1934	1937	1941~65	64.2	
八紘	육성종	板木早生選一/早生銀坊主3호	1938	1943	1953~80	240.6	406
朝光	육성종	晩生銀坊主120호/早生關取	1939	1944	1956~66	60.3	
八達	육성종	早生銀坊主52호/南鮮23호	1939	1944	1953~75	169	

자료 : 한국농업기술사간행위원회, 『한국농업기술사』, 1983, 154~155쪽 ; 허문회 외, 『벼의 유전과 육종』, 서울대출판부, 1977

<표 1>과 <표 2>에서 알 수 있듯이 1930년대 미곡생산성은 이 두 품종의 급속한 보급에 힘입어 비교적 빠르게 증가할 수 있었다.[87]

일제는 농사시험장으로 개편 이후 이처럼 적응성검정을 실시하는 한편, 신품종의 육성에 보다 심혈을 기울였다. 앞서 언급한 바와 같이, 육종연구는 권업모범장 시절인 1913년부터 시작되어 비교적 단순하고 실험이 용이한 순계도태(pure selection)가 속진리키(早神力), 다마금 (多麻錦) 등을 대상으로 부분적으로 이루어지기도 하였지만,[88] 상대

---

[87] 보다 자세한 것은 우대형, 앞의 논문 참조.
[88] 일제는 1916년경부터 순계선택의 표준을 정해 이를 시행하였으며, 도종묘장의 지침에서도 권업모범장의 순계종을 사용할 것을 지시하기도 하였다. 「純系選擇施行標準協定ノ件」, 『朝鮮農務提要』, 1936, 1246쪽 ; 朝鮮總督府 勸業模範場, 『勸業模範場成績要覽』, 1923, 29~30쪽.

적으로 고도의 기술이 요구되는 인공교합(cross breeding)은 소규모의 시험에 그칠 뿐 실용화되는 데까지 나아가지 못했다.[89] 인공교합 시험이 본격화된 것은 가토(加藤茂苞)에 의해서였다. 가토의 취임 직후인 1927~1929년간 수원 본장(本場)에서의 인공교합의 조합 수는 380여 개에 달했으며 이 중 우량종으로 이름을 붙인 것이 16종이었다. 그러나 이들 품종은 장려품종으로 지정받는 데까지 나아가지는 못했다. 이처럼 본장에서의 육종연구의 성과가 미미한 것과 대조적으로 남선지장의 육종연구는 활기를 띠었다. 1931~43년 사이 인공교배 조합 수는 1,000개가 넘었으며, 이 중 F6 이후의 세대에 고정시킨 품종 중 우량품종으로 지정하여 '南鮮' 번호를 매긴 것이 모두 175종이었다. 이 품종들은 지장 내의 시험 답에서 생산력 검정시험과 신품종 비교시험을 거쳐 그 중 우수한 것은 다시 관계 각도의 농사시험장에 종자를 배부하여 위탁시험을 의뢰하였는데, 이 시험을 통과하여 신 품종명을 받은 것은 풍옥(豊玉),[90] 서광(瑞光), 영광(榮光), 일진(日進), 남선 13호(南鮮 13호), 팔굉(八紘), 조광(朝光) 등 모두 7개 였다.[91] 육종연구의 중심이 본장에서 남선지장으로 옮겨온 것이다.

이 품종들은 긴보우즈(銀坊主)를 모친으로 한 것에서 알 수 있듯이, 공히 다비(多肥) 내병성이면서 다수확을 목표로 육종되었다. 예컨대 팔굉(八紘)의 단보당 수확고는 1930년대 제1의 품종이었던 긴보우즈를 능가하는 것으로 나타났다. 그러나 이 품종들이 장려품종으로 선정되면서 일반 농가에 보급되기 시작한 것은 1930년대 후반 이후였다.

---

89) 本田幸介, 「農作物の改良」, 『朝鮮彙報』 1916. 1 ; 農林省熱帶農業センタ, 앞의 책, 141쪽.
90) 朝鮮總督府農事試驗場, 『水稻新品種榮光に就て』, 1937.
91) 「水稻新優良品種の發見」, 『朝鮮農會報』 8-5, 1934 ; 佐藤健吉, 「朝鮮に於ける水稻品種改良の將來に就て」, 『朝鮮農會報』 11-1, 1937. 1.

교배 연구가 시작된 지 9~10년, 긴 것은 18년이 지난 다음이었다.[92] 그렇지만 이 기간은 일제 말 전시기와 겹치면서 비료와 노동력 등의 자재부족으로 인해 증수 효과를 기대할 수는 없었다. 증수 효과가 본격적으로 나타난 것은 해방 이후였다. 이 품종은 1950~60년대 초 남한 정부에 의해 모두 장려품종으로 지정되었으며, 통일벼가 도입되기 전까지 남한의 미곡성장을 주도하였다. 이렇게 볼 때 남선지장의 육종 연구의 성과는 식민지 기간에 국한하면 미미하지만 해방 이후까지를 포함하면 결코 작은 것은 아니었다. 일제가 "반도 미작 상의 일대혁명"[93]이라고 자랑하는 이러한 성과는 "육종 전문의 시험장을 설립하여, 1개소에 육종 조직을 대규모화하고, 또 각 하위 기관과 긴밀히 연락 통제하는 방법을 취한 것"[94]이 주효했기 때문이었을 것이다.

V. 결 론

일제가 강점 이후 식민지 조선의 지배를 합리화하기 위해, 그리고 자국의 식량 문제를 해결하기 위해 가장 중점을 둔 것은 식량 특히 미곡 증산이었다. 일제는 이를 위해 일본종 중에서 조선 각지에 맞는 품종을 선발하고 보급하는 전략을 선택하였다. 여기에는 한편으로 한국과 일본간의 지리적 풍토와 농업 조직의 유사성이, 다른 한편으로는 일본종과 재래종간의 생산성 격차가 고려되었다. 아울러 복잡한 고도의 기술은 당시의 조선 실정에 적합하지 않다는 판단이 가세하였다. 일제가 농업연구기관을 설립하면서 육종을 위주로 하는 농사시험장

---

92) 『주요농작물 품종해설집』, 농촌진흥청, 1975.
93) 相川不盡夫, 「水稻品種の奬勵と變遷(續)」, 『朝鮮農會報』 17-6, 1943, 7쪽.
94) 農林省熱帶農業センタ, 앞의 책, 320쪽.

대신 적부시험과 보급의 역할에 걸맞는 권업모범장의 형식을 취한 것은 바로 이 때문이었다. 이러한 단순이식 전략은 비교적 성공을 거두어 일본종은 빠른 속도로 조선 각지에 전파되었으며, 이에 힘입어 미곡생산성은 빠른 속도로 증가하였다. 그러나 이 전략은 1920년대에 들어와 그 수명이 다하게 되었다.

단순이식 전략은 이웃 국가에서 이루어진 품종개발을 자국은 개발비를 부담하지 않은 채 무임으로 들여와 그 성과만을 이용하겠다는 일종의 무임승차 전략이다. 따라서 수입국은 최소한의 비용과 소규모의 연구조직만으로 개발국의 생산력 수준까지 따라갈 수 있는 장점이 있다. 반면에 어떤 이유에서든 개발국에서 품종의 개발이 더 이상 이루어지지 않으면, 수입국 역시 자동적으로 수입할 품종이 고갈되면서 개발국과 마찬가지로 더 이상 농업성장은 일어나지 않게 된다. 이 점에서 단순이식 전략은 품종개발비를 절감할 수 있는 장점이 있는 반면, 자국의 농업성장을 다른 나라의 품종개발 능력에만 의존하는 종속적이며 또한 위험한 전략이기도 하다. 일본은 메이지기 성장을 주도했던 신품종의 잠재성이 1920년대에 들어와 고갈되고, 다른 한편으로 이를 대체할 만한 새로운 품종의 개발이 지연되었다. 이로 인해 단순이식 전략을 선택한 식민지 조선의 입장에서는 이식할 품종이 고갈되고 따라서 일본이 새로운 품종을 개발할 때까지 기다리거나 아니면 단순이식 전략을 포기하고 조선에 맞는 품종을 직접 개발하는 육종연구로 방향을 전환하는 것밖에 선택의 여지가 없었다.

일제는 이러한 두 가지 선택의 갈림길에서 후자, 즉 육종연구를 선택하였다. 이를 위해 단순이식 전략에 적합한 기존의 권업모범장 체제를 육종연구에 적합한 농사시험장 체제로 개편하고, 새롭게 육종연구를 전담할 남선지장을 설립하였다. 개편 이후 이 두 기관에 의해 이루어진 인공교배 조합 수는 1,000개가 넘었으며, 이 중에서 최종적으로

7종류가 장려품종으로 선정되었다. 이들은 모두 1910~30년대 이식된 일본종에 비해 수확량이 많으면서 조선 풍토에 적응력이 높은 품종들로서, 1930년대 후반 이후 미곡성장을 주도할 품종들이었다. 그러나 이 품종들이 본격적으로 보급되기 시작한 때는 전시기인 일제 말기로서, 그 성과를 나타내기 전에 일제는 패망하였다. 그러나 이 품종들은 해방 이후 남한의 주요 품종으로 자리를 잡으면서 1970년대 통일벼가 보급되기 전까지 남한 농업성장을 주도하였다.

　그러면 지금까지 살펴본 일제가 선택한 농업기술 전략을 어떻게 평가할 것인가? 조선 전래 재래종의 개발을 포기하고 일본종의 이식에만 의존하였다고 비난할 것인가? 아니면 외래종의 빠른 전파 속도와 생산성의 증가를 두고 농업기술 국제 이전의 성공 사례라고 높이 칭찬할 것인가? 그 평가는 관점에 따라 엇갈릴 것이다. 예컨대 경제개발을 강조하는 입장에서 볼 때는 한일 간의 풍토의 유사성, 기술 격차, 육종연구에 따른 비용과 시간 등을 고려할 때 단순이식 전략을 선택한 것은 시의 적절하였다. 특히 1920년대 후반 단순이식에서 육종연구로의 전환 역시 타이밍을 놓친 점을 빼고는 불가피한 선택이었다. 특히 육종연구를 위해 여러 반대의 목소리에도 불구하고 권업모범장을 농사시험장 체제로 개편한 것은, 육종연구에 '규모의 경제'가 작용한다는 점을 고려하면 '제도적 혁신'으로 평가할 수 있다. 그러나 일제의 개발 전략은 어디까지나 식민지 수탈을 극대화하기 위한 일환이었음을 상기할 필요가 있다. 특히 우리에게 남긴 것은 풍요 속에서 궁핍과 극단적인 토지편중의 후유증이었다. 개발과 궁핍의 공존 이것이 일제 식민지 농업개발의 특성이 아니겠는가.

혁명적 농민조합 운동과 일제의 농촌통제정책
: 함경북도의 관북향약을 중심으로

이 준 식[*]

Ⅰ. 머리말

 일제가 이 땅을 강점하고 있는 동안 일제의 식민지 지배에는 몇 차례의 위기가 있었다. 이 위기는 기본적으로 민족해방운동의 고조와 맞물려 있었다. 따라서 일제는 식민지 지배의 위기를 해결하기 위해 민족해방운동에 대한 다양한 통제 정책을 모색했다.
 3·1운동을 통해 민족해방운동의 첫 번째 고조가 이루어지자 일제는 식민지 지배정책을 이른바 '문화정치'로 전환했다. 그러나 '문화정치'로도 식민지 지배체제의 근본적 안정을 이룰 수는 없었다. '문화정치' 자체가 결국에는 식민지 지배로부터의 해방을 원하는 조선민중의 이해관계와 배치되었다는 점에서도 그러했지만 '문화정치'를 통해 구현된 이른바 부르주아 민주주의의 제한적 실현이 일제의 의도와는 달리 민족해방운동의 질적 변화에 이바지했다는 점에서 더욱 그러했다. 일제가 조선민중에게 제한적으로 허용한 언론, 출판, 집회, 결사의 자유는 사회주의라는 새로운 이념이 도입되고 민족해방과 계급해방을 내건 공식적인 운동조직이 출현하는 중요한 계기로 작용했다. 이는 농

---
[*] 친일반민족행위자재산조사위원회 상임위원

민운동 부문에서도 마찬가지였다. 1920년대 이후의 농민운동은 사회주의의 영향 아래 "반제와 반봉건의 성격을 가진 민족해방, 민족혁명(조선혁명)의 정치운동으로까지 고양"되고 있었던 것이다.[1] 농민들은 소작인조합, 농민회, 농민동맹, 농민조합 등 다양한 이름으로 꾸려진 운동조직을 중심으로 자신들의 삶을 억누르는 체제를 타파하기 위해 강력한 투쟁을 전개했다.

세계대공황기 이후 민족해방운동의 양상은 다시 크게 변화했다. 또 한번의 민족해방운동의 고조가 온 것이다. 이를 가장 잘 보여준 것이 광주학생운동 이후 대중투쟁의 격화였다.[2] 그리고 대중투쟁을 기반으로 농민운동 부문에서는 혁명적 농민조합 운동이 전개되었다.[3] 그러면서 일제의 지배정책도 다시 바뀌었다. 형식상의 부르주아 민주주의마저 폐기하게 된 것이 단적인 보기가 될 것이다.

이 글은 일제가 혁명적 농민조합 운동을 어떻게 통제하려고 했는지에 대해 살펴보려는 문제의식에서 출발한 것이다. 특히 혁명적 농민조합 운동이 사회주의를 바탕으로 했다는 점에서 이데올로기 통제의 문제에 초점을 맞출 것이다. 논의의 대상은 1930년대 초 일제가 시도한 향약(鄕約)보급운동이다. 일제는 혁명적 농민조합 운동에 대한 통제정책의 일환으로 조선시대부터 시행되다가 근대로 접어들면서 소멸하고 있던 향약을 부활시키려고 했다. 이와 관련해 특히 주목되는 것은

---

1) 김용섭, 『한국근현대농업사연구-한말·일제하의 지주제와 농업문제』, 일조각, 1993, 401쪽.
2) 이준식, 「세계대공황기 민족해방운동 연구의 의의와 과제」, 『역사와 현실』 11호, 1994.
3) 혁명적 농민조합 운동에 대해서는 지수걸, 『일제하 농민조합운동 연구』, 역사비평사, 1993 ; 이준식, 『농촌 사회 변동과 농민 운동』, 민영사, 1993 ; 이준식, 「세계대공황기 혁명적 농민조합운동의 계급·계층적 성격」, 『역사와 현실』 11호, 1994 등을 볼 것.

함경북도이다. 함경북도는 도 차원에서 관북향약(關北鄕約)이라는 이름의 "일대 사회교화운동 단체망"[4]을 만들려고 했다.[5] 따라서 이 글에서는 함경북도의 관북향약을 사례로 하여 일제가 농촌내부의 정치적 안정을 이루기 위해 추진한 교화정책의 내용을 검토하고 더 나아가서는 그러한 정책이 갖는 역사적 함의를 논의하려고 한다.

일제에 의해 추진된 향약부활운동이 사실상 농민운동 통제정책으로서의 성격을 갖고 있다는 데 가장 먼저 주목한 것은 백남운이었다. 백남운은 1930년대에 쓰여진 여러 편의 짧은 글[6]에서 당시 일제가 추진하던 사상대책 가운데 향약이 중요한 위치를 차지하고 있으며 특히 함경북도의 관북향약이 대표적이라는 점을 언급한 바 있다. 나아가 향약이 복고적이고 반동적인 데 지나지 않으며 따라서 결국에는 조선민중으로부터 외면을 받게 될 것이라는 점도 지적했다. 그러나 백남운의 글은 향약의 구체적인 내용이나 그것이 갖는 의미를 분석하는 수준에까지 이른 것은 아니었다.

일제에 의해 추진된 향약은 백남운 이후 오랫동안 연구자의 주목을 끌지 못했다.[7] 그러다가 지수걸이 혁명적 농민조합 운동과 그에 대한

---

4) 土屋傳作,「農村振興運動と我道鄕約の機能に就して」,『朝鮮農會報』8권 1호, 1934, 54쪽.
5) 당시 한 신문에 향약이 "함경북도의 독특한 자치기관"이라고 소개될 정도로 관북향약은 1930년대 초의 함경북도를 상징하는 것 가운데 하나였다.『朝鮮日報』1932년 11월 25일.
6)「향약의 부활에 대하여」, 하일식 엮음,『백남운전집 4 : 휘편』, 이론과실천, 1991(이 글은 원래『靑年』12권 1호[1932]에 발표된 것이다) ;「조선경제의 현단계론」, 하일식 엮음, 위의 책(이 글은 원래『改造』16권 5호[1934]에 일본어로 발표된 것이다) ;「'복고경제'의 임무」, 하일식 엮음, 위의 책(이 글은 원래『東亞日報』1935년 9월 29일에 발표된 것이다) 등을 볼 것. 아울러 향약에 대한 논의가 백남운의 사회사 연구에서 차지하는 의미에 대해 언급하고 있는 것으로는 이준식,「백남운의 사회사 인식」,『한국 사회사 연구의 전통』, 문학과지성사, 1993 참조.

반대운동으로서의 농촌진흥운동을 연구하는 가운데 향약이 농촌통세 정책으로서 갖는 의미에 주목했지만8) 역시 향약보급운동의 전체상을 구명하는 데까지 나아가지는 못했다.

한편 신정희는 관북향약에 대한 사례연구를 행한 바 있다.9) 특히 관북향약을 산업장려와 공공봉사라는 측면에 초점을 맞추어 해석한 것이 주목된다. 물론 이러한 해석 자체가 틀린 것은 아니다. 그러나 향약보급운동의 조건으로 1920년대 사회운동 전반을 거론한 데서도 알 수 있듯이 신정희의 연구는 혁명적 농민조합 운동과 향약보급운동과의 관련성에 주목하지 못함으로써 관북향약이 갖고 있던 더 중요한 측면 곧 혁명적 농민조합 운동에 대한 이데올로기 통제라는 측면을 간과하는 한계를 보인다. 왜 함경북도에서 유난히 향약보급운동이 강력하게 추진되었는가 하는 문제를 설명하지 못하고 있는 것도 이와 무관하지 않다.

II. 함경도의 혁명적 농민조합 운동의 전개와 특징

일반적으로 혁명적 농민조합 운동은 1920년대 말부터 단초가 등장하기 시작해 1930년대 중반까지 활발하게 전개된 농민운동의 한 흐름을 가리킨다. 세계대공황 직후인 1930년대 초부터 국내 각지에서 농민

---

7) 예외적으로 배성룡이 1950년대에 쓴, 조선시대의 향약을 정리하는 글에서 일제가 "정치기술"로 향약을 이용하려고 했으나 "효과를 거두지 못하고 좌절되고 말았다"는 점을 짧게 지적한 바 있다. 裵成龍, 「鄕約論(四)」, 『協同』 47, 1955, 21쪽.
8) 지수걸, 앞의 책, 83쪽, 300쪽 ; 지수걸, 「1932~1935년간의 조선농촌진흥운동」, 『한국사연구』, 46, 1984 볼 것.
9) 신정희, 「일제하 향약을 통한 지방통치에 대한 소고」, 『서암조항래교수화갑기념 한국사학논총』, 아세아문화사, 1992.

의 대중적 진출이 고조되었다. 1930년 3월의 함경남도 정평(定平)의 정평농민동맹 집회해금 시위투쟁, 1930년 7월의 함경남도 단천(端川)의 삼림조합 반대투쟁, 1931년 5월의 함경남도 홍원(洪原)의 호세연납(戶稅延納) 진정 시위투쟁, 1931년 11월의 강원도 삼척 도로공사비 불납 시위투쟁, 1932년 3월의 경상남도 양산의 양산농민조합 폭동 등으로 이어지는 일련의 농민폭동이 이 기간에 일어났다. 이와 같이 농민들의 대중투쟁이 고조되자 이러한 투쟁을 더욱 효과적으로 지도할 수 있는 조직과 운동노선의 필요성도 늘어났다. 이와 관련해 기존의 농민운동을 혁명적 고조기에 적합한 새로운 농민운동으로 전환시키려는 노력이 혁명적 농민조합 운동으로 귀결된 것이다.

혁명적 농민조합이 실제로 조직되었거나 혁명적 농민조합을 조직하려는 구체적인 움직임이 확인된 경우를 보면, 전국 220개 군·도 가운데 강원도의 강릉, 고성, 삼척, 양양, 울진, 통천, 경기도의 개풍, 양평, 여주, 수원, 안성, 진위, 경상남도의 김해, 사천, 양산, 진주, 울산, 통영, 창원, 함안, 경상북도의 경주, 김천, 봉화, 안동, 영덕·영양, 영주, 예천, 의성, 칠곡, 전라남도의 강진, 광주, 구례, 나주, 담양, 무안, 보성, 순천, 여수, 영암, 완도, 장성, 장흥, 제주, 진도, 해남, 전라북도의 고창, 남원, 부안, 전주, 정읍, 충청남도의 논산, 부여, 아산, 충청북도의 영동, 평안남도의 강서, 개천, 안주, 평안북도의 의주, 함경남도의 갑산, 고원, 단천, 덕원, 문천, 북청, 신흥, 안변, 영흥, 이원, 정평, 풍산, 함주, 홍원, 함경북도의 경성, 길주, 명천, 성진, 온성, 경흥, 회령 등 80여 군데였다.[10] 이러한 지역 분포를 보면 지역 사이의 편차가 컸음을 쉽게 알 수 있다. 곧 충청도나 평안도의 경우 혁명적 농민조합 운동이 극히 부진했으며, 황해도의 경우 아예 혁명적 농민조합 운동의 조짐조

---

10) 지수걸, 앞의 책.

차 보이지 않았다. 이에 비해 함경도, 경상도, 전라남도에서는 혁명적 농민조합이 활발하게 조직되었다. 그러나 실제 활동의 규모, 조직성, 지속성, 투쟁성에서 가장 두드러진 것은 일제가 '사상적 특수 지대'라고까지 부르던 함경도의 혁명적 농민조합 운동이었다.[11]

1930년대 초반 함경도에서 전개된 혁명적 농민조합 운동의 여러 특징 가운데 이 글은 특히 다음의 몇 가지에 주목하려고 한다.

첫째는 대중성이다. 함경도의 혁명적 농민조합은 대체로 군 단위 농민조합-면 단위 지부-마을(리) 단위 반의 정연한 조직체계를 갖추고 있었다. 그리고 이러한 조직체계를 바탕으로 1930년대 초에 상당한 정도의 농민대중을 조직하고 동원하는 데 성공했다. 보기를 들어 단천농민조합은 3,699명, 영흥농민조합은 2,100명 이상, 정평농민조합은 4,456명, 홍원농민조합은 2,271명, 성진농민조합은 2,000여 명의 조합원을 확보하고 있었던 것이 기록을 통해 확인된다.[12] 한 군에서 2,000명 이상의 농민을 하나의 조직 아래 결집하는 것은 이전에는 전혀 볼 수 없던 새로운 현상이었다. 이는 기본적으로 농민조합의 하부조직인 지부와 반이 강화되었기 때문에 가능한 일이었다.

혁명적 농민조합은 우선 지부조직에 역량을 집중했다. 지부조직은 혁명적 농민조합의 핵심이었다. 그런데 지부조직의 강화는 마을을 단위로 한 반 조직의 강화 없이는 불가능하였다. 실제로 반조직은 1920

---

11) 함경도의 혁명적 농민조합 운동에 대한 한국 학계의 연구로는 신주백, 「1930년대 함경도지방 혁명적 농민조합운동에 관한 일연구」, 『성대사림』 5, 1989 ; 이종민, 「1930년대 초반 농민조합의 성격 연구」, 『연세사회학』 10·11, 1990 ; 이준식, 「일제 침략기 정평 지방의 농민 운동에 대한 연구」, 『일제하의 사회운동과 농촌사회』, 문학과 지성사, 1990 ; 지수걸, 앞의 책 ; 이준식, 앞의 책 등을 볼 것.
12) 이준식, 앞의 책, 176쪽, 250쪽, 301쪽, 388쪽 ; 『東亞日報』 1934년 10월 16일 ; 『朝鮮中央日報』 1934년 10월 16일.

년대 농민운동에서는 거의 보이지 않던 하부조직이었다. 반은 일정한 숫자 이상의 조합원이 있는 마을을 단위로 조직되었다. 반조직에 대해 가장 정확한 정보를 보여주는 정평농민조합의 경우 군내 216개 리 가운데 133개 리에 반을 설치했다. 정평농민조합의 반 조직률은 60% 이상에 달했다. 이는 상당히 높은 수준이었다. 그리고 정도의 차이는 있지만 함경도의 다른 혁명적 농민조합에서도 이러한 현상이 일반적으로 나타나고 있었다. 특히 산간지대보다는 평지대의 조직률이 높았다는 점을 감안할 때 평지대의 경우 거의 대부분의 마을에 농민조합의 반이 조직되어 있었을 것으로 추정된다. 1930년대 초 함경도의 혁명적 농민조합이 벌인 대중투쟁에 많은 농민들이 동원된 것은 이러한 반조직의 강화와 무관한 것이 아니었다.

둘째는 사회주의 이데올로기의 급속한 확산이다. 함경도의 혁명적 농민조합은 반제·반봉건혁명을 지향하고 있었다. 곧 농민운동의 궁극적 과제로 토지혁명을 설정하는 한편 프롤레타리아 헤게모니 또는 빈농우위의 원칙을 강조함으로써 사회주의를 바탕으로 농민운동을 전개할 것을 천명하고 있었던 것이다.[13] 물론 농민조합에 가입한 농민이 모두 사회주의자는 아니었을 것이다. 그러나 사회주의를 표방하고 체제변혁을 외치는 농민조합에 농민들이 일체감을 갖게 되었다는 것은 일제로서는 큰 위기가 아닐 수 없었다. 따라서 사회주의 이념을 대신할, 농민에 대한 새로운 지배 이데올로기를 만들 필요가 있었다. 그리하여 일제는 1930년대 초에 다각도로 새로운 이념적 대안을 모색하게 되었다. 농촌진흥운동 기간에 일제가 내건 농본주의도 그 가운데 하나일 것이다.

셋째는 청년 선봉주의이다. 혁명적 농민조합의 주축은 청년층이었

---

13) 이준식, 앞의 책, 8장 1절 볼 것.

다. 이념적 감수성이 가장 예민할 뿐만 아니라 미래지향적이고 두생의 지가 강한 청년층이 쉽게 농민운동에 참여하는 것은 어쩌면 당연한 일일 것이다. 각 농민조합이 청년부를 설치해 조직의 확대 강화를 도모한 이유도 바로 여기에 있었다. 그러나 실제로는 청년부가 곧 농민조합이라고 해도 과언이 아닐 정도로 청년층이 조합원의 압도적 다수를 차지하고 있었다는 것은 결국 계급적 대중조직을 표방한 농민조합이 사실상 청년조직의 범주를 크게 벗어나지 못하고 있었음을 보여주는 것이기도 했다. 보기를 들어, 정평농민조합의 경우 30세 미만의 청년층이 조합원의 80% 정도를 차지하고 있었다. 이는 결국 농민조합이 장년층으로부터 외면을 받았거나 장년층을 견인하기 위한 의식적 노력을 소홀히 했음을 의미한다. 그 결과 실제 운동의 전개과정에서 청년층 대 장·노년층 사이에 대립이 일어나는 경우가 빈번했다. 1930년대 중반 이후 갑산지방의 농민운동을 주도하던 박달(朴達)의 다음과 같은 지적은 이러한 상황을 이해하는 데 시사적이다.

> 당시 길주나 성진 같은 데서는 부로(父老)들과의 사업에 일부 오류들이 있었다. 즉 반봉건투쟁이라고 해 부로들을 천대하고 그들과 충돌하니 그들은 이런 청년들을 예의와 도덕이 없는 놈이라고 반대하는 반면에 사탕발림을 하고 얌전한 체하는 주구들의 편에 서서 놈들에게 이용당한 일이 있었다. 또 일본경찰도 그 눈치를 알고는 삼강오륜이니 예의도덕이니 하고 떠벌리면서 부로들께 잘 보이는 척하고 이를 이용하려 했다.14)

곧 초기의 혁명적 농민조합 운동은 계급간 대립과 민족간 대립의 성격만을 갖고 있었던 것이 아니라 세대간 대립과 이념적 대립이 중

---

14) 박달, 『서광』 2권, 국민도서, 1989, 52쪽.

첩되는 양상으로 전개되고 있었던 것이다. 혁명적 농민조합의 주축인 청년층은 일반적으로 반봉건, 반전통을 강하게 표방하고 있었다. 혁명적 농민조합이 벌인 계문서 소각운동, 유교 반대운동 등이 이를 잘 보여준다. 그리고 이러한 운동의 전개과정에는 반드시 마을에서 어느 정도의 기득권을 갖고 있으면서 농촌사회의 질서가 재편되는 과정에 위기의식을 느끼고 있던 장·노년층과의 대립이 뒤따랐다. 이러한 양상은 특히 혁명적 농민조합에서 주력하고 있던 '프로컬 운동'의 일환인 야학활동에서 두드러지게 나타났다.15) 프로컬 운동이 활발해짐에 따라 일제는 야학교사 구금, 야학폐쇄 등 직접적 탄압뿐만 아니라 농민조합에 반대하는 부로층을 이용해 농촌내부의 대립을 조장하는 일종의 분할지배 방식으로 야학활동을 끊임없이 방해했다. 따라서 야학폐쇄를 둘러싼 대립이 심화될 수밖에 없었다. 1930년대 초 함경도지방에서 일어난 수많은 충돌사건 가운데 야학활동을 둘러싼 것이 가장 많았던 이유도 여기에 있었다.

이상과 같은 특징을 갖고 있던 함경도의 혁명적 농민조합 운동에 대해 일제 경찰은 다음과 같이 기술하고 있다.16)

> 농촌의 피폐에 편승하여 조합의 확대강화를 도모하며, 무지한 농민 및 그 자제에 무산자교육을 시행하거나 헛되이 관헌에 반항하며, 농촌의 여러 시설을 방해하거나 조세와 소작료의 납입을 거부하는 등의 행동으로 나오는 경우도 있다. 이 풍조는 함경남북도 지방의 농민조합에서 가장 현저한데 1930년 이후에는 거의 비합법화해 누차 불온한 행동을 야기하고 있다. 정평, 홍원, 단천, 영흥, 북청, 성진 등의 농민조합은 명백하게 국체의 변혁을 기도하고 사유재산제도의 부인을 목적

---

15) 정평에서의 야학을 둘러싼 대립에 대해서는 이준식, 앞의 책을 볼 것.
16) 朝鮮總督府警務局, 『昭和8年 朝鮮の治安狀況』, 東京 ; 巖南堂書店, 1966, 48쪽.

으로 한다는 것을 파악하기에 이르렀다.

여기서 핵심은 일제가 함경도의 농민조합을 '국체의 변혁'과 '사유재산제도의 부인'을 지향하는 존재로 파악하고 있었다는 점이다. 곧 일제는 혁명적 농민조합 운동을 사회주의운동의 일환으로 규정하고 있었던 것이다. 따라서 기존의 농민운동에 대한 통제정책과는 다른 차원의 통제정책을 모색할 수밖에 없었다.

Ⅲ. 혁명적 농민조합 운동에 대한 통제의 유형

함경도에서 혁명적 농민조합 운동이 빠른 속도로 확산되어가자 일제는 이에 대응한 새로운 농촌통제정책을 강구하게 되었다. 특히 농촌사회의 기본단위인 마을에서도 사회주의운동의 하부조직이 꾸려지고 있었다는 사실은 일제로 하여금 새로운 농촌통제정책의 마련을 불가피하게 한 조건이 되었다.17) 역으로 혁명적 농민조합 운동의 전개과정에서 세대간 대립이 첨예하게 드러났다는 것은 일제에게 유리한 조건으로 작용할 수도 있었다. 일제는 혁명적 농민조합 운동에 대한 통제를 세 가지 차원으로 진행했다.

첫 번째 유형의 통제는 물리적, 폭력적 탄압이었다. 일제는 혁명적 농민조합이 합법조직으로 존재하고 있을 때부터 언론, 집회, 결사, 출판의 자유로 표현되는 최소한의 부르주아 민주주의조차 허용하지 않았다. 농민조합의 모든 활동을 불법으로 규정하고 각종 사건을 빌미로 군 단위 주요 활동가들은 물론 지부, 반의 활동가들마저 투망식으로 검거한 후 지역에 따라 많게는 천여 명 적게는 수백 명의 농민들을 몇

---

17) 지수걸, 앞의 글, 123쪽.

달 몇 해를 두고 취조와 예심이라는 명목 아래 가두어 놓았다.

  이러한 폭압은 특히 악법중의 악법인 치안유지법의 무차별적인 적용에서 단적으로 드러났다. 일제는 1925년부터 치안유지법을 내세워 '국체의 변혁'이나 '사유재산의 부정'을 목적으로 하는 일체의 행위를 금지했다.[18] 이 법의 목표는 조선에서 사회주의의 뿌리를 뽑아버리는 데 있었다. 혁명적 농민조합 운동에는 철두철미하게 치안유지법이 적용되었다. 농민조합 활동가를 사상범으로 몰아 가혹한 처벌을 한 것이다. 혁명적 농민조합 운동을 농촌에서의 사회주의운동으로 간주하고 있던 치안유지법을 내세워 일제는 농민조합 관련자를 투망식으로 검거했다. 검거 뒤에는 경찰과 검찰에서의 취조가 이루어졌다. 그것은 단순한 취조가 아니었다. 길면 2~3년에 이르는 취조 과정에는 상상을 초월한 고문과 악형이 따랐다. 검찰에 송치되기 전에 경찰서에서 목숨을 잃는 활동가들도 적지 않았다. 다행히 이 과정에서 살아남으면 장기간의 형이 기다리고 있었다. 그러나 치안유지법이라는 악법으로도 혁명적 농민조합 운동을 막을 수 없게 되자 일제는 사상전향 정책을 실시했다.[19] 경찰, 검찰, 감옥에서 사회주의를 포기하겠다는 뜻을 밝히면 석방과 감형의 조치가 취해졌다. 일제는 전향하지 않는 활동가에

---

18) 치안유지법에 대해서는 장신, 「1920년대 민족해방운동과 치안유지법」, 『학림』 19집, 1998 볼 것.
19) 일제의 사상전향 정책 및 그에 따른 사회주의자들의 전향에 대해서는 김민철, 「일제하 사회주의자들의 전향 논리」, 『역사비평』 28호, 1995 ; 장신, 「1930년대 전반기 일제의 사상전향 정책 연구」, 『역사와 현실』 37호, 2000 ; 지승준, 「1930년대 사회주의진영의 '전향'과 대동민우회」, 『사학연구』 55·56합집, 1998 ; 지승준, 「1930년대 일제의 '사상범' 대책과 사회주의자들의 전향논리」, 『중앙사론』 10·11합집, 1998 ; 홍종욱, 「중일전쟁기(1937~1941) 조선 사회주의자들의 전향과 그 논리」, 『한국사론』 44, 2000 ; 장용경, 「일제 식민지기 인정식의 전향론」, 『한국사론』 49, 2003 ; 전상숙, 『일제시기 한국 사회주의 지식인 연구』, 지식산업사, 2004 등을 볼 것.

게는 일벌백계의 엄벌주의를 적용했다. 이를테면, 영흥농민조합의 채수철(蔡洙轍)은 1심에서 무기징역, 2심에서 20년 형을 언도받고 해방이 될 때까지 감옥에서 복역해야만 했다.20) 혁명적 농민조합 운동을 압살하려는 일제의 '일벌백계'식의 통제는 농민조합의 조직역량이 약화되는 중요한 계기가 되었다. 그러나 혁명적 농민조합에 대한 일제의 통제가 단순히 가혹한 탄압의 차원에만 국한된 것은 아니었다.

두 번째 유형의 통제는 농민들을 혁명적 농민조합으로부터 분리시키기 위해 여러 가지 사회정책을 실시한 것이다. 혁명적 농민조합 운동이 고조에 달하고 있던 1931년 6월 조선총독부 경무국은 각도의 경찰부장으로부터 사상운동에 대한 대책을 수합한 바 있다.21) 그런데 흥미로운 것은 '좌익운동의 확대강화'에 대한 대책으로 사회정책의 실시를 거론하는 경우가 많았다는 사실이다. 보기를 들어 함경남도의 경우 "노동조합법, 농민조합법, 노동쟁의 조정법, 소작쟁의 조정법의 제정", "소작제도 개선의 촉진", "산업조합, 소비조합을 관설(官設)할 것" 등을 제안했다. 실제로 이 무렵 혁명적 농민조합 운동이 활발한 지역에 대해 아편재배를 허용한다든지 궁민구제 사업의 일환으로 사방공사를 벌인 것도 농민에 대한 일종의 회유정책으로 이해할 수 있다. 이러한 당근정책의 정점은 조선소작조정령(1932)과 조선농지령(1934)의 제정이었다. 이는 1920년대 이후 대규모의 소작쟁의로 표출되고 있던 소작농민들의 불만을 조정이라는 형태로 일제가 정한 법의 테두리 안에서 해결하려고 한 것이었다. 곧 두 법령은 농민들의 불만을 개별화, 사사화함으로써 농민운동에서 집단적인 저항으로서의 측면을 배제시키려는 작업의 성격을 갖고 있었던 것이다.

---

20) 京城覆審法院, 「赤色永興農民組合暴動事件」, 朴慶植 編, 『朝鮮問題資料叢書 第6卷』, アジア問題研究所, 1982.

21) 『道警察部長會議諮問事項答申書』, 朝鮮總督府警務局, 1931.

세 번째 유형의 통제는 사회교화를 통해 농민층의 사상을 순화시키려고 한 것이다. 혁명적 농민조합 운동에 대한 대검거가 진행되는 와중에 농민조합 재건운동이 전개되고 있었다는 사실은 혁명적 농민조합의 조직역량이 이미 농촌사회에 일정하게 정착되었음을 의미하는 것이었다. 특히 일제는 혁명적 농민조합 운동 가운데 상당수가 조선공산당 재건운동과 연계되어 있었던 것으로 간주했다. 농민운동이 이념적으로 급진화하고 여기에 지부와 반의 확대를 통해 대중적 토대가 공고해지는 상황에서 일제는 이에 대응하는 새로운 통제정책의 필요성을 절실하게 느끼고 있었다.

이와 관련해 앞에서 언급한 각도 경찰부장의 사상대책 관련 제안 가운데 또 주목되는 부분이 있다. 그것은 "온건·착실한 단체를 조직해 순풍양속을 조장할 것"[22]이라는 함경남도 경찰부장의 제안이다. 여기에는 두 가지 중요한 의미가 내포되어 있었다. 그 하나는 관변단체를 육성하자는 것, 곧 일제 특히 경찰이 직접 전면에 나서는 통제방식에다 농촌의 조선인 유지층을 전면에 내세우는 간접적인 통제방식을 접합시키자는 것이었다. 다른 하나는 미풍양속 곧 사회주의를 대체할 만한 이데올로기를 농민들에게 주입시키자는 것이었다.

이러한 생각은 당시 일제 치안당국에 의해 어느 정도 공유된 것이었고 그 귀결점이 1931년 11월에 발표된 이른바 '사상대책'이었다. 사상대책은 "1. 강연 기타 방법으로 청소년단의 지도 개선에 힘쓸 것, 1. 지방적으로 강습회와 강연회 등을 개최하야 중견청년의 양성에 노력할 것, 1. 체육운동을 예의(銳意) 장려하야 강건한 신심 발달을 기도할 것, 1. 부녀자의 교화에 노력하야 그 자작을 촉진할 것, 1. 향약사업의 장려와 개선을 행하야 근검한 기풍을 양성할 것"[23]의 다섯 항목으로

---

22) 위의 책.
23) 백남운, 앞의 글, 1932, 311~312쪽.

되어 있었다. 그렇지만 그 핵심은 "남녀 청소년을 상대로 하는 것"과 "향약을 부활하려는 것"으로 압축된다.24) 곧 1931년 말 무렵이면 향약이 농민들의 급진화를 막기 위한 중요한 이데올로기 통제의 수단으로 급부상하게 되는 것을 알 수 있다.

그리고 조선총독부 학무국에서 1932년 4월 6일자로 각도에 '향약에 관한 조사의 건'이라는 통첩을 보냄으로써 향약을 농민통제의 수단으로 활용하려는 정책이 구체화되기 시작했다. 일제는 근대로의 전환기 이후 사회변화에 따라 쇠퇴하고 있던 향약을 부흥시키면 사회교화 곧 조선민중의 체제내화에 효과를 거둘 수 있다고 보았다. 그런데 흥미로운 것은 각도에서 보고한 숫자가 최근까지 행해지다가 없어진 경우까지 합해도 극히 미미한 수준이었다는 점이다. 총 2,570개의 향약 가운데 충청남도의 2,137개를 빼고 나면 겨우 433개에 지나지 않았다. 충청남도에서 왜 많이 조사되었는지는 알 수 없지만 충청남도를 제외하고는 "향약을 그대로 실현하고 있거나 명칭에 상관없이 향약정신에 입각한 시설"은 단 92개였다. 나중에 일제의 향약보급운동의 모범 사례로 거론되는 함경북도의 경우도 13개에 불과했다. 이 조사를 통해 현실적으로 향약이 쇠퇴하고 있었음이 명백해진 것이다. 이에 일제는 쇠퇴일로에 있는 향약을 재정비하고 부활시키려는 정책을 펴나갔다.25)

일제가 향약을 통해 농촌통제정책의 대안을 찾으려는 모습은 특히 함경북도에서 두드러졌다. 백남운이 1930년대 일제의 사회정책을 거론하는 가운데 특히 관북향약에 주목할 정도로 향약보급운동은 함경북도에서의 농촌통제정책의 핵심을 이루고 있었다.26)

---

24) 위의 글, 312쪽.
25) 일제가 1933년부터 실시한 향약정책에 대해서는 김영희, 『일제시대 농촌통제정책 연구』, 경인문화사, 2003, 369~372쪽 볼 것.

Ⅳ. 관북향약의 제정과 보급

1. 도미나가(富永文一)의 향약론

일제는 1930년대에 들어서면서 러시아 및 만주와 접경한 함경북도의 지정학적 중요성을 강조하고 있었다. 함경북도가 중요한 이유는 크게 두 가지였다. 그 하나는 이른바 대륙침략 및 그와 관련된 공업화정책에서 핵심적인 위치를 차지하고 있다는 것이었다.[27] 다른 하나는 이 글의 문제의식과도 관련해 "국제적으로 국방의 면에서 중요"한 곳이지만 동시에 외부로부터의 "적화의 마수" 때문에 "사상적 방면에서는 험악한 공기"가 존재하는 곳이라는 것이었다.[28] 후자와 관련해 일제는 러시아와 만주의 사회주의운동이 조선에 미치는 영향을 우려하고 있었다.[29] 따라서 함경북도에서 치안을 유지하는 것이 당면과제로 부각될 수밖에 없었고 그 연장선상에서 혁명적 농민조합 운동에 대한

---

26) 관북향약에 대한 백남운의 언급은 다음과 같다. "어떻든 현재 함경북도에서는 일반 교화운동으로서 또는 농촌진흥책으로서 그 향약의 수가 부활되어가고 있다. 그리고 그 향약의 수가 이미 4백여 개소 즉 전 도의 촌락수의 반분 이상에 달한다고 하는 것이다. 또 그들 향약은 그 자치적 공제기관으로서 향약마다 향창을 설치하고 향약원 각 호마다 1두 이상의 창곡을 갹출 저장하여 춘궁기에 약원간에 대여한다고 한다. 즉 이 관북의 향약은 자치적인 환곡제를 가미한 것이다. 이렇게 하여 그들 향약은 정신적 교화와 경제적 구조의 통일적 운동단체망으로서 백년대계의 중하(重荷)를 부담하고 있는 것 같다." 백남운, 앞의 글, 1934, 221쪽.

27) 이러한 생각은 나중에 경성제국대학 교수인 스즈키(鈴木武雄)에 의해 '북선(北鮮) 루트론'으로 정리된다. 이에 대해서는 鈴木武雄, 「所謂北鮮ルートに就いて」, 『朝鮮貿易協會通報』 21호, 1937 ; 鈴木武雄, 「北鮮ルート論」, 『京城帝國大學法文學會第一部論集 朝鮮經濟の研究 第三』, 岩波書店, 1938 ; 鈴木武雄, 「大陸ルート論」, 『アジア問題講座 第三卷 政治・軍事篇(三)』, 創元社, 1939 등 참조.

28) 阿部薰, 『朝鮮人物選集』, 民衆時論出版部, 1936, 215쪽, 808쪽.

29) 「咸北の警備と警察官の活動」, 『朝鮮』 220, 1933, 113~114쪽.

통제가 절실하게 요구되고 있었다.

그런데 1930년대 초에 함경북도 경찰이 치안대책으로 내세운 것을 보면 실업청년단을 조직하고 단원에게 근로의 정신을 함양할 것, 보통학교 졸업생 훈련회를 조직해 실업교육을 실시하고 근로정신을 함양할 것, 도내 각면에 향약을 조직해 민풍의 작흥과 농촌의 진흥을 도모할 것, 경찰관이 주체가 되어 군면(郡面) 및 학교 당국과 연락해 부형 및 청년의 자각을 촉진하는 사상선도 강연회, 간담회, 좌담회 등을 개최할 것의 네 가지였다.[30] 여기서 주목되는 것은 경찰당국이 치안대책 가운데 하나로 향약을 들고 있다는 점이다. 이는 이 시기에 함경북도에서 진행되고 있던 향약보급운동이 처음부터 '사상선도' 정책 곧 혁명적 농민조합 운동으로부터 농민들을 분리시키려는 정책으로서의 성격을 갖고 있었음을 보여준다.

실제로 함경북도에서는 1932년부터 향약이 농민에 대한 이데올로기 통제의 핵심을 이루고 있었다. 그 단초는 조선총독부 사무관 가운데 "가장 소장기예"라는 평가를 받던 도미나가가 당시 총독이던 우가키(宇垣一成)에 의해 발탁되어 1931년 10월 함경북도 지사로 부임한 데서 비롯되었다.[31] 발탁의 이유는 "경무국 보안과장으로 본부(조선총독부-인용자)의 고민거리인 간도일대의 사정에 정통"하기 때문에 "험악한 공기가 늘어나고 있는" 함경북도의 치안을 유지하는 데 적임자였기 때문이다.[32] 그렇지만 정작 우리가 도미나가에 주목해야 하는

---

30) 위의 글, 114쪽.
31) 도미나가는 도쿄(東京)제국대학 재학 중이던 1915년에 고등문관시험에 합격했다. 다음 해부터 조선총독부에서 근무하기 시작해 전라북도 경찰부장, 경무국 보안과장, 내무국 지방과장을 지냈다. 1934년에는 경기도 지사, 1936년에는 학무국장이 되었다. 貴田忠衛, 『朝鮮人事興信錄』, 朝鮮人事興信錄編纂部, 1935, 327쪽 ; 阿部薰, 앞의 책, 215~217쪽.
32) 阿部薰, 위의 책, 215~216쪽.

이유는 따로 있다. 그것은 도미나가가 일찍이 1920년대 초부터 조선 민중을 통제하기 위한 이데올로기로서의 향약에 주목하고 여러 편의 글을 발표함으로써 "이 방면의 권위"[33]라는 평가를 받고 있었다는 점이다. 향약에 관련된 도미나가의 글 가운데 현재 확인되는 것은 다음과 같다.

富永文一,「往時の朝鮮に於ける自治の萌芽鄕約の一斑(一)」,『朝鮮』 77호, 1921
富永文一,「往時の朝鮮に於ける自治の萌芽鄕約の一斑(二)」,『朝鮮』 78호, 1921
富永文一,「往時の朝鮮に於ける自治の萌芽鄕約の一斑(三)」,『朝鮮』 79호, 1921
富永文一,「往時 朝鮮에 在한 自治의 萌芽 鄕約의 一斑」,『儒道』 4, 1921
富永文一,『往時の朝鮮に於ける自治の萌芽鄕約の一斑』, 朝鮮總督府, 1923
富永文一,『朝鮮の鄕約』, 朝鮮總督府學務局社會課, 1932

글의 제목에서도 알 수 있듯이 내용은 거의 중복된다. 그러나 편수로만 본다면 일제 강점기에 향약과 관련된 글을 가장 많이 쓴 것이 도미나가였다. 그만큼 도미나가는 향약에 대해 깊은 관심을 갖고 있었다. 도미나가에 따르면 "향약의 조목이 부지불식간에 심히 조선인의 정신을 침습하야 기 도덕관념의 기초가 되어 잇슴을 발견할지라…… 진실로 조선인을 알며 조선의 지방을 연구코저 하는 자는 위선 향약 고구(考究)를 그 제일보로"[34] 삼아야 한다는 것이었다. 물론 향약에

---

33) 吉田猶藏,「咸北의 鄕約發展」,『朝鮮』 222, 1933, 68쪽.
34) 富永文一,「往時 朝鮮에 在한 自治의 萌芽 鄕約의 一斑」,『儒道』 4, 1921,

대한 이러한 관심은 기본적으로 조선민중 사이에서 식민지 지배를 효율적으로 관철시키려는 의도에서 비롯된 것이었다. 그리고 도미나가는 실제로 함경북도 지사로 부임한 직후 향약을 농촌통제정책에 바로 적용했다. 그것이 바로 관북향약이었다. 따라서 여기서는 관북향약의 성격을 이해하기 위한 전제로 도미나가가 애초에 향약을 어떻게 이해하고 있었는지에 대해 살펴보기로 한다. 도미나가의 향약론은 몇 가지 중요한 논점으로 정리될 수 있다.

첫째는 실제 정책으로 운용될 수 있는 농촌규범으로서의 향약을 중시했다는 점이다. 사실 도미나가는 처음으로 지배 이데올로기로서의 향약에 주목한 일본인이었다. 그런데 그는 처음부터 학자로서가 아니라 관료로서 향약에 관심을 갖고 있었다. 곧 조선민중에 대한 지배정책으로 활용할 수 있는 수단으로서의 향약이 그의 관심사였던 것이다. 도미나가가 향약과 관련해 이이(李珥)를 길게 거론한 것도 이와 무관하지 않을 것이다. 도미나가는 이이의 향약에 대해 "탁월한 식견으로써 시세에 적응한 시설을 능행(能行)하고 또 능히 운용한 기 행정적 수완"과 "더군다나 사회계약속법(社會契約束法)을 안배한 탁견에 지(至)하야서는 가위 후세에 명감사지예(名監司之譽)를 천(擅)케 한 명유(名儒)"35)라고 평가했다. 곧 지방수령(황해도 감사)인 이이가 향약을 실시한 것을 행정적 수완, 실행력이라는 측면에서 일종의 모범으로 간주하고 있었던 것이다.

둘째는 향약을 행정단체이자 공약(公約)이었다고 보았다는 점이다. 곧 "일변(一邊)으로 견(見)하면 도덕률로 도덕 단체를 삼앗다 할 수가 잇스되 일변으로 견할 시는 행정 규칙이라 행정단체를 형성한 것이라고 할 수가 잇다. 본래 기(其) 성질은 양반 유생의 사약(私約)이지마

55쪽.
35) 위의 글, 53쪽.

는 사실은 양반 유생의 위세로써 지방민 일반에게 의준(依遵)하기를 강제한 일종 공약이라고도 할 만한 것이다"36)라고 해서 향약의 공공성을 강조한 것이다. 이와 같이 향약이 "수령의 관치에 대(對)하는 사림의 자치"37)이지만 사실상 지방통치 기구로서의 성격을 갖고 있었다고 본 것은 일제의 식민지 지배를 농촌의 최말단인 마을에까지 관철시키려는 관료로서의 관심과 무관한 것이 아니었다.

셋째는 향약의 주체는 양반이지만 그 힘이 민중에게도 미치고 있었다는 점을 강조한 것이다. "읍향에 재하는 자는 사인(士人)과 서인(庶人)을 물문(勿問)하고 선행이 유하면 상하고 악행이 유하면 벌하는 것이니 이 선악 이적(二籍) 등교(登較)할 자는 사인에 한할 것이 안이다. 즉 향약 당사자는 사인이지마는 그 실행력은 서천(庶淺)에게도 급(及)한 사(事)는 차일사(此一事)를 견(見)하야도 판명할 것이다"라는 구절이 이러한 도미나가의 생각을 잘 보여준다. 도미나가가 보는 향약은 양반이 '지방민 일반'을 통치하는 수단이었던 것이다.38)

넷째는 1894년 농민전쟁 당시 지방유림이 주도한 향약이 반(反)동학의 역할을 했다는 사실을 강조한 것이다. 도미나가에 따르면 "근세 동학당난 시에 아직 각지에 향약이 잇서서 동학에 가맹치 안코 촌촌마다 능히 일치하야 지방 안녕을 유지하든 사적(事跡)이 유하다"는 것이었다.39) 이는 도미나가가 결국 향약과 '지방안녕' 곧 농촌사회의 정치적 질서의 유지를 연계해서 보고 있음을 의미한다. 여기서 더 나아가 도미나가는 농촌사회를 안정시키는 역할을 하던 향약이 "갑오(甲午)경(1894년 무렵-인용자)까지는 지방에 기(其) 형태를 존(存)한

---

36) 위의 글, 55쪽.
37) 위의 글.
38) 위의 글, 65쪽.
39) 위의 글, 61쪽.

것이 잇스나 갑오 이후는 전연히 소멸"40)한 것으로 보았다.

이와 같이 도미나가는 일찍부터 향약에 주목한 바 있었다. 그러나 향약을 실제 정책에 반영할 기회는 별로 없었던 차에 함경북도 지사로의 부임은 도미나가로서는 자신의 구상을 실현할 수 있는 절호의 기회였다. 그리하여 관북향약41)이라는 이름의 새로운 향약을 만들어 농촌통제정책으로 이용하게 된 것이다.

함경북도에서의 향약보급운동에서 또 한 명 빠뜨릴 수 없는 인물이 있다. 그것은 함경북도 참여관42)인 이성근(李聖根)이다.43) 이성근은 "이 참여관이라고 부르는 자 없고 향약 참여관의 이름으로 통하고 있다"는 평가를 들을 정도로 함경북도의 향약보급운동에서 중요한 위치를 차지하고 있었다.44) 이성근이 함경북도에 부임한 것은 도미나가가 지사로 부임한 직후인 1932년 2월이었다. 곧 1932년 초에 함경북도에서는 도미나가와 이성근의 쌍두체제가 성립된 것이다. 그러면서 함경북도의 향약보급운동은 도미나가가 관북향약을 만들고 이성근이 "실

---

40) 위의 글, 62쪽.
41) 관북향약은 도미나가가 직접 쓴 향약입의(鄕約立義)를 비롯해 향약강령(鄕約綱領), 향약절목(鄕約節目)의 세 부분으로 이루어져 있다. 구체적인 내용은 咸鏡北道, 『關北鄕約』, 咸鏡北道, 1932 볼 것.
42) 일제는 조선인의 지방행정 참여를 높인다는 명분 아래 지사의 자문역으로 각 도에 한 사람씩의 조선인 참여관을 임명했다.
43) 이성근은 대한제국 시기에 순검(巡檢)이 된 뒤 조선총독부 경부, 경시, 이사관을 거쳐 함경북도의 참여관이 되었다. 특히 평안북도 경찰부에 근무할 때에는 관동청(關東廳) 경시를 겸해 만주의 독립군을 토벌하는 역할을 맡고 있었다는 점이 주목된다. 나중에는 충청남도 지사, 『매일신보』 사장이 된 대표적인 친일파 가운데 한 사람이다. 貴田忠衛, 앞의 책, 518쪽 ; 阿部薰, 앞의 책, 808~810쪽 ; 森川淸人·越智兵一, 『朝鮮總督府施政二十五週年記念表彰者明鑑』, 朝鮮總督府施政二十五週年記念表彰者明鑑刊行會, 1935, 879~880쪽.
44) 梁村寄智城, 『朝鮮の更生』, 朝鮮硏究社, 1935, 721쪽.

제 방면을 담당"하는 형태로 진행되었다.45)

그런데 이성근은 전형적인 경찰관료 출신이었다. 그리고 민족운동 탄압의 공적으로 고속 승진을 한 바 있었다. 함경북도 참여관으로 발탁된 이유도 함경북도 보안과장 출신으로 관내 사정에 가장 정통하다는 데 있었다.46)

향약보급운동의 두 주역인 도미나가와 이성근의 경력을 보면 차이점도 있고 공통점도 있다. 도미나가가 관료로서의 성공이 보장된 제국대학과 고등문관시험 출신인 데 비해 이성근은 말단 경찰출신이었다. 그러나 이러한 차이점보다는 공통점이 주목된다. 두 사람은 모두 경찰관료 출신이었다. 각각 지사와 참여관으로 비슷한 시기에 함경북도에 부임한 배경 및 두 사람이 힘을 합해 향약보급운동을 추진한 배경을 짐작할 수 있는 대목이다. 심지어 도미나가의 후임으로 1934년 11월에 부임한 다케우치(竹內健郎)도 이성근의 후임으로 1935년 4월에 부임한 장헌근(張憲根)도 모두 경찰관료 출신이었다.47)

2. 향약보급운동의 전개과정

일제는 함경북도에서 향약보급운동을 전개하면서 원칙적으로 "급진, 강제, 남출(濫出)을 피해 모든 방면에서 민중의 각성을 촉진하고……가장 행하기 쉬운 부락부터 시작해 점진적으로 확장"한다는 방침을 세우고 있었다.48) "수보다 질"이라는 전제 아래 "당초는 한 군에 몇 개 또는 한 면에 한 개 정도의 향약을 구상"49)했다는 언급도 같은

---

45) 吉田猶藏, 앞의 글, 68쪽.
46) 阿部薰, 앞의 책, 809쪽.
47) 森川淸人·越智兵一, 앞의 책, 879쪽.
48) 吉田猶藏, 앞의 글, 68~69쪽.
49) 土屋傳作, 앞의 글, 52쪽.

맥락에서 이해할 수 있다.

그렇다면 '행하기 쉬운 부락부터 시작'한다든지 '수보다 질'이라는 말이 갖는 의미는 무엇이었을까? 아마도 기존의 향약이 있거나 적어도 향약을 새로 보급하는 데 적합한 기반을 갖춘 곳 곧 친일적인 유림이나 유지층의 영향력이 강한 곳부터 향약을 설치하겠다는 의미였을 것이다. 그런데 1930년대 초 함경북도의 조사에 따르면 도내에서 명맥을 유지하고 있는 향약은 13개에 불과했다. 따라서 후자가 더 중요했을 것이다. 그런데 "향약입의를 진(進)한 것은 작년(1932년-인용자) 6월이지만 그 다음 7월에는 이미 그 출현을 보았다"[50]고 할 정도로 향약보급운동은 빠른 속도로 진행되었다. 관북향약을 제정한 지 한 달만에 향약이 실시되는 마을이 등장할 수 있었던 것은 물론 일제의 강력한 통제가 있었기 때문에 가능한 일이었다. 1932년 이후 향약의 보급 실적을 가능한 범위 안에서 표로 정리하면 다음과 같다.

<표 1> 향약의 보급실적

	향약의 수	향약원의 수
① 1933년 봄	169개	18,200여 명
② 1933년 10월(1)	343개	36,000여 명
③ 1933년 10월(2)	349개	3,5000여 명
④ 1934년	도(都)향약 6개 향약 476개	도향약 8,804명 향약 49,128명
⑤ 1937년	729개	63,700명

자료: ① 吉田猶藏, 「咸北の鄕約發展」, 『朝鮮』 222, 1933, 69쪽.
　　　② 梁村寄智城, 『朝鮮の更生』, 朝鮮硏究社, 1935, 721쪽.
　　　③ 「朝鮮における農山漁村振興實施槪況」, 『朝鮮』 224, 1934, 108쪽.
　　　④ 咸鏡北道廳, 『咸鏡北道勢一斑』, 咸鏡北道, 1934, 170쪽.
　　　⑤ 梁村寄智城, 『新興之北鮮史』, 朝鮮硏究社, 1937, 제11장, 74쪽.

---

50) 吉田猶藏, 앞의 글, 69쪽.

이 표를 통해 외견상 빠른 속도로 향약이 보급되고 있었음을 확인할 수 있다. 그런 가운데 어떤 면에서는 상반된 몇 가지 의미를 추출하는 것이 가능하다. 하나는 향약의 보급에 일제의 지배권력이 일정하게 작용하고 있었다는 점이다. 함경북도 참여관으로 부임한 이성근이 "도내 농산어촌을 가리지 않고 행각해 노유부녀(老幼婦女)에게도 향약정신을 설파" 했다든지 농촌진흥운동의 진행 과정에서 농가경제 갱생부락을 지정할 때 '향약부락'을 먼저 고려하는가 하면51) 일제의 고위관료들이 이른바 모범부락을 방문할 때 향약이 실시되고 있는 마을을 우선적으로 선정했다는 것52)은 모두 향약보급운동에 대한 일제의 진의가 어디에 있었는지를 잘 보여준다.

다른 하나는 그럼에도 불구하고 초기부터 모든 마을에 향약이 보급되지는 않았다는 점이다. 특히 혁명적 농민조합 운동이 활발하던 지역의 경우 일제의 향약보급 움직임에도 불구하고 한 동안 향약이 설립되지 않았다는 사실에 주목할 필요가 있다. 1930년대 초 함경북도 혁명적 농민조합 운동의 중심이던 성진의 경우 1933년까지도 6개의 향약이 설치된 데 지나지 않았다.53)

그러나 향약보급과 관련해 정작 중요한 것은 다른 데 있었다. 일제는 향약을 중심으로 학교, 청년단, 부녀회 등 각종 관변단체가 결합하는 형태의 농촌통제정책을 구상하고 있었다. "학교를 중심으로 하는 청년단을 조직해 향약과 연락하고 진흥계획 실시의 완전을 기한다"는 것이 바로 그것이다.54) 더 나아가 향약이 궁극적으로는 자경단, 자위

---

51) 朝鮮總督府, 『農山漁村振興運動の全貌』, 朝鮮總督府, 1934, 107쪽.
52) 鳥山豊吉, 「模範部落春洞視察記 上」, 『朝鮮地方行政』 14권 5호, 1935, 76쪽 ; 梁村奇智城, 앞의 책, 727쪽.
53) 吉田猶藏, 앞의 글, 78쪽.
54) 朝鮮總督府, 앞의 책, 106쪽.

단의 조직으로까지 확대되었다는 사실은55) 향약이 갖고 있던 농민운동 통제정책으로서의 성격을 잘 보여준다.

또 하나 중요한 사실은 향약보급운동의 진전에 따라 향약의 적용대상이 확대되었다는 점이다. 곧 "구래의 향약은 양반, 토반(土班), 유생 등을 근간으로 그 예민(隷民)을 조직 내용으로 설(設)하지 않은 데 반해 신향약은 일반 민중을 대상으로 그 구역은 집단을 중심으로 설치되어 향약원은 독립의 생계를 꾸미는 성년 이상의 자이지만……부인, 청소년의 향약에 이르기까지 대중적으로 확충"된 것이다.56) 관북향약의 규정에 따르면 "향약원은 구역 내에서 독립의 생계를 영(營)하는 성년 이상의 자로 함"이라고 되어 있었다.57) 여기서 '성년 이상'이란 곧 장·노년층을 의미하는 것이었다. 후술하듯이 관북향약은 애초에 부로층을 주체로 설정하고 있었다. 그러면서도 마을에 실제로 향약을 조직하는 과정에서 향약의 적용대상이 마을의 전체주민으로까지 확대되었다. 실제로 내용이 확인되는 몇몇 향약은 모두 청년부, 소년부, 부인부(또는 부녀부, 부인회) 등을 향약 안에 설치하고 있었다.58)

특히 혁명적 농민조합 운동의 주력인 청년층에 대한 관심은 각별한 것이었다. 성진군 학중면(鶴中面) 춘동향약(春洞鄕約)의 경우 일부러 농민조합의 야학에 대응해 향약의 야학회를 설치해 청소년층에게 사회교화 활동을 벌였으며 심지어 마을 청년 전부에게 "저금계, 가계부계, 청결계, 독서계, 월행사계, 야학계, 공동판매소계" 등의 역할을 분담하는 "1인1역주의"를 시행하기도 했다. 한 마디로 청소년층이 농민

---

55) 위의 책.
56) 吉田猶藏, 앞의 글, 68쪽.
57) 『關北鄕約』, 25쪽.
58) 梁村寄智城, 앞의 책, 1935, 721쪽, 723쪽 ; 烏山豊吉, 앞의 글, 79쪽 ; 『自力更生彙報』 14, 1934, 7쪽.

조합 운동에 눈을 돌리지 못하도록 철저하게 통제하겠다는 심산이었던 것이다.

V. 관북향약의 내용분석

1. 조선시대 향약의 성격

조선시대에 출현한 향약은 원래 향촌사회에서 주자학적 질서 곧 신분제질서를 유지하기 위해 만들어진 것이었다.[59] 향약이 추구하던 향촌자치란 기본적으로 향촌사회 지배층을 주체로 한 것이었으며 농민은 통치의 대상에 지나지 않았다. 향촌사회의 지배층은 향약을 통해 농민을 교화시켜 나가려고 했다. 농민교화에서 기준이 된 것은 유교이념이었다. 특히 조선중기 이후에는 사회변동에 따른 농민지배의 약화를 보완하기 위해 교화기능이 강조될 수밖에 없었다. 향약을 통해 항상 통제를 받아야만 했던 피지배층에게 향약은 질곡일 수밖에 없었다. 향약은 향촌사회의 문제를 근본적인 차원에서 해결하려는 것이 아니라 그 요인을 일방적으로 억제하고 있을 뿐이었다. 전근대사회에서 사회적 동요가 있을 때마다 향약의 필요성이 제기된 것이야말로 향약의 성격을 이해하는 데 중요한 의미를 갖는다. 백남운에 따르면, "향약은 유반들이 지방의 기강과 풍속을 광정한다는 의미로 향반을 중심으로 조직한 자치적 교화단체이든 것이니 이조중엽 이래로 이것을 지방관이 직접으로 혹은 향반을 통하야 중흥책 혹은 수성책으로 이용한 것은 당시 사회사정과 지배계급의 정치적 견지로 보아 또는 봉건적 관념 형태의 보수물(保守物)로서 다면 기능을 함축하엿든 까닭"[60]이라

---

59) 김용섭,『증보판 조선후기농업사연구(Ⅰ)』, 지식산업사, 1995, 598쪽.
60) 백남운, 앞의 글, 1932, 314쪽.

는 것이었다.

그렇다면 조선시대에 함경북도에서는 향약이 어떠한 형태로 시행되고 있었을까? 기록에 따르면 인조 10년(1632) "당시 관북지방의 풍습이 점차 변화하여 이욕이 자장(滋長)하고 쟁송이 빈기(頻起)하므로 이를 교화 교정하기 위하여" 함경도 관찰사 한장석(韓章錫)에 의해 처음으로 함경도에서 향약이 실시되었다고 한다.61) 이어 정조 21년(1797)에는 이이, 이황(李滉), 유형원(柳馨遠)의 향약을 초록한 관북향약이 다시 제정되었다. 조선시대 관북향약의 특징은 향약을 위반한 자에 대해서는 "향리에서 협동치 않고 전연 수화(水火)도 불통하여 부득이 이향(離鄕)케 하는 등 엄중한 제재를 가하는 것"과 "먼저 사류(士類) 이상자를 대상으로 하여 설치하고 점차로 서민(庶民)에 미치게 한 것"을 들 수 있다.62) 현재로서는 처음에 실시된 향약의 대상이 어디까지 미쳤는지는 알 수 없지만 적어도 18세기 말이 되면 이미 서민에까지 향약이 적용된다는 점을 분명히 함으로써 민중을 통제하려는 의도를 강하게 드러내고 있었던 것이다.

그러나 조선후기 이후 신분제의 해체가 진행되는 상황에서 향약의 사회통제 기능은 약화될 수밖에 없었다. 실제로 조선후기에는 향약에 대한 농민들의 저항 움직임이 가속화되었다. 그리고 향약을 기반으로 한 향촌질서를 대신하는 새로운 질서가 등장하기 시작했다. 양반의 참여와 간섭을 배제한 가운데 발달한 두레나 19세기 농민봉기의 매개가 되었던, 민이 주도한 향회나 민회 등이 대표적인 보기일 것이다.63) 대한제국시기에 향약을 부활하려는 움직임이 있었지만 이 역시 시대의

---

61) 裵成龍, 앞의 글, 19쪽.
62) 위의 글.
63) 지수걸, 「일제의 군국주의 파시즘과 '조선농촌진흥운동'」, 『역사비평』, 1999년 여름호, 27쪽.

대세를 거스를 수는 없었다.

1920년대 이후 농민회, 농민동맹, 소작인조합, 농민조합 등 다양한 이름으로 등장한 농민운동 조직도 새로운 농촌질서를 추진해 나가려고 한 성격을 갖고 있었다. 특히 혁명적 농민조합 운동 당시 신문이나 잡지 등에 빈번하게 등장하던 해방구 및 반해방구니 하는 표현이야말로 한편으로는 일제의 지배권력이 무력화되고 다른 한편으로는 반봉건, 반전통의 이름 아래 농촌의 기존 지배질서가 재편성되는 현상을 상징적으로 보여주는 것이었다. 따라서 새로운 농촌질서의 추진과정에서 적대적인 관계에 놓인 일제 지배권력과 전통적인 농촌지배층 사이에 이해관계의 결합이 일어날 가능성이 있었다. 곧 양자는 모두 실추된 정치적 권위를 회복하고 자신들에게 저항적 태도를 갖고 있던 농민들을 다시 장악함으로써 농촌사회의 체제안정을 꾀하고자 한 것이다. 이야말로 일제가 향약보급운동을 추진하게 된 중요한 동기였다.

2. 향약보급운동의 주체

일제는 향약보급운동을 전개하면서 형식상으로는 강제가 아니라 자발적으로 만들어진다는 점을 누차 강조했다. 도미나가가 직접 쓴 관북향약 향약입의에 따르면 "화민성속(化民成俗)의 사(事) 독(獨)히 관사(官司)의 시설에 의하야 성취할 것이 아니오 지방향당의 자발적 분려(奮勵)가 무(無)하면 도저히 기(其) 효과를 수(收)키 불능한 소이"라는 것이었다.64) 당시 함경북도농회장이던 쓰치야(土屋傳作)도 향약은 "명실공히 지방인의 자발적 분기"에 의해 만들어지는 것을 원칙으로 했으며 관설(官設)의 혐의를 받지 않도록 했다는 점을 강조했다.65)

---

64) 『關北鄕約』, 24쪽.
65) 土屋傳作, 앞의 글, 52쪽.

그렇다면 도미나가가 향약의 주체로 강조한 '지방향당'은 구체적으로 누구를 가리키는 것이었을까? 다시 향약입의의 "기(其) 실현은 주로 향당부로의 강고한 단결과 열성인 노력"66)에 달려 있다는 언급에 주목할 필요가 있다. 다른 말로 하면 향약은 "지난날의 순풍(醇風)을 그리워하는 관념이 상당히 농후한" 또는 "시대에 뒤떨어졌다고 일컬어지고 자타 공히 무력한 존재로 간주되어온" "중년 이상의 계급"을 주요 대상으로 하고 있다는 것이다.67) 앞에서도 언급했듯이, 혁명적 농민조합 운동의 초기 전개과정에서 농촌 내부에 청소년과 장노년의 대립전선이 만들어지고 있었다는 점을 이용하려는 저의를 일제는 그대로 드러내고 있었다.

그러나 향약이 자발적으로 만들어져야 하고 실제로 자발적으로 조직되었다는 일제의 선전은 허구에 불과했다. 실제로는 처음부터 일제의 통제가 강력하게 작용하고 있었다. 통제의 구체적인 내용은 다음과 같다.

첫째, 향약보급운동의 기초가 된 관북향약 자체가 함경북도 당국에 의해 만들어진 것이었다. 따라서 관북향약의 규정 가운데는 관의 개입을 명문화한 것이 많았다. 향약의 대표인 약장이 되기 위해서는 군수의 허가가 필요했고68) 도향약의 향약장, 부약장, 유사도 함경북도 지사의 지명을 받도록 되어 있었다.69) 나아가 "선행의 표창은 향회에서 선행자를 초(招)하야 차를 상위에 취(就)케 하고 약장이 기 선행을 상함. 약중의 표상(表賞)이 3회에 급(及)한 자는 차(此)를 관에 보고함, 과실의 계칙(戒飭)은 향회에서 과실자를 호출하야 약장이 이를 면책

---

66) 『關北鄕約』, 24쪽.
67) 土屋傳作, 앞의 글, 52~53쪽.
68) 『關北鄕約』, 25~26쪽.
69) 『關北鄕約』, 28쪽.

(面責)함, 약중의 계칙이 3회에 급한 자는 차를 관에 보고함"70)이라는 규정도 향약이 관의 통제 아래 놓여 있음을 분명하게 보여준다.

둘째, 향약의 정기집회에는 군수 또는 군 직원, 면장, 보통학교장, 금융조합 이사, 주재소 직원, 농업보습학교 교원 등이 참석하는 것이 관행이었다.71) 곧 '임석(臨席)'이라는 형태로 향약에 대한 관의 전방위적 통제가 이루어지고 있었던 것이다. 실제로 향약보급운동의 성공 사례를 소개하고 있는 글에는 예외 없이 관의 노력을 지적하는 서술이 등장하고 있었다. "모범농촌 학중면 춘동향약은 군 당국 및 경찰관의 알선"으로 창립된 이후 "혼마(本間) 임은(林隱)공립보통학교장의 지도"72)에 의해 성과를 거두고 있다는 식의 서술이 바로 그것이다. 함경북도의 대표적인 향약으로 꼽히던 춘동향약의 경우 군, 면, 학교, 주재소, 금융조합, 농업보습학교의 관계자들을 아예 지도자로 설정할 정도로 관과 밀접한 관계를 맺고 있었으며,73) 거꾸로 당시 조선총독부 정무총감인 이마이다(今井田淸德)를 비롯해 도미나가 등 함경북도의 고위 관리들은 수시로 춘동향약을 방문해 향약원들을 격려했다.74)

한편 좀 더 구체적으로 농촌사회에서 향약보급운동을 뒷받침한 조선인의 전모를 파악하기는 힘들다. 다만 몇 가지 사례를 통해 일단을 파악하는 것은 가능하다고 생각된다.

먼저 경성군 김병규(金炳奎)의 경우에 주목해 보자.75) 김병규는 주북면(朱北面) 운곡동(雲谷洞)에 운곡학교를 설립한 바 있으며 일제의

---

70) 『關北鄕約』, 27쪽.
71) 烏山豊吉, 앞의 글, 79쪽.
72) 梁村寄智城, 앞의 책, 1935, 726쪽.
73) 烏山豊吉, 앞의 글, 79쪽.
74) 위의 글, 76쪽 ; 梁村寄智城, 앞의 책, 1935, 727쪽.
75) 김병규의 경력에 대해서는 貴田忠衛, 앞의 책, 105쪽 ; 森川淸人・越智兵一, 앞의 책, 1075~1076쪽 볼 것.

식민지 농업정책에 적극 협력함으로써 함경북도의 대표적인 '독농가'로 꼽히던 인물이었다. 그리고 1920년대 이후에는 학교평의원, 도평의원, 군농회 의원, 도농회 의원 등의 공직을 맡으면서 "도내 굴지의 유력자"[76]라는 평가를 듣고 있었다. 곧 일찍부터 일제의 지배정책에 적극 협력하는 모습을 보이고 있었던 것이다. 그러던 그였기에 일제의 향약보급운동에 재빨리 호응하는 것은 하나도 이상한 일이 아니었다. 관북향약이 제정되자마자 같은 해 8월 운곡동향약을 조직하고 스스로 약장이 되었으며[77] 11월에는 경성군에 조직된 8개의 향약으로 도향약을 만들어 약장이 되었다.[78] 그리고 조선총독부의 촉탁으로 해마다 함경북도를 순회하면서 향약보급운동에 관한 강연회를 가졌다. 1933년에 중추원 참의가 되고 1935년에는 조선총독부에 의해 시정25주년 기념 표창자로 선정된 것도 모두 이러한 활동의 결과였다. 김병규의 경우에서 알 수 있듯이 일찍부터 농촌사회의 유지층으로 일제의 식민지 지배체제에 협력자로 동참하고 있던 조선인들이 향약보급운동의 가장 유력한 지지 세력이었을 것이다.

또 하나 생각해 볼 수 있는 것은 유림이다. 앞에서도 언급했듯이 혁명적 농민조합 운동이 진행되는 과정에서 제기된 반봉건, 반전통, 반유교의 구호에서 위기의식을 갖고 있던 유림은 전통 유교윤리의 부활을 내건 일제의 향약보급운동에서 친화성을 느꼈을 것이다. 그 결과 친일유림과 일제의 결합이 향약보급운동을 통해 더욱 긴밀하게 이루어졌다. 국가의 권력에 편승해 향약을 실시하고 이를 통해 구질서를 회복하려는 유림의 의도를 잘 보여주는 사례로 여기서는 두 가지를 언급하려고 한다.

---

76) 梁村奇智城, 앞의 책, 1935, 723쪽.
77) 위의 책.
78) 『朝鮮日報』 1932년 11월 25일.

그 하나는 함경남도를 주요 기반으로 하고 있던 친일 유교단체인 대성원(大聖院)이다. 대성원은 향약보급운동이 전개되기 이전인 1920년대 말에 펴낸 『신증향약(新增鄕約)』이라는 책에서 다음과 같이 주장한 바 있다.

> 현금은 세계를 초언(草偃)하는 도천적(滔天的) 신사조가 아조선 반도를 濕潤(濕潤)케 하야 반도의 사조가 즉 세계의 사상과 자유로 교통하는 시대이라.……조선총독부 사무관 도미나가(富永文一)씨가 발간한 『왕시(往時)조선의 자치맹아 향약 일반』 중 고시(古時) 향약의 실시 연혁 급 석의(釋義)를 역작(譯作)하고 퇴계 율곡 양선생의 향약 원문을 좌기하야 그 향약의 유래 급 실효 여하를 일반으로 하야금 지득(知得)케 하고 또는 실천 도덕에 관한 연구를 가하야 현대에 적용되도록 함이 본원에서 차 향약에 대한 주지(主旨)라……79)

여기서 말하는 '도천적 신사조'란 아마도 사회주의를 가리키는 것으로 보인다. 대성원은 사회주의의 확산을 우려하는 가운데 향약의 '적용'을 통해 그것을 방지하려는 의도 아래 새로 향약을 정리하려고 한 것이다. 그런데 이때 정리의 기준이 된 것이 도미나가의 향약론이었다는 사실에 주목할 필요가 있다. 곧 대성원으로 상징되는 친일유림은 이미 향약과 관련된 도미나가의 공적을 인정하고 있었던 것이다. 따라서 식민지 지배관료의 입장에서 재해석된 향약을 조선의 현실에 적용하는 데 대해서도 아무 주저함이 없었을 것이다. 이를테면 덕업상권의 제2절 '충의신절(忠義信節)'에서 "의난 의무이니……국민이 되어 세금을 납입하며 국난이 유한 시에는 전장에 출역할지니라"라고 해 국민

---

79) 大聖院編輯部 編, 『(退溪栗谷兩先生의 鄕約을 基礎로 한)新增 鄕約』, 大聖院, 1929, 1쪽.

의 의무를 강조한 것이 단적인 보기가 될 것이다.80)

다른 하나는 당시 대표적인 친일 유교단체 가운데 하나인 조선유교회81)가 기관지 『일월시보(日月時報)』를 통해 향약보급운동을 적극 지지한 것이다. 보기를 들어 『일월시보』에 실린 한 글에서 필자인 최종준(崔鐘濬)은 향약실시의 주체로 전국적 중앙 교화단체의 설치를 제안하는 한편 향약의 법제화를 주장했다. 심지어 국가가 향약에 징계권을 부여할 것까지 요구했다.82) 이는 향약을 법적 구속력까지 갖는 완전한 공공단체로 만들자는 발상으로 당시 일제가 구상한 향약보급운동의 범위를 넘어서는 것이었다. 따라서 최종준의 글에서 나타난 친일유림의 요구를 일제가 전면적으로 받아들일 가능성은 별로 없었다. 그러나 전통 유교윤리의 복구를 통해 농촌의 유지층에 마을의 질서를 유지하는 권능을 부여하겠다는 일제의 정책과 농촌의 자치질서가 급격하게 사회주의에 바탕을 둔 것으로 바뀌는 데 대해 위기의식을 느끼고 있던 유림의 이해관계가 일치할 가능성은 매우 컸다. 따라서 유림은 일제의 향약보급운동에서 가장 강력한 지지세력이 되었던 것으로 보인다.

3. 국가에 대한 충성

관북향약은 전통향약의 봉건적 요소를 바탕으로 식민지근대의 요소를 부가한 것이었다. 전통향약의 핵심은 신분제질서를 유지하는 데 있었다. 그것도 국가차원에서의 신분제질서 유지라기보다는 향촌사회

---

80) 위의 책, 19쪽.
81) 조선유교회는 1932년 안순환(安淳煥)의 주도로 만들어진 유교단체로 아시아주의를 수용하는 등 친일적인 성격을 드러내고 있었다. 佐佐木昭,「植民地期における朝鮮儒教會の活動」,『朝鮮學報』188집, 2003.
82) 崔鍾璿,「禮治'鄕約'制度의 確立을 論함」,『日月時報』2, 1935, 89쪽.

차원에서의 신분제질서 유지였다. 그런데 일제강점기에는 어쨌거나 공식적으로는 신분제가 존재하지 않았다. 따라서 관북향약에서는 신분제와 관련된 항목이 전면적으로 삭제되었다. 대신 들어선 것이 국가였다. 국가에 대한 충성, 관에 대한 복종 등이 전면적으로 강조되었다. 전통향약에서는 신분제에 무게 중심이 두어지고 충은 거의 형식적으로만 언급되고 있었다는 점[83]과 연관시켜 본다면 이 점이 아마도 관북향약이 갖고 있던 가장 뚜렷한 근대적 모습이라는 것을 쉽게 이해할 수 있을 것이다. 특히 도미나가도 1920년대 초반에는 "충이란 성을 다해 군(君)을 섬기고 직(職)을 지켜 공에 봉사하고 신(身)을 망(忘)해 국(國)에 허(許)하는 유를 말함"[84]이라고 해 충을 추상적인 수준에서 논의하고 있었다는 점에서도 더욱 그러하다. 물론 관북향약에서 충성의 대상으로 설정된 국가는 다른 말로 하면 식민지 지배질서이고 궁극적으로는 천황제질서였다.

마을 차원의 전통향약 규범에서 효는 충에 앞서는 윤리일 수밖에 없었다. 그러나 관북향약에 이르게 되면 충과 효는 대등한 관계 또는 충이 효에 앞서는 윤리로 규정되었다. 보기를 들어, 관북향약을 바탕으로 한 경성군 주북면(朱北面)의 자남동향약(柴南洞鄕約)의 경우 "국체관념의 함양"을 실행요항의 첫 번째 항목으로 거론하고 있었다.[85] 실제로 관북향약에서는 충이 사실상 덕업상권의 핵심을 이루고 있었다. 덕업상권의 9개 항목 가운데 2개가 충에 관한 것일 정도였다.

---

[83] 보기를 들어 전통향약에 등장하는 "충어국가(忠於國家)"라는 구절은 기껏해야 "충은 성을 다하여 군을 섬기고 직을 지켜서 봉공하여 몸을 잊어버리고 나라에 허함이라"라는 정도의 의미를 갖는 것이었다. 裵成龍, 「鄕約論(三)」, 『協同』 46, 1955, 12쪽.

[84] 富永文一, 『往時の朝鮮に於ける自治の萌芽鄕約の一斑』, 朝鮮總督府, 1923.

[85] 鷄山, 「關北に輝く優良部落-鏡城郡朱北面柴南洞」, 『朝鮮農會報』 8권 6호, 1934, 53쪽.

그 내용은 다음과 같다.

국가에 충할 사 : 아등의 평화한 생활은 국가의 역(力)에 의하야 보장되며 아등의 향상 발전은 국가의 역(力)에 의하여 촉진되나니 아 국가가 유(有)하야 비로소 아등의 안전과 진보가 유하다 위(謂)할지라 고로 성(誠)을 진(盡)하야 직(職)을 수(守)하야 공(共)에 봉(奉)하며 일신을 망(忘)하야 국가에 진(盡)하기를 기함86)

국법에 준(遵)할 사 : 국가는 외로 타국의 침해를 어(禦)함과 공히 내로 국내의 질서를 보지(保持)하며 선을 권하고 불선을 징하며 국법을 정히 하야 아등의 향(嚮)할 바를 지(知)케 하나니 아등은 국법에 준하고 관공사(官共司)의 명을 수(守)하며 근검하야 산(産)을 흥하고 극(克)히 조부(租賦)를 납하며 충성한 국민으로서 질서잇는 사회의 건실한 발전을 기함87)

여기서 중요한 것은 개인보다 앞서는 국가가 전제되어 있었다는 사실이다. 그리고 국가에 대한 충성은 국가권력에 대한 절대복종으로 규정되었다. 국법에 따라야 한다는 표현이 이를 상징적으로 보여준다. 이제 향촌사회를 배경으로 한 향약에 국민 그것도 '충성한 국민'이라는 개념이 등장했다. 향촌의 주민으로 공동체질서를 따라야 한다는 차원을 넘어서 국가질서를 따라야 한다는 차원으로까지 농민들의 의무가 확대된 것이다.

한편 덕업상권의 다른 조항에서도 "장상(長上)에 제(悌)할 사 : 사회에 질서가 유하며 지위에 상하의 별이 유하니 장상에 대하야는 항상 공경하야써 기(其) 의(義)에 종할지요 지신(持身) 겸양하야 구(苟)

---

86) 『關北鄕約』, 29~30쪽.
87) 『關北鄕約』, 31쪽.

히 교만치 못할지며 관공아(官共衙)의 명령 장려하는 바에 복종하야 극히 차를 준봉함"[88]이라고 해 조선시대 이래의 전통 윤리인 윗사람에 대한 공경을 국가권력 또는 그 담당자인 관리에 대한 맹목적인 복종으로 교묘하게 결합시키고 있었다. 이는 도미나가의 1920년대 초 향약론에는 전혀 보이지 않던 것으로 왜 1930년대 초에 함경북도에서 향약보급운동이 전개될 수밖에 없었는지를 이해하는 데 많은 것을 시사한다.

국가에 대한 충성 및 관리에 대한 복종은 종전의 향약에서는 보이지 않던 내용이다. 이야말로 사실상 관북향약의 핵심이었다. 전통향약에서는 사족과 서민 또는 하인의 관계가 중시되었다. 하인의 잘못을 처벌하는 내용이 가장 상세하게 규정되어 있던 것이 이를 잘 보여준다. 그러나 관북향약에 이르게 되면 이미 신분제가 공식적으로는 폐지되었다는 사정도 작용해 사족과 하인의 관계가 국가(및 그 대리인인 관리)와 국민의 관계로 치환된 것이다. 부로층에 대한 공경도 반드시 관리에 대한 복종과 맞물려서 강조되고 있었다. 부모=장상=국가(관리)의 일체화가 강요된 것이다. 보기를 들어, 성진의 춘동에서 향약이 시행되면서 "청소년은 노인, 향약 직원, 관공직자와 만날 때는 알고 모르고를 불문하고 인사를 하게 되었다"는 것이 이러한 규정의 실질적인 효과를 잘 보여준다.[89]

국민으로서의 의무를 강조하는 것은 향약절목의 네 번째 항목인 공공봉사에서도 다시 나타난다. "국가사회의 이익에 공헌함은 시 인류의 공도"라는 전제 아래 "모범부락의 완성", "읍면의 사업으로 부군(府郡) 병(並) 국가의 시설에 지(至)하기까지……공공사업에 협력 익찬함", "도로 철도 하천 제방 교량의 안전 보지", "학교에 대하야는 항

---

88) 『關北鄉約』, 30쪽.
89) 梁村寄智城, 앞의 책, 1935, 722쪽.

상 기 교직원과 친근하야 자제의 교육을 시찰하고 교직원과 협력하야……학교 교육과 가정교육과의 연락을 밀(密)케 함", "지방 청년단 소년단 등의 선량한 수양단체에 협력", "조세공과의 기한내 납부" 등이 공공봉사의 구체적인 내용으로 예시되고 있다.[90] 특히 일제의 지배 이데올로기를 말단에서 실현하는 주력기관이던 학교 및 청년단과의 협력을 강조한 것이 주목된다. 이는 향약과 기타 교화기관과의 협력체제를 통해 농촌을 효율적으로 통제하려는 일제의 의도를 드러낸 것이라고 할 수 있다. 공공봉사란 결국 한 마디로 일제의 식민지 지배체제에 전면적으로 협력하는 것 이상도 이하도 아닌 셈이었다.

4. 사회교화 장치로서의 향약

향약보급운동은 "사상층의 순화"[91] 곧 혁명적 농민조합 운동에 대한 통제를 가장 중요한 목적으로 하고 있었다. 관북향약의 향약입의에서 "불건불온(不健不穩)한 사상의 침윤으로 아 동양도덕의 기초를 협(脅)하야 수천년래 인성의 자연과 사회의 필연에 의하야 조성된 질서와 이륜(彛倫)의 대강(大綱)을 파괴하려 함과 여(如)한 경향이 유함은 실로 통탄을 불감(不堪)할 바"[92]라고 규정한 데서도 향약보급운동의 진정한 의도를 파악할 수 있다. 사회주의운동의 경향이 대두하는 것이 식민지 지배체제의 위기가 되고 있다는 데 대한 의식은 "기교(奇矯)한 사상의 침범"에 대한 대안으로 "중정온건한 사상의 확립"을 제시하는 것으로 귀결되었다.[93] 관북향약의 향약강령 1조가 "향약의 목적은 지방의 미풍양속을 유지 조장하며 산업경제의 향상 발달을 권장함

---

90) 『關北鄕約』, 35~36쪽.
91) 土屋傳作, 앞의 글, 51쪽.
92) 『關北鄕約』, 23쪽.
93) 『關北鄕約』, 24쪽.

과 공히 공민으로서 봉사적 정신의 함양에 무(務)함"이라고 해 '미풍양속의 유지 조장'을 가장 먼저 거론한 것도 이러한 맥락에서 이해될 수 있다. 그렇다면 사상을 순화할 수 있는 구체적인 방법에는 어떤 것이 있었을까?

첫째, 관북향약의 규정에 따르면 연례 모임인 향회에서 약장이 향약절목을 낭독하는 독약례(讀約禮)가 이데올로기 교화의 가장 기본이 되는 방법이었다.[94] 그러나 1년에 한 번의 모임만 가지고는 이데올로기 교화의 효과를 충분히 거둘 수 없었다. 따라서 실제 마을 단위의 향약에서는 호주부, 청년부, 소년부, 부녀부 등이 별도로 한 달에 한 번씩 정기 모임을 갖고 강화회를 갖는 한편 실행사항을 점검했다.[95] 여기에 향약의 간부들이 매일 마을 주민들의 집을 방문하는 것도 이데올로기 교화에 덧붙여 동태감시의 기능을 수행하는 것이었다.[96]

둘째, 현실적으로 농민들을 혁명적 농민조합 운동으로부터 분리시키기 위해 가장 효과적으로 쓰인 것은 과실상규와 관련된 항목이었다. 특히 핵심은 "약원으로……지방의 풍속을 해하며 국헌을 중히 아니하며 기타 약목약령(約目約令)에 불준(不遵)함을 과실로 함"이라는 조항이었다.[97] 여기서 향헌이 아니라 국헌이 언급되고 있다는 점에 주목할 필요가 있다. 마을의 주민들이 따라야 하는 윤리규범은 이제 지역공동체 차원이 것이 아니라 국가차원의 법으로 격상되었던 것이다. 그런데 혁명적 농민조합 운동이 고조에 달한 당시 함경도의 상황에서 국헌위반자란 곧 농민조합원이었다. 따라서 국헌위반자에 대한 제재란 농민조합원에 대한 제재였다. "과실이 중대한 시는 차를 관에 고하

---

94) 『關北鄕約』, 26쪽.
95) 梁村寄智城, 앞의 책, 1935, 721쪽.
96) 위의 책.
97) 『關北鄕約』, 37쪽.

야 기 처치를 청함", 그리고 "범죄가 유한 자를 비호은닉하고 관에 고치 아니한 자는 차를 계(戒)함"이라는 관북향약의 규정은 주민들에게 농민조합원을 고발하라고 요구하는 것에 다름 아니었다.98)

셋째, 상벌권을 적절하게 이용하려고 했다. 마을 공동체에서 상벌을 통제할 수 있는 힘이 누구에게 귀속되는가 하는 문제는 매우 중요하다. 전통사회에서는 향촌지배층이 상벌권을 장악하고 있었다. 그러나 근대로의 변화과정을 겪으면서 마을의 상벌권은 점차 농민들에게 넘어가고 있었다. 특히 혁명적 농민조합 운동의 전개과정에서 일제 식민지 지배권력 대 혁명적 농민조합이라는 대립구도가 만들어지면서 마을 주민에 대한 상벌통제권은 암묵적으로 혁명적 농민조합에게 귀속되는 경향을 보였다. 일제는 상벌에 대한 통제권을 다시 구래의 지배층 곧 부로층에게 돌려줌으로써 간접적으로 농민들을 통제하려고 했다. 향약이 그것의 단적인 표현이었다. 일제는 향약절목의 과실상규 조항을 이용해 부로층이 향약위배자를 처벌할 수 있도록 했다. 처벌의 방법은 심할 경우 관에 고발하거나 마을에서 추방하는 것이었다. 이제 향약이 실시되면서 주민들의 일거수일투족이 일제 끄나풀의 감시 아래 놓이는 체제가 만들어진 것이다. 이 체제에서 주민들은 향약 곧 일제의 지배정책을 따를 것인가 아니면 마을에서 쫓겨날 것인가를 선택해야만 했다. 그리고 전자를 선택하도록 몰아가는 데 바로 일제가 추진한 향약보급운동의 의도가 있었던 것이다.

넷째, "외래 불량의 도(徒) 우(又)는 괴의(怪疑)잇는 자 향내에 잠복한 시는 속히 차를 관에 내보"99)하도록 함으로써 당시 함경도 일대에서 활동하고 있던 사회주의자들이 마을로 잠입해 들어오는 것을 미연에 방지하려고 했다. 실제로 이 조항은 상당한 영향을 미친 것으로 보

---

98) 『關北鄕約』, 37쪽, 39쪽.
99) 『關北鄕約』, 37쪽.

인다. 보기를 들어 성진군 춘동에서는 "경찰에 쫓겨 좌경 청년이 마을에 들어오자 이를 관에 내보"하는 일이 있었다.100)

5. 일상생활에 대한 규제

향약보급운동은 농민에 대한 사회교화와 함께 농민의 일상생활을 규제함으로써 혁명적 농민조합 운동으로부터 농민을 분리시키려는 목적 아래 추진된 것이었다. 따라서 관북향약 및 이를 바탕으로 한 각 마을의 향약에는 농민의 일상생활과 관련된 조항이 다수 포함되어 있었다. 몇 가지 측면으로 나누어서 검토해보기로 하자.

첫째, 관북향약에는 농업생산과 관련된 조항이 다수 포함되어 있었다. 향약절목의 세 번째 큰 항목인 산업장려의 내용 대부분이 여기에 해당한다. 이는 전통 향약에서는 보이지 않던 새로운 것이다. "관사의 지시에 종(從)하야"101)라는 표현에서 알 수 있듯이 그 핵심은 결국 조선총독부의 시책에 호응해야 한다는 것이었다. 좀 더 구체적으로는 종자선택, 파종, 시비 제초, 수확, 양잠, 가축, 산림보호, 상행위, 노동 등과 관련된 사항이 자세하게 규정되어 있다. 결국 관북향약에 규정된 '산업장려'란 향약보급운동이 농촌진흥운동과의 밀접한 관련 아래 추진되었음을 잘 보여준다.

둘째, 풍속개선과 관련해서도 관북향약에는 세세한 규정이 마련되어 있었다. 색의 착용, 위생철저, 낭비와 도박의 배격, 경조사의 간소화, 조혼폐지, 시간엄수, 미신배격 등을 주요 내용으로 하는 향약절목의 두 번째 큰 항목이 여기에 해당한다. 보기를 들어, "약중에 상이 유

---

100) 鳥山豊吉, 「模範部落春洞視察記 下」, 『朝鮮地方行政』 14권 6호, 1935, 78쪽.
101) 『關北鄕約』, 33쪽.

할 시는 성복영장(成服永葬)에 개왕(皆往)하야 조문하고 기 용무를 조(助)함, 약중이 임의로 율(粟) 다소를 출하야 간사가 차를 수합하야 상가에 부조함, 상가에 조문하는 자는 상가에서 음주함을 부득(不得)하며 상가도 역 주식(酒食)을 공함을 부득함, 단 간소한 다과류는 차를 공하야도 무방함, 조문에 시를 요할 시는 각자 점심을 지왕(持往)함"102)이라는 식이었다. 미풍양속의 유지를 내걸면서도 사실상 전통적인 조선의 관습을 부정하고 일본식의 관습을 이식하려는 의도를 드러낸 것이었다.

셋째, 실제 향약의 적용과정에서는 각 마을마다 관북향약보다 더 엄격하게 일상행위를 규제하는 장치를 마련했다. 춘동향약의 경우 풍속개선과 관련해서는 검소한 의복착용, 짚신과 모자의 자작, 색복착용, 도박행위 금지, 동면승(冬眠蠅) 구제, 일이 없을 경우 시장출입 금지, 잡담도식 금지, 부녀자의 옥외노동, 시간준수, 조혼폐지, 여자의 후두결발(後頭結髮), 위험물 입상설치, 조기장려, 미신타파, 금주, 궐연초 폐지에 대해 세세하게 농민들이 어떻게 해야 하는지를 규정하고 있었다.103) 이는 단지 규정상의 규제에 그친 것이 아니었다. 일제의 지원을 바탕으로 실제 위반자에 대해서는 마을에서 추방까지 하는 등 강력한 제재를 수반하는 규제였다.104)

넷째, 일상생활의 규제와 관련해 또 하나 빠뜨릴 수 없는 것은 국기게양이었다. 실제로 향약의 성공사례로 거론된 대부분의 마을에서 향약사업의 중요한 성과로 거론된 것이 국기게양대 설치 또는 가정에서의 국기게양이었다.105) 국기게양은 "국민으로서의 자각"106)을 고취하

---

102) 『關北鄕約』, 33쪽.
103) 烏山豊吉, 앞의 글(下), 76~77쪽.
104) 梁村寄智城, 앞의 책, 1935, 722쪽.
105) 烏山豊吉, 앞의 글, 77, 80쪽 ; 梁村寄智城, 앞의 책, 1935, 722쪽 등을 볼 것.

는 수단으로 이 무렵 일제에 의해 크게 장려되고 있었다. 향약보급운동에서는 조선총독부의 국기게양 캠페인과 관련해 마을마다 국기게양대를 만들고 국기를 통한 국민의식의 주입에 노력할 것이 강조되고 있었던 것이다.

Ⅵ. 맺음말

1930년대 중반까지 일제 관변측의 문헌에서 함경북도를 언급할 때면 반드시 등장하던 것이 향약이었다. 그만큼 일제는 향약보급운동이 효율적으로 이루어져 함경북도의 농촌사회가 안정되기를 기대하고 있었다. 실제로 이웃한 함경남도와 비교해보았을 때 함경북도의 향약은 청년층에 대한 교화사업을 통해 혁명적 농민조합 운동이 지역적으로 확산되는 것을 막는 데 어느 정도의 효과는 발휘한 것으로 보인다.[107] 물론 이는 이데올로기적 교화의 효과일 수도 있고 향약이 수행한 감시통제망의 결과일 수도 있다.

도미나가가 "험악한 공기를 일소해 최악이라고 일컬어지던 부락이 모범부락으로 갱생하는 등"[108]의 치적을 인정받아 경기도 지사를 거쳐 조선총독부 학무국장으로 영전한 데서도 알 수 있듯이 일제도 함경북도에서의 향약보급운동의 외형상 실적을 인정하고 있었다.[109] 이성근이 충청남도 지사를 거쳐 『매일신보』 사장이 되고 김병규가 중추

---

106) 牛島省三, 「國旗の揭揚に就て」, 『朝鮮』 201, 1932, 34쪽.
107) 土屋傳作, 앞의 글, 54쪽 ; 梁村寄智城, 앞의 책, 1935, 721쪽 등을 볼 것.
108) 阿部薰, 앞의 책, 216쪽.
109) 실제로 도미나가는 경기도 지사로 부임한 뒤 관북향약을 바탕으로 『경기도 농촌진흥회약속』을 제정하는 등 함경북도에서와 마찬가지로 향약보급운동을 전개한 바 있다. 여기에 대해서는 김영희, 앞의 책, 92~93쪽 볼 것.

원 참의가 되는 것도 같은 맥락에서 이해할 수 있을 것이다. 그러나 과연 함경북도에서의 향약보급운동은 일제가 선전하듯이 청년층의 사상을 순화시키고 결과적으로는 식민지체제의 변혁을 요구하는 혁명적 농민조합 운동을 완전히 불식시켰을까?

향약보급운동이 어느 정도 진전된 1933년 봄에 나온 한 글에 따르면, 향약은 경성에 8개, 명천에 71개, 길주에 43개, 성진에 6개, 부령에 4개, 무산에 14개, 회령에 7개, 종성에 4개, 온성에 1개, 경원에 6개, 경흥에 5개 조직되어 있었다고 적혀 있다.110) 이 글은 향약의 군별 분포를 보여주는 유일한 자료이다. 그런데 이 자료에 따르면 지역 사이의 편차가 컸음을 쉽게 확인할 수 있다. 명천, 길주 두 군에 설립된 향약이 전체의 절반 이상을 차지한 데 비해 성진의 경우 6개의 향약이 설립된 데 불과했다. 이 세 군은 함경북도에서도 특히 사상이 악화된 곳으로 일제에 의해 지목되고 있었다.

따라서 이 자료를 통해 적어도 성진과 명천의 경우 향약보급운동은 결과적으로 실패했다고 유추하는 것도 가능하다. 성진의 경우 다른 군에 비해 향약이 더 많이 조직된 것이 아니었으며 명천의 경우 향약은 많이 설립되었지만 향약이 혁명적 농민조합 운동을 통제하는 데까지 이르지는 못했기 때문이다. 명천에서는 향약보급운동이 전개된 이후 오히려 혁명적 농민조합 운동이 본격적으로 전개되기 시작했다.111) 1930년대 중반 이후 일제가 명천, 성진, 길주에 대해 이른바 '남삼군 사상정화공작'112)을 다시 세우고 이 계획에 따라 정화위원회, 자위단

---

110) 吉田猶藏, 앞의 글, 75~80쪽.
111) 명천에서의 혁명적 농민조합 운동에 대해서는 한도현, 「반제반봉건투쟁의 전개와 농민조합-명천군 농민조합운동을 중심으로」, 『일제하의 사회운동』, 문학과지성사, 1987 ; 지수걸, 앞의 책, 273~312쪽 볼 것.
112) 여기에 대해서는 미즈노 나오키, 「1930년대 후반 조선에서의 사상통제정책-함경남북도의 '사상정화공작'과 그 이데올로기」, 방기중 편, 『일제 파시즘 지

등을 조직한 뒤 더 체계적인 농민운동 통제정책으로 나아가는 데서 그러한 정황을 짐작할 수 있다.

향약은 농촌사회의 질서를 식민지 지배권력의 의도대로 재편하기 위해 시행한 것이었다. 그리고 농촌진흥운동과 맞물려 형식상 상당한 정도의 실적을 올리기도 했다. 그러나 아무리 일제가 향약보급운동을 강력하게 추진했다고 하더라도 이미 근대로의 길을 걷기 시작한 농촌사회를 다시 전통적인 상태로 되돌릴 수는 없었다. 이는 향약보급운동이 처음부터 갖고 있던 한계였다. 농촌사회의 부로층과 친일유림을 제외하고는 향약보급운동을 진심으로 지지하는 세력을 청소년층에게까지 확대하는 것은 불가능한 일이었다. 여기서 향약보급운동에 대한 백남운의 지적을 다시 음미할 필요가 있다.

> 장차 부활되려 하는 향약은 엇더한 역할을 할 것인가. 과연 교화 단체로서 통치 목적에 적응한 역할을 할 수 잇스며 인민의 사상을 선도(?)할 역량을 가질 수 잇슬가. 만일 효과가 잇슬 수 있다면 향약을 부활시킴으로 말미암어 관극(觀劇)의 의미로 봉건적 유제를 여실하게 목도할 수 잇는 것, 향약에 대하야 공적으로 사적으로 공헌이 만한 이퇴계, 이율곡, 조중봉(趙重峰) 등 당시의 명유들을 부질업시 끄으러내여서 조선사상에서 역사적 역할을 다한 유도의 이데올노기를 고취하려는 것, 과거의 유풍을 감상적으로 회고하는 구식 인사에게 일시적이나마 정신적 구안(苟安)을 주는 동시에 조효박주(粗肴薄酒)의 순간적 감흥을 주는 것, 일부 인사에게 반동적 세력을 부여하는 것 등 이러한 효과는 기대할 수 잇슬는지 모르겟다.[113]

향약보급운동에 대한 백남운의 평가는 한 마디로 냉소 그 자체였

『배정책과 민중생활』, 혜안, 2004 볼 것.
113) 백남운, 앞의 글, 1932, 314~315쪽.

다. 곧 백남운은 향약을 부활시키려는 일제의 정책이 결국 친일유림을 중심으로 한 일부 유지층과 일제 지배권력의 결합이라는 결과만을 낳을 뿐 민중의 사상 및 운동을 효과적으로 통제하는 데 성공하지 못할 것으로 전망하고 있었던 것이다. 1930년대 중반 이후 일제가 더 이상 통치의 수단으로 향약을 들고 나오지 않는 데서 백남운의 비관적 전망이 적중했음을 알 수 있다. 1930년대 중반 이후 향약보급운동은 결국 쇠퇴의 길로 접어들었다. 중일전쟁 이후의 전시체제 상황에서 조선의 전통을 내세우는 것은 내선일체의 논리와 상충할 가능성마저 갖고 있었다.

마지막으로, 일제가 혁명적 농민조합 운동을 통제하기 위해 함경북도에서 실시한 관북향약은 최근 학계에서 논란이 되고 있는 식민지근대화[114)의 문제를 이해하는 데 하나의 시사점을 제공한다고 생각된다. 식민지근대화론의 핵심은 일제가 조선을 억압하고 착취하기만 한

---

114) 식민지근대화론을 둘러싼 한국학계에서의 논의로는 이홍락, 「일제하 '식민지 공업화'에 대한 재고」, 『동향과 전망』 28, 1995 ; 이영훈, 「한국사에 있어서 근대로의 이행과 특질」, 『경제사학』 21, 1996 ; 정태헌, 「한국의 식민지적 근대화 : 모순과 그 실체」, 역사문제연구소 편, 『한국의 '근대'와 '근대성' 비판』, 역사비평사, 1996 ; 신용하, 「'식민지근대화론' 재정립 시대에 대한 비판」, 『창작과비평』 98호, 1997 ; 안병직, 「한국근현대사 연구의 새로운 패러다임-경제사를 중심으로」, 『창작과비평』 98호, 1997 ; 李萬烈, 「일제 식민지 근대화론 문제 검토」, 『한국독립운동사연구』 11집, 1997 ; 이홍락, 「내재적 발전론에 대한 반비판」, 『역사비평』 39호, 1997 ; 조석곤, 「수탈론과 근대론을 넘어서-식민지시대의 재인식」, 『창작과비평』 96호, 1997 ; 김동노, 「식민지시대의 근대적 수탈과 수탈을 통한 근대화」, 『창작과비평』 99호, 1998 ; 전상인, 「식민지 근대화론에 대한 이해와 오해」, 『동아시아비평』 창간호, 1998 ; 정병욱, 「역사의 주체를 묻는다 : 식민지근대화 논쟁을 둘러싸고」, 『역사비평』 43호, 1998 ; 정연태, 「21세기의 한국근대사 연구와 신근대사론의 모색 : 20세기 말 '식민지근대화론' 논쟁의 비판적 반성을 통하여」, 한국역사연구회 엮음, 『20세기 역사학, 21세기 역사학』, 역사비평사, 2000 등을 볼 것.

것이 아니라 물적, 인적 자원을 개발하기도 했으며 이것이 1960년대 이후 한국사회가 신흥공업국으로의 발전을 이루고 선진국으로의 도약을 도모하게 된 주요 요인이었다고 보는 데 있다. 한국 근현대사를 '침략과 저항' 또는 '수탈과 저발전'이 아니라 '수탈과 발전' 그 가운데서도 특히 발전을 통해 파악하려는 것이라고 할 수 있다. 이에 따르면 현재 한국사회의 눈부신 발전은 조선후기 이래의 내재적 변화가 아니라 일제의 식민지 지배에 그 뿌리를 두고 있다는 것이다. 그런데 이러한 주장의 근거는 주로 물질적, 경제적, 기술적 측면에서의 변화에 집중되고 있다. 단순화시키자면 경제 성장=근대로 파악하고 있는 것이다. 물론 최근에는 논의를 더욱 확대해 식민지규율이라는 문제에 초점을 맞추는 연구도 활발하게 이루어지고 있다.115) 그렇지만 이 경우에도 여전히 '근대' 규율이 논의의 핵심을 이루고 있다. 곧 상대적으로 근대에 쉽게 노출된 도시, 대중 매체, 학교 등을 중심으로 규율권력의 문제를 다루고 있는 것이다.

일제는 식민지 지배라는 목적을 위해 조선에 근대를 이식하려고 했다. 그리고 같은 목적을 위해 근대가 아니라 봉건, 전통이라는 요소도 적극 활용하려고 했다. 일본의 근대 자체가 일그러진 것이었던 만큼 필요하다면 비근대적 또는 반근대적 요소를 식민지 지배에 결합시키는 것은 결코 어려운 일이 아니었다. 보기를 들어, 농촌진흥운동의 이데올로그 역할을 하던 야마자키(山崎延吉)116)의 경우 농촌을 진흥하

---

115) 대표적인 것으로 김진균·정근식 편저, 『근대주체와 식민지 규율권력』, 문화과학사, 1997 볼 것. 아울러 최근의 연구동향을 정리하고 있는 글로 松本武祝, 「'植民地的近代'をめぐる近年の朝鮮史研究」, 宮嶋博史 외, 『植民地近代の視座』, 岩波書店, 2004 볼 것.
116) 야마자키에 대해서는 山崎延吉, 『農道=大本』, 朝鮮總督府學務局社會課, 1931 ; 案山子, 「山崎延吉の小照」, 『朝鮮農會報』 7권 3호, 1933 ; 綱澤滿昭, 『近代日本の土着思想-農本主義硏究』, 風媒社, 1975 ; 神谷素光, 『山崎延吉

는 데 장유유서, 상하유별 등의 전통적 유교윤리가 중요하다는 점을 강조했다.

이러한 의미에서 일제가 내세운 근대는 언제라도 전통과 결합할 가능성을 갖고 있었다. 특히 일제강점 말기의 천황제 이데올로기가 내세운 충효의 윤리가 단적인 보기일 것이다. 함경북도의 관북향약도 일제가 식민지조선에 이식하려고 한 근대가 결국 온전한 의미의 근대가 아니라는 것을 잘 보여준다. 다시 백남운의 말을 빌리자면 향약보급운동은 "헌 것을 새것으로 가장한 역사적 반동의 현현체"[117] 곧 봉건유제의 부활에 불과했던 것이다.

の世界』, 鄕土出版社, 2001 등을 볼 것.
117) 백남운, 앞의 글, 1935, 266쪽.

'문화정치' 시기의 문화정책, 1919~1925년

Michael D. Shin[*]

    식민주의는 단지 피식민지의 현재와 미래에 자신의 규칙을 부과하는 것으로 만족하지 않는다. 피식민지 사람들을 붙잡고 그들 머리에서 모든 형식과 내용을 지워버리는 것으로도 만족하지 않는다. 식민주의는 전도된 논리를 통해 억압받는 사람들의 과거를 뒤틀고, 망가뜨리고, 파괴해버린다.

프란츠 파농(Frantz Fanon)[1]

    사람들의 기억을 지배하는 자가 그들의 역동성까지도 지배한다.

미셸 푸코(Michel Foucault)[2]

Ⅰ. 서 론

조선을 지배하던 36년 동안 식민 국가 일본이 직면했던 최대의 위

---

[*] Cornell University 동아시아학과 교수
[*] 이 장의 초안에 대해 논평을 해준 토론토대학교의 켄 가와시마(Ken Kawashima) 교수, 그리고 뉴욕대학교의 Korea Worship(박현옥 교수와 Janet Poole 교수가 조직) 참여자들에게 감사드린다. 또한 이 연구에 있어 매우 중요한 자료들을 제공하고 조언도 해준 연세대학교의 장신 박사에게도 감사드린다.
1) Frantz Fanon, *The Wretched of the Earth*, New York : Grove Press, 1968, 210쪽.
2) Michel Foucault, *Foucault Live*, New York : Semiotext(e), 1996, 92쪽.

기는 1919년의 3·1운동이었다. 기독교인과 천도교인들이 조직했던 초기의 평화로운 시위가 폭력적인 봉기로 발전했고, 운동의 맹위와 격렬함에 놀란 일본은 수 주일동안 운동을 진압했다. 3·1운동은 식민 정부의 정책이 통치의 정당성을 획득하는데 실패했음을 인상적으로 보여주는 것이었다. 결국 일본 정부는 하세가와 요시미치(長谷川好道, 1850~1924) 총독을 위시한 몇몇 고위 관료들을 해임시키고, 그 자리에 사이토 마코토(齊藤實, 1856~1936)를 앉혔다. 새 정부는 식민 국가를 다시 조직화하고, '문화정치'라 불린 새로운 형태의 식민통치를 도입했다.

'문화'라는 용어는 1910년대 일본의 '다이쇼 민주주의(大正 民主主義)' 기간에 등장한 담론의 기본개념이다. 1차 세계대전의 폭력을 경험한 지식인들은 '문명(文明)'이라는 용어와 결부되어 있는 물질주의에 대한 추구를 거부하고, '문화'의 정신적 가치에 기반을 둔 사회 개조(改造)를 요구했다. 이 용어는 국가의 손이 닿지 않는 외부의 영역을 의미하며, 시민사회의 자율성을 지키고자 노력하는 자유주의적 지식인들을 매료시켰다.[3] 그들은 "경제 영역으로부터 문화의 분리 혹은 부분적 자율성을 주장함으로써 문화의 가치를 보존하려 노력했다."[4] '문화정치'로 인해 식민 국가의 담론에 '문화'의 흐름이 나타나기 시작했고, 따라서 식민 정부의 문화정책은 1919년 이후에야 등장했다고 보는 것이 옳다.

'문화정치'는 겉으로 드러난 형태의 억압(무단통치에서 비롯된 억압)을 완화하고 이데올로기적 국가기구를 확장함으로써 일본 통치에

---

3) 예를 들어, 桑木翼, 『文化と改造』, 東京 : Shimode 書店, 1921 참조.
4) Harry Harootunian, *Overcome by Modernity : History, Culture, and Community in Interwar Japan*, Princeton : Princeton University Press, 2000, xxiii쪽.

대한 저항을 줄이기 위한 노력의 일환으로 나타났다. '문화정치'는 주로 교육, 종교, 대중매체, 그리고 예술에 대한 국가권력을 확대하는 데 초점을 맞추었다. 하지만 기존의 식민정책에 단지 문화적, 이데올로기적 정책들을 첨가한 것만은 아니었다. '문화정치'는 식민통치에 대한 새로운 접근으로서 식민 국가의 재조직화를 필요로 했다. 이는 미셸 푸코가 말한 '통치성(governmentality)'이 한층 발전된 것으로 이해될 수 있다.

'통치성'이란 "개인의 행동 속에 특정한 방식으로 그리고 영속적이고 긍정적인 방식으로 개입"하는 것을 가능케 하는, "정치공학(political technology)과 관련된 정치적 합리성의 발전"5)을 의미한다. '통치성'은 16세기 말에서 17세기 초 사이에 국가의 경영에 '경제성'이라는 개념이 도입되면서 함께 등장했고, 18세기에 "인구문제가 등장"하면서 완전한 수준으로 발전했다. 결과적으로, 경제 그 자체는 "현실의 특정한 영역"으로부터 고립되었고, 정치경제는 "정부가 현실 영역에 대해 개입하는 과학이며 기술"이 되었다. 바꿔 말하면, "한편으로는……일련의 특정한 정부 조직들이 총체적으로 형성되었고, 다른 한편으로는 지식의 복합체가 총체적으로 발전한 것이다."6) 이러한 발전은 푸코가 분석했던 규율권력과 생체권력 같은 미시-정치학적인 권력 형태가 확장될 수 있게 했고,7) 그 결과 "개인의 삶에 대한 국가의 개입은 증가하게 되었다."8)

---

5) Michel Foucault, "The Political Technology of Individuals", *Power*, James D. Faubion, ed., New York : The New Press, 1994, 415쪽.
6) Michel Foucault, "Governmentality", *Power*, 207쪽, 218~220쪽.
7) 푸코는 또한 통치성을 "오랜 기간 그리고 서구 전체에 걸쳐 이 같은 유형의 권력이 다른 모든 형태(주권, 훈육 등)를 능가하는 방향으로 꾸준히 진행된 경향"으로 정의하기도 했다. "Governmentality"의 220쪽 참조.
8) Foucault, "The Political Technology of Individuals", 416쪽.

'문화정치'가 억압적 권력을 과도하게 사용하는 것에 대한 반작용이라고 주장하기도 하지만, 사실 그것은 국가의 주목할 만한 팽창을 수반하는 것이었다. 총독부의 예산 지출은 1919년 77,560,690엔에서 1921년 157,342,289엔으로 두 배 가까이 증가했다.[9] 그 결과, 미시-정치학적 수준에서 확대된 국가 권력은 식민지 사회에 대한 개입을 증대시킴으로써 정치적 저항의 감소를 꾀할 수 있었다. 그러나 '문화정치'는 또 다른 새로운 요소를 도입함으로써 통치성을 한층 더 발전시킬 수 있었다. 즉, 경제와 함께 문화도 "현실의 영역" 혹은 "개입의 영역"[10]이 되었던 것이다. 규율권력의 대상이 기계적 신체였고 생체권력의 대상이 인구였다면, 문화의 대상은 민족성(ethnicity) 혹은 정신이었다. 통치성과 마찬가지로 '문화정치' 또한 정부 기구들의 형성과 함께, 문화와 관련한 "복합적 지식", 이른바 민속학(ethnology)의 발전을 포함했던 것이다.

이 장의 목적은 '문화정치'에서의 문화정책을 검토하는 것이다. 이 글은 좁은 의미에서의 문화정책으로 분석의 범위를 제한함으로써 통치성의 새로운 측면들을 묘사하는 데 초점을 맞추고자 한다. 우선 첫 부분에서는 총독부 고위 관리들의 저술과 회고를 살펴보면서 '문화정치'를 개관하려 한다.

나머지 부분에서는 1919년 이후 문화정치의 두 가지 주요한 측면, 즉 종교와 민족적 정체성에 주목하고자 한다. 우선 두 번째 부분에서는 식민 국가가 문화 영역에 "개입하는 과학과 기술"로써 민속학을

---

9) 朝鮮總督府, 『朝鮮總督府施政年報』(大正 7-9年版), 1922, 68쪽. 1910년대에는 1919년도의 예산이 가장 큰 규모를 기록했다. 1911년의 예산은 48,741,782엔, 1916년에는 59,848,998엔이었다. 『朝鮮總督府施政年報』(大正 7-9年版), 62~63쪽.

10) Foucault, "Governmentality," 208쪽.

이용한 점을 검토할 것이다. 민속학은 "국가에게 필요하고 유용하리라 생각되는 정보의 수집"11)이라는 (오래된 의미에서) 통계학의 한 형태로 기능했다. 또 '문화정치'는 조선 문화에 대한 지식을 수집하는 데 전념했던 중추원과 같은 국가기관들의 재조직화를 가져오기도 했다. 1919년 이후, 식민주의 민족학은 조선의 전통과 종교적 관습에 대한 정보를 수집하여 이를 일본의 다민족적 민족주의로 통합시키는 데에 그 목적을 두었다.

세 번째 부분에서는 문화와 관련한 국가기구의 설립에 대해 살펴보려고 한다. 교육정책과는 달리 총독부 내에는 문화정책을 책임지거나 혹은 심지어 '문화'라는 명칭이 들어있는 국(局)이나 부(部)조차 찾을 수 없었다. 다만 문화정책과 연관된 몇몇 관청이 있었고, 이들은 주로 준정부적 연구기관이나 시민단체들과 연계하여 활동했다. 이 부서들의 여러 행정적 조치가 합쳐져서 문화의 영역이 만들어졌고, 이를 통해 국가는 식민사회 속으로 침투할 수 있었다. 특히, 국가는 박물관과 같은 문화시설과 종교를 규제할 수 있는 국가기구를 세움으로써 식민지인들의 정신생활에도 개입하려 노력했다.12) 문화시설들을 설립한 궁극적 목적은 경제 영역에서의 경험을 문화 영역으로 대체시킴으로써 피식민지인에게 주체의 역할을 부여하지 않으려는 것이었다.

---

11) Bernard S. Cohn, *Colonialism and Its Forms of Knowledge : The British in India*, Princeton : Princeton University Press, 1996, 81쪽.
12) 이지원은 '문화정치'에 대해 상이한 이론적 관점에서 유사한 접근을 보여준다. 이지원, 「1920~30년대 일제의 조선문화 지배정책」, 『역사교육』 75호, 2000 참조.

II. '문화정치'의 개관

식민 국가는 3·1운동을 통해 드러난 저항의 원동력을 시민사회로 인식했기 때문에 '문화정치'를 통해 시민사회 내의 개인의 행동을 보다 널리 통제하려 했다. 시민사회는 특히 조선에서 기독교가 팽창하는 것과 관련이 있었다. 1880년대에 개신교 선교사들이 들어온 이후, 기독교는 특히 북서지역의 도시에서 급속도로 퍼져나갔다. 그리고 급속한 성장의 동력은 바로 조선의 개종자들이었다. 기존 교회는 성장을 거듭하면서 둘로 나뉘지거나 새로운 교회가 나타나기도 했다. 결국 교회들 사이에는 높은 수준의 조직적 통합력을 지닌 긴밀한 연결망이 형성되었다. 기독교가 사람들을 끌어 모았던 가장 주요한 이유는 교회가 근대교육의 확산을 위해 노력했다는 점에 있었다. 대부분의 교회들은 자체적으로 초등학교를 운영했고, 1910년까지 기독교 교회는 대학과 신학교를 포함하는 근대적 교육체계를 완성했다. 초기 개종자들은 1900년경의 유력한 상인과 경영인들이었는데, 그들의 사업 역시 기독교 공동체의 핵심적인 부분이 되었다. 교회와 사업 그리고 학교 사이의 연결망은 조선에서 시민사회의 "원형"을 형성했고, 일본의 점령과 함께 이는 정치화되어 3·1운동의 조직적 기반으로 작용했다.13) '문화정치'가 지닌 하나의 정치적 목적은 바로 기독교 시민사회를 흡수하거나 혹은 약화시키는 것이었다.

식민 국가는 정치적 저항을 완화시키는 것과 함께 조선의 경제적 생산량도 증대시키려 했다. 잘 알려져 있듯이, 1차 세계대전은 일본을 채무국에서 잉여자본을 지닌 채권국으로 변모시킴으로써 일본 경제에

---

13) Michael D. Shin, "Nationalist Discourse and Nationalist Institutions in Colonial Chosen, 1914~1926," 시카고대학교 박사학위 논문, 2002, 2장을 볼 것.

게는 은총이었다. 연이어 찾아온 전후 불황기에 일본은 산업정책을 강화하면서, 조선을 농산물 공급지로 만들 필요가 있었다. '문화정치'가 또 하나의 주요한 국가 프로젝트인 산미증식계획과 동시에 진행된 것은 우연이 아니다. 이 계획의 목표는 생산량을 15년 동안 900만석 가까이 늘리는 것이었다. 산미증식계획은 약 236,000,000엔의 예산을 투입하면서, 농업의 개선, 새로운 종자의 전파, 그리고 관개시설의 구축을 통해 목표에 도달하려 했다.14) 이를 위해 대규모의 자본과 노동이 동원되었고, 국가권력이 농촌의 지역 수준으로 확대되었다. 정치적, 경제적 정책에 있어 또 하나의 관심사는 조선 인구의 증가였다.15) 푸코가 지적했듯이, 잉여자본의 존재, 인구의 증가, 농업 생산력의 증대 등은 통치성의 발전을 위해 필요한 요인들이었다.16)

'문화정치'는 일차적으로 사이토와 관련된 것이었지만, 배후에 있는 핵심 인물은 정무총감이었던 미즈노 렌타로(水野廉太郎, 1868~1949)였던 것 같다.17) 전 내무성 장관이었던 미즈노는 하라 다카시(原敬, 1856~1921) 수상의 절친한 친구였다. 미즈노에 따르면, 자신을 정무총감으로 지명할 것을 부탁한 이는 사이토였다. 정무총감으로 임명된 미즈노는 '문화정치'에 대한 하라의 견해를 신뢰했고, 하라는 조선 통치에 대한 그의 관점을 설명한 책을 보내주었다. 하지만 하라의 견해는 '문화정치'의 뼈대였을 뿐이고, '문화정치'에 살을 붙이고 일을 수행한 것은 미즈노였다. 어떻게 보면, 부총리와 같은 지위의 내무성 장관

---

14) 강만길 외 (편), 『한국사』, 13권, 한길사, 1995, 237~255쪽.
15) 위 책, 14권, 145쪽.
16) Foucault, Governmentality, 215쪽.
17) 총독부의 관료와 직책들에 대한 로마자 표기는 총독부의 *Annual Report on Reforms and Progress in Chosen and Annual Report on Administration of Chosen*에서 따왔다. *Seimu Sokan*은 "정치총감"으로도 번역되지만, 여기서는 혼란을 피하기 위해 기존의 번역어인 "정무총감"을 사용하기로 한다.

자리에 있던 미즈노가 정무총감이 된 것은 아까운 일이었다. 그가 정무총감으로 임명되었다는 사실은 중앙정부가 느낀 관심의 정도와 위기의 심각성을 보여주는 것이었다. 여러 가지 점에서 미즈노는 '문화정치'를 수행하기에 적합한 경력을 가진 인물이었다. 도쿄대학교 법학과를 졸업한 그는 제일은행에서 잠시 일한 뒤, 농상무성에서 처음 관료 생활을 시작하여 1894년에 내무성으로 자리를 옮겼다. 내무성에서 그는 신사부(神社部), 토목부의 장을 역임하며 다양한 직책을 수행했다. 교육정책과 지방행정 업무도 경험했다. 1913년에 그는 차관이 되었고, 1918년에는 6개월 간 장관으로 있었다.[18]

미즈노가 정무총감에 임명된 것은 그만큼 정무총감의 권력이 증가하기 시작했음을 의미하는 것이다.[19] 이는 군인 출신과 문인 출신의 식민 관료 사이에 균형이 맞춰지고 있음을 보여주는 것이기도 했다. 정무총감 직을 수용하는 조건으로 미즈노는 새로운 식민 정부의 인사권을 완전히 넘겨줄 것을 요구했었다. 미즈노가 가장 먼저 접촉한 사람은 총독관방으로 임명된 모리야 요시오(守屋榮夫)였다.[20] 그들은 다른 내무성 관료들을 총독부 내 고위직으로 임명하면서 남은 자리들을 빠르게 채워나갔다. 그들은 미즈노와 마찬가지로 동경대 법학과 출신이었고, '다이쇼 민주주의' 시기에 내무성의 고위직까지 올랐으며, 당시에 지배적인 철학 담론이었던 신칸트주의적 문화주의에 정통했다. 총독부 내 중앙부서에 임명된 대부분의 관료들도 미즈노처럼 지방행정직의 경험을 지녔다. 그들 대부분은 조선으로 들어오기 전에 이미

---

18) 秦郁彦, 『戰前期 日本官僚制の制度・組織・人事』, 戰前期 官僚制硏究會 (編), 東京 : 東京大學校 出版會, 1981, 227쪽 ; 水野廉太郞, 「朝鮮統治の 根本意について」, 『朝鮮』 82호, Dec. 1921, 16쪽도 볼 것.
19) 박은경, 『일제하 조선인 관료 연구』, 학민사, 1999, 30쪽.
20) 『朝鮮統治秘話』, 형설출판사, 1993, 28쪽, 34쪽, 38쪽.

수년 간 함께 일한 경험이 있었다. 그들 중에는 내무국장과 경무국장을 역임했던 아카이케 아쓰시(赤池濃, 1879~1945), 교육국장이었던 시바타 젠자부로(柴田善三郎, 1877~1943), 경무국장이었던 마루야마 쓰루키치(丸山鶴吉, 1883~1956), 모리야 요시오(守屋榮夫, 1883~1973), 그리고 교육국장이었던 마쓰무라 마쓰모리(松村松盛, 1886~?) 등이 포함되어 있었다.

'문화정치'에 대한 대중연설과 공식발표는 조선인에 대한 차별의 완화가 주된 목표의 하나임을 강조했다.[21] 또한 식민 정부는 기존의 관습과 관례들을 존중하면서, 조선의 필요와 상황에 적합한 정책을 수립하겠다고 밝혔다. 미즈노는 그 자신이 이러한 정책들의 본보기가 되기 위해 노력했다. 그는 조선에 도착하자마자 한국어를 배우기 시작했다. 한국어가 유창해지자 그는 한국어를 직접 강의했고, 때때로 한복을 입기도 했다.[22] 그는 정약용의 『목민심서』 같이 유명한 조선학자들의 책을 읽기도 했다.[23] 그러나 기존 관습에 대한 "존중"은 식민 국가가 일상생활에 보다 깊이 침투하기 위한 구실이었을 뿐이다.

미즈노와 모리야는 모두 '문화정치'를 '수동적' 통치방법에서 '능동적' 통치방법으로의 변화라고 설명했다.[24] 다시 말하면, 식민 국가는

---

21) 「總督府及所屬官省に對する總督の施政方針訓示」(1919년 9월 3일) 참조. 이는 『시정방침』(1919년 9월 10일), 『朝鮮總督府施政年報』(大正 7~9년판), 부록 5~10쪽에 다시 게재되어 있음. 조선에 대한 일본통치의 기본원칙은 "일시동인(一視同仁)"이라는 어구로 표현될 수 있는데, 거칠게 해석하면 이는 모든 사람들을 동등하게 취급한다는 뜻이다. 이에 관해서는 『시정방침』, 9쪽을 볼 것.
22) 『朝鮮統治秘話』, 244~247쪽. 이 책의 뒷면에는 한복을 입은 미즈노의 사진이 실려 있다.
23) 水野廉太郎, 「牧民心書の紹介」, 『朝鮮』 79, 1921. 9, 52쪽.
24) 水野廉太郎, 「朝鮮統治の一轉機」, 『朝鮮』 79, 1921. 9 ; 守屋榮夫, 「朝鮮の開發と精神的敎化の必要」, 『朝鮮』 83, 1922. 1, 53쪽. 모리야는 다른 인종들

더 이상 누군가가 법을 위반하기를 기다리면서 순전히 억압적인 통제 방식에만 의존하지는 않겠다는 것이었다. 오히려 더 생산적이고 교묘한 형태의 권력을 통해 사람들의 일상에 능동적으로 침투하겠다는 것이다. '문화'라는 용어는 단지 관습적인 의미와 관련된 면을 의미할 뿐 아니라, 통치성을 촉진하는 규율권력과 생체권력의 국가기구가 확대되고 팽창되는 것을 의미했다. 이 같은 문화의 확장된 개념은 당시 정부 기록에서 분명히 확인될 수 있다. 예를 들어, '문화시설'을 위한 1920~1922년의 예산 지출에서 가장 큰 부분을 차지한 것은 경찰서의 건립과 설비 부분이었다. 조선에서 학교를 건립하고 기반시설을 개선하기 위한 기금 또한 예산에 포함되어 있었다.25)

미즈노는 '문화정치'가 강조하는 다섯 가지 주요한 사항을 다음과 같이 지적했는데, 치안유지, 교육의 확산, 경제발전, 기반시설 및 공공의료시설의 건립, 그리고 지방 행정의 개혁이 그것이다.26) '문화정치'의 다섯 가지 주요한 측면들은 국가의 팽창, 즉 억압적 국가기구와 이데올로기적 국가기구 모두의 확대를 필요로 했다. 식민 국가는 이제 식민지인들의 삶을 그물망으로 옥죄이듯이, 그 어느 때보다도 농촌 지역 깊숙이까지 침투할 수 있었다.

'치안유지'는 헌병경찰제에서 보통경찰제로의 변화를 지칭했다. 주민들은 헌병경찰을 특히 증오했고, 3·1운동 시기에 빈번하게 공격의 대상이 되었던 곳도 경찰서였다. 경찰력의 목표는 여전히 독립운동을 억압하는 것이었지만, 이제 국가는 다른 종류의 경찰, 즉 규율권력에

에 대한 "보다 적극적인 공감"을 요구하면서, 이를 강조하기 위해 영어 단어를 사용하기도 했다. 위의 글, 51쪽 참조.
25) 『朝鮮總督府施政年報』(大正 7~9年版), 69~71쪽 ; 「大正九年以後朝鮮總督府文化的施設豫算の主要なるもの」, 『朝鮮』 87, 1922. 6, 73쪽.
26) 水野廉太郎, 「朝鮮統治上の五大政策」, 『朝鮮』, 1921. 4, 1쪽 ; 「朝鮮統治の一轉機」, 5쪽.

보다 의존하는 경찰을 투입하게 되었다.

'문화정치'가 교육을 그토록 강조한 것은 놀라운 일이 아니다. 근대적 학교들 특히 기독교계통의 학교들이 3·1운동을 조직하는 데 핵심적인 역할을 했기 때문이다. '문화정치'에 있어 교육정책의 표면적인 목표는 조선의 교육체계를 일본과 유사하게 수립함으로써 차별의 주요한 요인을 줄이는 것이었다. 국가는 보통학교의 수를 두 배로 늘림으로써 세 개의 면마다 하나의 학교가 있도록 했고, 학년을 4년제에서 6년제로 바꾸기도 했다.[27] 그들의 계획에 따르면 보통학교보다 높은 수준의 학교 수도 늘리고 교육기간도 4년으로 연장해야 했다. '문화시설'을 위한 예산의 대부분이 이 같은 계획을 실행하기 위해 쓰였다.

조선경제의 '발전'이란 근본적으로 농업의 착취를 의미했다. 미즈노는 정치와 경제 사이의 근본적인 관계를 간파했기에, 조선의 경제 발전이 불평등을 완화하고 민중봉기를 진정시킬 수 있다고 주장했다. 이같은 목표는 쌀 생산량의 증대, 즉 산미증식계획을 통해 달성될 수 있었다. 이 계획의 궁극적 목표는 본국의 경제와 식민지 경제를 보다 긴밀히 통합하는 것이었다.[28]

기반시설 및 공공 의료시설의 개선은 조선에서 문화의 확산을 촉진시키는 데 필수적인 것으로 간주되었다.[29] 기반시설의 개선에서 초점을 둔 것은 철도와 도로의 건설, 그리고 수도관의 확장이었다. 공공의료에 있어 개혁의 초점은 국영병원의 건립과 위생수준의 향상이었다.[30]

---

27) 水野廉太郞, 「朝鮮統治の根本意義について」, 8~9쪽;「朝鮮統治の一轉機」, 7쪽.
28) 水野廉太郞,「朝鮮統治の一轉機」, 7쪽;水野廉太郞,「朝鮮の統治と産業」, 『朝鮮』78, 1921. 8, 1~8쪽.
29) 水野廉太郞,「朝鮮統治上の五大政策」, 3쪽.
30) 水野廉太郞,「朝鮮統治の一轉機」, 8쪽. 식민 국가의 공공 의료정책에 대해

미즈노는 식민지의 자치에 반대했지만,31) 지방정부에 자율성을 허용하는 데에는 찬성했다. '문화정치'의 일환으로 도, 군, 면 단위에서 협의회가 창설되었는데, 협의회의 목적은 지방자치에 대비하여 주민들에게 행정을 가르치는 것이었다.32)

'문화정치'의 목표는 식민관료들의 저술에서 자주 나타나는 '사회교화'라는 용어로 요약될 수 있다. 이 용어는 식민지인에 대한 제국주의적 인종차별주의 특유의 겸손한 척하는 태도를 함축한 것으로, 식민통치가 식민지인들을 위한 것으로 주장되기도 했다. 사회교화는 '문화정치'에 의해 세워진 기구들에 개인들이 종속된 결과가 누적되면서 달성될 것이다. 사람들의 에너지는 정치에서 문화로 이동할 것이었고, 다시 말하면 직접적인 억압보다는 오히려 관심의 전환이 이루어질 것이었다.

신체 뿐만 아니라 정신도 사회교화의 대상이었다. 미즈노는 외면적 측면을 발전시키는 것만으로 충분치 못하다고 느꼈다. 정신적 측면도 발달시켜야 했다.33) 조선에는 그 어떤 종교도 존재하지 않는다고 주장한 미즈노는 국가가 조선인들을 정신적으로 지도할 필요가 있다고 느꼈다.34) 미첼(Timothy Mitchell)이 이집트의 식민통치를 통해 분석했듯이, 정치권력은 "신체와 정신의 두 가지로 분리된 대상을 그 객체로 구성하려는 것처럼 보였다."35) 미첼은 권력 객체의 이러한 이중적

서는 박윤재,『한말-일제초 근대적 의학체계의 형성과 식민지배』, 연세대학교 박사학위 논문, 2002 참조.
31)『朝鮮統治秘話』, 161쪽.
32) 水野廉太郎,「朝鮮統治の一轉機」, 9쪽.
33) 水野廉太郎,「朝鮮統治の根本意義について」, 11쪽 ; 守屋榮夫,「朝鮮の開發と精神的强化の必要」, 49쪽 참조.
34) 水野廉太郎,「朝鮮統治の根本意義について」, 11쪽, 13쪽.
35) Timothy Mitchell, *Colonising Egypt*, Berkeley : University of California Press, 1988, 95쪽.

개념을 규율권력의 작동에 내재한 것으로 보았지만, 이 글은 20세기 초에 '문화'가 독자적인 개입의 영역으로 등장하면서 비로소 '정신'이 권력의 대상으로 나타나기 시작했다고 본다.

사회교화의 착상을 제공한 것은 외국 선교사들이었다.36) 한편으로 기독교는 식민관료들에게 있어 반일 감정을 촉진하는 위협이므로 약화되어야 할 것으로, 그리고 혹자에게는 3·1운동을 일으킨 정신적 힘으로 간주되었다.37) 1921년에 완료된 조선의 종교에 대한 총독부 조사에서는 "다른 종교들에 비해 기독교가 번성하고 있다"38)고 기록했다. 뿐만 아니라, 미즈노와 새로 임명된 관료들은 조선으로 향하기 전인 1919년 8월 24일에 재무장관을 역임했던 사카타니 요시오(阪谷芳郎, 1863~1941), 요시노 사쿠조(吉野作造, 1878~1933), 쓰나시마 가키치(綱島佳吉, 1860~1936), 그리고 구와키(桑木)와 같은 "조선전문가들"과 회의를 가졌는데,39) 이들 중 조합교회의 목사였던 쓰나시마는 『反日感情の問題とキリスト教徒』(1915년 출판)라는 책의 저자였다.

다른 한편으로 기독교 선교사들의 활동은 사회교화 계획의 모델을 제공하기도 했다. 미즈노와 모리야 모두 '문화정치'의 정책들을 설명하기 위해 기독교 선교사들의 활동을 인용하곤 했으며, 특히 선교사들이 학교, 병원, 그리고 다양한 종류의 사회 시설을 건립하는 것에 주

---

36) 水野廉太郎,「社會敎化事業について」,『朝鮮』77, 1921. 6, 3쪽.
37) 유사한 맥락에서 기타 사다키치(1871~1939)는 3·1운동을 이즈모(出雲) 신의 분노가 표현된 것으로 보고 있다. Oguma Eiji, *A Genealogy of 'Japanese' Self-images*, Melbourne : Trans Pacific Press, 2002, 101쪽.
38) 吉川文太郎,「朝鮮における各宗教の趨勢」,『朝鮮』93, 1922. 12, 144쪽.
39) 『朝鮮統治秘話』, 59쪽. "구와키"라는 인물은 아마도 구와키 겐요쿠(桑木翼)일 것이다. 그는 동경대학교의 철학과 교수로 다이쇼 민주주의 운동에 적극적이었던 신칸트주의 문화주의자로 주목받았다.

목했다.40) 미즈노는 한국에서 기독교 선교사들이 성공한 것을 보며, 식민지 사람들을 무지한 상태로 놓아둔 것이 정책적 실수였다고 생각했다.41) 그는 중등학교 교장들을 대상으로 한 연설에서 선교단체가 운영하는 학교의 교사나 교장이 고국으로 돌아갈 때면 아이들이 울음을 터뜨리는 반면, 공립 보통학교에서 같은 일이 있을 때 아이들은 기뻐한다고 지적했다.42) 일본 교육자들이 외국 선교사들과 같은 열정으로 아이들을 가르치지 않는다면, 아이들의 마음속에는 저항만이 싹틀 것이라고 그는 경고했다. 어떤 의미에서 식민 국가는 '문화정치'를 통해 선교사들의 활동을 세속적 차원에서 수행하려 했으며, 조선인들의 정신생활 속에 개입하려고 선교사들과 경쟁하고 있었다.

Ⅲ. 식민주의 민속학

사이드(Edward Said)가 지적했듯이, "인류학은 모든 근대 사회과학들 가운데 역사적으로 가장 식민주의와 밀접하게 얽혀있으며" 심지어 "식민주의의 시녀"라 불리기도 했다.43) 제국주의 열강들은 식민지인들에 대한 지식을 제공해 줄 수 있다는 점에서 인류학보다, 정확히 말하면 민속지학(ethnography)의 가치를 높이 평가했다. 어떤 점에서 보면, 식민지 사회에 대한 연구는 추출(extractive)의 성격이 있다는 점에서 제국주의와 유사했다. 제국주의의 경제제도가 식민지에서 자원을 추출하듯이 연구기관들은 지식을 추출했다.

---

40) 水野廉太郎, 「社會敎化事業について」, 3쪽.
41) 『朝鮮統治秘話』, 289쪽.
42) 水野廉太郎, 「朝鮮統治の根本意義について」, 15쪽.
43) Edward Said, *Culture and Imperialism*, New York : Vintage Books, 1994, 152쪽.

일본도 예외가 아니었다. 일본은 조선을 점령하기 전부터 한국에 대한 조사를 수행하기 위해 상당량의 자원을 투입했다. 식민통치 기간에는 조사를 전담하는 별도의 정부기관이 존재하지 않았다. 다른 근대 관료제에서처럼, 정보수집 기구들은 국가의 정상적인 기능 속에 포함되어 있었다. 식민 국가의 관료제는 유연한 접근을 펼칠 수 있도록 되어 있었다. 즉, 필요에 따라 조사를 감독, 조직, 출판하는 부서를 만들고 없앨 수 있었다. 결국 통치성의 발달에 발맞추어, 정보수집의 초점은 1919년 이후의 '문화정치'를 기점으로 경제에서 문화로, 그리고 조선 사람들의 정신생활과 민족적 정체성으로 이동했다. 식민 국가의 민속지 조사는 '조선 문화'를 지식의 고유한 대상으로 설정했다. 민속지의 목적은 단순히 일본의 점령을 정당화하는 것 뿐만 아니라 더 나아가 식민권력을 위한 새로운 목표를 설정해 주는 것이었다.

1876년 조선의 개항 이후 일본의 상인과 군대는 전국을 돌며 정보를 수집하고 때때로 이를 출판했다. 군대는 자연히 조선의 지리에 초점을 맞췄고, 상인들은 경제적 관습에 대한 정보를 구하려 했다. 1900년을 지나면서 이웃 나라에 대한 조사를 수행하는 여러 조직들이 일본에 등장했다. 이들은 전·현직 정부 관료들을 포함하고 있었으며 이따금씩 정부의 재정지원을 받았다는 점에서 준정부 기구의 특성을 띠었다.44)

조선에 대한 조사는 1907년 남만주철도조사국(이하 남만철)의 설립으로 새로운 단계에 접어들었다. 잘 알려져 있듯이 남만철은 동북아시아에서 일본 세력을 팽창시키는 데 전위적인 역할을 담당했는데, 남만

---

44) 박현수, 「일제의 침략을 위한 사회-문화 조사활동」, 『한국사연구』 30, 1980. 하나의 예로 아오야기 쓰나타로(1877~1932)를 비롯한 몇 명에 의해 조직된 조선연구회(朝鮮硏究會)를 들 수 있다. 최혜주, 「아오야기의 내한 활동과 식민통치론」, 『국사관논총』 94호, 2000도 볼 것.

철의 조사부는 지역의 전통 관습과 경제활동에 대한 정보를 제공하는 목적을 지니고 있었다. 조사부는 일류대학교의 전문 학자들을 동원하여 조사활동을 수행하고 감독했다는 점에서 큰 의미가 있다. 예를 들어, 도쿄대학교의 동아시아 전근대 역사학자인 시라토리 구라키치(白鳥庫吉, 1865~1942)의 제안에 의해, 1908년 조사국은 도쿄에 만선역사지리조사부를 설립했다. 시라토리는 조사국의 책임자로서 몇 명의 제자들을 데려왔는데, 이들 중 일부는 훗날 식민 정부에서 일하기도 했다.[45] 이들의 작업을 통해 일본의 민속학은 식민지의 행정 실무와 보다 직접적으로 연계되기 시작했다.

1905년 일본이 조선을 보호국화한 이후, 식민 국가는 경제영역의 개입에 필요한 법적 장치들을 만드는 데 초점을 두면서 조선에 대한 연구에 보다 직접적인 역할을 담당하게 되었다. 1906년에는 부동산법조사회가 설립되었고, 도쿄대학교 법대 교수인 우메 겐지로가 회장으로 임명되었다. 조사회의 활동은 토지등록제를 수립한 1910년대 토지조사사업의 선행 작업이 되었는데, 이는 나중에 식민 국가가 한국 농업에 개입하는 데 엄청난 힘으로 작용했다. 그들은 지방 관리들과 함께 일하면서 토지소유와 관련된 기존 관습을 전국적으로 조사했다. 위원회는 부동산법의 통과와 함께 해체되었고, 1908년에 조선 정부는 상법, 민법 등의 법률 제정에 대한 준비에 착수하기 위해 법전조사국을 설립했다.[46]

공식적인 식민통치가 시작된 후, 총독부는 1910년 9월에 취조국을

---

45) Stefan Tanaka, *Japan's Orient*, Berkeley : University of California Press, 1993, 236쪽, 241쪽 ; 이만열, 「일제 관학자들의 식민사관」, 『한국의 역사인식』(하), 창작과 비평사, 1995, 503쪽.
46) 박현수, 「조선총독부 중추원의 사회-문화조사 활동」, 『한국문화인류학』 12, 1980, 77~79쪽 ; 국사편찬위원회, 「일제의 식민지 '조사사업'과 조선총독부 중추원 조사자료」, http : //kh2.koreanhistory.or.kr.

설립하여 법전조사국의 업무를 넘겨받도록 하고 조사의 범위도 확대했다. 취조국의 임무는 법체계와 관련된 자료들과 함께 모든 종류의 정책들을 위한 '구관(舊慣)'에 대한 정보를 제공하는 것이었다. 취조국은 또한 왕실의 기록들과 한국어 자료들을 분류했다. 1912년 4월에 취조국이 폐지되면서 총독부는 그 업무를 참사관실로 넘겼다. 참사관실은 법체계와 관련된 조사는 계속한 반면 전통적인 지방 관습에 대한 조사는 중요시하지 않았다.47)

1915년 5월에 총독부 재편의 일환으로 중추원이 지방 관습에 대한 정보수집의 임무를 맡게 되면서, 식민 정부의 조사는 큰 변화를 겪게 된다. 그 이후 몇 년 동안 중추원은 '구관' 조사를 위한 주된 정부기관으로 활동하게 되었다.48) 잘 알려져 있듯이, 일본은 1910년에 조선을 합병하면서 중추원을 조선 엘리트들을 위한 기관으로 특히 일본의 '합병'에 크게 기여한 전직 정부 관료들을 위한 기관으로 변모시켰다. 중추원은 이완용 같은 가장 주요한 협력자들에게 직위와 돈을 제공했다. 정무총감은 중추원 의장을 겸임했으며, 중추원은 일본 통치의 첫 10년 동안 70명에서 90명의 회원으로 구성되었다.

1915년에 새로운 임무가 부여되었지만, 중추원의 구조가 즉각 변화한 것은 아니었다. 10여 명의 중추원 관료들이 조사업무에 투입되었을 뿐이다. 1918년에 중추원은 개편되었고, 이에 따라 조사과와 편집과가 신설되었다.49) 이 개편에 따라 조사 수행의 역량은 크게 증대되었는데, 이는 '문화정치'로 전환함에 따라 국가의 필요 또한 변화했음을 반영하는 것이었다.50) 조사과에는 일본인 관료만 있었고, 편집과에는 한

---

47) 박현수, 앞의 글, 80~81쪽 ; 國史編纂委員會,「日帝의 植民地 '調査事業'과 朝鮮總督府 中樞院 調査資料」참조.
48) 최석영, 『일제의 동화 이데올로기의 창출』, 서경문화사, 1997, 51쪽.
49) 『朝鮮總督府施政年報』(大正 7~9年版), 15쪽.

국인 관료와 일본인 관료가 섞여 있었다. 1912년부터 1922년까지 조사과에는 8~12명이 있었고, 규모가 조금 더 컸던 편집과에는 17~25명이 있었다.

1923년 중추원은 다시 개편되어 자문기관으로서의 기능에 주력하게 되었고, 대부분의 조사 업무는 이제 서무부의 조사과로 이전되었다. 서무부는 수년 간 총독관방 내에 속해 있다가 1920년에 외부로 이관한 부서였다. 1922년 서무부는 조사과를 신설했는데, 이는 지방 풍속에 대한 조사를 총괄하는 업무를 하나의 부서에 집중시키기 위한 것으로 보인다. 서무부 조사과는 젠쇼 에이스케(善生永助, 1885~?)의 감독 하에 조선의 전통적인 "5일장"에 대한 조사를 광범위하게 진행했다. 다른 주요한 조사사업의 하나는 무라야마 치준(村山智順, 1891~?)의 감독 하에 진행된 조선의 무속신앙에 대한 조사였다. 필요에 따라 총독부는 특정 분야에 대한 조사를 위해 특별위원회를 설치하기도 했다. 1924년에 총독부는 서무부를 폐지하고 그 조사활동을 총독관방 안에 설치된 문서과가 담당하도록 했다.51)

관료들의 규모가 상대적으로 적었던 것을 감안하면, 정부 부서들이 지방 관습에 대해 조사한 양은 상당했다. 이는 식민 국가의 감시기구와 규율기구들이 있었기에 가능했다. 조사자들은 이 기구들을 이용하여 단기간에 많은 양의 자료를 수집할 수 있었다. 예를 들어, 젠쇼는 "5일장"에 대한 조사를 수행할 때 장이 열리는 곳 근처의 각 도시와 마을에서 일하는 기차역무원들을 통해 자료를 수집할 수 있었다.52)

---

50) 이지원, 앞의 글, 70~71쪽.
51) 『朝鮮總督府施政年報』(大正 7~9年版), 38쪽 ; 國史編纂委員會,「日帝의 植民地 '調査事業'과 朝鮮總督府中樞院 調査資料」; 최석영, 앞의 글, 55쪽.
52) 國史編纂委員會,「日帝의 植民地 '調査事業'과 朝鮮總督府 中樞院 調査資料」.

무속신앙에 대한 조사에서도 무라야마는 각 도의 경부부장들에게 조사를 의뢰해서 그 결과들을 종합할 수 있었다.53) 마치 "민속지적 관찰"이 식민 국가의 주요한 기능으로 설정된 듯 했다.

중추원과 서무부의 조사원들은 정규 관료가 아닌 촉탁(囑託, 임시 고용인)이었다. 촉탁으로 임명되는 경로는 다양했다. 촉탁의 일부는 조사 임무를 부여받은 총독부 관료들이었다. 무라야마 치준은 촉탁이 되기 전에 경찰에서 근무했던 것으로 보인다.54) 대부분의 촉탁직은 필요에 따라 고용되는 학자나 외부 전문가들이었다. 촉탁 체계를 통해 식민 국가는 민속지 학자들을 고용하고, 민속학을 문화 영역에서 일어난 "정부 개입의 과학과 기술"로 이용할 수 있었다. 따라서 촉탁 업무는 '조선 문화'라는 영역을 식민권력의 대상으로 규정지을 수 있었다.

중추원에서 일했던 촉탁들 중에 세노 우마쿠마(瀨野馬熊)와 이나바 이와키치(稻葉岩吉, 1876~1940)가 있었는데, 이들은 남만철 조사국에서 일했던 시라토리의 제자들이었다. 세노는 1919년 편집국에 들어와서 역사자료를 수집하는 일을 맡았고, 이나바는 1922년에 고용되어 조선역사의 편찬 업무를 담당했다.55) 1921년 3월 중추원은 와세다 중학교의 지리 교사이자 유명한 아마추어 학자였던 오다우치 미치타카를 고용하여 농촌 마을에 대한 조사를 책임지게 했다.56) 역사학자, 지리학자, 인류학자, 고고학자가 생산한 민속성에 대한 담론은 행정업무와 긴밀히 연계되었다.

1919년에 이르러 인류학과 고고학은 일본 학계에서 독자적 영역을

---

53) 최석영, 앞의 글, 149~150쪽.
54) 최석영, 위의 글, 145쪽.
55) 朝鮮總督府,『職員錄』(1919·1923년), http://kh2.koreanhistory.or.kr.
56) 박현수,「조선총독부 중추원의 사회-문화조사 활동」, 90쪽 ; 朝鮮總督府,『職員錄』(1922년) 참조.

확보했고, 지도적 인물들이 제국대학들에 자리잡게 되었다. 이들의 주요 관심분야 가운데 하나는 일본의 민족적 기원을 밝혀내는 것으로 이들의 작업은 국가 민족주의를 지지하는 데 일조했다. 당시 토리 류조(鳥居龍藏, 1870~1953)와 같이 다수의 선구적 인류학자들은 이른바 '혼합민족이론'을 주장했는데, 이에 따르면 일본인은 아시아 대륙의 몇몇 인종들을 포함해서 여러 민족들이 혼합되어 형성되었다. 서구 식민주의 담론이 비서구 사람들을 원시문명의 잔재로 간주했듯이, 일본의 민족주의 담론은 아시아 대륙 특히 동북아시아를 일본 기원의 열쇠가 숨겨진 과거의 보고(寶庫)로 보았다. 심지어 몇몇 학자들은 소위 '일선동조론'에 따라 일본인과 한국인이 동일한 기원을 공유하고 있다고 주장하기도 했다.57) 일본은 종종 인종적 기원이 동일하다는 관념을 통해 조선의 지배를 정당화하기도 했다. 즉, 인종적 기원에 관한 일본의 담론은 일본과 조선의 차이를 부각시킴과 동시에 조선이 일본의 다민족적 정체성에 종속됨을 강조했던 것이다.

중추원의 조사내용은 '문화정치' 하의 정책이 문화에 기울여져 있음을 반영해주었다. 한편으로는 민법이나 상법과 관련된 관습들이 계속 조사되었다. 하지만 다른 한편으로 중추원의 작업은 조선의 지방관습을 더 강조했기 때문에 농촌 촌락에 대한 연구가 수행되었고, 조선역사의 편찬이 시작되었다.58) 조선의 국가기록에 대한 목록을 만드는 작업은 1923년까지 한 번도 체계적으로 수행되지 않았기 때문에 중추원은 이 작업을 계속했다. 지방 풍속에 대한 조사는 이제 법적 관습과 별도로 진행되었으며, 이 분리로 인해 '문화'는 고유한 지식의 대상이 되었으며 따라서 국가개입의 표적으로 규정되었다. 문화는 경제로부

---

57) Oguma, 앞의 책, 53~80쪽 ; 이지원, 앞의 글, 71~72쪽.
58) 國史編纂委員會,「日帝의 植民地 '調査事業'과 朝鮮總督府 中樞院 調査資料」; 박현수,「조선총독부 중추원의 사회-문화조사 활동」, 86~90쪽.

터 반자율적인 영역으로 인식되었다. 문화는 보통 사람들의 일상생활에 뿌리내리고 있으며, 문화에 대한 조사 범위는 의식주, 가족생활, 의료, 유흥을 모두 포함했다. 또한 예술, 종교적 믿음, 미신과 같은 일상생활의 보다 정신적인 측면들로 그 범위가 확장되었음은 물론이다.[59]

총독부는 조선 문화 중에서도 특히 무속신앙의 조사에 상당한 관심을 기울였다. 앞에서 언급했듯이, 무속신앙의 조사 담당자는 도쿄대학교 철학과 졸업생이던 무라야마 치준이었다. 그는 1919년 졸업 후 오래지 않아 총독부에서 근무하게 되었고, 같은 해에 중추원의 촉탁으로 임명되었다. 1923년에 서무부의 조사과로 자리를 옮긴 그는 그곳에서 1920년대 말에 진행했던 무속신앙에 대한 조사를 시작했다. 무라야마는 무속인들의 삶과 의례, 그들과 공동체의 관계는 물론이며 무속인의 수, 사회적 지위, 종류 등에 관한 정보를 수집했다.[60] 그는 1926년에 문서과로 다시 자리를 옮겼고, 그 때부터 1930년대 말까지 무속신앙에 대한 연구를 계속했다.[61] 그는 "풍속을 민중의 진정한 모습과 영속성의 현존하는 자취로서 학문화"함으로써 업적을 남겼다.[62]

총독부가 종교와 더불어 조선 사람들의 정신생활에 대한 조사에서 주된 초점을 둔 부분은 민족 정체성 더 구체적으로 말하면 문화의 기억이었다. 1910년에 공식적인 식민통치가 시작되기 전에도 이미 일본은 조선의 역사 특히 선사시대와 고대에 대해 조사하기 시작했다. 다른 근대국가들과 마찬가지로 자본주의로의 이행을 겪은 일본 또한 기

---

59) 國史編纂委員會,「日帝의 植民地 '調査事業'과 朝鮮總督府 中樞院 調査資料」; 박현수,「조선총독부 중추원의 사회-문화조사 활동」, 87쪽.
60) 무라야마가 수행한 한 조사의 목록은 최석영,『일제의 동화 이데올로기의 창출』, 152쪽에서 볼 수 있다.
61) 國史編纂委員會,「日帝의 植民地 '調査事業'과 朝鮮總督府 中樞院 調査資料」.
62) Harootunian, 앞의 책, 207쪽.

존에 있던 공동체적 정체성의 기반이 무너졌고, 안정적인 정체성의 새로운 근원을 찾는 작업은 종종 잃어버린 민족적 정체성의 '회복'이라는 형태를 띠곤 했다. 그리고 순수한 인종적 기원을 수립하기 위한 노력의 일환으로 정체성 회복의 과정은 고대로까지 거슬러 올라가게 되었다. 문서화된 증거가 부족했기 때문에 식민 국가는 고고학자들을 동원했다. 이들은 일본의 인종과 문명을 형성케 했던 인류의 이주 경로와 문화적 영향들을 추적하기 위해 동북아시아 대륙에서 작업을 했다.

조선은 이를 위해 많은 발굴과 조사가 진행된 장소였다. 사실 고고학적 발굴을 지원하고 역사 유물을 보존하는 것에 견줄 만큼 일본이 노력한 사업은 없었다.[63] 조사의 주된 초점 가운데 하나는 고대 한국과 일본의 관계였다. 식민지 시기의 연구는 한민족 정체성의 기원을 너무도 먼 과거 속에서 찾고 있었는데, 그 과거에 조선과 일본은 공통된 조상을 가지고 있었다. 이러한 연구는 두 나라가 공통된 기원을 가지고 있음에도 불구하고 조선은 역사발전을 경험하지 못한 채 약하고 뒤쳐진 상태에 있음을 보여주려는 목적을 지니고 있었다. 이 조사는 분명 일본 점령의 정당성을 세우고, 동시에 조선의 '전통'을 식민 국가의 개입 영역으로 규정하기 위한 것이었다. 달리 표현하자면, 이는 조선인들이 그들의 과거와 맺은 관계를 국가가 조정하려는 시도였다.

조선에서 이루어진 고고학 조사들은 아마 민속지 조사보다도 더한 정도로 제국대학들과 식민 관료제의 공동연구라고 할 수 있다. 도쿄대학교 인류학 연구소는 조선의 고고학 조사를 배후에서 추동하는 추진체였다. 1893년 연구소는 고분을 조사하고 유물을 수집하는 작업을 위해 야기 쇼자부로를 파견했는데, 이것은 일본인 최초의 조선에 대한 고고학 원정조사였다. 1902년에는 도쿄대학교 건축학과 교수인 세키

---

63) 최석영, 『일제의 동화 이데올로기의 창출』, 251쪽.

노 타다시(關野貞, 1867~1935)가 경주와 서울 그리고 개성에서 사찰, 궁전, 사당에 대한 조사를 수행했다.64)

1909년부터 더욱 많은 발굴이 진행되면서 식민 국가는 고고학 조사에 더욱 직접적으로 개입하게 되었다. 조사에 투입되는 비용과 노동을 감안할 때, 국가의 역할이 확대된 것은 당연하였다. 1909년 조선 정부의 탁지부는 세키노에게 역사유물에 대한 전반적인 조사를 요청했다. 1910년에 공식적인 식민통치가 시작된 후, 총독부는 도쿄대학교와 교토대학교의 학자들을 촉탁으로 고용했다. 또 교육부는 1911년부터 1915년까지 토리 류조, 이마니시 류(今西龍, 1875~1932), 구로이타 가쓰미를 고용하여 교과서 작성에 필요한 자료들을 수집하도록 했다.

고고학 조사들은 1910년대에 총독부가 실시했던 대규모 토지조사 사업의 한 부분으로 수행되었다. 학자들은 평양, 개성, 경주와 같은 고대왕국 수도의 유물들과 건축물들에 대한 정보를 수집했다.65) 두 조사(역주 : 토지조사와 고고학 조사)는 다른 지역들에서도 일제히 수행된 것으로 보인다. 예를 들어, 총독부 기록에 따르면 1913년에 토지조사가 함경남북도 지역을 제외한 전 지역에서 이루어졌는데, 고고학 조사 또한 이 지역만을 제외하고 이루어졌다.66) 두 조사사업은 조선 땅에서 추출할 만한 가치의 원천을 찾아낸다는 데 목적을 공유하고 있었다. 덧붙여 토지조사에는 지방정부와 경찰의 협력이 동반되었음이 이미 잘 알려져 있는데, 고고학 조사에서도 이들은 아마 협조적이었을

---

64) Hyung Il Pai, *Constructing Korean Origins : A Critical Review of Archaeology, Historiography, and Racial Myths in Korean State-Formation Theories*, Cambridge : Harvard University Asia Center, 2000, 25쪽.
65) 위의 책.
66) Chosen Sotokufu, *Annual Report on Reforms and Progress in Chosen (Korea), 1913-14*, 1915, 9~10쪽. 역사 유물들에 대한 조사는 "북 간교[함경도]와 및 남 간교의 여섯 지구를 제외한" 모든 곳에서 완료되었다.

것이다. 조선 무속신앙에 대한 조사와 마찬가지로, 고고학 조사 역시 식민 국가기구의 동원을 수반했다.

1916년은 조선에서 고고학 조사가 전환점을 맞이한 해였다. 그해 7월에 총독부는 고적조사위원회를 설치하고 "역사유물"의 보존에 관한 법규를 제정했다.67) 위원회의 목적은 식민 국가를 위해 고고학 발굴 사업과 보존 사업을 조정하는 것이었다. 또 법규들은 역사유물에 대한 등록 제도를 효과적으로 수립했다.68) 예를 들어, 유물이나 유적을 발견한 사람은 이제 지방정부에 보고해야만 했다. 1915년 말에 총독부는 박물관을 건립했고, 위원회의 많은 구성원들이 박물관 위원회에서도 일했다.69) 이러한 변화를 통해 총독부는 전승되어온 조선의 유적과 이에 대한 고고학적 조사를 확고히 지배하게 되었다.

정무총감은 중추원과 함께 고적조사위원회를 관장했다. 이 위원회에는 약 25명의 위원이 있었는데, 그들은 주로 총독부 관료이거나 세키노, 이마니시, 하마다 고사쿠(교토대학교)처럼 제국대학의 학자들로서 촉탁직에 임명되었다. 실질적인 보존 업무는 토목부에서 담당했다. 중추원처럼 고적조사위원회도 일본의 고고학과 식민행정의 업무를 연결하는 통로가 되려고 했다. 그들은 조선의 '전통'에 대한 담론을 생산함으로써 식민 국가가 조선인들의 정신생활에 보다 깊이 침투할 수 있도록 도와주었다.

1921년 총독부는 교육부 안에 고적조사과를 신설했다. 이 개편은 고고학 조사를 수행하는 방식이 변화했음을 의미하는 것이다. 이제 총

---

67) 『朝鮮總督府官報』, 1916년 7월 4일 ; 최석영, 『일제의 동화 이데올로기의 창출』, 270~271쪽.

68) Hyung Il Pai, "The Creation of National Treasures and Monuments : The 1916 Japanese Laws on the Preservation of Korean Remains and Relics and Their Colonial Legacies," *Korean Studies*, 25, no.1, 2001.

69) 朝鮮總督府, 『職員錄』 참조.

독부는 조선 내의 학자와 기술자들이 제국대학교 학자들의 지도 하에 현장조사를 수행하도록 했다. 또한 새로운 학자들을 조선으로 불러들이기도 했다. 1924년에 고적조사과가 폐지되면서, 그 업무는 종교과로 넘겨졌다.[70]

고적조사위원회는 1916년 조직되자마자 5개년 조사계획을 수립했는데, 이 계획은 위원회에 소속된 대부분의 학자들이 일선동조론의 지지자들이었음을 반영하는 것이었다.[71] 일선동조론은 반일 민족주의의 기반이 될 수 있는 '조선인 고유의 인종적 기원론'을 반박하려 했다. 이들이 일반적으로 사용했던 전략은, 외국이 조선을 지배했던 시기들을 강조하고 조선의 역사를 일본 역사의 한 지류로 흡수시키며, 조선은 내부의 역사적인 동력을 가지고 있지 않아서 내재적으로 외세에 의존적이라는 사실을 보여주는 것이었다. 예를 들어, 학자들은 조선의 역사와 일본의 건국신화가 연결되어 있음을 보여주려 했고, 아마테라스(天照, 일본의 신화에 등장하는 태양과 하늘의 여신)와 형제인 스사노오(素嗚)가 신라의 지배자였음을 밝히기 위해 노력했다.[72] 그들은 또한 불교를 부각시킴으로써 일본과 조선의 동일한 전통을 강조하고, 유교의 중요성을 약화시켰다.[73]

1916년에서 1921년 사이에 110건이 넘는 발굴이 조선에서 이루어졌

---

70) 최석영, 앞의 글, 278~279쪽.
71) 최석영, 앞의 글, 276쪽 ; 鳥居龍藏, 「有史以前における朝鮮と周圍との關係」, 『朝鮮』 101, 1923. 9. 최석영은 1918년에 이른바 '교토학파'가 한국의 고고학 연구를 지배하게 되었고, 바로 그들이 일선동조론의 강력한 지지자들이었다고 주장한다.
72) 가령, Oda Shogo, 「古代における內鮮交通傳說について」, 『朝鮮』 102, 1923. 10, 33~35쪽 ; Oguma, 앞의 책, 67쪽 볼 것. 심지어 어떤 이는 단군과 스사노오가 동일인물이라고 주장하기도 했다. 최석영, 『일제하 무속론과 식민지 권력』, 서경문화사, 1999, 116쪽 참조.
73) 최석영, 『한국근대의 박람회-박물관』, 서경문화사, 2001, 100쪽.

다.74) 총독부가 조선 전역에서 고고학 발굴조사를 수행하면서 특히 집중했던 지역은 경주와 평양이었다. 경주 지역에서 고고학자들은 가야국 내에 일본의 식민지였던 임나가 있었다는 증거와 전설적인 황후인 진구(神功皇后)가 한반도의 왕국들을 정복했었다는 증거를 찾으려 했다. 가야 지역에는 많은 고인돌이 있었는데, 1916년에 토리는 이 지역에 대한 조사를 시작했다.75) 이는 조선이 역사적으로 일본의 식민지였다는 사실을 밝힘으로써 일본의 식민지배를 정당화하기 위한 노력의 일환이었다.

평양 지역에서 고고학자들은 중국 한나라의 영토로 주장된 낙랑의 위치를 찾으려 했다. 1911년 토리는 이 지역에서 발견된 한나라의 유물들을 바탕으로 낙랑은 평양 남부에 위치해 있었다고 주장했다. 또 1916년에 고고학자들은 수년 전에 발견된 열 개의 낙랑 고분에 대한 조사를 처음 시작했다. 그들은 특히 토성리 요새에 큰 관심을 기울였는데, 세키노는 이 요새가 바로 낙랑 지역이라고 믿게 되었다.76) 낙랑의 영토가 있었다는 사실의 증명은 곧 조선인들이 내재적으로 후진적이고 외세의 지도에 의존적이라는 관념을 뒷받침함으로써 현재 일본의 지배를 정당화하는 것이었다.

1919년에 '문화정치'로 전환한 이후 일본의 관변학자들은 조선인의 본질적인 인종적 특성을 규정하기 위해, 즉 영원한 불변의 정체성을 밝히기 위해 고고학, 민속지, 역사학에서 이전보다 세련된 분석을 시도했다. 역설적이게도, 그들은 조선인은 본질적으로 독자적인 정체성

---

74) Pai, *Constructing Korean Origins*, 30쪽 ; 최석영, 『일제의 동화 이데올로기의 창출』, 275쪽 참조.
75) 최석영, 위의 글, 269쪽, 313쪽.
76) Pai, 앞의 글, 133, 160~161쪽. 이 지역에는 1934~37년까지 대규모 발굴이 이루어지지 않았다.

이 결여되어 있는 것으로 규정했다. 타율성과 사대주의라는 용어에서 표현되듯이, 조선인들은 본래 의존적이고, 역사가 결여되어 있으며, 강대국의 지도를 필요로 한다고 간주되었다.[77] 그리고 조선의 민족적 정체성에 대한 지식을 '규율화(disciplinization)'함으로써 이러한 시각은 인종적 편견의 표현 이상의 무엇이 되었다. '규율화'의 과정을 통해 '문화'는 일상생활 수준에서 국가가 '개인의 행동에 개입'하는 영역으로 규정되었다.

Ⅳ. 문화정치의 국가기구

'문화정치' 하에서 식민 국가의 개편은 문화 영역에 개입할 정부기구들의 신설을 포함했다. 한편으로 각 도와 군의 관청들이 '사회교화' 프로젝트를 수행하기 위해 개편되었다. 총독부 자료 중에는 충청북도 행정기구의 개편에 관한 상세한 정보가 남아있다.[78] 이에 따르면, 개편사업은 두 범주, 즉 도와 군의 관청에 관한 부분과 학교에 관련된 부분으로 나누어진다. 첫째, 군청은 총독부의 개편과 마찬가지로 지역 상황과 전통 관습에 대한 조사를 수행하는 위원회를 설립했다. 또한 지방 관청들은 청년회를 감독하고 영화청(映畵廳)을 설립하며 일본 관광을 조직하는 등의 사업을 담당했다. 둘째, 정부 관청들은 소학교와 보통학교에 순회강연과 사교모임을 조직했다. 사교모임들은 사교활동 외에 유명인사의 강연을 후원하고, 소풍과 독서모임을 조직하며, '지역 발전'을 위한 조사를 수행하는 활동을 했다.[79] 조직개편의 명시

---

77) Pai, 위의 글, 37쪽.
78) 忠淸北道廳, 「社會敎化事業一般」, 『朝鮮』, 1923. 3, 195~207쪽.
79) 위의 글, 203쪽.

적인 목적은 "(사람들의) 일상생활을 개선하는 것"[80]이었으며, 이렇게 신설된 조직들은 식민 국가가 규율권력을 통해 일상생활에 깊이 침투하고 식민지인들의 삶에 일찍부터 영향력을 행사할 수 있게 해주었다.

다른 한편으로 총독부는 식민지인들의 정신생활을 규제하기 위한 문화 기구도 설립했다. 설립 목적은 다양한 형태의, 때로는 탈중심화된 형태의 종교적 행동들을 규율함으로써 식민지 시민사회에 통제력을 행사하려는 것이었다. 식민 국가는 또한 조선인들의 민족적 정체성을 진작시키기도 했는데, 그 정체성은 다민족적인 일본 민족주의 아래로 종속되는 것이었다. 이 두 가지는 식민통치가 완전히 억압적인 접근에서 보다 "생산적인" 접근으로 이동했음을 보여주는 것이었다. 공립학교 체계는 문화정책이 수행되는 주요한 공간이었는데, 이는 총독부와 지방정부들이 문화제도를 설립하면서 더욱 강화되었다. 교육체계와 문화기구들은 문화 영역 내로 '자율성'이 제한된 식민 주체를 만들어내는 데 협력했다.[81]

미즈노는 조선미술전람회를 '문화정치'의 "가장 모범적인 방법"으로 여겼다. 1921년에 미즈노는 마쓰무라에게 조선 예술의 발전을 위한 계획을 구상해 줄 것을 요청했다. 마쓰무라는 예산의 제약을 감안하여 미술전람회를 생각해냈다. 이에 따라 미즈노는 총독관방의 참사관이던 와다 이치로(和田一郎)를 전람회 조직위원회의 위원장으로 임명했다. 위원회는 일본의 미술학교 교원들로 심사단을 구성하고, 일본과 조선의 미술가들에게 작품 제출을 부탁했다. '문화정치'의 다른 측면들과 마찬가지로, 전시회를 위해서도 식민 국가와 일본 엘리트 교육제도 사이의 협력이 필요했다. 168명의 미술가들이 참여하고 215점의 작

---

80) 위의 글, 204쪽.
81) Mitchell, 앞의 글, 105쪽. "'민속학'의 기술(記述)적인 과정과 학교의 규율적인 실천은……식민 정치의 새로운 주체를 만들어내기 위해 함께 작동했다."

품이 출품된 제1회 조선미술전람회가 1922년 6월 서울에서 열렸고, 이 전람회는 그 후에도 1940년대까지 매년 개최되었다. 한국인들이 정치에 지나친 관심을 기울이고 있다고 느낀 미즈노는 그들의 에너지를 예술로 전환시키고자 했다.[82] 전람회는 식민지인들의 행위를 문화의 생산과 소비로 옮겨놓으려는 '문화정치'의 한 축소판이었다.

1. 종교

1919년 전까지 종교관련 문제들은 내무부의 제1과가 담당했다. 그러나 '문화정치' 하에서 국가기구가 개편되면서 총독부는 교육부 내에 종교과를 설립했다. 종교과는 세 주요 종교인 불교, 기독교, 그리고 신토(神道) 관련 문제들을 맡았다. 천도교를 포함한 다른 종교들은 "기타 종교들"로 분류되어 경무국의 관할 하에 있었다.[83]

처음 몇 해 동안에 종교과는 세 명에서 다섯 명의 일본인 정규 관료만이 있어 상대적으로 작은 규모의 부서였다.[84] 그들 중 두 명은 기독교인이었는데, 이는 총독부가 조선의 기독교를 중요하게 다루었음을 보여주는 것이다. 종교과 역시 다른 관청들과 마찬가지로 전문가들을 촉탁으로 고용하여 특별 업무를 담당하게 했다. 예를 들어, 외국 선교사들과의 소통을 용이하게 하기 위해 종교과는 영어에 능통한 일본 기독교인을 촉탁으로 고용했다.[85] 부서의 작은 규모에도 불구하고

---

82) 『朝鮮統治秘話』, 251~253쪽, 284~285쪽. 미술전람회의 개최에 대한 보다 자세한 내용에 대해서는 이중희, 「조선미술전람회 창설에 대하여」, 『한국근대미술사학』 3호, 1996.
83) 『朝鮮總督府施政年報』(大正 7~9年版), 153쪽 ; 吉川文太郎, 『朝鮮の宗教』, 朝鮮印刷, 1921, 6쪽. 최석영, 앞의 글 88쪽 ; 『朝鮮統治秘話』, 282쪽 참조.
84) 朝鮮總督府, 『職員錄』 참조.
85) 나카라이 기요시, 『朝鮮の統治と基督教』(改訂版), 朝鮮總督府, 1923, 15쪽.

종교과는 식민지의 종교생활에 개입할 수 있는 수단을 가지고 있었는데, 그 이유는 '문화정치' 하의 개편 특히 교육과 경찰의 개편으로 개인의 삶에 대한 감시와 통제가 증가했기 때문이다.

종교과의 첫 세 과장은 나카라이 기요시(1888~?), 마쓰무라 마쓰모리, 그리고 하기와라 히코조(萩原, 1890~1967)였다. '문화정치' 초기의 다른 고위관료들처럼 그들 역시 도쿄대학교 법학과 졸업생들이었다. 나카라이는 조선에 오기 전에 내무성의 관료였고, 마쓰무라는 지방정부에서 여러 직책을 맡았었으며, 하기와라는 공무원 시험에 합격하자마자 총독부로 발령받은 것 같다.[86] 종교과의 위치는 교육정책과 종교정책이 긴밀히 관련되어 있음을 보여주고 있다. 사실 1920년대 초까지 마쓰무라와 나카라이는 같은 시기에 교육부 내에서 각각 종교과와 학무과의 책임자로 근무했었다.[87]

종교과의 행정업무는 불교 사찰에 대한 감독과 신토의 관료 자격시험 주관을 포함하였다. 또한 조선의 종교에 대한 조사도 수행했다. 1921년 말에는 종교과의 관할 아래 세 종교에 대한 주요 조사가 완료되었다. 종교과는 조선 기독교에 대한 조사를 위해 감리교 목사이자 전 구세군 관리였던 요시카와 분타로(吉川文太郎)를 고용했다.[88] 그의 업무에는 자료 편집과 교회 방문이 포함되었다. 조사 결과들은 총독부뿐만 아니라 일본 기독교 교회의 선교위원회에도 보고되었다.[89]

---

86) 秦郁彦, 『戰前期 日本官僚制の制度組織人事』, 170쪽, 180쪽.
87) 朝鮮總督府, 『職員錄』(1922・1923년), 조선총독부. 총독부의 *Annual Report*에서 *Gakumuka*는 본래 '교육과'로 번역되어 있었으나 이후 '학무과'로 바뀌었다.
88) 吉川文太郎, 『朝鮮の宗教』, 1쪽.
89) 吉川文太郎, 「朝鮮における基督教各派」, 『朝鮮』, 1920. 7, 23~24쪽. 『職員錄』에는 吉川文太郎라는 이름이 등장하지 않는다. 하지만 그는 『朝鮮』 93(1922. 12)의 기사를 통해 촉탁직으로 분명히 확인된다.

'문화정치'는 총독부 정책의 주된 방향이 종교로 이동했음을 보여주었다. 종교정책의 일반적인 목적은 그대로였다. 즉, "종교가 정치문제에 쉽게 개입하는 경향"[90]을 막으려는 것이었다. 나카라이는 "조선에서 종교와 정치의 결합은 만성적인 고질로 간주해야 한다"[91]고 생각했다. 하지만 종교를 억압하는 대신 식민 정부는 이제 조선의 통치에 있어 종교를 이용하기 시작했다.[92] 총독부 관료들의 변화된 태도를 보여주었듯이, 마쓰무라는 종교조직이 자신의 종교를 발전시키는 것 외에도 사회 일반의 윤리교육을 위해서도 유용할 수 있다고 주장했다.[93]

종교정책은 관료적 집중화를 통해 종교생활을 규율화(즉, 합리화)하려고 노력했다. 한 가지 방법은 조선의 종교를 일본의 종교와 통합하는 것이었고, 또 다른 방법은 국가기구의 창설을 통해 종교조직의 운영과 의식을 제한함으로써 직접적인 억압의 필요성을 줄이는 것이었다. 식민 국가는 이러한 조치들을 통해 종교의 "자율적인" 영역을 창출하고, 이를 통해 종교가 저항의 정치를 동원할 수 있는 능력을 서서히 약화시키려 했다.

1910년대에 총독부의 기독교 정책은 억압적인 것이었으며, 기독교를 약화시키거나 최소한 성장을 억제시키려는 데 초점을 두었다. 직접적인 억압의 가장 분명한 예로는 1911년의 '105인 사건'과 이에 관련된 일련의 재판들을 들 수 있다. 외국선교사들의 존재가 직접적 억압에 대한 일종의 방패막이 되었기 때문에, 식민 국가는 종교와 교육의 분리를 강요하는 정책을 통해 그들 힘의 근원인 학교를 약화시키려

---

90) 吉川文太郎, 『朝鮮の宗敎』, 5쪽.
91) 나카라이 기요시, 『朝鮮の統治と基督敎』, 13쪽.
92) 최석영, 『일제하 무속론과 식민지 권력』, 127쪽.
93) 松村松盛, 「民衆敎化の運動」, 『朝鮮』 94, 1923. 1, 14~15쪽.

했다. 회사법과 유사하게, 1911년의 '사립학교규칙'은 종교재단의 학교를 포함한 모든 학교들이 설립 이전에 총독부의 허가를 받도록 규정했다. 또 1915년에 총독부에 의해 개정된 '사립학교규칙'은 사립학교에서 종교과목을 가르치거나 종교의식을 수행하지 못하도록 금지했다. 그리하여 1910년대에 개신교 교회들은 완만한 성장세를 경험했지만, 등록학생 수가 크게 줄어들지 않았음에도 불구하고 학교의 수는 감소했다.94) 총독부는 또한 일본의 조합교회가 수행하는 선교활동을 지원함으로써 조선 기독교를 일본 교회의 통제 아래 두려 했다. 1911년에 포교활동을 시작한 일본의 조합교회는 1918년까지 149개의 교회와 13,631명의 신도를 보유하기에 이르렀다.95)

총독부는 '문화정치'로 전환하면서 기독교 자체를 억압하기보다는 그것을 통제하는 데 초점을 두었다. 1920년 총독부는 허가제를 폐지하고, 교육정책의 개정을 통해 사립학교에서 종교과목을 가르치고 종교의식을 행하도록 허용했다. 또한 총독부는 같은 해에 종교단체가 재단법인으로 등록하는 것도 허용했다. 그리하여 1920년대에 개신교는 성장을 계속했고, 기독교 학교의 수는 더 이상 줄어들지 않았으며, 등록학생 수는 크게 증가했다.96) 이러한 변화는 외국 선교사들이 조선에서 보다 안정적으로 활동할 수 있는 환경을 제공해 주었다.

기독교에 대한 정책변화의 또 다른 표시는 조합교회가 1921년 10월 조선에서 선교활동을 마치고 그 산하에 있던 개별 교회들을 독립시킨 것이다.97) 미즈노는 외국 선교사들과 직접 만나서 총독부의 정책을

---

94) 윤선자, 『일제의 종교정책과 천주교회』, 경인문화사, 2001, 57~58쪽, 60~61쪽. 통계수치는 이 책의 211~212쪽의 표에서 따온 것이다.
95) 한석희, 『일제의 종교 침략사』, 김승태 옮김, 기독교문사, 1990, 83쪽.
96) 윤선자, 앞의 글, 211~212쪽 참조.
97) 한석희, 앞의 글, 96~97쪽. 포교 활동이 끝난 후 조합교회의 회원은 1920년 14,952명에서 1927년 1,927명으로 크게 감소했다.

설명하는 노력을 아끼지 않았고, 1921년 9월에는 연합 개신교 복음교회 선교위원회의 연설 요청을 받아들이기도 했다.[98] 식민 국가는 선교활동의 자유를 허용하는 한편 감시수행 능력의 증대와 국가기구의 설립을 통해 식민지 시민사회의 중심인 조선 기독교에 개입할 수 있는 능력을 강화한 것이다. 선교사들이 종종 종교과를 방문해서 종교와 관련되지 않은 문제들에 대해서도 관료들과 상의하게 됨에 따라 나카라이는 종교정책의 변화가 기대했던 효과를 가져왔다고 주장했다.[99]

총독부의 불교 정책은 1919년 이후에도 크게 변하지 않았다. 총독부가 그전에 이미 불교에 대한 관료적 지배체계를 수립했기 때문이다. 기본 정책은 1911년 6월에 '사찰령'의 공포를 통해 제정되었다. 총독부는 조선 불교를 국가의 감독 하에 있는 중앙집중화된 체계로 재조직했다. 전국은 각각 하나의 본산이 있는 서른 개의 지구로 나뉘었고, 그 외의 모든 사찰은 각 본산의 관할 아래 놓였다. '사찰령' 이후 총독부는 사찰 내의 사람들과 종교 의례에 영향을 미침으로써 불교에 대해 지배력을 행사할 수 있었다. 총독부는 본산 주지의 선출을 승인하는 권한을 지녔고, 다른 사찰들의 주지는 지사의 승인을 받아야 했다. 또한 총독부는 토지와 건물뿐만 아니라 서적, 예술작품과 같은 모든 재산의 거래에 있어 허가를 받도록 했다. 사찰 내 의례와 규칙에 대해서도 승인을 받도록 했고, 천황을 위한 의식을 수행하는 날들을 명문화하기도 했다.[100] '문화정치'로 전환되기 전에도 이미 총독부는 기독교보다 엄격한 통제체계를 불교에 대해 설립했다. 더불어 기독교의 경

---

98) 『朝鮮統治秘話』, 196쪽, 201~202쪽, 282쪽.
99) 나카라이 기요시, 『朝鮮の統治と基督教』(改訂版), 朝鮮總督府, 1923.
100) 吉川文太郎, 『朝鮮の宗教』, 49~51쪽 ; 서경주, 「일제의 불교정책 - 사찰령을 중심으로」, 『불교학보』 19권 1호, 1982, 100~102쪽. 30개의 주요 사찰 목록에 대해서는 吉川文太郎, 위의 글, 52쪽 참조.

우와 마찬가지로 많은 수의 일본 불교교파들이 식민지에서 포교활동을 할 수 있도록 도왔다. 조선이 식민지가 되기도 전에 네 개의 불교교파들이 이미 활동하고 있었고, 1920년까지는 16개 교파의 236개 포교단이 활동하기에 이르렀다.101)

1910년대에 총독부는 무속신앙을 탄압의 대상으로 삼았다.102) 무속신앙이 조선에 있어 종교생활의 중심이자 민족적 정체성의 본질이라고 간주했기 때문이다. 또한 식민 국가와 연구자들 모두 무속신앙이 조선의 후진성을 낳는 주요 원인이라고 보았다. 즉, 무속신앙의 존재가 일본의 점령을 초래했다는 식으로 침략의 정당화가 되었던 것이다. 무속신앙의 근절은 일본이 스스로를 근대화 세력이라고 주장하는 또 다른 구실이 되었다. 따라서 스승청, 선방청과 같은 기존의 많은 무속신앙 조직들은 20세기 초에 사라졌다.103)

'문화정치'로의 전환과 함께 총독부는 조선 무속신앙에 대한 태도를 바꾸었다. 촉탁으로 고용된 토리와 같은 학자들은 조선의 무속신앙이 원시적 형태의 신토 종교의 유습이라고 논하면서 총독부의 탄압에 반대했다.104) 또 무라야마 치준은 무속신앙이 일본의 신토에 편입되어야 한다고 생각했고, 그의 조사도 이러한 정책을 위해 필요한 정보들을 식민 국가에 제공하는 데 목적을 두었다.105)

총독부는 조선의 무속신앙을 통제하기 위해 우선 1920년에 숭신인조합의 창설을 허가했다. 창설자는 김채현이라는 한국이름을 가진 고미네 겐사쿠(小峯源作)였으며, 창설의 목적은 분산되고 탈집중화된

---

101) 『朝鮮總督府施政年報』(大正 7~9年版), 146~147쪽.
102) 최석영, 『일제의 동화 이데올로기의 창출』, 129쪽.
103) 위의 글, 108~111쪽.
104) 최석영, 『일제하 무속론과 식민지 권력』, 37~39쪽.
105) 최석영, 『일제의 동화 이데올로기의 창출』, 156~159쪽.

무속인들의 활동을 조정하기 위한 중앙 협의체를 만드는 것이었다. 숭신인조합은 모든 무속인들에게 회원이 되어 높은 회비를 내도록 요구했다. 그럼에도 이 조직은 규칙을 강제하는 식민 경찰의 후원으로 인해 성공할 수 있었다. 서울에는 중앙 사무소가 세워졌고, 전국에 걸쳐 80여개의 지부가 만들어졌다.106)

총독부는 또한 무속인들을 신토 종교로 개종시키려 노력했다. 메이지 유신 이후 일본 정부는 신토를 국가 종교로 설립한 후 많은 토착 종교들을 신토의 종파로 변모시켰다. 또 조선의 지배가 시작된 1910년 이후에는 신토가 외국에서 포교활동을 할 수 있도록 허용하는 법령을 공포했다. 조선에 정착한 일본인들 사이에서 이미 퍼져있던 텐리쿄(天理敎)와 콘고교(金光敎)를 비롯한 네 개의 신토 종파가 교세를 확장하기 시작했다. 1920년에는 총독부가 허가에 대한 규정을 삭제함으로써 종파들의 포교활동은 더욱 용이해졌다. 결국 1930년대까지 열 개의 분파가 활동하게 되었으며, 1910년대에 6,800명에 불과했던 조선인 개종자의 수도 1940년대까지 20,400명에 이르게 되었다. 기독교와 비교할 때 개종자의 수가 많지는 않았지만, 개종자의 일부가 무속인이었다는 점에서 신토의 영향력은 그 숫자 이상이었다.107)

총독부의 종교 정책은 국가 종교인 신토를 육성하는 데 치중했다. 식민통치 이전에 신토는 재한 일본인들에게 한정되어 있었고, 1910년에는 총 12개의 사당이 있었다. 1915년 8월 총독부는 '신사사원규칙(神社寺院規則)'을 공포했다. 당시에 있던 대부분의 사당들이 공식 사당으로 인정받았고, 식민 국가는 신토를 더욱 효과적으로 지배할 수 있게 되었다. 사당이 없는 지역에는 사당을 새로 짓기도 했다. 결국

---
106) 최석영, 『일제하 무속론과 식민지 권력』, 90~95쪽.
107) 위의 글, 77~86쪽 ; 최석영, 『일제의 동화 이데올로기의 창출』, 113~119쪽 ; 『朝鮮總督府施政年報』(大正 7~9년版), 146쪽.

사당의 수는 '문화정치' 초기에 급격한 증가세를 보였다. 1920년에는 36개의 중요 신사(神社)와 46개의 작은 신사(神祠)가 있었는데, 1925년까지 그 수는 42개의 신사(神社)와 108개의 신사(神祠)로 증가하였다.108)

'문화정치'에서 가장 큰 비중을 차지한 사업의 하나가 조선신사의 건설이었다. 중앙신사에 대한 논쟁은 식민통치가 시작된 이래로 계속 있어왔다. 중앙신사는 대만에서 1900년에, 사할린에서 1910년에 세워지기도 했다. 총독인 하세가와가 1918년 11월에 중앙신사의 건설을 제안한 후 논쟁은 더욱 가열되었다. 중앙정부는 1919년 7월에 그의 제안을 승인하고, 1,560,000엔의 예산을 책정하면서 이를 관폐대사로 분류했다. 일제의 모든 주요 신사들과 마찬가지로 이 중앙신사 또한 이세신사(伊勢神社)의 관할 하에 놓여졌다. 그리고 하세가와의 제안에 의해 중앙신사의 위치는 남산으로 결정되었고, 1920년 5월에 건설이 시작되었다. 설계도에 따라 127,900평 대지에 15개의 건물이 들어섰고, 1925년 9월에 건설이 완료되었다.109) 신사의 이름은 완공되기 전에 조선신궁(朝鮮神宮)으로 변경되었다.

다른 신토종교의 신사들과 마찬가지로 조선신궁이 모시는 주된 신은 아마테라스(天照)와 메이지 천황(明治天皇)이었다. 완공식을 위해 다이쇼 천황은 메이지 천황검(天皇劍) 가운데 하나를 조선신궁으로 보내 안치하도록 했다. 조선신궁이 개관한 직후 안치될 신들에 대한 논쟁이 있었는데, 이는 '문화정치'의 한계를 보여주는 것이다. 몇몇 신

---

108) 손정목, 「조선총독부의 신사 보급-신사참배 강요정책 연구」, 『한국사연구』 58, 1987, 111~112쪽. 영문으로 작성된 총독부의 *Annual Report*에서 신사(神社, *jinja*)는 "중요한 신사"로, 신사(神祠, *shinshi*)는 "낮은 등급의 신사"로 번역되어 있다.
109) 손정목, 위의 글, 112~114쪽 ; 최석영, 『일제의 동화 이데올로기의 창출』, 125쪽.

사 관리들은 단군도 신사에 모셔야 한다고 건의했고, 심지어 어떤 이는 '단군'이 스사노오의 또 다른 이름일 뿐이라고 주장하며 이 건의를 지지했다. 하지만 총독부는 단군의 역사적 사실성을 의심하고 조선인들의 반응도 염려하면서 이 건의를 무시했다.[110] 이 거절은 곧 '문화정치'가 식민 주체들에 대한 평등을 선언했음에도 불구하고 사실은 식민지의 차별성을 유지하면서 이를 일본의 다민족적 민족주의 내에 종속시키려 했음을 보여주는 것이다.

2. 문화적 기억

'문화정치' 하에서 식민 국가가 정신생활의 또 다른 목표로 삼은 것은 문화적 정체성이었다. 공립학교는 역사 수업에서 조선의 민족적 정체성이 일본의 다민족적 민족주의 아래 종속된다고 학생들에게 가르쳤다. 이러한 공교육 방식은 문화시설의 설립이라는 보다 행동중심의 실천을 통해 강화되었다. 식민 국가가 민족적 정체성에 관한 스스로의 권위를 강조하기 위해 이용한 주된 문화시설은 박물관이었다. 박물관은 고대의 공예품을 공간적으로 진열하면서 민족적 정체성의 '사원'으로 기능했다. 관람객들은 이곳에서 아득한 과거에 뿌리를 둔 진정한 정체성을 경험할 수 있었을 것이었다.

박물관의 위치는 조선에 대한 일본의 지배를 상징적으로 강조하는 것이었다. 1909년 통감부는 경복궁 내 동궁 자리에 임시 박물관을 건립했다. 임시 박물관을 상설 박물관으로 만들기 위해 총독부는 1915년에 통치 5주년을 기념해서 조선물산공진회를 개최했다.[111] 총독부는

---

110) 손정목, 위의 글, 115쪽 ; 최석영, 『일제하 무속론과 식민지 권력』, 112~113쪽.
111) Chosen Sotokufu, *Annual Report on Reforms and Progress in Chosen(Korea)*, 1915-16, 11쪽 ; 『朝鮮總督府施政年報』(大正4年版), 379쪽.

이 전시회를 위해 새로운 건물들을 세우면서, 조선의 왕실이 자리 잡았던 경복궁의 여러 건물들을 허물었다. 이는 잃어버린 조선 주권의 상징을 파괴함과 동시에 일본의 통치를 근대화의 동력으로 드러냄으로써 침탈의 정당성을 강조하는 것이었다. 총독부는 동궁 자리에 서구식 2층 건물을 지어 예술품 전시관으로 이용했다. 전시회가 끝난 후 총독부는 이 건물을 상설 박물관으로 변모시켰다.112) 또한 박물관의 활동을 감독하기 위해 박물관협의원을 창설했는데, 그 위원에는 토리 류조(鳥居龍藏), 세키노 타다시(關野貞), 이마니시 류(今西龍)처럼 식민 정부의 촉탁으로 일하는 고고학자와 인류학자들이 포함되었다.113)

박물관은 예술적 가치가 높은 작품들을 전시하는 데 치중함으로써 조선의 역사발전에 대한 설명보다는 예술적 생산의 측면을 강조했다. 이는 역사적 행위자의 자리에 문화적 생산을 대체하고자 했던 '문화정치'의 노력을 단적으로 보여주는 것이었다. 총독부 박물관은 전시물 및 전시방식을 선택적으로 부각시킴으로써 조선의 민족 정체성을 "만들어 내려" 했다. 2층짜리 건물 안에는 1층에 3개, 2층에 2개, 총 5개의 전시관이 있었다. 총독부의 고고학 탐사와 마찬가지로 전시회는 고대시기에 초점을 맞췄다. 박물관이 개관한 초기에는 1층에 삼국시대의 유물을 전시했고, 2층에는 낙랑, 고려, 조선시대의 유물을 선보였다. 조선시대의 유물은 박물관 소장품 가운데 4.5%를 차지하는 데 그쳤고, 76%는 그 이전 시대의 것이었다.114)

박물관은 고대 한국의 민족적 정체성을 보여주면서 한국사에서 나타난 타율성과 사대주의의 두 주제를 강조함으로써 자율성을 폄하했다. 전시회는 나란히 늘어놓는 방법을 통해 두 주제를 시각적으로 부

---

112) 최석영, 『한국근대의 박람회-박물관』, 75쪽, 92~93쪽.
113) 朝鮮總督府, 『職員錄』 참조.
114) 최석영, 앞의 책, 93~94쪽, 98쪽, 100쪽.

각시켰다. 즉, 한국과 외국을 비교함으로써 외세에 대한 한국의 의존과 독자적인 역사적 동력의 부재를 드러낸 것이다. 일례로, 박물관 전시물의 19%는 한나라와 당나라 시기의 중국유물이었고, 그 중 많은 수는 사대주의를 부각시키기 위해 낙랑의 전시물로 사용되었다. 박물관이 주요하게 강조한 또 하나는 불교였으며, 전체 전시물 중 불교관련 유물은 34.5%였다. 1층의 중앙전시관에는 경주에서 온 거대한 부처 석상이 전시되어 있기도 했다. 삼국시대 전시관에는 신라 및 백제와 일본의 유사성을 보여주기 위해 임나에 대한 유물을 전시했다. 이러한 고대의 유사성은 타율성의 증거였고, 또한 '일선동조론'을 뒷받침하는 것이었다. 박물관 전시는 전체적으로 한국의 민족적 정체성이 일본의 다민족적 민족주의에 종속되어 있음을 보여주는 효과를 노렸다.115)

총독부 박물관은 일반에게 개방되었고, 학교 견학에도 이용되었다. <표 1>은 1920년대의 관람객 숫자를 보여주고 있다. 1923년에 관람객 수가 감소한 것은 박물관이 두 달 이상 산업전시회를 위해 이용되었

<표 1> 총독부 박물관의 방문자 수

연도	한국인	일본인	외국인	총계
1921				57,337
1922			1,800	64,420
1923				39,004
1925	27,483	21,182	996	49,061
1926	32,471	25,648	2,006	60,125
1927	15,280	28,129	1,307	44,716
1928	18,859	30,308	1,221	50,338
1929	16,349	28,935	1,355	46,639
1930	9,304	25,787	1,513	36,604

출처:『조선총독부연보』

---

115) 최석영, 위의 글, 93쪽, 98쪽, 103~104쪽.

기 때문이다.116) 표에서 나타나듯이, 전체 관람객 수는 매년 큰 변화를 보여주지만, 1920년대의 전체적인 흐름은 조선인 관람객 수의 감소와 일본인 관람객 수의 증가였다고 할 수 있다.

1924년 총독부는 박물관 옆의 경복궁 부지 내에 조선민족박물관의 설립을 허가했다. 박물관의 건설을 처음 건의한 것은 일본 민예운동의 선구자인 야나기 무네요시(柳宗悅, 1889~1961)였다. 그는 1916년에 조선을 처음 방문했고, 1920년에 다시 방문했을 때 서울에 박물관 건립계획을 세우기 시작했다. 1920년대 초반에는 기금 마련을 위한 음악회와 전시회를 조직하기도 했지만, 그의 계획이 결실을 본 것은 총독부가 경복궁 내의 집경당을 박물관으로 사용하도록 허가한 이후였다.

야나기의 견해와 '문화정치'의 배후에 있는 관료들의 견해가 유사했던 만큼 총독부가 그를 지원해 준 것은 놀라운 일이 아니었다. 야나기는 1910년대 일본 식민정책에 깃든 군사주의에 대해 비판적이었고, 특히 강압적인 동화정책의 반대자였다. 그는 조선의 문화를 존중할 필요가 있다고 주장했고, 예술이 갈등을 극복하고 일본과 조선 사이의 이해를 증진하는 역할을 할 수 있다고 강조했다. 민속예술은 식민지의 에너지를 문화의 소비로 전환시켜 일본 통치에 대한 저항을 줄이기 위해 노력하는 '문화정치'의 일환이었다.

총독부 박물관 그리고 '문화정치'의 여러 측면들과 마찬가지로, 조선민족박물관은 의미의 근원에 대해 국가가 통제력을 발휘하기 위한 시도였으며, 이는 예술작품을 지식의 대상이자 전시의 대상으로 바꿔 놓는 규율화와 집중화의 과정을 통해 이루어졌다. 한편으로 야나기가 박물관을 설립한 의도는 조선 전역에 분포하고 있는 예술작품을 한 곳으로 모으는 것이었다. 박물관장은 야나기의 가까운 동료인 아사카

---

116) 『朝鮮總督府施政年報』(大正12年版), 434쪽.

와 다쿠미(淺川巧, 1891~1931)였는데, 그는 총독부에서 기수로 일한 조선 도자기의 아마추어 연구자였다.

민족박물관의 소장품은 처음에 300~400점으로 시작했지만, 식민지 시기가 끝날 무렵에는 3,000점을 넘어섰다. 소장품의 내용은 야나기의 관심을 반영하고 있었는데, 전시내용에 있어 가장 놀라운 점은 고고학자들이 무시했던 조선시대에 초점이 맞춰져 있다는 것이다. 그는 조선 미학의 정수가 고려청자보다는 조선백자였다고 생각했다.117) 그의 시각은 고고학자들과 달랐지만 서구중심적이고 제국주의적이기는 마찬가지였다. 야나기가 그토록 아름답다고 했던 조선 백자의 순백(純白)은 여전히 조선의 나약함과 열등함을 드러내는 징표였던 것이다.118)

총독부 박물관은 서울의 중앙박물관 외에도 경주(1926)와 부여(1939)에 분관을 건립했다. 지방정부는 개성(1931)과 평양(1933)에도 박물관을 세웠고, 이어 공주(1939)에도 박물관을 세웠다. 결국 한반도의 모든 왕국들, 즉 신라, 고구려, 백제, 고려의 수도에는 박물관이 들어서게 되었다. 식민 국가는 박물관 정책을 통해 식민지인들에게 역사적인 의미를 지니고 있는 장소를 문화시설로 전환하여 일본 통치에 대한 지지를 끌어내려 했다.

---

117) 조선미술전람회 및 야나기 무네요시에 대한 추가적인 정보에 대해서는 Kim Brandt, "Objects of Desire : Japanese Collectors and Colonial Korea," *positions : east asia cultures critique*, 8, no. 3, 2000 ; 박계리, 「야나기 무네요시와 조선민족박물관」, 『한국근대미술사학』 9, 2001 참조. 특히 Brandt, 위의 글, 716, 724, 726~727, 729~730, 735쪽과 박계리, 위의 글, 44~50쪽 참조.

118) 야나기는 "(조선) 사람들은 흰 옷을 입음으로써 내세에 대해 애도한다. 나는 크나큰 고통을 겪어온 이들의 험난한 역사가 자연스럽게 또 필연적으로 그들의 옷에 반영된 것이라고 생각한다. 색깔의 결여는 곧 인생에 있어 즐거움의 부재를 증명하는 것이 아닌가?"라고 썼다. Brandt, 위의 글, 735쪽에 인용된 것을 번역했음.

지방박물관의 건립은 이 장에서 다루고 있는 시기에서 벗어나므로, 일반적인 특징에 대해서만 간략히 논의하도록 하겠다. 총독부의 중앙 박물관과는 대조적으로 지방박물관은 지방 주민들의 건의로 시작되어 정부가 이어받는 식으로 세워졌다.119) 이에 따라, 박물관 정책은 각 지방의 자율성을 제한된 수준에서 장려하는 '문화정치'를 반영하고 있다. 기금은 일반적으로 총독부, 지역 및 지방정부의 여러 관청, 일본과 조선의 엘리트 등 다양한 곳에서 공동으로 마련되었다.120) 각 박물관의 소장품들은 그 지방에서 수집된 유물에 초점을 맞춤으로써 강한 지방적 정체성을 드러냈다. 예를 들어, 경주 분관 박물관의 소장품은 신라를, 부여 분관은 백제를 강조했다.121) 지방박물관은 중앙박물관에 비해 방문자 수가 적었던 것 같다. 1927년 경주 분관의 방문자 수는 14,147명이었다(한국인 8,749명, 일본인 5,287명). 박물관이 어떻게 사용되었는지는 분명치 않지만, 평양 박물관이 학생견학과 관광을 위해 이용되었다는 증거는 남아 있다.122)

V. 결 론

채터지(Partha Chatterjee)가 반식민적 민족주의에 대해 "정신적 영역에서의 주권을 선언하고, 식민 권력이 그 영역에 개입하는 것을 허락하지 않았다"123)고 서술했을 때, 그는 아마도 식민정치에 대해 보편

---

119) 최석영, 앞의 글, 125쪽, 137쪽.
120) 위의 글, 126, 128, 149, 163쪽.
121) 위의 글, 128, 131, 146쪽.
122) 위의 글, 174쪽.
123) Partha Chatterjee, *The Nation and Its Fragments : Colonial and Postcolonial Histories*, Princeton : Princeton University Press, 1993, 6쪽.

적으로 통용되는 시각을 표명했던 것으로 보인다. 민족주의적 엘리트들은 정신적 영역에서 식민지인들을 동원하여 물질적 영역에서 식민지 지배자들과 투쟁을 벌였다. 그러나 위의 분석은 물질/정신, 제국/식민지의 이분법이 과장된 것임을 보여주었다. '문화정치'는 식민지인의 정신생활에 개입하여 통치에 대한 잠재적 저항을 약화시키려는 식민정부의 노력을 수반했다. 결국 정신적 영역은 민족주의 엘리트들의 독점물이었다기보다는, 그들과 식민권력 사이의 경합이 벌어졌던 공간이었다. '문화정치'에 대한 이 글의 분석이 1920년대 문화운동을 개념화하는 새로운 방식을 제시할 수 있기를 바란다.

비록 3·1운동과 같은 정도의 봉기가 반복되지는 않았지만, 1920년대의 '문화정치'가 저항을 줄이는 데 성공했다고 결론내리기는 어렵다. 잘 알려져 있듯이, 1919년 이후 맑스에 대한 관심은 폭발적으로 증가하여 1925년의 조선공산당 결성으로 절정에 이르렀다. 또 1926년의 6·10운동과 1929년의 광주학생운동은 모두 대규모 봉기로 발전하기 직전에 일본에 의해 진압되었다. 1925년의 치안유지법 역시 '문화정치'의 한계를 총독부가 인정했기 때문에 통과되었을 것이다.

'문화정치'의 한계에 대한 보다 구체적인 증거로 신사정책의 실패를 들 수 있다. 1929년 조선 신사의 책임자였던 다카마쓰 시로는 야마나시 총독에게 편지를 보내면서 중요한 의례의 경우에도 소수의 관리들만이 신사를 찾아오고 있다고 불평했다. 1920년대에는 총독부 관리들조차 큰 관심을 보이지 않았고, 학생들에게 신사 참배를 강제함에 있어서도 상대적으로 느슨한 태도를 취했다.[124]

'문화정치'의 단기적 문제들과는 상관없이 장기적인 효과가 보다 더 중요할 것이다. '문화정치'가 도입했던 권력의 기술들은 일본이 1930

---

124) 손정목, 앞의 글, 116~117쪽 ; 최석영, 『일제하 무속론과 식민지 권력』, 122쪽.

년대에 파시즘으로 전환했던 시기의 황민화 정책에서 부활되거나 또는 확대되었다. 예를 들어, 1920년대 초에 실행되었던 신토의 장려는 이후 강제적 신사참배 정책을 도입하는 기반이 되었다. 또 1930년대 초에 식민 국가는 역사 보존에 대한 새 법률들을 통과시키고 역사 유물을 정치적으로 이용하기 위해 더욱 노력했다.125) 총독부는 취학 연령의 모든 아동에 대한 보통교육의 의무화를 목표로 공립교육 체계를 확대하기도 했다. 간단히 말해서, 식민 국가는 1930년대에 조선 시민사회의 중앙조직들을 해체함에 따라 식민지인들을 전쟁준비에 동원하기 위한 정치와 문화 사이의 결합을 꾀했다. 이처럼 '문화정치'에 대한 이 글의 시각은 자유주의가 파시즘의 등장에 있어 필수적인 전조(前兆)임을 보여주고 있다.126)

---

125) 이지원, 「1930년대 민족주의계열의 고적보존운동」, 『동방학지』 77·78·79호, 1993. 6, 754~755쪽.
126) 이는 지젝(Slavoj Zizek)이 *Tarrying with the Negative*, Durham : Duke University Press, 1993, 6장에서 제안한 것이기도 하다.

식민지 시기 일본의 미국 내 선전활동

Andre Schmid[*]

Ⅰ. 들어가는 말

   1934년 한 미국인은 "외국인들에게 좋은 인상을 심어주기 위하여 일본처럼 공들여 노력하는 나라도 드물다."[1]고 논평하였다. 일본의 만주침략 직후에 있었던 이 논평은 3년 전부터 태평양을 건너 맹위를 떨치던 격렬한 선전전(宣傳戰)을 반영한 것이었다. 이 논평자의 관찰은 당시의 정치상황에 기반한 것이었지만, 일본 정부가 국제사회의 평가에 귀 기울이기 시작하던 메이지 초기까지 거슬러 올라간 것이기도 하다. 일본 정부는 메이지 출범 초기부터 외국의 견해에 영향을 미치고자 애썼다. 즉, 국제사회에서의 지위를 재정의하기 위한 외교적, 군사적 노력을 (탈식민주의의 언어로 이야기하자면) 문화적 표상 및 담론의 정치와 결합시킴으로써 일본 정부는 강대국들과의 외교를 뒷받침하기 위해 일본 문화를 이해시키고자 노력했는데, 특히 문화에 대한 이해는 다른 국가의 문명수준에 대한 전제들과 연관되어 있었다.

   선전을 위해 노력한 일본의 오랜 역사에 있어서 한국은 특별한 의미가 있었다. 결국 실천으로서의 식민주의는 피식민지인들에게 뿐 아

---

  * University of Toronto 아시아학과 교수.
  1) Harry Emerson Wilde, *Japan in Crisis*, New York : MacMillan, 1934, 201쪽.

니라 식민지 지배자들에게도 반영되었다. 식민지 지배자임을 자처하는 것은 스스로가 다른 이들을 문명화하기 위한 모든 특권을 지니고 있다고 주장하는 것이었다. 바꿔 말하면, 한국을 식민화함으로써 일본은 문명의 위계에서 최고 수준에 있는 서구 강대국들 사이에 속해 있음을 과시할 수 있었다. 이는 강대국들이 일본에게 불평등조약을 강요할 때 문명의 개념을 사용한 이래 메이지 정부가 줄곧 추구해왔던 목표이기도 했다.

식민지 개척에 있어 새로운 경쟁자가 등장했다는 사실에 대해, 아마도 서구의 논평가들은 명백한 반대는 아니더라도 망설임 정도는 보여주었을 것이라고 기대할 수 있다. 포스트-식민주의적 관점에서 쓰인 최근의 많은 저술들은 식민주의에 대한 우리의 일반적인 이해를 바꾸어 놓았다. 이 저술들은 식민 국가의 억압적 정책 대신, 다양한 사회계층을 아우르며 식민통치의 확장과 유지에 기여했던 문화적 표상에 대한 전략들로 눈을 돌리게 했다. 식민 권력의 위치가 새롭게 강조되면서, 식민지 지배자와 피식민지인 사이의 위계가 구조화되는 데 이용된 인종과 문화의 역할에 초점이 맞추어지기도 했다.2) 식민 권력에 있어 문화가 그렇게 중요하다고 할 때, 영미권의 저자들이 20세기 초반 일본제국의 지위상승에 대해 그렇게 쉽게 동의했다는 사실은 다소 놀라운 일이다. 식민주의의 지배적인 논리를 따르면, 비백인의, 비서구의, 비기독교 국가로서 일본은 어쨌든 제국의 식민 진영이 아닌 피식민 진영의 범주와 맞아떨어지기 때문이다. 그럼에도 불구하고 한국의 합병에 대한 영어권의 논평들이 보여주듯이, 일본의 식민지배는

---

2) 이러한 경향을 요약한 최근 글로는 Frederick Cooper and Ann Laura Stoler, eds., *Tensions of Empire : Colonial Cultures in a Bourgeois World*, Berkeley and Los Angeles : University of California Press, 1997, 1~56쪽 참조.

서구학자들로부터 거의 예외 없이 환영받았다.

  미국 정부뿐만 아니라 보다 광범위한 미국의 여론이 한국에 대한 일본의 지배를 재빨리 용인한 것을 설명하기 위해서는 많은 요인들을 고려해야 한다. 이 논문은 그 중에 한 측면, 즉 일본의 선전활동에 대해 고찰한다. 일본의 식민 정부는 어떻게 한국의 식민지화에 대한 미국의 지지를 이끌어 내었는가? 미국의 주류 언론에서 발행된, 총독과 같은 고위 관리가 쓴 기사들, 특히 잡지들과 무료로 배포된 연례 보고서들 그리고 다양한 저술과 인터뷰들을 통해 일본은 식민지의 조건에 처한 한국의 식민 이데올로기를 영어로 기술할 수 있는 훌륭한 장소를 확보하였다. 영어의 사용을 통해, 또 필리핀 식민 사업에 열광하면서 이미 친숙해진 광범위한 이데올로기 스펙트럼에 대한 호소를 통해, 일본의 선전 노력은 청중들의 공감을 이끌어냈다. 이 논문에서 주장하려는 것과 같이, 이러한 일본의 목소리는 훨씬 더 주변화된 한국 민족주의자들의 목소리를 잠식했다. 미국에서도 몇몇 비판가들이 있기는 했지만, 그들의 비판은 대체로 한국 침략에 대한 일본의 정당성을 문제 삼는 데까지 나아가기보다는 특정 측면에서 일본의 과도함을 비판하는 것으로 그치곤 했다. 미국의 정책 저널들에서 한국의 독립을 지지하는 논문들이 등장하기 시작한 것은 일본의 진주만 공습 이후인 1940년대 초에 이르러서였다.

II. 선전의 동기

  많은 역사학자들이 적절히 언급했듯이, 일본의 조선합방에는 국제적인 적대세력을 사전에 제거하기 위한 외교 전략이 포함되어 있었다. 1895년 청·일 전쟁을 통해 한반도에 대한 청의 영향력은 제거되었다.

하지만 3국 간섭을 계기로 일본의 오랜 취약성이 드러났고, 일본은 러시아와의 피할 수 없는 갈등에 대비하기 위해 1902년 영국과 동맹을 맺게 되었다. 러·일 전쟁의 승리로 세상을 놀라게 한 일본은 재빨리 미국에 접근하여 태프트-가쓰라 밀약을 통해 필리핀 문제를 매듭지었는데, 이 조약은 필리핀에 대한 미국의 식민지화에 동의하는 대신 한반도에 대한 일본의 이해관계를 인정받는 것이었다. 이를 통해 일본은 한국의 보호국화를 강요하는 외교 협정을 마무리 짓게 되었다. 일본 제국의 성장에 대한 이 같은 공식적 승인에 안주하지 않았다. 단지 한국에서 뿐 아니라 동아시아 전역에 걸쳐 스스로를 강대국으로 자리매김하기 위해서 일본은 영국과 미국의 지속적인 협조를 필요로 했다. 이 두 강대국은 세계적인 패권국이기도 했다. 일본은 이들의 동의, 그리고 이들의 자본을 통해서만 동아시아 지역에서 강대국의 위치에 오를 수 있었다.[3] 이러한 의존성 때문에, 특히 10년 전에 있었던 3국 간섭이라는 모욕적인 경험 이후, 일본은 한국의 식민지화에 대해 영미에서 들려오는 어떠한 비판에도 매우 민감하게 반응하게 되었다.

또한 미국과 원만한 관계를 유지하던 시기가 아니었기 때문에, 일본은 미국과의 관계에 특별한 고려를 했다. 하와이와 필리핀을 둘러싼 양국 간의 예전 긴장은 20세기 초 미국 서부해안에서의 일본 이민자 처우 문제에 이르러 절정에 다다랐다. 미국 내에 널리 퍼진 반일 정서는 양국 간의 긴장을 지속적으로 고조시켰다. 이러한 상황 속에서 일본의 지도자들은 한국에서의 정책들이 미국 종교계나 경제계의 심기를 건드릴 경우에는 또 다른 긴장을 낳을 수 있음을 알고 있었다. 아

---

[3] Bruce Cumings, "Archaeology, Descent, Emergence : Japan in British/American Hegemony, 1900-50," Masao Miyoshi and H.D. Hartoonunian, eds., *Japan in the World*. Durham N.C. : Duke University Press, 1993, 79~111쪽.

다치 긴노스케라는 일본인 작가는 이러한 우려를 영어권 독자에게 적나라하게 드러내었다.

왜 일본은 세계 특히 미국으로부터 긍정적인 견해를 얻기 위해 전전긍긍하고 있는가? 이유는 간단하다. 현시점에서 일본의 정치인들은 거대한 게임-미국과 영국, 그리고 일본 사이의 삼국 합의에 바탕을 둔 게임-을 하고 있기 때문이다. 일본은 이 같은 합의를 통해 극동지역의 평화를 강제할 수 있는 무소불위의 재판소를 세울 수 있을 것이라고 판단하고 있다. 다른 이들이 원하든, 그렇지 않든 간에.[4]

그러나 그는 한국에서 일본의 이익을 보호하는 것이 아무리 중요하더라도, 미국 및 영국과의 관계를 유지한다는 일본의 더 큰 목표를 위태롭게 해도 될 만큼 중요한 것은 아니라고 상술했다.

지금 우리는 한국을 원한다. 한국을 애타게 원한다. 그러나 우리가 추구하고 있는 이 거대한 게임과 비교한다면,……한국은 아무 것도 아니다. 따라서 만일 한반도에서의 우리 활동이 삼국 합의의 성공에 작은 손실이라도 초래한다면, 우리는 한국에서의 모든 사업을 주저 없이 내동댕이칠 것이다.……물론 둘 모두를 얻는다면 더욱 좋을 것이다. 그렇기 때문에 우리는 한국에서 우리가 어디에 서있는지, 무엇을 하고 있는지, 어떻게 하고 있는지, 무엇보다도 미국이 이를 어떻게 바라보고 있는지를 염려하고 있는 것이다.[5]

따라서 일본의 선전활동은, 양국 정부 수준의 상호 이해에 바탕을

---

4) Adachi Kinnosuke, "The Japanese in Korea," *Review of Reviews*, Oct. 1907, 472~475쪽.
5) 위의 글, 473쪽.

두고 공식적으로 성취한 것이 대중의 비판적 반응에 의해 손상되지 않도록 하는 데에 집중되었다. 보호조약 발표 직후 미국과 영국은 그들의 사무소를 한반도에서 철수시킴으로써 조약을 공식적으로 인정하는 움직임을 보여주었지만, 일본의 식민관리들은 예상되는 비판에 대비하고 새로운 식민통치에 대한 지지를 끌어 모으기 위해, 또 부정적인 여론에 따른 손실을 막기 위해 끊임없이 노력하였다.

한국과 관련한 이러한 선전 노력은 일본이 메이지 시대 이래로 국제적인 이미지를 변화시키려 했던 오랜 역사의 일부임에 틀림없다. 서구에 의해 강요된 불평등조약 – 일본의 "문명수준"에 대한 평가를 바탕으로 한 불평등조약 – 이후 일본은 전면적인 개혁의 노력 뿐 아니라 국제적인 서열체계에서 자신의 위치가 상승했음을 서구에 보여주기 위해 광범위하고도 다양하게 노력했다. 이 노력은 서구로의 여행을 통해서 혹은 도쿄의 크리스털 궁전(鹿鳴館)에서의 화려한 연회 개최를 통해서 나타났는데, 그 의도는 일본이 이제 문명화되었기 때문에 더 이상 불평등조약을 맺을 수준이 아님을 보여주는 것이었다. 이러한 선전 노력은 메이지 후기에 이르러 러시아와의 긴장이 더욱 첨예해짐에 따라 새롭게 고조되었다. 1900년 이후 일본의 외교관들은 러시아와 관련한 그들의 견해를 유럽과 미국의 대중신문들에 싣고 유선방송에 방영시키기 위해 인맥을 활용하거나 영향력을 행사하고 공공연한 뇌물을 주기도 했다. 러시아가 퍼뜨린 "황색 무리(yellow hordes)"의 위협이라는 공포를 누그러뜨리기 위해 일본은 적극적인 선전으로 맞섰다. 유선방송과 특별히 거래를 하기도 했고, 심지어 서구의 신문들을 사들이는 방안도 고려되었다. 이토 히로부미를 비롯한 고위 각료들은 이러한 노력을 시작하면서 가네코 겐타로와 스에마쓰 겐초를 각각 미국과 유럽에 파견하여 일본에 대한 지지를 끌어올리려 했다. 이들에게 주어진 지침은, 일본이 오직 자기방위를 위해서만 활동하고 있으며, 동아시아의 평화와 문명화를 위해 일하고 있음을 알리라는 것이었다. 의욕적으로 임무를 수행한 가네코는 언론인들과 정기적인 모임을 가지고 직접 기사를 작성했으며, 하버드 클럽과 같은 곳에서 가능한 한 많이 연설하였다. 그는 적어도 백 번 이상의 연설을 한 것으로 추정되고, 그 가운데 많은 수가 지역 신문에 게재되었다.6)

효과가 어떠했든지 간에, 일본의 이러한 노력은 1905년 한국을 보호국화하기 직전 그 절정에 달했다. 일본의 선전 노력은 한국 내의 정책으로까지 확장되었고, 1920년대까지도 일본의 정책에 대한 미국 주요언론의 지지를 얻기 위해 계속 다양하게 추진되었다. 러·일 전쟁에서 승리하기 위해서 그러했던 것만큼이나 이웃의 주권을 강탈하기 위해서도 여론의 호응을 위한 싸움이 필요했다. 또한 일본의 식민관리들은 러·일 전쟁에서의 경험으로 인해 전쟁과는 달리 한국의 식민지화에 있어서는 직접적인 경쟁자가 없었기 때문에 보다 쉽게 여론을 몰고 갈 수 있었다. 사실 서구의 언어를 통해 한국에 관한 정보를 얻는 것 자체가 어려웠기 때문에 일본 관리들은 기존의 견해라는 것과 싸울 필요는 전혀 없었다.

20세기 초반 한국에 관한 영어권 저작들은 일본이나 중국에 대한 것에 비해서 훨씬 부족했다. 한국은 두 이웃 국가들에 비해 서구와 훨씬 고립된 관계에 있었기 때문에 결과적으로 상업적 혹은 문화적인 관심을 끌지 못했다. 한반도에 있는 외교관과 선교사 그리고 무역업자의 수가 적었기 때문에 한반도에 관한 기사와 책의 수도 적었다. 한국을 다룬 보다 방대하고 체계적인 글이 출판된 것은 19세기 말에 이르러서였다. 그리피스(William Eliot Griffis)가 붙인 "은둔의 왕국"이라

---

6) Robert B. Valliant, "The Selling of Japan : Japanese Manipulation of Western Opinion, 1900-1905," *Monumenta Nipponica* Vol. 29, No. 4, Winter 1974, 415~438쪽.

는 호칭에 동감한 이 시기의 많은 작가들은 스스로가 한반도라는 미개척지를 탐험하고 있는 것처럼 여겼다. 심지어 1890년대에 한국을 방문했던 커전(George Curzon)도 미지의 신비한 영토에 들어선 해적과 같은 입장에서 한국에 대해 기술하였고, 이 같은 상황은 훗날 영국령 인도의 총독이 된 이 사람을 분명히 흥분시켰을 것이다.7) 그러나 외국인 거주자들은 여전히 소수였고, 한국을 어느 정도 이상으로 알고 있는 몇몇 사람들의 전공논문을 제외하고는 한국을 다룬 기사도 거의 없었다.

한반도의 식민지화는 이러한 상황을 변화시켰다. 1905년의 보호국화와 1910년의 병합 이후, 한반도에는 이전과 달리 엄청난 국제적 관심이 모아졌다. 유례없이 많은 수의 기사와 사설, 그리고 책들이 등장하여 한반도의 일들을 다루었다. 그러나 이렇게 고조된 관심은 대개 한국 자체에 대한 것이라기보다는, 식민주의의 독특한 공간으로서의 한국에 대한 것이었다. 한반도 문제에 대한 관심이 증가했지만 이는 사실상 한국만큼이나 일본에 대한 관심이었다. 대부분의 저자들은 이웃을 지배하게 된 이 신흥 식민지 지배자에 대한 신기함에 초점을 맞추었던 것이다. 당시의 한 관찰자는 한국의 식민지화를 "이전에는 동양의 어느 국가도 다른 국가를 보호국화한 적이 없었다는 점에서……세계사에 있어 새로운" 하나의 "실험"으로 보았다. 또 맥세이(Edwin Maxey)가 *Political Science Quarterly*의 1910년 10월호에서 설명한

---

7) George Curzon, *Problems of the Far East,* Longmans, Green, 1894. 한국 저술에 관한 그의 연구로는 Jihang Park, "Land of the Morning Calm, Land of the Rising Sun : The East Asia Travel Writings of Isabella Bird and George Curzon," *Modern Asian Studies*, Vol. 36, No. 3, 2002, 513~534쪽 참조. 한국 여행을 이 같은 방식으로 묘사한 글들이 다수 있다. 이에 관해서는 Gordon Casserly, "From Chemulpo to Seoul," *Living Age,* 4 June 1904, 613~621쪽 참조.

바에 따르면, 한국의 식민지는 "정치학 혹은 민족학에 관심 있는 모든 이들이 주의 깊게 연구할 가치"가 있는 것이었다.8) 한국에 대해 식민주의의 실험이라는 수사를 사용하는 것은 일반적인 일이 되었고, 이는 대체로 일본의 성취를 높이 평가하는 데 기여하였다.9) 유명한 일본학 연구자였던 그리피스가 표현했듯이, "한국인과 일본인의 합병을 시도하는 일본의 실험은……역사에서 유일무이한 것이며, 이는 세계적인 관심을 모으고 있었다."10) 한국의 식민지화는 독특한 실험으로 간주되면서, 관찰하고 평가할 만한 가치가 있는 무엇인가가 되었다. 그리고 이후 수년간 등장한 영어권의 글들은 이 같은 실험의 장단점을 평가하는 틀 속에서 쓰여졌다.11) 여행자, 언론인, 그리고 다양한 분야의 전문가들이 새로운 식민 정부를 판단하려 노력했기 때문에 영어권에서 나온 대부분의 글들은 일본 식민 정부의 행정적 역량에 초점을 맞추었다.

한국에 관한 영어권 저작의 유산이 거의 없는 상황에서 저자들이 직면한 문제는, 저자나 학자들이 평가를 내리기 위해 필요한 전체적 맥락에 대해 설명해 주는 자료가 거의 없었다는 점이었다. 하지만 가능한 하나의 선택은 일본의 정보로 눈을 돌리는 것이었다. 20세기 초 한국을 설명하는 다양한 종류의 영어 저서에서 나타나듯이, 일본의 자

---

8) Edwin Maxey, "The Reconstruction of Korea," *Political Science Quarterly*, 10 December 1910, 673~687쪽.
9) 이 또한 켄낸(George Kennan)이 사용하였다. 그가 쓴 "The Korean People : The Product of a Decayed Civilization," *The Outlook*, 21 Oct. 1905, 409~416쪽 참조.
10) W. E. Griffis, "Japan's Absorption of Korea," *North American Review*, October 1910, 516~526쪽.
11) 이러한 방식의 접근은 식민지 이전 시기에도 존재했었다. 하나의 예로 David Brudnoy, "Japan's Experiment in Korea," *Monumenta Nipponica*, Vol. 25, 1~2쪽 참조.

료들은 광범위하게 사용되었다. 한국에 비해 일본에는 더 많은 외국인들이 거주하고 있었고 미국 신문사 특파원들도 더 많았기 때문에, 한국의 식민지화는 종종 일본의 미디어에서 다루어지는 것의 연장선상에서, 즉 메이지 시대의 놀라운 개혁과정이 새로운 단계에 접어들면서 나타난 외교정책의 하나로 다루어졌다.12) 당연히 한반도보다 일본이라는 섬나라에 익숙했던 저자들이 한국에 대해 쓴 글들은 일본의 관점에서 기록된 것이었다.

Ⅲ. 역사 연구와 연례보고서

영어권 저서의 일본자료에 대한 의존성은 한국사 연구에서 명백히 드러난다. '한국 몰락의 역사적 이유는 무엇인가'라는 질문과 같이 현재의 사건을 과거의 맥락 속에서 이해하려는 이들이 구할 수 있는 자료는 거의 없었다. 몇몇의 선교사들만이 오늘날 한국학 연구의 효시로 칭송되는 저서들에서 이러한 공백을 메우려 노력했을 뿐이다. 이들 중 가장 유명한 두 명은 헐버트(Homer Hulbert)와 게일(James Scarth Gale)이었다.

당시 한국인의 저작은 매우 드물었다. 애국계몽운동을 이끌었던 지식인들 사이에는 새로운 한국사 연구에 대한 요청이 오래 전부터 있어왔지만, 신채호와 박은식 등의 시도는 새로운 역사가 무엇을 보여주어야 하는지에 대한 최초의 희미한 섬광과 같은 시작에 불과했다. 신채호의 『독사신론』이나 박은식의 『한국통사』가 한국에 대한 새로운

---

12) 메이지 시대의 일본을 다루는 미국 언론에 대한 연구로는 Joseph Henning, *Outposts of Civilization : race, religion, and the formative years of American-Japanese relations*, New York : New York University Press, 2000 참조.

관점을 매우 훌륭하게 제공했음에도 불구하고, 이러한 발전된 역사 연구서의 영향력은 한국내의 독자로 한정되었다. 이 저작들의 외국어 번역판은 전혀 등장하지 않았다. 중국 독자들은 박은식과 같은 이들의 저작을 읽을 수 있었지만, 서구 독자들이 민족주의적 한국사학의 관점에서 쓰인 완전한 판본을 접할 수 있게 된 것은 해방되고 나서도 한참 지나서였다. 한국의 학자들이 민족주의 사학의 역량을 완전히 발휘하기 이전에 또 그러한 저작들이 국제적으로 확산되기 이전에 식민화가 진행되었다는 점에서 식민화의 시점은 매우 중요하였다. 이러한 (역사 연구의) 불균형을 충분히 인식하고 있었던 『대한매일신보』의 편집자들은 종종 국제무대에서 일본이 한국을 표상하는 방식이 지닌 영향력에 대해 통탄했다. 그들은 최선을 다해 노력했지만, 이 경향에 대항하여 그들이 할 수 있는 것은 거의 없었다.[13]

그러는 사이에 일본어판 한국역사가 우위를 점하게 되었다. 20세기의 첫 10년 동안 일본은 그들의 제국주의적 이익에 봉사하며 훗날 한국 역사학자들이 식민사관이라고 부른 다양한 근대적 역사해석들을 발전시켰다. 한국사에 대한 이 같은 해석들은 한국사를 다루는 책이나 신문의 요약 등을 통해 영어권 저작에 신속히 반영되었다. 미마나(任那) - 항상 한국식 발음인 임나보다는 일본식 발음인 미마나가 사용되었다 - 에 대한 일본의 이론들, 또 미마나를 현대 식민주의의 전조로 보는 경향에 대해 대부분의 영어권 저작들은 이를 무비판적으로 받아들이는 모습을 보여주었다.[14] 이에 따라 한국에 대한 영어권 저작이 거의 부재했던 초기에, 또 발전 중에 있던 한국 민족주의 사학이 국제

---

13) 이에 대한 예로 『대한매일신보』의 1906년 8월 14일, 1906년 10월 23일, 1910년 3월 10일, 그리고 1910년 4월 5일자 논설을 참조.
14) 이 주제에 관해서는 나의 책 *Korea Between Empires, 1895-1919*, New York : Columbia University Press, 2002, 167~170쪽 참조.

무대에서 설자리를 찾지 못하던 상황 속에서 일본의 식민주의 역사관은 한국에 관한 영어권 저작들 속으로 재빨리 녹아들었다.

일본의 자료를 이용하는 것은 역사학에만 국한되지 않았다. 또한 식민 정부가 이러한 관계를 사적인 개인들의 손에 머무르도록 하는데 만족한 것도 아니었다. 사실 한국의 당시 상황에 대한 정보의 결핍은 식민 정부에게 도전이면서 기회였다. 헐버트나 맥켄지(Frederick McKenzie) 같은 사람들의 비판에 직면하여, 또 언젠가 그 같은 사람들로부터 비난이 쏟아질 것을 두려워하면서 식민 정부는 여러 프로젝트를 추진함으로써 한반도에 쏟는 자신들의 노력이 미국 여론에 의해 긍정적으로 평가되기를 원했다.

우선 식민 정부는 자신들의 노력을 선전하기 위해 영문 출판물을 찍기 시작했다. 1907년부터 나온 출판물 중 가장 중요한 것으로는 『한국에서의 진보와 개혁에 대한 연례보고서(*Annual Report on the Progress and Reforms in Korea*, 이하 연례보고서)』라는 연감을 들 수 있다. 첫 10년 동안 이 연감은 "(합병) 이전과 이후"의 형식으로 작성되었는데, 다양한 설명과 묘사, 통계적 증거들을 통해 일본이 한반도의 보호국화 이후에 가져온 변화들을 보여주고자 했다. 이러한 방식의 접근은 위생 문제에서 도로교통 체계에 이르기까지 거의 모든 문제에 적용될 수 있으며, 이전과 이후를 설명하는 형용사를 분별력 있게 선택함으로써 대조의 효과를 노렸다. 이에 따라 합병 이전에 한반도의 재정 상태는 "엄청난 혼란"에 처해 있었고, 지출은 모두 "쓸모없는 낭비"로 간주되었다. 반면에 일본의 개혁 이후 한국의 재정적 기초는 "더욱 탄탄해졌고", 그러한 성취의 상세한 내용은 많은 통계수치로 뒷받침되었다.15) 대조의 효과는 사진들 속에서도 나타났는데, 서울 한

---

15) Government General of Chosen, *Annual Report on Reforms and Progress in Chosen (Korea) 1918-21*, 1922, 32~36쪽.

강의 이남을 찍은 두 개의 사진을 그 예로 들 수 있다. 새로운 식민 정부하에서 건설된 다리를 찍은 사진 옆에는 "철다리 건설 이전"이라는 제목의 사진이 배치되었는데, 이 사진에는 몇 척의 배가 강을 가로질러 왕래하고 있는 모습을 담고 있었다.16)

보고서에서 쓰인 문구가 항상 이렇게 교묘하지는 않았다. 어떤 역사서술은 다음과 같이 시작하기도 했다. "수 세기 동안……한국 사람들은 국가 발전을 위해 한 일이 거의 없다." 중국에 대한 의존, 부패, 분파주의, 개혁 역량의 부족 등 모든 전형적인 원인들이 이에 덧붙여졌다. "모든 문화는 상실되었고, 산업은 바닥상태에 놓여있다. 사람들의 생명과 재산은 항상 위협받고 있었다."17) 그리고 1917~1918년도 『연례보고서』의 편집자는 그 이후의 변화에 대해 다음과 같이 열정적으로 묘사하고 있다. "한반도 전역이 처음으로 근대사에서 번영의 여명과 함께 축복을 받고 있으며, 수 세기에 걸쳐 겪어온 형용하기 힘든 가난과 절망에서 벗어나게 되었다." 그의 설명에 따르면 일본의 교육정책은 "원주민에게 호의적인 인상을 심어주고 있으며, 도시와 농촌 모두에서 전형적인 문명화를 촉진시키는 데 크나큰 도움을 주고 있다."18) 도로교통 체계, 위생 시설, 근대 건축 등에서 나타난 물질적 발전의 모습을 강조하는 한편, 편집자들은 물질적 진보가 도덕적 가치를 동반하지 않는 채 이루어진 것으로 해석되지 않도록 각별한 주의를 기울였다. 그들은 한국을 근대화시키고 있다고 주장하면서도 근대의 불안함이 자리 잡지 않도록 노력했다. 『연례보고서』는 "물질문명의

---

16) Government General of Chosen, *Annual Report on Reforms and Progress in Chosen (Korea) 1917-18*, 1920, 60~61쪽.
17) Government General of Chosen, *Annual Report on Reforms and Progress in Chosen (Korea) 1918-21*, 13쪽.
18) Government General of Chosen, *Annual Report on Reforms and Progress in Chosen (Korea) 1917-18*, xi~xiii쪽.

진보가 도덕적 해이를 초래하는 경향이 있음에도 불구하고, 한국인들의 도덕성은 대체로 꾸준히 증가하고 있다"[19]고 주장했다. 이 언급은 일본의 식민화 노력을 강력히 옹호하는 것이었다. 『연례보고서』는 각각 지난 회계연도에 있었던 일본의 한반도 사업을 선전함과 동시에 그 제목에서 드러나듯이 시간의 경과에 따른 진보를 순차적으로 기록하는데 주력했다.

이 『연례보고서』는 식민주의를 공식적으로 드러내 보였다. 객관적인 어조로 기술되었고 20세기 초 근대국가의 정보를 상징하던 통계 형태의 자료들로 채워진 이 보고서는 당시 한국의 상황에 익숙하지 않은 저자들에게 풍부한 정보를 제공해 주었다. 이들은 한국인이 만들어 놓은 자료는 물론이며 다른 어떤 선택의 여지도 없었기에 종종 이 정보를 사용했고, 자신들의 기사를 이들 보고서에서 얻은 자료들로 채웠다. *The Outlook*,[20] *Scribner's Magazine*,[21] *Unpartisan Review*,[22] *Political Science Quarterly*[23] 등 다양한 출판물의 저자들이 이 보고서에 실린 통계와 정보를 사용하였다. *The Nation*의 편집자들은 어떤 해의 『연례보고서』에 대해 "계몽적이고 각고의 노력이 담긴 기록"이라고 칭찬하였다.[24] *The Review of Reviews*는 1915년 판 『연례

---

19) Government General of Chosen, *Annual Report on Reforms and Progress in Chosen (Korea) 1916-17*, 1918, xii~xiii쪽.
20) George Kennan, "Is Japan Persecuting Christians in Korea?" The Outlook, Dec. 14, 1912, 804~810쪽 ; Charles H. Sherrill, "Korean and Shantung Versus the White Peril," Scribner's Magazine, March 1920, 370~371쪽.
21) Charles H. Sherrill, "Korean and Shantung Versus the White Peril," Scribner's Magazine, March 1920, 370~371쪽.
22) W. W. Willoughby, "Japan and Korea," Unpartisan Review, January 1920, 24~42쪽.
23) Edwin Maxey, "The Reconstruction of Korea," *Political Science Quarterly*, 10 December 1910, 673~687쪽.

보고서』의 발간을 반기면서, 이에 대한 논평의 제목을 "한국-일본 행정의 결실"25)로 붙였다. 많은 저자들이 일본의 한국 식민지화를 평가해야 할 일종의 실험으로 여겼다면, 그들은 식민지 관리가 제공한 정보에 기초하여 그러한 결론에 도달했던 것이다.

Ⅳ. 공식 입장

일본의 선전에서 한 가지 특이한 점은 고위 식민관리들이 미국의 주류 언론에 자신의 기사를 출판했다는 것이다. 서구 제국주의 열강들이 서로 행정적인 우월성을 과시하기 위해 일종의 기 싸움을 벌였음은 분명하지만, 일본처럼 식민정책의 이론적 근거를 설명하기 위해 미국 대중을 상대로 글을 쓰는 식민 국가는 없었다. 이는 제국주의 국가의 지위로 상승하고 있던 일본의 특수한 상황, 즉 세계사의 흐름 속에 뒤처져 있었으며 또한 태평양으로 확대하고 있던 미국과의 갈등을 잠재적으로 안고 있던 상황 그리고 미국의 호의와 자본에 지속적으로 의존해 있던 일본의 상황을 증명하는 것이었다. 이러한 요인들 때문에 총독을 포함한 많은 식민관리들이 미국의 주요 언론에 영문 기사를 출판했다. 그들은 최근에 취한 조치들에 대한 이유를 식민 정부의 입장에서 명료하게 설명하기 위해 혹은 부정적인 견해를 담은 출판물에 맞서 일본의 조치들을 옹호하기 위해 이 기사들을 출판했다. 어떤 경우이든 저자는 독자들에게 일본 정책의 정당성을 확신시키고 일본 제국에 대한 그들의 지지를 이끌어내고자 기사를 썼기 때문에 기사의 어조는 열성적이었다.26)

---

24) "Japan as Colonial Administrator," *The Nation*, June 24 1915, 702쪽.
25) *The Review of Reviews*, August 1915, 232~233쪽.

이런 종류의 기사들 중 먼저 출판된 것은 바로 이토 히로부미(伊藤博文)의 이름으로 쓰여졌다. 그리고 1905년 이토 히로부미의 통감 임명은 한국의 식민지화에 있어 다른 어떤 조치보다 서구 열강의 우려를 누그러뜨린 것인지도 모른다. 이토는 서구의 독자들에게 가장 잘 알려져 있는 관리였고, 메이지 시기 동안 일본을 변화시킨 지도자들 중에서 가장 신뢰를 받고 있던 인물이었다. 또 영문으로 된 그의 사망기사에 따르면 이토는 "일본을 세계 7대 열강의 하나로 만들어낸 이들 중 가장 유명한 사람"이었다.27) 이에 따라 1909년 안중근이 그를 저격한 사건에 대해 그 어떤 미국의 주류 언론도 호의적으로 보도하지 않았고, 대부분의 저자들은 그의 저격을 한국인의 배은망덕함이나 망신스러움을 보여주는 것으로 해석하였다.28)

이토가 쓴 기사는 널리 읽혀지던 *Harper's Weekly*의 1908년 1월 11일자에 "한국에서 일본의 정책"이라는 제목으로 실렸다.29) 이 기사

---

26) 일본인 저자들이 쓴 영문 기사 가운데 이 글에서 다루지 않은 것으로는 다음과 같은 것들이 있다. I. Yamagata, "The Korean Annexation : a Japanese View," *The Outlook*, February 1, 1922, 185~188쪽 ; Count Okuma, "Japan's Policy in Korea," *Forum*, April 1906, 571~580쪽 ; K. Asakawa, "Korea and Manchria Under the New Treaty," *Atlantic Monthly*, 96, November 1905, 699~711쪽 ; Kuma Oishi, "The Causes which Led to the War in the East," *The Arena*, 60, November 1894, 721~735쪽. 또한 Terauchi Masatake가 쓴 "Reforms and Progress in Korea," *Korea : Its History, Its People, and Its Commerce*, Boston and Tokyo : J.B. Millet, 1910, 215~390쪽도 참조.
27) *Current Literature*, December 1909, 61쪽.
28) 암살이 한국적 전통이라는 생각은 New York Times에 기고한 라드(G. T. Ladd)의 편지에서 처음으로 나타났고, 그 이후 켄낸에 의해 다시 주장되었다. 그의 "Prince Ito and Korea," *Outlook*, 27, November 1909를 볼 것.
29) Prince Ito Hirobumi, "Japanese Policy in Korea," *Harper's Weekly*, January 11, 1908, 27쪽.

에서 그는 1907년 7월 14일에 있었던 7개조항의 조약의 필요성에 대해 설명하였고, 일본 통치에 대한 다수의 논리적 근거를 폭넓게 제시하였다. 이 근거들은 일본과 한국에서 단 한 번의 예외를 제외하고는 널리 이용되었던 것인데, 이제 외국을 대상으로 다시 제시되었다. 이 기사의 가장 놀라운 점은 일본이 한국의 식민화에 있어 거의 아무런 역할도 하지 않았다는 식의 수동적인 문체였다. 기사 전반에 걸쳐 이토는 일본의 주도권이나 욕망에 관해서는 말하지 않았고, 일본의 탓으로 돌려질 수 있는 한국의 보호국화에 이르는 과정에서 일어난 최근 사건들에 대해 떠벌리는 식의 설명도 하지 않았다. 오히려 그는 한국에 대한 일본의 정책이 한반도 대내외의 사건들에 의해 불가피하게 추동된 것으로 묘사했다. 예를 들어, 러일 전쟁에 대한 언급에서 이토는 한국이 일본 안보의 핵심이라는 사실이나 혹은 일본이 전쟁에서 승리함으로써 식민화의 기회를 얻게 되었다는 사실을 거론하기보다는 다음과 같은 감언이설로 일본의 실질적인 이익을 감추었다. 즉, "러일 전쟁이 진행됨에 따라 러시아와 일본 양국은 동반자적 관계에 놓이게 되었다." 이에 따라 전후 일본은 변화된 세력 균형 속에서 이익을 얻은 것이 아니라 "한국과의 관계를 재정립하고 한국에 대한 일본의 태도와 정책을 전면적으로 변화시킬 것을 강요받았다"는 것이다. 강요되었음을 강조하는 언어가 기사 전체를 채우고 있다. 일본의 역할을 의도적으로 축소하는 것은 고종의 퇴위에 대한 일본의 개입을 부정하는 데서는 공공연한 얼버무림의 지경에까지 이르렀는데, 고종의 퇴위는 "이 일의 중대성을 이해한" 그러나 "일본으로부터는 아무런 조언도 받지 않은" 한국의 관리들이 일으킨 일로 제시되었다.

이토에 따르면, 한국의 문제들은 대부분 한국의 무능력에 기인한 것이었다. 이토는 일본의 식민 이데올로기에 관한 역사 연구들에서 폭넓게 논의되었던 다양한 방식을 사용하여 이를 설명했다. 그의 글은 중국 학문에 대한 한국의 의존을 특히 강조했다. 그는 "중국 학문 너머에는 아무 것도 없다"고 주장했다. 결국 "그들은 일본을 야만의 국가로 무시하고, 스스로를 문명화되고 계몽된 인종이라고 여긴다. 하지만 일반인과 농민들에 관한 한 그들에게는 교육도 부재하고 문화라고 말할 만한 것도 없다." 관리들의 파벌싸움과 함께 이로 인해 어떤 개선도 이루지 못했다. 이토는 상황이 너무나도 악화되어 "묵인하고 있지 못하도록 강요"받기 직전까지 일본은 조용히 침묵하고 있을 수밖에 없었다고 강조했다. 혹은 그 상황 자체가 "일본으로서는 한국인들이 만족하기를 또 결정하기를 기다리지 않을 수 없는 곤혹스러운 것이었다." 또한 이토는 일본이 한국을 점령하는 것 외에 아무런 선택의 여지가 없었다는 점을 보여주기 위해 범세계적으로 주장되던 사회진화론에 호소하기도 했다. 예를 들어, 보호국화는 "강자에 대항할 수 없는 약자의 자연스러운 삶의 결과"였다. 달리 말하면, "이 시대, 이 세계가 한국과 일본의 동행을 강요하고 있다"고 그는 서술했다.

  이토의 글은 일본이 직면한 문제들을 스스로 인정하는 자신감을 보여줌으로써 설득력을 얻었다. 그는 식민화가 "한국인들이 바라던 바는 아니"라는 점, 이미 시행착오가 있었고 앞으로도 있을 수 있다는 점, 앞으로 수많은 종류의 어려움이 있을 것임을 인정했다. 그리고 이에 대해 이토는 개인적인 책임을 언급했다. 그는 "그러한 어려움의 중요성을 모든 국면에서 인식해 왔다"고 말했으며, 그 같은 어려움에도 불구하고 최선을 다하고 있음을 독자들에게 확신시키려 노력했다. 이제는 외국 독자들을 향한 일본 식민주의 저술들에서 흔히 쓰인 논평 방식을 사용하면서 이토는 자신을 일본인의 이익이 아닌 한국인들의 이익을 위해 헌신하고 있는 사람으로 다음과 같이 묘사했다. "내가 한국에서 한국 황실의 가족들과 국민들을 위해 성취하고자 노력한 모든 것의 바탕에는 진실성이 있다."

이토가 엮어낸 장식용 직물에서 가장 특이한 한 가닥은 한국을 일본 특히 일본의 메이지 시대와 비교하는 것이었다. 이 같은 접근은 일본어 저작들에서는 흔한 것이었지만, 영문 글들에서는 조금 다르게 변형되어 나타났다. 그는 당시 한국에서 진행되었던 개혁 작업을 일본 메이지 시대 초기의 개혁과 동일하게 바라보았기 때문에, 이 같은 비교는 일본과 한국의 유사성을 강조하기에 알맞았다. 그런 점에서 한국 엘리트들의 중국 학문에 대한 헌신은 "쇼군 말기의 일본 젊은이들"의 행동과 유사했다. 유사성을 강조하는 비교 전략은 한국의 개혁 과정을 가장 적절하게 이끌 수 있는 것이 일본임을 시사했다. 일본은 현재 한반도의 백성들이 직면해 있는 것과 동일한 종류의 과정을 이미 겪었고, 그렇기 때문에 한국에게 필요한 것이 무엇인지를 이해하고 있다는 것이었다. 이토의 기사는 당시 일본에서 나타나고 있었으며 또 점차 증가될 범아시아주의(Pan-Asianism)의 어조로 쓰여지지는 않았다. 그러나 이 개념은 일본이 한국과 본질적인 특성을 공유하고 있기 때문에 그의 이웃에 대하여 가장 충분히 이해하고 있으며, 결국 동양의 국가인 일본은 동양의 이웃 나라를 보다 잘 알고 있기 때문에 그들을 통치하기에 가장 적합하다는 주장으로 이어졌다.

이러한 다양한 방식들을 통해 이토는 근대적인 개혁에 헌신하는 식민 관료로서, 수많은 난관을 극복하기 위해 성실히 노력하는 겸허한 관료로서, 그리고 역사적 상황 때문에 한국에서의 임무를 수행하도록 강요받은 한 사람으로서 자신을 묘사했다. 우리는 기사의 마지막 문장에 비쳐진 모습을 통해서만 이토의 또 다른 모습을 엿볼 수 있다. 기사 전체를 통해 그의 주장을 일관되게 유지할 수 없다는 듯이, 그는 결국 일본을 위한 그의 야망과 욕구를 드러내고 만다. 이 때문에 일본이 선택의 여지없이 식민화를 수행할 수밖에 없었다고 묘사하는 그의 이전 노력들은 다소 힘을 잃는다. 기사의 마지막 문장에서 그는 "내가 가진 하나의 기원은 극동지역에서 일본의 세력을 확장시키는 것"이라고 밝혔다. 다양한 다른 포럼에서도 일본의 한국통치가 한국을 위한 것이라고 밝혔듯이,30) 매사 조심스러운 이토가 이러한 감정을 공적으로 드러낸 적은 거의 없었다.

사대주의에 대한 강조, 근대화를 향한 추진력의 부족, 지리적 위치 등 한국에 대한 이토의 언급은 많은 일본 관리들에 의해 전파되었다. 하지만 일본 관리들이 언제나 정교한 솜씨로 말했던 것은 아니다. 특히 *Review of Reviews*에 글을 실은 아다치는 특히 직설적이었다.31)

> 솔직해질 필요가 있다. 우리는 한국에서 고압적인 방식으로 일을 수행하고 있음을 밝혀야 한다. 우리는 단지 이웃의 집을 필요로 하기 때문에 우리 이웃의 뒷마당 안으로 들어가서 그에게 이사를 가달라고 친절하게 요구하고 있을 뿐이다. 미국인들이 미 대륙의 정당한 소유자였던 인디언들에게 했던 것, 영국이 힌두교도들에게 했던 것, 그리고 러시아인들이 타타르인들과 중국인들에게 했던 것과 마찬가지의 방식으로 우리는 이 일을 벌이고 있는 것이다.……일본은 열강들의 일상적인 일에 참여하게 되었다. 즉, 일본은 문명화된 것이다.32)

---

30) 이토의 이름으로 미국 주류 언론에서 나온 기사는 더 이상 없지만, 인터뷰나 저명한 인사와의 회담을 통해 그의 견해가 보도된 경우는 있었다. 이들 중 가장 악명 높은 것으로는 G. T. Ladd, *In Korea with Marquis Ito*, London : Longmans, Green, 1908 ; F. T. Piggot, "The Ito Legend : Personal Recollections of Prince Ito," *The Nineteenth Century and After*, 67, January 1910, 173~188쪽을 볼 것. 이토의 한 선언을 요약한 것으로는 "'The Honest Broker' Between East and West : a Japanese View," *The Review of Reviews*, 26, July 1902, 66쪽 ; William T. Ellis, "An Interview with Prince Ito," *The Independent*, Nov. 1909, 1068~1070쪽 ; George Kennan, "Prince Ito and Korea," *Outlook*, 27 November 1909 참조.

31) Adachi Kinnosuke, "The Japanese in Korea," *Review of Reviews*, October 1907, 472~475쪽.

그의 뻔뻔함은 그가 일본 식민통치의 고압적인 전략들을 승인했을 뿐만 아니라 한국을 다른 식민지의 상황과 환경과 연관시켰다는 것에서 비롯된다. 한국에서 일본이 하고 있는 일은 다른 식민지 상황에서 열강들이 하고 있는 일과 조금도 다르지 않다고 주장했다. 그리고 그 같은 행위는 권력과 문명화로 돌려지고 있다.

일본의 식민지배에 대한 미국의 지지를 얻어내는 임무를 지니고 있던 대부분의 일본인들은 일본의 이해와 동기를 밝히는 이러한 고백 에세이들을 즐겁게 받아들이지 않았다. 그러한 일본인 중 한 사람이었던 가와카미(Karl Kiyoshi Kawakami)는 일본의 정책을 공적으로 방어하는 가장 두드러진 인물이었다. 미국에서 교육받고 미국인과 결혼한, 그리고 세련되고 논리 정연한 필자였던 가와카미는 다양한 미디어와 책을 통해 그 어떤 저자들보다도 일본과 미국의 관계에 대해 많은 글들을 발표했다.33) 그의 관심은 한국에 국한되지 않고 오히려 미국과 일본의 관계 전반에 걸쳐 있었다. 그러나 합병 이후 수 년 동안 그는 한반도에 엄청난 관심을 쏟았는데, 이는 한국과의 합병이 일본 정부의 관점에서 미국과의 관계를 위해 얼마나 중요했는가를 보여주는 증거였다. 『미-일 관계 : 일본의 정책과 목적에 대한 내부 견해』라는 제목의 1912년 저서에서 그는 자신의 책이 "나의 조국과 사실상 내가 입양한 국가 간의 우정과 호의를 증진"시킬 목적을 갖고 있다고 밝히면서,34) "한국 문제"라고 명명한 주제에 대해 138쪽이나 할애하고 있

---

32) 위의 글, 472쪽.
33) 여기에는 *Japan and World Peace*, NY : MacMillan, 1919 ; *What Japan Thinks*, NY : MacMillan, 1921 ; *The Real Japanese Question*, N.Y. : MacMillan, 1921 ; *Japan Speaks on the Sino-Japanese Question*, N.Y. : MacMillan, 1932도 포함된다.
34) Karl Kiyoshi Kawakami, *American-Japanese Relations : An Inside View of Japan's Policies and Purposes*, New York : Fleming H. Revell Co.,

다.

"일본은 왜 한국을 점령 했는가"라는 제목의 첫 장에서 그는 실명을 밝히지 않은 채 아다치의 에세이를 언급하고 있다. 그는 이 에세이가 한국에서 일본이 행하는 역할에 대한 미국의 오해를 가중시키는 "자료들 속에 의도치 않게 포함된" 글이라고 평가하면서 아다치의 글을 깎아내리려고 했다. 그는 고압적인 정책이라는 주장을 반박하기 위해 한-일 관계에 대한 역사를 간략히 소개한 후 일본의 조치들은 상황에 의해 강요된 것이라는 주장을 되풀이했다.35) 이토와 달리 가와카미는 일본의 잘못에 대해서 인정하지 않은 채 일본의 의도와 행위들을 열정적으로 서술했다. 그러면서도 그는 일본의 특정 정책에 대한 국제적 비판이 존재한다는 사실을 알고 있었고, 이 같은 비판 세력의 성장을 억제하고자 했다.

이 과정에서 그는 미국의 정책과 여론 사이의 관계를 있는 그대로 받아들였다. 그는 미국의 공식적인 지지를 확신했지만, 언론의 비판에 대해서는 촉각을 곤두세웠다.

> 나는 일본인으로서, Mikado(天皇)의 제국이 서구 열강들의 도덕적인 지지를 가장 필요로 하던 시점에 한국에 대한 일본의 요구를 미국 정부가 신속히 인정해 주었다는 점을 우리 일본인들이 언제까지나 고맙게 기억할 것임을 밝히고 싶다. 도끼를 들고 일본을 짓밟으려 하며 미국 대중에게 일본의 행위를 왜곡하기 위한 음모를 꾸미는 비판자들만 없다면, 한국문제는 양국 간의 전통적인 우호관계를 침해할 그 어떤 이유도 되지 못할 것이다.36)

1912, 17쪽.
35) 위의 글, 143~156쪽.
36) 위의 글, 171쪽.

가와카미를 비롯한 식민관리들이 영문으로 된 글을 출판하는 공통된 목적이 우호관계를 유지시키는 것이었지만, 그의 목적은 여기서 그치지 않았다. 그는 일본에 대한 미국의 여론에 가장 정통했던 저자로서, 양국의 우호관계가 흔들리는 일은 어차피 일어나기 힘들 것이라고 보았다. 미국은 일본 지배의 정당성보다는 일본의 지배가 미국의 이익에 어떤 결과를 초래할 것인가에 관심을 두고 있었기 때문이다. 그렇기 때문에 그는 한국에 대한 일본의 정책에 있어 미국의 상업적 이익과 선교사의 역할이 방해받지 않도록 주의를 기울였고, 1910년의 행정적 변화가 상업과 선교활동 모두에서 미국의 이익에 영향을 주지 않으리라는 점을 보여주려 노력했다. 그는 일본이 자신들의 사업에만 유리한 전략을 택하는 것이 아님을 강조하면서, 식민 당국은 '문호 개방' 정책, 이른바 "공정한 게임, 공평한 거래"를 옹호하고 있다고 강조했다.[37] 그는 미국인들의 사업이 성취한 바를 아주 상세하게 서술하고, 일본의 법률이 한국에서 사업의 수익성과 안정성을 보여주기 위해 애썼으며, 심지어 미국의 무역이 "보다 많이 활동할 수 있는 계발의 여지가 아주 많다"고 언급하기까지도 했다.[38]

가와카미에게 선교사들은 더욱 조심스러운 주제였다. 헐버트와 같이 가장 이름난 비판가들이 선교활동의 배경을 가지고 있었고, 105인 사건과 같은 경우에는 선교사들이 주요한 정보원이 되었다는 점에서 일본 정부에 대한 부정적 여론은 선교 공동체로부터 흘러나온다고 볼 수 있었다. 그는 잠재적인 긴장을 누그러뜨리려 노력했다. 이를 위해 그는 부분적으로 선교사들과 그들의 활동을 치하하면서, 선교사들과 식민 정부는 문명화라는 공통된 목적에 헌신하고 있다고 주장했다. 미국이 한국에서 좀 더 강력한 위치를 점해야 한다고 선교사들이 희망

---

37) 위의 글, 250쪽.
38) 위의 글, 264쪽.

하던 초기에는 다소 어려움이 있었지만, 이러한 희망은 미국의 공식 정책에 의해 가라앉았다고 그는 지적했다. 이제 대부분의 선교사들은 일본 정부와 공조하면서 일본의 통치를 받아들이게 되었는데, 이는 "서로간의 권리와 책임을 침해하거나 방해하지 않으면서 각자의 원대한 목적을 달성하기 위해 노력하는, 즉 이토가 제시한 건전한 종교와 정직한 정부39) 사이의 조화로운 협력"의 정책을 따르게 되면서 가능해졌다. 가와카미는 갈등을 과거의 일로 돌리면서 협력의 징조들을 강조하여 갈등의 요소를 축소시키려 했다. 하지만 결국 그는 마지막 문단에서 이 문제로 되돌아오게 된다. 여기서 그는 다음과 같은 핵심적인 구분을 시도한다. "악의적인 비판과 일본 정부의 성공에 대한 진심어린 희망과 공감에서 비롯되는 비판 사이에는 명확한 경계선이 그어져야 한다."40) 그는 일본이 비판에 귀를 기울이지 않는 것이 아니라 과거 선교사들의 비판이 이 경계를 넘어섰고 또 "많은 경우에 선의와는 거리가 멀었다"면서 경고에 가까운 주장을 했다.41) 이런 방식의 구분이 드문 것이 아니었지만, 일본인들이 이른바 "악의적인" 비판으로 받아들이는 경우는 그 비판의 강도에 비해 매우 광범위했다.

주요 저널에 실린 관련 기사들의 수가 급격히 증가했음을 통해 알 수 있듯이, 한국 문제에 대한 관심은 러일 전쟁에서부터 105인 사건에 이르는 시기에 크게 증대되었다. 그리고 그 중에는 일본 관리나 지지자들이 쓴 것이 상당수 있었는데, 이들은 일본의 식민침략에 대한 이론적 근거를 제공했고, 일본 지배에 대한 그 어떤 비판도 막으려 했으며, 한국의 병합이 미국의 이익을 위협하지 않는다는 점을 분명히 했다. 이들의 메시지는 이미 공감의 경향성을 가진 청중들에게 전달되었

---

39) 위의 글, 280쪽.
40) 위의 글, 281쪽.
41) 위의 글.

다.

　이러한 일본인들의 기사와는 대조적으로 미국의 주요 언론에 등장한 한국인은 거의 없었다. 잡지에 기사들이 실리기는 했지만 그 수가 적었고, 토론을 유발했던 일본인들의 기사와는 달리 1940년대 초까지 이들은 별 다른 주목을 받지 못했다.[42] 사실 3·1운동 이전까지 주요 언론들은 한국의 민족주의 운동에 거의 공감하지 못했다. 심지어 어떤 미국인들은 한국 민족주의자를 공공연히 비난하기도 했고, The Outlook의 편집자들은 그들을 "비현실적이고 감상적"이라고 표현하기도 했다.[43] 그 해의 인상적인 반대시위 이후에도 민족주의 운동을 폄하하는 것은 드문 일이 아니었고, New Public의 한 저자는 한국의 독립에 대한 열망을 "아마도 이성적이지 못한 것이며, 그들은 이성이 아닌 충동에 의해 행동하고 있는 것"이라고 묘사하기도 했다.[44] 한국

---

[42] 대한인국회(The Korean National Association)의 호소문은 '안(안창호 : 역자 주)'이라는 저자의 이름으로 The Nation에 게재되었다. "A Korean Appeal to America," The Nation, April 19, 1919, 228~229쪽 참조. 이승만의 가장 의미 있는 저서로는 어느 정도 영향력을 발휘했던 Rhee Syngman, Japan Inside Out : the challenge of today, New York : F. H. Revell, 1941이 있다. Henry Chung, "Korea Today : A Korean View of Japan's Colonial Policies," Asia, May 1919, 467~474쪽도 참조. 역시 그의 책인 The Oriental Policy of the United States, New York : F. H. Revell, 1919와 The Case of Korea : a collection of evidence on the Japanese domination of Korea and the development of the Korean independence movement, New York : F. H. Revell, 1921도 참조. 다른 글로는 P. K. Yoon, "The Present and Future of Korea," The Review of Reviews, Dec. 1907 ; Prince Ye We Chong, "A Plea for Korea," Independent, August 22, 1922, 423~426쪽 등이 있다.

[43] 이는 특히 헤이그 대표들에 대한 평가였고, 이 사설은 동시에 의병에 대해서도 비웃었다. 1908년 4월 4일자 사설 참조.

[44] Nathaniel Peffer, "Korea," The New Republic, March 10, 1919. 보다 동정적이지만 여전히 비판적인 관점에 대해서는 E. Alexander Powell, "Japan's Policy in Korea," Atlantic Monthly, March 1922, 395~412쪽 참조.

인들의 목소리는 비이성적이고 감정적인 것으로 규정되었기 때문에, 미국의 저자들은 일본인들의 목소리와 달리 한국인들의 목소리를 거의 다루지 않았다. 이를 다루었을 때에도 대체로 깎아내리기 위해서였다.

1907년 헤이그에 파견된 한국 사절을 다룬 한 기사를 통해 자신들의 목소리를 알리려 했던 한국인들의 딜레마를 살펴볼 수 있다.[45] 이 기사는 회담장에 입장을 허가받기 위해 노력하는 다른 어떤 약소국보다 한국 대표단의 호소는 "인상적"이었다고 묘사하면서 한국의 청원서 내용을 요약하고, 특히 보호국 협정이 일본에 의해 강요된 것이기 때문에 무효라는 그들의 주장에 주목했다. 하지만 이러한 짧은 설명 뒤에 시각을 전환하여, "일본 측의 주장을 들어보는 것도 흥미로울 것"[46]이라고 하면서 한국의 주장에 대해 구구절절 반박한 일본 특사 스즈키 게이로쿠의 인터뷰 기사를 실었다. 대담 형식으로 구성된 지면에서 그는 한국 황제를 비난한 후 일본의 행동이 평화적이고 적법함을 강조했으며, 현 상황에 대한 이해를 한국 대표들보다 잘 해야 할 것이라고 주장했다. 기사의 필자는 스즈키의 발언이 평판 있는 정치가로서 공정한 것이라고 평가하면서 그의 주장을 무비판적으로 반복하였고, 이어서 미일 관계의 현황과 발전 전망에 대한 그의 언급을 실었다. 그의 모든 발언들에 대해 이 기사의 필자는 "확실히 현명하고 합리적인 입장이다!"[47]라는 문장으로 기사를 마무리했다. 이러한 단순한 결론으로 그는 한국의 주장을 단번에 무시했다. 한국의 주장을 소개하는 보기 드문 이 기사에서조차 필자는 사실상 자신이 지지하고

---

45) Elbert F. Baldwin, "Korea and Japan at the Hague," *The Outlook*, 7 September 1907, 26~28쪽.
46) 위의 글, 27쪽.
47) 위의 글, 28쪽.

있는 일본의 입장을 강조하기 위해 한국의 주장을 이용했을 뿐이었다. 이 기사가 보여주듯이, 일본인의 목소리는 더욱 확고한 권위를 획득했고 한국인들은 자신의 입장에 동조하는 청중을 확보하는데 큰 어려움을 겪었다.

V. 미국의 주류 잡지와 비판의 한계

일본 식민주의의 관점은 미국 내에서 다양한 수단들을 통해 성공적으로 선전되었지만, 일본의 노력이 어느 정도 영향을 미쳤는지를 측정하는 것은 어렵다. 일본의 관리들은 미국의 여론에 대해, 또 가와카미가 "악의적인 비판"이라고 불렀던 것에 대해 우려를 표명했지만, 사실 1910년까지 한국의 식민화에 대해 글을 썼던 대다수 미국인 저자들은 정책 하나하나에 대해서는 아니더라도 전체적인 일본의 노력에 만족을 표시했다. 보호조약 이전에도 그러했지만 그 이후에는 확실히 한국에 대한 미국의 보고서는 비위를 맞추는 것에 불과했다. 문화와 발전 사이의 관계에 대해 일본의 논평자들과 동일한 가정을 공유했던 그들의 설명은 대부분 한국의 전통과 역사를 얕보았고, 정부의 억압, 상업정신의 부재, 유교에 대한 지나친 의존 등과 같은 내부적 요인을 한국 쇠퇴의 주요한 원인으로 지적했다. 한 저자의 표현을 따르자면, "국가적 자살의 한 예"[48]로 간주되기도 했다. 또한 장로회 선교 위원회의 지도자 중 한 명이었던 브라운(A. J. Brown)은 "전 체계가 너무나도 썩어있었기 때문에, 국가가 이전에 이미 산산조각나지 않았던 것이 신기할 정도이다. 아시아의 둔감한 무관심과 외국 열강들의 경쟁적인 권

---

48) Edwin Maxey, "Korea An Example of National Suicide," *The Forum*, Oct. 1907, 281~290쪽.

리 주장만이 한국을 하나로 유지시켜주었을 뿐이다."49)라고 말하기도 했다. 동양의 "싸움터"라는 지리적 위치와 함께, 많은 이들이 언급한 이러한 요소들로 인해 이 나라가 일본에 대해 저항하는 것을 불가능하게 만들었다.50) 대부분의 보고서들은 서구 중심의 비교문화 보고서에서 나타나는 전형적인 이미지와 주제들의 레퍼토리를 차용했고, 일본인들의 저작과 마찬가지로 이 글들도 매우 피상적인 수준에서 이루어진 한국인과의 접촉에 근거해 있었다.

이러한 종류의 경멸스러운 투의 보고서에서 제외되었던 몇 안 되는 영역들 중 하나가 점차 성장하고 있던 기독교 공동체였는데, 이 공동체는 선교사와 일반 기자들로부터 긍정적인 평가를 얻을 수 있었다. 이 보고서들은 새로운 개종자들에 찬사를 보내고 그들을 - 동아시아 전체는 아니더라도 - 한국의 미래라고 환호하면서, 기독교인들을 다른 사람들과 분리시키려는 경향을 보였다. 기독교인들의 생명력과 활력을 칭찬하는 것은 곧 한국의 비기독교인들이 게으르다는 것을 암묵적으로 때로는 명시적으로 표현하는 것이었다. 이러한 의미에서 한국의 기독교인들에 대한 관대한 찬사는 새로운 기독교의 한국을 전통적 한국과 대비시키는 전략 속에서 한국 문화에 대한 낡은 고정관념을 강화시키는 결과로 나타났다.

보호조약이 체결되었던 1905년까지 한국을 얕보는 식의 설명은 일본과의 비교와 함께 제시되곤 했는데, 이 비교는 피상적이면서 한국에게는 매우 불리한 것이었다. 그런 관점에 입각해서, 한국은 이웃과의 관련 속에서 평가되었고, 일본과의 이 같은 대조는 양국 사이의 상이

---

49) A. J Brown, "Unhappy Korea," *Century*, May 1904, 147~150쪽.
50) "Korea, the Cockpit of the East," *Review of Reviews*, Feb. 1904, 176~181쪽 ; Gordon Casserly, "From Chemulpo to Seoul," *Living Age*, 4 June 1904, 613~621쪽.

한 권력관계를 정당화하는 데 이용되었다. 이 시기에 가장 널리 읽혀졌던 저자 중 한 사람이자 루즈벨트 대통령의 가까운 친구이기도 했던 켄낸(George Kennan)은 이런 방식의 분석에 있어 가장 탁월한 전문가였다. 러일 전쟁 기간에 통신원으로 일했던 그는 한국에 도착했던 때를 묘사하면서, 배가 해변에 다다를 때까지는 한국이 외양에 있어 일본과 다른 점이 없었다고 기록했다. 하지만 공통점들은 금새 사라졌다. "인간 노력에 따른 성장과 결실의 모든 면에서 '고요한 아침의 나라'는 완전히 깨어난, 활력이 넘치는, 그리고 진보하고 있는 이웃 나라에 비해 여러 세대 뒤쳐져 있었다." 그는 "한국에 대한 나의 첫인상은 한국인들에 대한 편견을 심어주었고, 이 편견으로부터 스스로 벗어나는 것은 참으로 어려운 일이었다."51)라고 밝히면서 자신의 선입관을 인정하기는 했다. 물론 그의 모든 글에서 나타나듯이, 그는 결코 편견에서 벗어나지 못했다. 한국인들에 대한 부정적인 시각에는 항상 일본에 대한 긍정적인 찬사가 뒤따랐다. 보호조약이 공표되기 이전에 일본이 한국에서 저지른 잘못을 지적하는 것 또한 한국에 대한 일본의 통치를 향상시키고 용이하게 하기 위해서였다.52)

비교의 접근방식은 일본과 한국에 대한 평가를 넘어 필리핀에 대한 미국의 지배에도 확대 적용되었다. 최근에서야 필리핀을 식민지화했

---

51) George Kennan, "The Land of the Morning Calm," *The Outlook*, 8 Oct. 1904, 363~369쪽.
52) George Kennan, "The Korean People : The Product of a Decayed Civilization," *Outlook*, 21 Oct. 1905, 409~416쪽 ; George Kennan, "The Japanese in Korea," *The Outlook*, 11 Nov. 1905, 609~616쪽 ; George Kennan, "Prince Ito and Korea," *The Outlook*, Nov. 27, 1909 ; George Kennan, "Is Japan Persecuting Christians in Korea?" *The Outlook*, Dec. 14, 1912, 804~810쪽 ; George Kennan, "Are the Japanese Honest?" *The Outlook*, 101. 8, August 31, 1912, 1011~1016쪽.

던 미국인들은 자신들이 태평양 군도에서 행한 일들을 일본이 한반도에서 행한 것과 쉽게 대비시킬 수 있었으며, 두 식민지의 환경을 동일시함으로써 일본의 합병을 정당화할 수 있었다. 일본인들이 한국에서 행한 일들은 미국인들이 필리핀에서 행한 것과 논리적으로 전혀 다르지 않았던 것이다. 켄낸은 한반도에서 일본이 행하는 역할이 "하나의 거대한 실험이며, 이 실험의 성패와는 상관없이 필리핀에서 유사한 실험을 하고 있는 우리는 깊은 관심과 동감으로 이를 바라 보아야한다"53)고 서술했다. 저자들은 더욱 빈번하게 일본의 특정 정책을 비판하는 수단으로 필리핀을 언급했다. 이러한 분석의 논리는 필리핀에서 식민통치가 그 결실을 맺고 있다는 것으로 귀결된다.54) 비교·유추의 방법을 비판의 목적으로 사용하는 것은 3·1운동 이후 흔히 사용되었다. 특히 미국은 필리핀에 대한 그들의 통치가 우수했기 때문에 군사력에 의존하면서 한국의 민족 문화를 말살하려 했던 일본의 통치와 달리 필리핀에는 3·1운동과 같은 민족주의 시위가 일어나지 않았음을 과시하려 했던 것이다.55) 필리핀의 예를 사용하는 방식에는 다소간의 차이가 있었지만, 그들의 논의는 필리핀과의 비교를 통해 한국에

---

53) George Kennan, "The Korean People : The Product of a Decayed Civilization," *The Outlook*, (21 Oct. 1905). 이러한 종류의 다른 기사들로는 Arthur Judson Brown, "The Japanese in Korea," *The Outlook*, (November 12, 1910), 591~95쪽 ; "The Korean Conspiracy Case : A Review," *Outlook*, (Jan 18, 1913) 참조.
54) 이런 관점의 기사들은 무수히 많다. W.E. Griffis, "Japan's Absorption of Korea," *North American Review*, (October 1910), 516~26쪽 ; W.E. Griffis, "An American View," *The Nation*, (May 24, 1919), 830~31쪽 ; Walter E. Weyl, "Korea An Experiment in Denationalization," *Harper's Magazine* (March 1919) 392~401쪽 참조.
55) Rae D. Henkle, "The Benevolent Assimilation of Korea," *The Nation*, 11 Oct. 1919, 505~506쪽.

대한 일본 통치의 타당성을 입증하려는 공통된 목적을 지니고 있었다.56)

이토 히로부미가 *Harper's Weekly*에 기사를 실었던 1907년까지 한국을 다룬 몇 안 되는 미국의 저술들은 이런 방식으로 일본의 식민 이데올로기와 여러 특징들을 공유했다. 이는 일본의 선전 노력이 성공적이었다거나 혹은 그 노력의 결과에 따른 것이기보다는 저자들이 자본주의의 근대성이라 불린 일련의 가정들에 기대고 있었기 때문이었다.57) 한국에 대한 문화적 표상을 폭넓게 공유하던 미국과 일본은 한국에 대한 접근에 있어서도 수렴되는 모습을 보였다. 일본이 한국의 정책에 대한 미국 대중의 지지를 끌어내기 위해 노력하기 시작했을 때 이미 독자들은 동일한 식민주의 수사학에 익숙한 상태였고, 그들은 식민주의를 통한 문명의 전파라는 목표에 동조했으며, 한국인이 문명의 산물인 자치(自治)라는 짐을 떠안을 준비가 되지 못했다고 여겼다. 일본의 식민 이데올로기는 이미 미국 잡지들을 통해 폭넓게 확산되었던 지배적인 인식에 손쉽게 흡수되었다. 이 같은 상황에서 합병이 폭넓게 받아들여지고 심지어 주류 언론에서 긍정적으로 다루어진 것은 어쩌면 당연했다. 많은 관찰자들은 합병이 "불가피"58)했다고 말했다. "한국의 독립이 사실상 불가능하다는 것은 더욱 더 분명한 일"59)이

---

56) 일본 통치를 비판하는 이들이 직면한 어려움 가운데 하나는, 일본 식민주의에 대한 그들의 비판이 미국의 식민 통치에 대한 비판으로 해석되지 않게 하는 것이었다. 그 예의 하나로 Henry Chung, "Korea Today : A Korean's View of Japan's Colonial Policy," *Asia*, May 1919 참조.
57) 이 주장에 관한 상세한 내용은 Andre Schmid, *Korea Between Empires*, New York : Columbia University Press, 2002, 3~4장 참조.
58) Arthur Judson Brown, "The Japanese in Korea," *The Outlook*, November 12, 1910.
59) Dr. H. H. De Forest, "The Moral Purpose of Japan," *The Independent*, Jan. 1911, 13~17쪽.

되고 있었다. 피어슨(Arthur T. Pierson) 목사는 한국인들이 "새로운 관계를 기꺼이 받아들여야 하며, 이 관계로부터 최대한 이득을 끌어내야한다"60)고 주장했다. 자주 인용되는 라드의 말을 빌리자면, 합병은 "자비로운 융합"61)이었고, The Independent의 사설에서는 이를 "한국에 주어진 커다란 축복"62)으로 표현했다. 심지어 그리피스는 "정치라는 창공에 거대한 두 별이 떠오른 것은 인류를 축복하는 원천이 될 것이다"63)라고 결론내리기도 했다.

일반적으로 합병을 환영했지만 비판이 없었던 것은 아니다. 일본 관리들이 외국인들의 그릇된 표현 혹은 가와카미가 언급했던 "악의적인" 보고서에 대해 자주 불만을 토로했던 것을 보면 비판이 제법 널리 퍼져있던 것처럼 보이기도 한다. 하지만 실상은 그렇지 않았다. 양적으로 보나 내용으로 보나, 일본의 민감한 반응을 통해 비판의 정도를 가늠해서는 안 된다. 전직 선교사이자 유명한 평론가였던 헐버트를 제외한다면, 식민통치 첫 해에 한국을 독립국으로 되돌려야 한다고 공개적으로 강변한 이는 없었다. 한국의 주권유지 능력에 대한 부정적 평가와 일본의 개혁에 대한 열광이 함께 작용했던 것이다.64)

---

60) Rev. Arthur T. Pierson, "First Impressions of Korea," *Mission Review*, March 1911, 183~190쪽.
61) G. T. Ladd, The Annexation of Korea : An Essay in "Benevolent Assimilation," *Yale Review*, July 1912, 42~656쪽.
62) "Editorial : The Korean Conspiracy Case," *The Independent*, Dec. 5, 1912.
63) W. E. Griffis, "Japan's Absorption of Korea," *North American Review*, October 1910, 516~526쪽.
64) 몇몇 역사학자들은 일본에 대한 외국인 선교사들의 대립적 입장을 강조해왔다. 하지만 이들은 다수 선교사들이 일본 식민주의를 용인하는 글을 썼다는 점(이들 중 일부는 이 논문에서도 인용되었다), 그리고 위에서 인용된 아다치의 기사처럼 선교사들의 평가가 일본 식민관리들의 미국 내 선전활동에 쓰였다는 점을 간과하는 경향이 있다. 또한 아래에서 논의되겠지만, 선교사들이 행한 비판의 대부분은 일정한 한계를 지니고 있었다.

미국의 주류 언론이 일본에 대해 큰 우려를 표시했을 때에도 한국 문제를 거론하는 목소리가 없었던 것은 다소 의외이다. 일본 이주민 문제는 오랜 기간 (미국에서) 반일감정을 촉발시키고 있었다. 두 경쟁국은 태평양으로 팽창하면서 제국주의적 이익으로 갈등하고 있었다. 이 긴장관계 때문에 일간신문들은 장차 일어날 일본과의 갈등을 주기적으로 지적했다. 침착한 논조의 *The Outlook*조차 한 사설의 제목을 통해 "동아시아에 전쟁이 벌어질 것인가?"65)라고 묻기도 했다. 그러나 미국인들이 한국문제에 대해 관심을 보이지 않았던 점을 보면, 많은 반일 비평가들은 일본에 대한 공격에서 한국문제를 잠재적 무기로 여기지 않았음을 알 수 있다.66) 미일관계에는 여러 불편한 요인들이 있었음에도 불구하고, 한국은 미-일 관계에서 토론의 대상으로 거론되지 않았다. 1910년의 합병을 미국인들이 손쉽게 받아들인 것은 모순적이다. 즉, 많은 저자들은 일본이 한국을 식민지화해도 될 정도로 문명의 수준에 도달했다고 보면서도, 일본 이주자들이 미국 해안에 정착해도 될 정도로 문명의 수준에는 도달하지 못한 것으로 판단했던 것이다. 대부분의 미국 논평자들은 이주와 식민주의를 별개의 주제로 여겼다.

이주 문제와 합병 사이의 연관을 언급하는 경우도 가끔 있었지만, 이것도 일본을 비판하기 위해서가 아니라 한국에 대한 합병을 지지하기 위해서였다. *The Outlook*과 같은 잡지는 일본이 한국을 식민지화함으로써 일본의 이민자들을 한국으로 보낼 수 있고, 이를 통해 일본

---

65) "Will there be War in East Asia?" *The Outlook*, 96. 5, 1 Oct. 1910, 258~260쪽.
66) 하나의 예외로 캐나다의 작가 맥켄지(F. A. MacKenzie)를 들 수 있다. 그는 이 문제를 *The Unveiled East*, London : Hutchinson and Co., 1907에서 다루었다.

의 인구 압력을 완화하는 새로운 방법을 찾을 수 있다고 제안했다. The Nation은 이를 "태평양 연안 문제에 대한 간접적인 해결책"67)이라고 언급했다. 이에 따라 미국은 일본 이주민에 대한 논쟁적인 문제를 해결할 수도 있게 되었는데, 이러한 연관관계를 지적하는 기사는 여전히 상대적으로 드물었고 이는 기사들의 주된 초점이 되지도 못했지만, 한국의 식민지화를 즉각 되돌려 놓을 것을 요구하는 기사의 수보다는 많았다.

일반적으로 공감이 부족했고 미국 자체의 이익과 때때로 연관되어 있었으며 그리고 미국 정부가 한국의 식민지화를 지지했기 때문에 (일본에 대한) 비판도 항상 일정한 테두리 안에서만 진행되었다. 그 결과, 비판은 식민통치 자체에 대한 문제의식 없이 특정 측면에 대해서만 이루어졌다. 스탠포드 대학교의 조던(David Starr Jordan) 총장도 한국을 짧게 여행한 뒤에 이런 태도에 근거하여 다음과 같이 기술했다.

> 한국을 침범한 것이 옳은 것인가 아니면 그른 것인가, 명백한 운명의 불가피한 과정인가 혹은 민족의 독특한 삶에 있어 불필요한 억압인가, 이 같은 문제를 지금 결정할 필요는 없다. 조선의 점령은 이제 기정사실이 되었다. 조선은 일본의 미래에 있어 일부일 뿐이다.68)

조던처럼 일본 지배의 정당성에 대해 윤리적인 의문을 제기하는 것

---

67) "Japan as Colonial Administrator," *The Nation*, 24 June 1915 그리고 Outlook, 4 April 1908.
68) David Starr Jordan, "Japan's Task in Korea," *Review of Reviews*, July 1912, 82쪽. 비슷한 내용으로 하버드 대학 총장이 쓴 Charles W. Eliot, *Some Roads Towards Peace*, NY : Carnegie Endowment for International Peace, 1914, 45~46쪽도 참조.

자체가 드문 일이었지만, 그럼에도 그는 더 이상의 숙고가 불필요한 것이라고 하면서 생각을 멈췄다. 대신 그는 현 상황을 기정사실로 받아들이고 나서 일본 식민주의 자체가 아니라 개별 정책의 타당성을 판단하려고 했다. 그는 "일본이 그들의 새로운 책임을 심각하게 받아들이고 있음에 주목할 만하다"고 하면서, "일본은 '완전한 동양'이라는 성채 안으로 서구 문명을 옮겨놓는 임무를 떠안았다"고 나아갔다. 이러한 논리를 따라 조던은 일본에 경의를 표했다.

일본 식민주의의 정당성 자체보다 개별 정책에 주의를 기울여야 한다는 조던의 제안은 새로운 것이 아니었다. 보호국화에서 합병에 이르기까지 수 년 동안 그리고 심지어 3·1운동 이후에도 다수의 미국 평론들은 정확히 이 방식을 따랐다. 일본 식민주의에 대한 대부분의 비판은 정책 평가의 틀 안에서만 이루어졌다. 조던은 이 정책들에 감동했는지 모르지만, 모든 관찰자들이 그의 열광에 동조했던 것은 아니다. 특히 1911년의 105인 사건 그리고 3·1운동과 관련한 많은 언론기사들이 불만을 표시했다. 기독교 공동체가 연루되어 있었다는 점에서 선교사인 필자들이 이 사건들에 크게 주목했었지만, 선교사가 아닌 필자들도 관심을 확대시켰다. 3·1운동 이후 일본의 정책에 대해 상세하게 검토한 글 가운데 파월(E. Alexander Powell)이 *Atlantic Monthly*에 기고한 것은 일본이 한국에서 저지른 잘못을 더욱 예리하게 지적했다. 그의 논의는 무엇보다 동화정책에 주목했는데, 이러한 지적은 3·1운동 이후 하나의 큰 흐름을 형성하게 되었다.

그들은 한국인의 언어와 문학을 말살하고, 민족적 이상을 파괴하고, 고대부터 내려온 풍습과 관습을 근절하려는 잘못을 저질렀다.……그들은 결국 한국인들을 미국 내 흑인들과 다르지 않은 지위로 몰아가는 것이 아닌가, 그리하여 사회적, 정치적, 경제적인 열등함을 항의하지 않고 받아들이는 나무꾼과 물 긷는 이들, 이천 만의 참을성 있고 불평하지 않고 복종적인 주체들을 제국에 편입시키려는 것이 아닌가 하는 의구심이 든다.69)

파웰은 미국 흑인들에 대한 묘사에 문제를 제기하지 않고, 일본의 정책이 그릇된 방향으로 진행되고 있음을 설득력 있게 보여주려 했다. 그는 "가장 극악한 차별"70)에 대해 언급한 후, "일본은 한국의 이익을 최우선으로 고려하는 대신 자국 국민의 영광과 이득을 위해 한반도를 지배하는 잘못을 저질렀다"71)고 기술했다. 이 문제들을 거론하면서 그는 심지어 사과의 필요성까지 느꼈다.

   미국의 일본 지지자들이 했던 것처럼, 합병 이후 10여 년간 한국에서 있었던 일본의 행정 업적을 망쳐놓은 개탄할 만한 실책들을 축소하거나 무시하거나 사과만 하는 것은 일본인 혹은 한국인들에게 도움을 제공하는 것이 아니라 이 글의 가치를 손상시키기만 할 따름이다.72)

그럼에도 불구하고 파웰에게 있어 "도움"은 식민통치를 종식시키는 것이 아니라 식민통치를 보다 효과적으로 개혁하는 것을 의미했다. 그는 한국인들이 기대하는 것은 단지 그러한 "도움"이 아니었음을 알고 있었다. 그는 3·1운동이 진정한 민족주의 운동으로서 한국인들의 "자유를 향한 열망"73)을 보여주었다는 사실을 훌륭하게 지적했다. 하

---

69) E. Alexander Powell, "Japan's Policy in Korea," *Atlantic Monthly*, March 1922, 397~398쪽.
70) 위의 글, 400쪽.
71) 위의 글, 401쪽.
72) 위의 글, 398쪽.
73) 위의 글, 404쪽.

지만 그는 한국의 주권을 요구하지는 않았다. 대신에 그는 한국인들에게 더 많은 자율성과 함께 지방자치까지도 허용할 것을 제안하면서, 일본의 식민주의가 영국이나 미국의 식민주의를 뒤따름으로써 개선될 수 있다는 수많은 미국인들의 생각을 반복했다. 이런 점에서 파웰은 식민주의 내에 위계를 세우면서, 보다 뛰어난 행정업적을 보인 미국의 필리핀 지배와 영국의 제국주의 아래에 일본을 위치시켰다. 일본 통치의 혹독함에 대한 비판은 일본식 식민주의를 보다 선한 방향으로 개선시키는 데 도움을 주었지만, 한국의 독립을 요구하는 한층 급진적인 주장으로는 나아가지 않았다. 그는 많은 지면을 할애하여 일본의 통치를 혹독하고 광범위하게 비판했지만 결론에서는 다음과 같이 방향을 틀었다. "전체적인 균형은 일본 쪽으로 크게 기울어져 있다"고 믿는다. 더 나아가, "한국으로서는 일본이 한국을 떠나는 것보다 더 큰 시련은 없을 것"이라고 단언했다."74) 이 한 문장으로 파웰은 앞서 개진했던 모든 비판을 무효로 돌리고 일본의 식민주의 통치에 대한 부정적인 평가가 한국의 해방을 의미해서는 안 된다고 독자들에게 강조했다. 간단히 말해서, 가와카미가 "악의적"이라고 평했던 그의 비판은 결국 다른 식민지들에서 수립되었던 기준에 도달하는 정도로 일본의 식민주의를 개선시킬 수 있는 제안이 되고 말았다. 이것이 바로 그의 비판이 제공한 "도움"이었다.

파웰과 같은 접근은 짧은 시기에 한국을 다룬 많은 기사들이 쏟아졌던 3·1운동 이후 수년간 매우 흔하게 나타났다. 이 기사들은 파웰의 기사처럼 일본의 특정 정책에 대해서 개탄했을 뿐 항상 일정한 한계 안에 머물렀다. 비판의 대상이 기독교에 대한 박해에 대한 것이든, 지나친 무력의존에 대한 것이든, 한국 민족문화의 말살에 대한 것이

---

74) 위의 글, 406쪽.

든, 혹은 한국인을 배제한 행정에 대한 것이든, 이 기사들은 한국의 해방을 요구하지 않고서도 충분히 혹독할 수 있었다.75) 많은 일본 관리들은 외국인들의 이러한 비판에 격분했지만, 역설적이게도 이 비판의 대부분은 식민 정부가 3·1운동에 대응하여 착수했던 개혁의 논리를 넘어서지 않았다.76)

미국의 비판가들과 '문화통치'라는 식민주의의 개념 사이에 일정한 유사성이 있으며 이들이 기본 가정을 공유했다는 사실은 사이토 마코토가 *The Independent*에 기고한 기사에서도 드러난다. 그는 새로운 총독으로서 한반도에서 일본의 통치를 재확인해야 할 임무를 떠안고 있었다.77) 사이토는 개선된 식민 정책을 통해 1919년의 3·1운동이라는 이른바 "불행한 사건"을 다시 검토할 필요가 있다고 미국인들에게 직접 호소했다. 이 입장에 따라 그는 식민 정부를 대표하여 자신의 선임자들이 실행했던 그릇된 접근방식에 대하여 일정한 책임을 느껴야 했다. 그의 선임자들은 "한국인들의 조건을 개선하려 노력"하는 과정에서 주로 "하위 관리"의 행위로 인해 때때로 "서투른 방식"78)으로 정책을 수행했던 것이다. 한 논평에서 사이토는 식민통치의 성공을 확신

---

75) 다른 예로 W. W. Willoughby, "Japan and Korea," *Unpartisan Review*, January 1920 ; Nathaniel Peffer, "Korea," *The New Republic*, March 10, 1919 ; Rae D. Henkle, "The Benevolent Assimilation of Korea," *The Nation*, 11, Oct. 1919 참조.

76) 3·1운동 이후 등장한 몇몇 예외적인 글로는 잘 알려져 있지 않은 Marjorie Barstow and Sydney Greenbie, "Korea Asserts herself," *Asia*, Sept. 1919를 참조. 이 글은 일본의 많은 주장에 대해 도전적이다. 또한 정기간행물인 *Literary Digest*는 일본 식민주의 자체에 대한 신랄한 비판의 글들을 싣고 있다.

77) Baron Saito Makoto, "A Messae from the Imperial Japanese Government to the American People : Home Rule in Korea?" *The Independent*, 31 January 1920, 167~169쪽, 191쪽.

78) 위의 글, 167쪽.

하는 한편 비난도 받아들이겠다고 밝히면서, 이전의 관리들은 "한국 사람들이 차츰 지적으로 경제적으로 발전하고 있는 것에 발맞추어" 정책들을 조율하지 못했다고 평가했다. 이어서 그는 한국인들의 봉기가 문화정치로의 변화를 이끌었음을 부인하기 위해, 식민 정부가 이미 개혁을 계획해 오던 중이었지만 이 과정이 너무 더디게 진행되었으며 "불행히도 이 계획이 충분히 신속하게 알려지지 못했다"고 주장했다. 사이토는 논평을 통해 시위 참여자들이 식민통치의 성격 자체가 아닌 행정방식에 불만을 표시한 것으로 서술했고, 임박한 개혁의 소식이 좀 더 널리 퍼졌더라면 "제 때에 시위의 발생을 막을 수 있었을 것"[79]이라고 언급함으로써 3·1운동을 행정개혁을 위한 투쟁에 불과한 것으로 묘사했다. 결과적으로 그는 현재 착수되고 있고 또한 미래에 계획된 개혁들이 시위 참여자들의 요구를 적절히 대변하고 있다고 주장할 수 있게 되었다. 이 기사의 나머지 부분은 변화를 개괄적으로 서술하고 있다. 일본인과 한국인은 동등한 지위에 놓일 것이고, 한국인들의 의견에 더욱 주목할 것이며, 지역행정의 자율성을 보장하고, 한국어 신문의 발행을 허용한다는 것이다. 이 모든 정책들은 식민통치를 한층 문명화된 것으로 또 한국인 신민(臣民)에게 한층 적합한 것으로 보이게 할 것이었다. 이러한 방식으로 사이토는 미국인들이 시위참여자들의 요구와 외부 관찰자들의 비판을 접하게 될 것에 유의하면서, 많은 비판을 받고 있던 일본의 한국 통치에 있어 새로운 면모를 보여주려고 했다.

한편 그가 식민통치의 새로운 유형을 설명하면서 보여준 논리는 파웰처럼 일본 정책을 비판하는 미국 비평가들과 많은 점을 공유하고 있었다. 물론 외국인들이 일본을 "엄청나게 또 부당하게 오인하고"[80]

---

79) 위의 글.
80) 위의 글.

있다고 사이토가 비통해 할 만큼 비판의 말투나 범위에 있어서는 많은 차이가 있었지만, 이 차이를 들추어보면 그 속에는 몇 가지 공통된 가정들이 있었던 것도 사실이다. 두 입장 모두 어떻게 선량한 식민통치를 수립하고 수행할 것인가의 딜레마를 중심으로 평가의 틀을 구성했다. 양자는 공히 행정과 지배의 문제, 즉 특정한 상황에서 최선의 정책은 무엇인가의 문제를 고민했다. 하지만 이들은 행정적 수단의 수준에 머물렀을 뿐 상황 자체를 문제 삼지는 않았다. 게다가 양자 모두 한국인들이 스스로를 통치할 수 있는 능력을 갖추지 못했기 때문에 그들에게 일본의 식민통치는 최선이라고 가정했다. 이 가정을 공유하는 한에서 이들은 교육을 어느 정도 강조할 것인가, 자율성을 어느 정도 부과할 것인가, 정책을 어느 정도 억압적으로 할 것인가와 같은 정책문제에 있어 차이를 보이는 것이다. 이 정책들이 기반하고 있는 가정들이 도전받기는커녕 사실상 문제로 제기되는 경우도 없었다. 비판은 광범위하게 진행되었지만, 일본의 식민관리들을 당황스럽게 하고 분노하게 했던 비판들조차 일본 통치의 정당성에 의문을 제기할 정도로 일정한 한계를 벗어나는 일은 없었다.

  일본의 정책이 개혁되고 3·1운동과 같은 규모의 시위가 발생하지 않게 되면서 한국을 다루는 미국 잡지의 기사 수는 줄어들었고, 한국에 대한 관심은 사그라졌다. 많은 필자들이 1898년 마닐라 항구에 듀이(Dewey)가 승자로서 진입할 수 있었던 것을 그의 덕택으로 돌렸던[81] 해군제독 사이토가 기록한 변화들은 성공 여부와는 상관없이 식민행정의 약점을 보완하는 시도로 비쳐졌다. 결국 이 시도가 바로 훌륭한 식민 정부의 임무였던 것이다. 그 후, 주로 특정 사건과 관련해

---

81) 이 주제에 대한 기사 전문을 보기 위해서는 Geo. Bronson Rea, "Saito the Man who Stood by Dewey at Manila ; His Work in Korea ; An Appreciation," *The Far Eastern Review*, Dec. 1924 참조.

서만 기사들이 가끔씩 등장했고, 선교 공동체는 정부의 활동에 대한 감시만을 계속했다. 한국에 대한 관심이 줄어들면서, 일본의 식민관리들 또한 미국 잡지에 글을 기고할 필요성을 느끼지 못했다.82) 미국 여론이 부정적으로 흐를 가능성에 대한 그들의 우려는 결코 현실화되지 않았다. 한국의 식민지화는 미국에서 널리 용인되었고, 미일 관계에 있어 다른 쟁점들, 특히 중국 문제가 전면에 등장하면서 일본의 정책적 실수도 더 이상 지속적인 고려의 대상이 되지 못했다.83)

Ⅵ. 결론 : 1941년 이후의 전환

1920년대 말부터 1930년대 사이에 기사의 수가 상대적으로 줄어든 현상은 1940년대 초 일본이 진주만을 공격하면서 역전되었다. 한국에 대한 관심이 되살아났고, 미국의 태도는 급격한 변화를 보였다. 이제 일본을 적으로 두게 된 미국은 외국의 정책 저널과 대중 잡지에서 한국을 잠재적인 동맹국이며,84) 일본의 범아시아주의 이데올로기가 그 모순을 드러내는 장소로,85) 그리고 일본 제국의 잠재적인 약점으로86) 기술하는 경향을 보여주었다. 한국의 민족주의적 주장은 처음으로 이에 동조하는 독자들을 얻게 되었고, 일본 통치에 맞선 한국의 투쟁은 무시되지 않고 칭찬받게 되었다.87) 많은 미국인들의 글에서 나타난

---

82) Yamagata, "The Korean Annexation : A Japanese View," *The Outlook*, Feb. 1, 1922.
83) 물론 이에 대한 주된 예외 중의 하나는 신사참배 정책을 실행한 것이었다.
84) Selden C. Menefee, "Our Korean Allies," *Nation*, 14 November 1942, 509쪽.
85) George Kent, "Korea Exhibit 'A' in Japan's New Order," *Asia*, April 1942.
86) George W. Keeton, "Korea and the Future," *The Contemporary Review*, June 1942, 354~358쪽.

주된 특징이었던 일본의 통치에 대한 존경은 사라지고, 이제 논평자들은 그 억압적 본질을 강조하게 되었다. 한 저자는 "일본의 업적은 돌이킬 수 없는 실패였을 따름이다"88)고 표현했다. 한국의 과거 그리고 일본이 한국에 편입된 이유들에 대한 관심이 줄어들면서 저자들은 미래에 대해 기술하기 시작했는데, 그들이 말하는 미래는 그 어느 때보다도 한국의 독립 가능성에 대해 긍정적이었다.89) 한국을 다룬 미국의 주요 보도들은 처음으로 일본 식민 이데올로기로부터 탈피한 태도를 보여주었는데, 이는 이전 시기와 비교할 때 극적인 변화라 할 만하다. 심지어 전쟁이 끝날 무렵에는 몇몇 저자들이 일본의 한반도 식민지화에 있어 미국도 책임이 있음을 지적하기까지 했다.90)

한국에 대한 기사들은 '뒤따라 잡기'의 성격도 띠고 있었다. 미국은 20여 년간 한국에 주의를 기울이지 않았었다. 이제 카이로 선언을 통해 한국의 독립 가능성이 이야기되는 시점에서 미국은 제한적으로나마 한국에 대한 지식의 부족을 극복하려 했다. 하지만 1945년 9월 미국 병사들이 한국인들을 통치할 군사 정부를 세우기 위해 한반도로

---

87) 가장 좋은 예로 이승만의 책에 대한 관심을 들 수 있다. *Japan Inside Out : the challenge of today*, New York : F. H. Revell, 1941. 또한 "Rhee's Revival," *Nation*, 13 December 1943, 60쪽 참조.
88) George W. Keeton, "Korea and the Future," *The Contemporary Review*, June 1942, 354~358쪽 ; "Background for War : The White Man of the Orient," *Travel*, November 1942, 354~358쪽.
89) Andrew Grajdanzev, "Korea in the Postwar World," *Foreign Affairs*, April 1944 ; Andrew Grajdanzev, "Problems of Korean Independence," *Asia and the Americas*, Sept. 1944, 416~419쪽.
90) 이는 넬슨(M. Frederick Nelson)의 비평에 담겨져 있다. M. Frederick Nelson, *Korea and the Old Orders of Eastern Asia* ; John Goette, "One Roosevelt Proposes, Another Disposes," *Saturday Review of literatures*, Sept. 8, 1945, 26~27쪽.

들어옴에 따라, 한국에 대한 미국의 무지는 일본 식민주의의 많은 유산 중 하나로서 그들의 행정부와 한국 사람들 사이의 관계 속에 반복적으로 나타나게 되었다.

『주막담총(酒幕談叢)』을 통해 본 1910년대 조선의 사회상황과 민중

마쓰다 도시히코(松田利彦)[*]

Ⅰ. 머리말

이 글은 공주 헌병대와 충청남도 경찰부가 1911년, 1913년, 1914년에 조사, 편집한 민정(民情) 조사 자료인『주막담총(酒幕談叢)』을 사용하여, 식민지 초기 조선사회의 상황을 논하고자 한다. 특히 일본의 식민지 지배가 시작됨에 따라 도입된 새로운 문물·제도·질서에 대하여 그 당시의 조선민중이 어떻게 반응했는지에 주목하고 싶다.

이 자료가 작성된 1910년대는 '무단통치' 하의 출판·언론 탄압에 의해 남아있는 자료가 극히 적으므로 일제 시대에 대한 전체 연구 가운데 가장 연구가 뒤떨어진 시기라고 할 수 있다. 그럼에도 불구하고 1910년대에 관한 연구에는 해명해야 할 그 시기 특유의 과제가 있다. 우선 1910년대는 한국'병합'(이후 인용기호를 생략함) 이후에 일제지배에 의해 조선사회가 본격적으로 변모하는 출발점이기 때문에, 그 구체적인 양상을 해명하는 것이 과제이다. 또 하나의 과제는 이 시기가 1919년 3·1운동으로 귀착되었던 역사적 요인을 내포하고 있으므로 그것을 탐구하기 위해 중요시되어 왔다. 지금까지 1910년대 연구는 정

---
[*] 국제일본문화센터 교수

책사나 운동사 연구를 불문하고 이와 같은 과제 중 하나 혹은 양자 모두를 의식하면서 전개되어 왔다고 할 수 있다.

그런데 이러한 과제를 풀어나가려 할 때에 피할 수 없는 것은, 일본의 지배에 대하여 민중들이 과연 어떻게 반응하고 어떠한 의식을 형성하게 되었는가 하는 문제이다. 이러한 관점이 결여될 경우, 정책사 연구는 일제의 지배가 조선사회에 일방적으로 관철된 것처럼 보이기 쉽고, 운동사연구는 독립운동가 및 근대적 엘리트의 사상·행동과 일반민중의 그것을 동일시하는 단순 논의로 귀결될 위험이 있다.

이 글에서 사용하는 『주막담총』은 제Ⅱ절에서 보게 되듯이 몇 가지 문제점이 있지만, 민중 자신의 육성을 기록한 자료로서 지금까지 연구자 사이에서도 알려지지 않았다. 이 글에서 이 자료를 소개·분석하는 것은 바로 1910년대 연구에 있어서 관건이 되는 민중의 의식과 심성에 대한 귀중한 정보를 제공해 주기 때문이다.

식민지배가 시작됨에 따라 새로이 도입된 사회질서와 그에 대한 민중의 반응이라는 문제를 고찰하고자 할 때 유익한 이론 틀을 제시하고 있는 것은 근년에 활발히 논의되고 있는 '식민지 근대성(Colonial Modernity)'의 개념일 것이다. 이 문제에 관한 기념비적 연구 성과인 김진균·정근식의 『근대주체와 식민지 규율권력』에 수록된 논문들이나, 이철우의 논문 "Modernity, Legality, and Power in Korea under Japanese Rule"[1] 등은 일제의 식민지배에 전(前)근대적인 폭력성·야만성을 수반한 정책이 조선사회에 강제적으로 도입되었다는 기존의 이미지를 수정하려 했다. 이들 연구는 푸코(M. Foucault)의 '규율 권

---

1) 김진균·정근식, 『근대주체와 식민지 규율권력』, 문화과학사, 1997 ; Chulwoo Lee, "Modernity, Legality, and Power in Korea under Japanese Rule," Gi-Wook Shin and Michael Robinson, eds., Colonial Modernity in Korea, Cambridge : Harvard University Asia Center, 1999 참조.

력론'을 이론적 기초로 삼아 일제 통치가 갖고 있던 일정한 부분의 '근대성'에 주목하면서 '근대'의 억압적인 측면에 관심을 환기시켰다. 여기서 식민지배에서 도입된 근대적 질서가 조선인의 일상생활 차원에 어떠한 권력 작용을 가져왔는지를 심층적으로 찾으려는 문제의식을 엿볼 수 있다.2) 실제로 『주막담총』을 보면, 조선민중이 '근대화'(혹은 '문명화')에 대하여 긍정과 부정이 혼재하는 이중적 평가 사이에서 흔들리고 있는 모습을 볼 수 있다.

전술한 기존 연구들은 주로 1920년대 이후의 도시 지식인에 대한 분석에 치중하고 있지만, 이러한 이론이 보다 넓은 맥락에서 유효하다는 점은 일단 인정하고자 한다. 하지만 그와 동시에 이러한 논의에 전면적으로 찬동하기에는 몇 가지 점에서 주저하게 되는 것이 사실이다. 앞서 살펴본 연구들이 일본이나 근대 서구국가와 일본식민지의 통치양식에서 '근대성'이라는 공통 기반을 확인했다는 점은 신선한 문제제기가 아닐 수 없다. 다만 조선지배의 특질을 '근대성'이라는 개념으로 파악하려는 나머지 '식민지적' 특질을 간과할 우려가 있는 것은 아닌

---

2) '식민지적 근대성'에 관한 연구동향에 대해서는 松本武祝, 「朝鮮における'植民地的近代'に關する近年の硏究動向-論點の整理と再構成の試み-」(初出 2002 / 宮嶋博史・李成市 등 (편), 『植民地近代の視座-朝鮮と日本-』, 岩波書店, 2004 재수록)이 통찰적인 시각을 제시하고 있어 유익하다. 또 竝木眞人, 「朝鮮における「植民地近代性」「植民地公共性」對日協力-植民地政治史, 社會史硏究のための豫備的考察」, 『國際交流硏究』 제5호, 2003. 3 ; 李鐘旼, 「日本の植民地支配と朝鮮社會變動-社會學から見た現狀と課題」, 『日本統治下の朝鮮-硏究の現狀と課題』, 國際日本文化硏究センタ(海外硏究交流室), 2003 ; 戶邊秀明, 「ポストコロニアリズムのインパクトと可能性-日本植民地硏究とのかかわりで」, 『日本植民地硏究』 제15호, 2003. 6 ; 浴疑葛, 「식민지시기 일상생활의 근대성과 식민지성」, 연세대학교 국학연구원 편, 『일제의 식민지배와 일상생활』, 2004 ; 板垣龍太, 「<植民地近代>をめぐって-朝鮮史硏究における現狀と課題」, 『歷史評論』 제654호, 2004. 10 참조.

지 염려스럽다.

첫째, 앞서 언급한 연구, 특히『근대주체와 식민지 규율권력』에서는 푸코가 지적한 '규율권력'의 '장치'(학교, 공장, 병원, 군대 등)에 있어서의 근대적 규율의 부식(扶植)과 그 내면화에 착목하고 있다. 이 연구는 본래 서구에서의 국가권력의 근대화를 분석하기 위한 방식을 식민지배의 분석에 원용(援用)하여, 서구제국은 물론 일본 본국과도 다른 조선의 '식민지적' 지배의 특질을 추출하는 작업의 난점을 충분히 타개하지 못한 듯하다.3) 이 문제에 관해서는 식민지 권력이 번잡한 법령 시행이나 통계조사 실시를 통해 민중의 일상생활에 구석구석 간섭하려고 했던 점에서 통치의 '근대성'을 찾으려 한 이철우의 논문이 시사하는 바가 크다. 일본 본국이나 서구 근대국가와 비교해 볼 때, '규율장치'의 밀도와 심도가 명백히 미흡했던 식민지에서는 이들 '규율권력'의 장치보다는 오히려 눈에 보이지 않는 경찰 권력과 행정 권력의 네트워크가 보다 중요한 역할을 하고 있었던 것으로 볼 수 있다.4)『주막담총』에 나타난 경찰행정의 여러 측면은 이러한 가설을 지지해주는 것으로 생각된다.

둘째, '규율장치'를 통한 지배에 착목하는 논의나 국가권력에 의한 일상지배에 주목하는 이철우의 논문이 모두 기본적으로 일본의 조선

---

3) 예를 들어, 김진규・정근식・강이수,「보통학교체제와 학교규율」, 김진균・정근식 편저, 앞의 책에서 일제가 공립보통학교라는 '규율장치'를 통해 '병사형 인간'의 창출을 지향하고 있었다고 결론지었던 것에 대해, 松本, 앞의 글, 40쪽은 이러한 특징은 오히려 일본 본국에서 철저했을 것이라고 하는 가와(河かおる)의 비판을 소개하고 있다.

4) 松本武祝,「植民地期朝鮮農村における衛生・醫療事業の展開-「植民地的近代性」に關する試論-」,『商經論叢』제34권 제4호, 1999. 3 에서도, 식민지 조선에서는 병원・의료라는 '규율권력'의 '장치'가 희박하여 경찰에 의한 방역사업이나 지방행정기관 등에 의한 위생 계몽활동이 더 중요한 역할을 했다고 주장했다.

통치 수법 가운데 '근대적'인 부분만을 골라내어 고찰하는 접근방법을 사용했지만, 그 당시 민중이 실제로 직면하고 있던 식민지 지배의 여러 측면들을 '근대성'으로만 설명하려는 시도는 문제가 있을 수 있다.5) 이 글은 그러한 점을 감안하여, 1910년대 조선에서의 다양한 권력 작용의 일부를 골라내어 분석하는 것이 아니라, 그 당시 통치정책상의 여러 시책과 사회상황의 변화, 그에 대한 민중의 반응을 폭넓게 고찰하려고 한다. 그로 인해 논의가 다소 확산된 문제가 나타날 수 있겠지만 민중 자신의 눈에 식민지 지배가 총체적으로 어떻게 비쳐졌는지를 재구성하는 작업으로서는 나름대로 의미가 있으리라 생각한다.

이 글의 구성은 아래와 같다. 제Ⅱ절에서는 『주막담총』의 편찬목적과 기록내용에 대하여 살펴본다. 제Ⅲ절에서는 식민지배에 대하여 민중이 가졌던 이미지를 그들이 직면하고 있던 개별적인 문제를 통해 밝히고자 한다. 제Ⅳ절에서는 제Ⅲ절의 정태적 분석을 보충하기 위해 당시의 국제상황이나 시사문제에 대한 민중의 관심을 살펴보고자 한다.

Ⅱ. 『주막담총』의 자료적 개요

『주막담총』6)은 충청남도 내에 배치된 헌병경찰이 그 당시의 민정을 기록한 자료다. 일본어로 된 육필 글씨를 곤약판(蒟蒻版 : 등사판

---

5) 이 문제는 이미 몇몇 연구에 의해 지적되었다. 도면회는 Gi-Wook Shin and Michael Robinson, eds., 앞의 책에 대한 서평(「植民主義가 漏落된 '植民地 近代性'」, 『歷史問題研究』 제7호, 2001. 11)에서 "변화해가는 식민주의 정책과 그 속에서 발현되는 식민지 인민의 생활양상 변화를 무차별적으로 '식민지 근대성'으로 단일하게 파악하는 경향이 있다"라고 비판하고 있다(267쪽).
6) 이 자료는 현재 한국의 국회도서관에 귀중본으로 소장되어 있다.

의 일종)으로 인쇄한 것으로 다음과 같은 세 가지 기록이 편철되어 있다(편철의 순서는 ② ③ ①이지만 간행순서대로 배열했다).

① [제목 없음](1911년 10~12월 조사, 1912년 2월 간행. 총 197정(丁).7) 이후 '12년판'으로 약칭함).
② 公州憲兵隊本部·忠淸南道警察部, 『주막담총(酒幕談叢)』 제3권 (1913년 12월 조사, 1914년 2월 간행. 총 67정(丁). 이후 '14년판'으로 약칭함).
③ 公州憲兵隊本部·忠淸南道警察部, 『주막담총(酒幕談叢)』 제4권 (1914년 10~12월 조사, 1915년 2월 간행. 총 55정(丁). 이후 '15년판'으로 약칭함).

본 자료의 작성목적을 보면, "범례"에 "본 담총(談叢)은 오로지 관내 서민의 의향과 사회의 추세를 알 수 있는 자료로 제공하기 위해 편찬한 것"이라고 씌어져 있다.8) 조사방법은 다음과 같다.

본 담총은 관내 네 곳의 헌병 분대와 아홉 곳의 경찰서가 각각 그 관할 부락 내의 장날에 헌병보조원, 조선인 순사, 순사보(巡査補)를 변장시켜 주막에 잠입시킴으로써, 인민의 담화 중 정치, 경제, 종교, 교육, 징세(徵稅), 농·상·공업 등에 관련된 사항, 기타 여러 부설(浮說), 와전(訛傳), 항설(巷說) 등에 이르기까지 들은 대로 문장을 꾸미지 않고 수록했다.9)

---

7) '丁'이란 일본 재래식 장정으로 된 책의 장수를 세는 단위로서, 안팎의 양면이 한 정이 된다. 그런데 합철된 세 가지 자료 중 『酒幕談叢』 12년판만은 조사기관(헌병분대·경찰서)마다 구분되어 장수가 기입되어 있으며 다른 연도의 『酒幕談叢』은 일련번호로 장수가 기입된 차이가 있다.
8) 『주막담총』 14년판. 다른 연도의 "범례"에서도 대부분 마찬가지임.
9) 15年版 "凡例". 다른 연도의 "凡例"에서도 대부분 마찬가지임.

사람들이 많이 모이는 장날에 경찰기구의 말단에 있는 조선인 헌병보조원 등을 주막에 들여보내, 되도록 민중의 육성을 채록하려 했던 것이다. 참고로 헌병경찰이 정보 수집을 했던 '주막'은 "오늘날의 술집과 식당, 여관의 기능을 겸하였으며 갖가지 소식을 전하고 전해 듣는 뉴스 센터의 구실을 하기도 했다."10) 주막은 장터, 큰 고개 밑, 선착장 등에 많이 있었지만, 촌마을에도 마을 어귀에 대개 한두 개가 있었다. 다양한 사람들이 드나들었지만 일반적으로 하층 노동자와 장터를 왕래하는 상인이 많았다고 한다.

이와 같이 『주막담총』은 일반 민중의 정보교환기관이었던 주막에서 수집한 민중의 육성을 수록한 것이다. 기록은 체계적으로 정리되어 있는 것은 아니었고, 수집한 담화를 관할 경찰서·헌병분대·헌병분견서 단위로 특별히 분류하지 않은 채 배열해 놓은 것이다. 물론 원래 조선어였던 담화가 일본어로 번역되어 있지만, 이 점을 제외하면 담화를 모은 헌병경찰이 특별히 손을 본 흔적은 찾기 어렵다. "문장을 꾸미지 않고 수록했다"는 앞서 살펴본 방침이 기본적으로 지켜졌다고 생각된다. 이러한 민정조사 자료는 그것과 더불어 참조할 자료가 적기 때문에 자료비판이 어려운 것이 사실이지만, 달리 찾아보기 어려운 희귀 자료인 것만은 분명하다. 아울러 이러한 자료를 통해 헌병경찰의 민중에 대한 감시체제가 얼마나 엄격했는지도 잘 알 수 있다.

물론 자료의 문제점이 없는 것은 아니다. 첫째, 『주막담총』은 세 가지 조사기간 중에 민정을 일정한 시점에서 관측한 것일 뿐이기 때문에 민중의 심성 변화를 연속적으로 파악하기에는 한계가 있다. 또 『주막담총』 12년판과 14년판 사이에는 당연히 '13년판'이 작성되었을 것

---

10) 裵桃植, 「風情 어린 옛 酒幕」, 『韓國民俗의 現場』, 集文堂, 1993 ; 朝鮮總督府官房文書課 편간, 『(調査資料 第16輯) 朝鮮の群衆』, 1926, 209~211쪽 참조.

으로 추측되지만 그 소재를 알 수 없다. 둘째, 조사방법을 감안하면 정보원(담화 발화자)이 엄밀한 통계적 수법으로 추출된 것이 아니라는 문제가 있다. 수록된 담화 내용으로 볼 때 당시 정보원은 농민이나 상인이 비교적 많았던 것으로 추측되는데, 이들의 계층이나 직업에 대한 기술이 없는 경우가 많다. 셋째, 다양한 정보를 모을 방침이었다 해도 주로 헌병경찰의 관할사항에 대한 정보가 많이 수집된 것을 부정할 수 없다. 따라서 1910년대의 민중생활에 큰 영향을 주었던 토지조사사업이나 농정에 관해서는 직접적인 언급이 그다지 많지는 않다. 넷째, 헌병경찰이 일상적으로 엄격하게 감시하고 있는 상황에서 민중이 어느 정도 본심을 토로했는지도 의문의 여지가 없지는 않다.11) 이상과 같은 문제점을 극복하기 위해 다른 자료와 대조하며 뒷받침하고자 했지만 아직 미흡한 점이 없지 않다.

『주막담총』의 내용은 ① 식민지배·총독정치 전반에 대한 느낌, ② 신해혁명, 제1차 세계대전 등 시사문제에 관한 관심으로 크게 나눌 수 있다. <표 1>은 『주막담총』 각 년판의 분량과 내용을 나타낸 것이다. 내용상의 분류는 이 글의 제Ⅲ절과 Ⅳ절에서의 논의에 따른 것이고 상당히 필자의 주관에 따른 분류가 될 수밖에 없다. 그리고 하나의 담화 중에 복수의 발화자의 담화가 포함되어 있거나 복수의 내용이 포함되어 있는 경우가 있으므로 그것을 엄격하게 구분할 수 없었다. 따라서 <표 1>은 대강의 전체적 경향을 제시한 것임을 밝힌다.

---

11) 예를 들어, "조선인 한 사람 왈 : 대전경찰의 이(李)형사 순사보가 오늘은 아직 오지 않았던 것 같다. 도박을 시작하자. 다른 한 사람 왈 : 지금은 헌병이 있으니까 형사 순사는 오지 않을 것이다"(12年版-公州憲兵分隊, 12정), 혹은 "요새 헌병이나 보조원이 여러 가지로 복장을 바꾸어 시장이나 마을을 순회하기 때문에 강절도(强竊盜)는 거의 온데간데 없어졌다"(14년판-禮山憲兵分隊, 24정)등의 담화가 수록되어 있다. 민중이 이렇듯 헌병경찰의 감시를 알고 있던 만큼, 그들이 심정을 다 토로했는지는 약간의 유보가 필요할 것이다.

『주막담총(酒幕談叢)』을 통해 본 1910년대 조선의 사회상황과 민중 365

<표 1> 『酒幕談叢』 각년판의 내용

		정수(정)	수록담화(건)	제2장 제(1)절				제2장 제(2)절			제2장 제(3)절	제3장		
				조선시대와 총독정치와의 비교·문명화	신분제·전통적 가치관의 해체	일본인에 대한 평가 조선인에 대한 일본인의 태도	헌병경찰에 대한 평가	빚·부채·물가·생활고	도로·철도 등의 건설 및 그에 따른 부담	제법령·위생사업 등에 따른 생활 간섭	종교	시사적 문제	기타	합계
1912年版	헌병분대 公州	43	93	1	1	8	14	30	8	11	2	6	15	96
	天安	18	47		2	6	4	16	2	6	2	13	2	53
	禮山	9	14	1			1	2	2	5	1	1	1	15
	扶餘	11	22	1	2	1	2	4	5	7		7		29
	경찰서 公州	22	49			3		14	3	8	1	12	4	51
	大田	7	11			1			2	1	2	7	1	14
	洪州	19	34	4			2	6	5	5	3	5	4	34
	鴻山	16	37		1	1	3	16	7	7		2	1	38
	牙山	6	11		1	1	1	1	1	2	3		1	11
	瑞山	21	43		1	2	4	23	2	3	2	5	2	44
	唐津	8	22	1	4	3		3	1	5		2	3	22
	保寧	7	20	2	1			12			2	1	2	21
	江景	10	21	1		2		11		1		4	5	24
	합계	197	424	12	16	28	35	140	37	60	18	65	41	452
1914年版	헌병분대 連山	9	35	1	2		5	11	8	3	1		6	37
	天安	14	75	5	8	4	9	13	12	6	3	4	16	80
	禮山	12	37	1	1	5	3	9	6	5	1	2	4	37
	扶餘	6	34	1	3	3	3	5	3	3	1	3	9	34
	경찰서 公州	3	15				1	4	3	1		3	3	15
	洪州	3	27					9	6	3		3	3	27
	大田	5	26	1	1	2	1	7	2	8		2	2	26
	牙山	2	13	1				5		3	1	1	2	13
	唐津	5	33	3	1		2	12	3	1	6	3	3	34
	保寧	3	11			3		4		1		2	3	13
	瑞山	5	31		3	3	1	5	2	3	3	2	4	31
	鴻山	3	22				3	8	3	5		1	2	22
	江景	4	22				3	8	3	5		1	2	22
	합계	76	381	14	21	26	25	96	53	54	14	29	59	391
1915年版	헌병분대 大田	5	20				2	7	4	3	1	2	1	20
	天安	4	6		1			2	1	1		1	1	7
	禮山	4	17				1	7	3	2		1	3	17
	扶餘	6	29	1		1	2	7	3	7		4	4	29
	헌병분견소 鳥致院	4	19				2	7	3	3		1	3	19
	溫泉里	4	16				2	11	1	2		3		19
	靑陽	2	5					3		2				5
	경찰서 公州	5	33		5	2	1	13	2	4	1	1	4	33
	大田	3	10		2			4	1	1		2		10
	唐津	3	12					9				2		13
	瑞山	5	27		1		1	14	2	3	2	4		27
	洪城	5	24					1	7	3		2	4	5	25
	保寧	3	10				2			1		4	2	11
	舒川	4	16					12				1	2	16
	합계	57	244	2	13	5	14	104	23	34	6	27	23	251

Ⅲ. 식민지배에 대한 이미지

본 절에서는 『주막담총』에 나타난 민중의 잡다한 담화를 분석하기 위해 (1) 식민지배 전체에 관한 것, (2) 일상생활에 관련된 구체적인 여러 시책에 관한 것, (3) 종교에 관한 것으로 나누어 그 내용을 살펴본다.

1. 식민지배에 대한 교착(交錯)되는 이미지

『주막담총』 전체를 읽고 인상에 남는 것은 우선, 그 당시 민중이 '문명화'라는 개념을 막연하나마 이미 어느 정도 인식하고 있었던 사실(그에 대해서는 조선시대 말기 이후의 개화 풍조도 영향을 미치고 있던 것으로 추측되지만 여기서는 고찰에서 제외한다), 그와 동시에 민중이 경우에 따라 '문명화'를 일제 지배와 결부시켜 파악하면서도 긍정·부정 하나로 단정하기 어려운 이중적 이미지를 가지고 있었다는 사실이다. 일제 지배와 '문명화'를 결부시킨 대표적 담화를 골라 양자 사이에 어떠한 관계를 찾아낼 수 있는지 살펴보자.

문명적 일본관리 특히 헌병 덕분에 지방까지 편안히 살 수 있게 되고, 일본 문명과 성덕(聖德)을 입어 일반 인민이 문명의 진보를 바라게 되었다(12년판 : 공주헌병분대, 18정).

조선이 일본에 병합된 것은 조선이 아직도 서양제국처럼 문명[화]되지 않았기 때문이라 생각하지만 몇 년 후 조선이 내지(內地 : 일본 본국)와 마찬가지로 되면 조선을 독립국으로 할 것인가(14년판 : 서산경찰서, 57정).

병합 후 세금의 납부기한이나 기타 무엇이든지 규칙에 따라 정확히 실행되는 것은 문명의 정치로서는 당연한 것이겠지만 무식한 우리들의 생각에는 지나친 압제라는 느낌이 든다(12년판 : 아산경찰서, 4정).

이렇듯 담화는 가지각색이다. 첫 번째 담화처럼 한국병합과 '문명화'를 직결시킨 경우도 있었고, 두 번째 담화처럼 '문명화'를 긍정하면서 그것이 응어리져 있는 민족주의적 감정과 동거하고 있는 경우도 있었다. 그러나 세 번째처럼 식민지배 속에서 현실로 직면하고 있는 구체적인 시책이나 생활상황에 대해서는 부정적 감상이 압도적으로 많고, 그것은 '문명의 정치'에 대한 소박한 긍정적 감정을 부정하고도 남을 만한 것이었다. 『주막담총』의 전체적인 기조는, 비교적 추상적 차원에서는 일본의 지배에 대해 긍정과 부정이 뒤섞인 반응을 보이는 반면에, 구체적인 여러 일상 시책에 대해서는 극히 부정적인 이미지가 형성되어 있었다고 할 수 있다.12)

식민지배에 대한 이러한 이미지는 조선시대에 대한 평가와 밀접히 관련되어 있으므로, 여기서는 두 번째로 전근대 지배체제·지배이념의 해체에 대한 이중적 이미지를 살펴보겠다.

개항기부터 일제시대에 걸쳐 양반의 향촌사회 지배가 요동치고 있었던 것에 대해서는 다음과 같은 일반적 이해가 정착되어 있다. 즉 17세기 후반 수령-재지양반-향리층의 3자에 의한 향촌사회 지배체제가 성립되어, 유교적 가치관이 양반의 학문뿐만 아니라 촌락의 지배원리로서 침투하게 되었다. 그러나 조선시대 말기 이후 향리층의 사회적 상승으로 양반 세력은 상대적으로 쇠퇴했고, 갑오개혁 이후의 중앙집

---

12) 여기서 일상적 시책이란 무거운 세금으로 인한 생활고, 도로건설에 따른 여러 부담, 번잡한 법령 등과 관련되어 있는데, 이 부분은 제Ⅲ절 2항에서 구체적으로 검토하기로 한다.

권화 개혁 및 통감부 시기의 지방제도 개정에 의해 양반과 향리층은 지방행정에서 배제되고 있었다.13) 식민지기로 접어들어 총독부 권력이 새로운 지역 지배자로 어떠한 계층의 조선인을 이용하려 했느냐에 대해서는 여러 학설이 있으나, 여하튼 지방사회에 일정한 협력자가 형성된 것은 1920년대 이후로 보는 점에서 기존 연구들은 일치된 견해를 보여주고 있다.14) 이러한 견해를 종합적으로 감안하면, 병합초기는 양반지배체제가 해체되어 식민지배의 지주(支柱)가 될 신흥세력이 대두하는 과도기에 해당한다고 생각할 수 있다.

당시 민중들은 이러한 지배층의 변동을 민감하게 알아차리고 있었다. 그들이 느끼던 실감을 나타내는 담화 가운데에는 양반의 전횡으로부터의 해방을 말하는 것이 눈에 띈다. 예를 들어, "옛날의 양반은 오늘날의 양반이 아니다.……실제로 옛날 일이 생각나면 이가 갈린다. 우리는 오늘날 문명화된 세상을 맞이하여 설날을 맞이하는 느낌이 든

---

13) 李泰鎭 著, 六反田豊 譯, 『朝鮮王朝社會と儒教』, 法政大學出版局, 2000, 제14장 ; 宮嶋博史, 『兩班-李朝社會の特權階層』, 中公新書, 1995, 제8장 ; 姜再鎬, 『植民地朝鮮の地方制度』, 東京大學出版會, 2001, 제1장, 2장 참조.

14) 식민지기에 있어서의 일제지배에 대한 협력자의 기원으로 에커트(Carter Eckert)는 개항기 이후 나타난 신흥지주를 상정하고 있으며, 홍성찬은 중인·향리층으로 보고 있는데 반해, 지수걸은 특정 계층이 아니라 개항기에 부유해진 더 다양한 계층을 상정하고 있다. 그러나 어쨌든 1910년대 총독부가 지역 명망가층 혹은 지방 '유지'를 지배기구 말단에 편입시키는 데 성공하지 못했다는 견해는 지수걸이나 大和和明에 의해 공통적으로 지적된다. 이에 관해서는 Carter J. Eckert, *Offspring of Empire-The Koch'ang Kims and the Colonial Origins of Korean Capitalism, 1876-1945*, Seattle and London, University of Washington Press, 1991, Chap.1 ; 洪性讚, 「韓末·日帝下의 社會變動과 鄕吏層」, 延世大學校 편, 『韓國近代移行期 中人硏究』, 신서원, 1999 ; 池秀傑, 「舊韓末·日帝初期 有志集團의 形成과 鄕吏」, 위의 책 ; 大和和明, 「植民地朝鮮地方行政に關する一試論-面制の確立過程を中心に」, 1988(大和和明, 『植民地期朝鮮の民衆運動』, 綠蔭書房, 1994 수록) 등 참조.

다"(12년판 : 공주헌병분대, 23~25정), "국왕시대(조선시대)의 관리, 양반 등은 함부로 행세만 부리고 대부분 뇌물정치를 해왔는데,……지금은 양반, 농민의 구별 없이 평등한 시세가 되어 참으로 즐거운 시대가 되었다"(12년판 : 예산헌병분대, 23정) 등이 그러한 경우이다.15) 구체적으로는 신분과 상관없는 사법처리로 "양반의 사적인 강제력이 없어졌다"는 것(12년판 : 공주경찰서, 18~19정), 양반과 상민 사이의 소송사건에도 "옛날 같은 불공평한 처리"가 사라졌다는 것(15년판 : 공주경찰서, 5정)등이 지적되었다.16)

이러한 사회변화에 따라 양반의 권위가 실추되었다고 보는 이도 적지 않았다. "이번에는 문명국의 인민이 되어 양반 따위는 쓸모없어졌다"(12년판 : 당진경찰서, 2정)고 하고, 양반이 오히려 상민에게 "모욕" 당하거나(12년판 : 홍산경찰서, 15정), "우습게 여겨지는"(14년판 : 홍산경찰서, 61정) 현상도 생겨났다고 한다.17) 다만 당시 총독부가 은사금(恩賜金)의 배포나 경학원의 사업을 통해 양반 유림을 회유하려 했고 충청남도에서 도장관(道長官) 스스로 양반을 초대해 지지를 요청했던 사실 등을 감안하면 양반의 권위가 과연 『주막담총』의 여러 담화에서 보여지는 만큼 땅에 떨어져 있었는지 의문의 여지가 없지 않다.18)

---

15) 그밖에 12년판 : 公州憲兵分隊, 9정 ; 天安憲兵分遣所, 13정 ; 瑞山警察署, 2정 ; 保寧警察署, 3정 ; 15년판 : 瑞山警察署, 43정 등에서도 같은 예를 볼 수 있다. 모든 예를 적지 않고 특별히 관련된 정보를 포함한 대표적인 것만을 표기하기로 한다. 이 점은 이후도 마찬가지이다.
16) 그밖에 12년판 : 鴻山警察署, 1정 ; 14년판 : 瑞山警察署, 56정, 59정 등도 마찬가지이다. 다만 사법에 대해서는 조선인과 일본인 사이 재판에서 "조선인이 이긴 이야기를 들어본 적 없다"(12년판 : 公州憲兵分隊, 4~5정), "재판관은 조선의 사정에 어두워서 아무것도 모르는 대리인의 증언을 중시한다"(12년판 : 江景警察署, 1~2정)와 같은 비판도 있었다.
17) 그밖에 12년판 : 瑞山警察署, 12정~13정, 15정도 마찬가지이다.

한편 양반의 지위가 상대적으로 낮아지는 것과 반비례하여 근대지식이나 일본어의 필요성이 인식되기 시작했다. "내지어(內地語 : 일본어)를 익히는 것은 반드시 필요하다. 따라서 장래를 맡길 아동은 상당한 학교에 입학시키고 배우도록 해야 한다"(12년판 : 아산경찰서, 2정), "금년 같은 흉작에는 관리가 되는 것이 제일 좋다.……나도 내년에는 관리가 될까. (헌병) 보조원이 되려면 일본어를 알아야 하는데 지금부터 공부해도 될까"(14년판 : 천안헌병분대, 12정) 등과 같이 식민지 체제 내에서의 사회적 상승을 위해 일본식 근대교육에 눈을 돌리는 사람이 나타나고 있다.19)

하지만 전근대 지배체제의 해체가 일제 지배에 대한 수용으로 직결되었던 것은 아니었고, 유교적 가치관이 붕괴되는 상황에 대해 반발도 강했다. "근래 인심이 눈에 띄게 경박하고 난잡해졌다. 예전의 미풍이던 제효충신(悌孝忠信) 등은 거의 염두에 두지 않고 뻔뻔스레 예의범절도 모르는 천한 사람으로 가득한데 이것은 오늘날의 교육방법의 결함이라 생각한다"(15년판 : 홍성경찰서, 47~48정)처럼, 유교적 예절의 붕괴를 비판하는 이도 있었고, "요새는 금전에 관한 일이라면 형제는 물론 부자간에도 소송을 하는 세상이 되었다.……세상이 변했는가, 내지인(內地人 : 일본인)을 흉내낸 것인가"(15년판 : 당진경찰서, 37정)20)

---

18) 이 시기 총독부의 양반·유림 정책에 대해서는 이명화, 「朝鮮總督府의 儒敎政策(1910~1920年代)」, 『韓國獨立運動史研究』 제7집, 1993. 12 참조. 그리고 충청남도에서의 양반정책에 대해서는 오바라(小原新三) 충청남도 장관이 데라우치(寺內正毅) 총독에게 보낸 서한에서 확인할 수 있는데, 그는 각 군을 순시할 때 양반을 초청했으나 모인 것은 "친일파"뿐이며 "완고파(頑固派)"를 회유하지 못했다고 보고하고 있다(『寺內正毅關係文書』 236-2, 日本國會圖書館 憲政資料室 所藏, 1915년 5월 3일).

19) 그밖에 14년판 : 連山憲兵分隊, 4정 ; 15년판 : 扶餘憲兵分隊, 33정 등에서도 같은 예를 찾아볼 수 있다.

20) 이 담화는 종중재산을 둘러싼 분쟁을 가리키는 것으로 추측된다. 일제시기

등 살벌한 세태를 개탄하는 이도 있었다. 식민지화에 따른 사회적 풍습이나 가치관의 변화에 대한 민중의 반응은 아무래도 이중적이었다고 볼 수밖에 없다.

따라서 신지식이나 일본어 능력을 습득하여 벼락출세한 사람을 얕보는 이도 적지 않았다. 예를 들어 판임관(判任官) 시험에 합격한 조선인의 소문에 대해 "교육도 받지 못한 놈이 일본어만 할 수 있다고 총독부 제복을 입고 금줄(金筋 : 계급장)을 다는 것이 우습다"(12년판 : 당진경찰서, 5정)라고 비웃었다. 그리고 "일본어를 아는 놈은 다 건방지고 장유유서를 잊게 된다"(14년판 : 천안헌병분대, 13-1정), "일본인이 점차 들어옴에 따라 인정이 경박해진 것 같다"(14년판 : 예산헌병분대, 26정) 등과 같이 전통적인 도덕관념의 붕괴를 일본어 교육의 보급이나 일본인의 조선 진출과 결부시켜 파악하는 모습도 발견된다.21)

신지식이나 일본어 능력에 대한 민중의 이러한 견해는 이 시기에 아직 공립보통학교에 대한 자발적인 입학이 정착되어 있지 않았다는 사실22)과도 무관하지 않을 것이나, 실제로 일본적 문화나 가치관에

총독부가 종중에 법인으로 재산을 소유하는 것을 인정하지 않았기 때문에 원래 종중이 공동으로 소유할 토지를 둘러싸고 1910년대 분쟁이 많이 일어난 것인데, 이에 대해서는 李昇一, 「日帝 植民地時期 宗中財産과 '朝鮮不動産登記令'-所有權 紛爭을 中心으로」, 『史學硏究』 제61호, 2000. 12 참조.

21) 그밖에 14년판 : 江景警察署, 65정 ; 15년판 : 天安憲兵分隊, 14정 등도 마찬가지이다.

22) 韓祐熙, 「普通學校에 대한 抵抗과 敎育熱」, 『敎育理論』 제6권 제1호, 1991, 53~76쪽 ; 古川宣子, 「朝鮮における普通學校の定着過程-1910年代を中心に-」, 『日本の敎育史學』 제38집, 1995. 10, 177~181쪽 참조. 『주막담총』 중에서도 "이번에 경찰서에서 부형을 불러내어 입학을 권유했다. 만약 등교하지 않는 사람에게는 강제적으로 할 것이다"(12년판 : 당진경찰서, 6정)와 같은 취학 강제나, "일본 관헌은 입에서는 조선인을 지도한다고 하지만, ……지식을 계발할 원천인 학교는 폐쇄되고 그 과목 등도 제한하고 많이 삭제했

대한 거부감을 조장한 것은 일본인과 조선인 사이의 일상적인 차별이었다. 조선 민중에 대한 일본인 관리나 상인의 멸시,[23] 조선인 관리가 승진에 차별을 받고 있던 점,[24] 사냥총 소지를 조선인에게만 허가하지 않았던 점[25] 등 그 실례는 열거하기 어려울 정도로 많다.[26]

마지막으로 헌병경찰에 대한 평가를 살펴보자. 헌병경찰은 행정기관보다 조밀하게 배치되어 있었고 치안유지뿐만 아니라 일상적인 여러 행정 시책에도 관여하였으므로, 이에 대한 평가 역시 식민지배 전체에 대한 이미지와 관련되어 있다고 보기 때문이다.[27] 『주막담총』은 경찰의 조사 자료라는 성격 때문에 헌병경찰에 대한 평가를 상당부분 (앞의 <표 1> 참조. 담화 전체의 6~7%를 차지함) 포함하고 있다.

충청남도에서의 경찰행정에 대해서는 『주막담총』의 조사시기와 대부분 겹치는 1910년부터 1914년에 걸쳐 도 경찰부장 겸 공주 헌병대장을 지냈던 핫토리(服部米次郎)가 다음과 같이 말하고 있다.[28]

다"(12년판 : 공주경찰서, 14정)와 같은 사립학교 탄압에 대한 비판도 있었다.
23) 예를 들어, 일본인 관리가 "內地人을 편드는 경향이 있다. 특히 조선인을 얕보는 것 같다"(14年版 : 天安憲兵分隊, 17정), "특히 병합 후에는 內地人은 조선인을 짐승처럼 대우하고 있다"(12년版 : 大田警察署, 7정), "內地人의 목욕탕은 조선인의 혼욕을 거절하고 그들의 입욕 순서를 뒤로 미루어서 화가 난다"(14年版 : 江景警察署, 65정) 등.
24) 12年版 : 公州警察署, 8정 ; 14年版 : 天安憲兵分隊, 20정, 扶餘憲兵分隊, 30정, 瑞山警察署, 58정.
25) 1909년 4월 이후 조선인의 사냥총 소지는 원칙적으로 금지되었다. 12年版 : 天安憲兵分遣所, 9~10정 ; 14年版 : 鴻山警察署, 62정.
26) 이에 관련해서는 재조일본인에 의한 경제적 압박에 대해서 후술하겠다.
27) 이 시기 헌병경찰 전반에 대해서는 松田, 「日本統治下の朝鮮における憲兵警察機構(1910~1919年)」, 『史林』 제78권 제6호, 1995. 11 참조.
28) 服部米次郎, 『九十年の回顧』, 服部浩 刊行, 1963, 81쪽.

도청(道廳)에는 많은 일본인 관리가 일하고 있지만 지방군청으로 가게 되면 일본인 관리는 한두 명에 불과하여……당연한 결과로 경찰만능이 될 수밖에 없고 헌병경찰관은 음지의 공로자가 될 기개를 가지고 조장행정(助長行政)에 충실히 임했다.

또한 1915년 3월에 충청남도 장관으로 취임한 오하라(小原新三)에 따르면 헌병경찰이 이렇게 행정까지 간섭하는 양상은 특히 충남에서 현저하게 나타나 전임 도장관(朴重陽) 시기에는 "위생, 시장정리, 시가정리 등에 관한 일을 다 경찰관헌에게 맡기고 도에서는 아무 것도 모르는 척하는 태도"를 취하고 있었다고 한다.29) 이렇듯 헌병경찰이 말단에서 행정기관 이상의 권력을 휘두르고 있었던 것은 『주막담총』 중의 "군청에서의 명령은 잘 듣지 않지만 헌병대는 무엇을 할 때도 솔선해서 감독하니까 그들이 명령을 내리기 전에 모든 사람이 열심히 일을 한다"(14년판 : 연산헌병분대, 2정)라는 담화에서도 엿볼 수 있다.30)

그러면 그러한 헌병경찰에 대해 민중은 어떠한 시선을 보내고 있었던가. 우선 "지금은 도처에 헌병경찰의 설비가 완성되어 폭도(暴徒) 출몰은 완전히 없어짐으로써 모두 안심해서 일하고 아무런 불안 없이 잘 수 있게 되었다"(12년판 : 예산헌병분대, 2정), "세상이 문명화됨에 따라,……헌병출장소가 생겨 (강도를) 걱정할 필요가 없어졌다"(14년판 : 천안헌병분대, 10정)처럼, '폭도'·흉악범죄가 소멸한 것을 기뻐하고 헌병경찰의 존재를 긍정하는 소리가 있었다.31) (병합을 전후하여

---

29) 『寺內正毅關係文書』 236-2, (日本)國會圖書館 憲政資料室 所藏, 1915년 5월 3일.
30) 그밖에 "군수는 재판소나 경찰서 중간"에 있는 단지 '날인계(捺印係)'일 뿐이다"(12년판 : 당진경찰서, 3정), "군청은 없어져도 괜찮지만 헌병파견서는 그대로 두기를 바란다"(14년판 : 천안헌병분대, 13정) 등의 담화도 있다.

범죄 건수가 감수하는 추세였던 것은 사실로 여겨진다. 이에 관해서는 <표 2>를 참조할 수 있다.) 또 불량배·도박·매매춘(賣買春) 단속에 대해서도 "유식자(遊食者)나 밀매춘하는 자를 조사하여 구류하거나 설유(說諭)했다고 한다. 이것은 참으로 좋은 것이라고 생각한다"(15년판: 공주경찰서, 1정)와 같이 긍정적으로 평가하고 있었다.[32]

<표 2> 조선에서의 강절도(强竊盜) 건수 및 검거 건수(1908, 1910~1915년)

년	강도			절도		
	피해건수 (건)	검거건수 (건)	검거율	피해건수 (건)	검거건수 (건)	검거율
1908년 10~12월	412	126	31%	1,711	674	39%
1910	318	126	40%	415	186	45%
1911	206	134	65%	763	426	56%
1912	203	131	65%	1,269	687	54%
1913	233	69	30%	1,429	852	60%
1914	262	248	95%	1,371	948	69%
1915	102	77	75%	1,102	873	79%

출전: 1908년만 內部警務局 편간 『韓國警察統計』(1909년). 그 이외는 조선총독부 편간 『朝鮮總督府統計年報』 각년판.
비고 1: 숫자는 일본인·외국인을 포함함.
비고 2: 1908년만 10~12월 3개월의 숫자이고 기타는 각년 1년간의 숫자다.

반면 헌병경찰은 폭력과 강하게 결부된 존재이기도 했다. "경상도에서는 시장세(市場稅)를 순사가 징수하고 있는데 (부정신고 혐의에

---

31) 이와 같은 인식은, 12년판: 부여헌병분대, 6정; 홍주경찰서, 6~7정; 홍산경찰서, 5정; 서산경찰서, 11정; 보령경찰서, 1정; 14년판: 당진경찰서, 48정; 연산헌병분대, 4정; 15년판: 서산경찰서, 40정 등에도 엿볼 수 있다.
32) 그밖에 12년판: 아산경찰서, 3정; 14년판: 홍주경찰서, 39정; 15년판: 대전헌병분대, 10정; 조치원헌병분견소, 21정; 보령경찰서, 51정 등에서도 같은 예를 찾아볼 수 있다.

대해서는) 엄청나게 구타한다"(12년판 : 천안헌병분견소, 9정), "헌병대에서 태형을 집행하고 있다"(12년판 : 공주헌병대, 29정) 등과 같은 내용이다. 헌병경찰은 비록 그 치안 능력을 인정받았다고 해도, "일본 옷을 입고 계속 순회하고 있는 헌병이 무서워 얼굴을 보지 못한다"(14년판 : 천안헌병분대, 13정)라는 말과 같이 결코 민중과 가까운 존재가 아니었다.33) 또 "새로이 주재소가 설립된 이후 청결(검사)나 도로 수선 등으로 일을 못할 정도로 인부로 사용된다"(12년판 : 공주경찰서, 18정)에서 처럼 헌병경찰에 의한 강제 부역이나 일상생활에 대한 간섭에 강한 불만을 안고 있었는데, 이에 관해서는 다음 부분에서 살펴보기로 한다.

위에서 본 바와 같이, 민중은 헌병경찰에 대해 자신의 생활을 보증해 주는 점에서는 그 치안유지기능을 평가하면서도 자신의 생활영역 내에 침입해 오는 경우에는 부정적인 반응을 보였다. 총독정치 전반에 대한 이미지와 마찬가지로 긍정·부정의 이분법으로 파악하기 어려운 반응을 보이고 있었다고 할 수 있다. 경찰에 대한 민중의 이러한 이미지는 그들 사이에 경찰기관 증설을 적극 요구하는 소리와 경찰기관 신설에 곤혹을 표명하는 소리가 같이 있었다는 점에도 엿볼 수 있다.34)

---

33) 이와 관련하여, 같은 치안유지기관이라도 문관경찰보다 헌병이 힘이 더 있다고 보고 두려워했을 것이다. "헌병이 원래 군인으로서 총을 가지고 여러 가지를 배워 알고 있지만 순사는 아무것도 모르고 다만 군도(軍刀)만 가지고 있을 뿐이다"(14년판 : 연산헌병분대, 7정), "순사는 잘못을 한 인민에게 정중히 설명하지만……헌병보조원은 인민에 대해 곧바로 따귀를 치고 말씨가 상스러워 감복하지 못한다"(14년판 : 대전경찰서, 42정)와 같은 담화에서 알 수 있다.
34) 주재소 신설에 곤혹하고 있는 경우는 본문에서 살펴본『酒幕談叢』12年版 : 公州警察署, 18정. 반대로 설치를 요구하는 예로는 "주재소까지 40里나 있는 곳에는 꼭 좀 증설하여 일반민을 보호해주기를 바란다"(12年版 : 鴻山

2. 일상생활과 관련된 여러 시책에 대한 부정적 이미지

『주막담총』에 나타난 여러 담화를 보면 앞 절에서도 자주 언급한 바와 같이 구체적인 일상생활에 관련된 시책에 대한 부정적 감상이 전면에 등장한다. 그 대표적인 것을 살펴보면 다음과 같다.

우선, 생활고와 세금징수에 관한 담화를 검토해 보기로 한다. 앞의 <표 1>에 의하면 이 문제에 관한 담화는 빈도수에서 항상 수위를 차지하고 있었다. 민중에게 있어서 식민지배라는 것은 무엇보다 자신의 생활에 대해 어떤 구체적인 영향을 미치는가라는 측면에서 파악되고 있었다.

충남 공주에서의 쌀값 추이(<표 3>)를 보면 1911년 쌀값이 앙등하여 전년의 약 1.5배에 달했다.『주막담총』1912년판에는 "미작은 작년에 비해 약 2할(二割 : 20%) 이상의 풍작임에도 불구하고……시장 쌀값은 더욱 더 비싸지고 있을 뿐이다"(12년판 : 공주헌병분대, 7정~8정), "물가가 3년 전에 비해 2배 이상"(12년판 : 서산경찰서, 20정)이라

<표 3> 충청남도 공주에서의 쌀값 추이(1910-1915년)

년	뉘	현미	정미
1910	3.3	8.3	10.4
1911	4.7	12.5	16.5
1912	7.1	17.0	21.6
1913	8.4	17.2	20.5
1914	5.6	11.8	15.7
1915	4.4	9.0	12.3

출전 : 조선총독부 편간『朝鮮總督府統計年報』각년판.
비고 : 숫자는 뉘・현미・정미(등급은 다 '上') 1石당의 연 평균 가격(엔)이다.

警察署, 4정).

는 담화가 많이 보인다.35)

그러던 중 물가는 1914년에 일단 하락세로 향하여 쌀값이 병합 후 처음으로 싸졌다. 그에 대해 "쌀값이 하락하고 세금이 비싸져서 농가는 곤란하다. 관리나 상인처럼 쌀을 사서 먹는 사람에게는 올해는 정말 풍년이다"(15년판 : 서천경찰서, 52정)라는 말처럼, 생산자와 소비자 사이에 반응이 달랐다.36) 그러나 대다수를 차지하는 농민에게는 쌀값이 싼 것이 심각한 문제였던 것으로 보인다. "곡물의 가격이 작년의 3분의 1이 되어 어렵게 사는 사람은 더 한층 어려워지고 있다"(15년판 : 서산경찰서, 39정)37)라는 원성이 나왔고, 쌀값이 싸서 봄여름의 빚을 갚을 수 없는 이도 나타났으며(15년판 : 예산헌병분대, 22정),38) 금융핍박의 영향으로 도둑이 출몰하기도 했다(15년판 : 청양헌병분견소, 35정).

이렇듯 농민들이 불만을 나타낸 배경에는 그 해에 총독부가 '재정독립5개년 계획'을 바탕으로 지세 증세를 비롯해 연초세(煙草稅)와 역둔토(驛屯土) 소작료 등을 인상한 사실이 있었다.39) 농민은 "쌀값이 매우 하락하고 또 지세가 작년에 비해 한 결(結)당 약 3할(30%) 증

---

35) 그밖에 1912年版 : 公州憲兵分隊, 32, 33정 ; 天安憲兵分遺所, 1정 ; 扶餘憲兵分隊, 9정 ; 洪州警察署, 13정 ; 鴻山警察署, 2, 14정 ; 瑞山警察署, 16~17정 등도 마찬가지임.
36) 그밖에 15年版 : 溫泉里憲兵分遺所, 25정도 마찬가지임.
37) 동일한 내용의 담화는 매우 많다. 15年版 : 公州警察署, 1, 2정 ; 大田憲兵分隊, 6정 ; 鳥致院憲兵分遣所, 21정 ; 洪城警察署, 44정 등.
38) 그밖에 15年版 : 大田警察署, 11정도 참조.
39) 堀和生,「朝鮮における植民地財政の展開-1910~30年代初頭にかけて-」, 飯沼二郎・姜在彦 편,『植民地期朝鮮の社會と抵抗』, 未來社, 1982, 204~205쪽. 그런데 1914년의 지세령 개정에 인한 지세 증감에는 도마다 현격한 차이가 있었는데, 충청남도의 경우에는 약 18%의 증가가 있었고 이는 조선 전체의 평균증가율(17%)과 거의 같았다. 宮嶋博史,「朝鮮「土地調査事業」研究序說」,『アジア經濟』제19권 제9호, 1978. 9, 47~48쪽 참조.

가했다"(15년판 : 보령경찰서, 50정)고 느끼고 있었고, 1914년 지세령 개정으로 전호(佃戶)납세가 지주납세로 바뀌었음에도 불구하고 지주가 종종 소작인에게 세금을 전가했기에 더욱 불만을 갖게 되었다.40) 이러한 불만은 일제 지배에 대한 평가 자체에 영향을 미쳤다.

> 일본은 정치를 잘한다. 왜냐하면 병합 당시에는 세금을 내리고 양반이나 관리, 노인에게 은사(恩賜)금을 내려 기쁘게 했으면서도, 인민이 일본 정치에 익숙해진 작금에 이르러서는 점점 세금을 높이고 있으니까……요즘처럼 지내다 보면 농가는 굶어 죽을 수밖에 없다.41)

물가등귀나 생활고의 원인이 일본인의 조선 진출에 있다고 보는 사고방식도 퍼지고 있었다. "일본인이 속속 들어와, 여러 가지 물가, 특히 쌀 같은 것은 작년 이맘때에 비교하면 3배 이상이 되어 생활이 더욱 더 어려워졌다"(12년판 : 부여헌병분대, 1정), "내지인(內地人)이 해마다 엄청나게 많이 건너오는 것도 조선인이 어려워지는 원인인 것 같다"(15년판 : 조치원헌병분견소, 18정) 등에서 이러한 경향을 찾을 수 있다.42) 생활 속의 소박한 불만이 항일감정으로 전화되는 의식구조를 보여주고 있다.

둘째, 도로개수와 그에 따른 여러 부담에 대한 담화를 살펴보자. 병합 후 조선에서는 1911년 4월 "도로규칙"(府令 제51호)이 제정되어 같은 해 8월부터 제1기 치도(治道)계획이 실시되었다.43) 헌병경찰은 도

---

40) 15년판 : 서천경찰서, 53정 ; 온천리헌병분견소, 26정.
41) 15년판 : 부여헌병분대, 29정. 그밖에 15년판 : 공주경찰서, 2정 ; 대전헌병분대, 7정 ; 조치원헌병분견소, 18정 참조.
42) 그밖에 12년판 : 공주헌병분대, 20~21정 ; 천안헌병분견소, 2정 ; 당진경찰서, 2정~3정 ; 홍산경찰서, 12정 참조.
43) 이 시기 총독부의 도로건설 계획과 조선민중의 부담에 대한 전반적 상황에

로의 노선결정에 깊이 관여했는데, 충청남도에서도 이에 앞서 1910년 10월경 충청남도 헌병분대장·경찰서장 합동회의에서 "도로개선"에 대해 협의하여 도청으로 통하는 주요 도로를 최우선으로 하고 그 다음에 각 군의 연락도로를 정비할 것, "도로부지는 무상으로 기부하도록 할 것" 등이 결정되었다. 앞서 언급한 핫토리(服部) 충남경찰부장 겸 공주헌병대장은 "부역(賦役)……을 이용하여 놀랄 만한 속도로 (도로가) 개선되고 1~2년 후에는 도내 1천리에 달하는 부분이 개수(改修) 완성되었다"고 말하고 있다.44) 충남에서의 도로건설 및 개수 상황(<표 4>)을 보면, 도로 공사 거리는 1912년에 일단 정점에 이른 후 감소되었지만, 이후에 총독부 직영도로나 1·2등 도로 등 폭이 넓은 도로공사의 비율이 높아졌으므로 조선인의 부담이 줄어들었다고 보기는 어렵다.『주막담총』각 년판에 도로공사에 대한 불만이 항상

<표 4> 충청남도에서의 도로건설(1910-1915년)

년도	총독부 직영에 의한 공사(里)	지방비 사업에 의한 공사(里)				합계
		1등 도로	2등 도로	3등 도로	등외 도로	
1910	3.3	–	–	–	–	3.3
1911	11.6	0.1	14.3	40.2	75.2	141.4
1912	21.6	0.0	45.2	103.0	167.3	337.1
1913	41.8	0.0	12.0	28.3	25.2	107.3
1914	41.9	0.0	13.2	14.1	21.2	90.4
1915	41.2	3.0	0.0	0.0	0.0	44.3

출전 : 조선총독부 편간 『朝鮮總督府統計年報』 각년판.
비고 : 총독부 직영도로는 폭이 2~3間이다. 지방비 사업에 의한 도로는 道路規則에 의해 1등도로는 4間 이상, 2등도로는 3間 이상, 3등도로는 2間 이상으로 정해져 있다.

관해서는 廣瀨貞三, 「1910年代の道路建設と朝鮮社會」, 『朝鮮學報』 제164집, 1997. 7 참조.
44) 服部, 앞의 책, 83~85쪽.

10%이상을 차지했던 점(앞의 <표 1> 참조)은 이러한 사정에 기인한 것 같다.

도로 건설에 대해서 초기(12년판)에는 소수나마 교통의 편의를 칭찬하며 '문명화'의 상징으로 긍정하는 의견도 있었지만,45) 압도적인 다수는 불만을 안고 있었다. 그 내용으로는 우선 도로건설에 "토지수용령"(土地收用令 : 1911년 4월, 制令 제3호)이 적용되어 가옥이 몰수되는 것에 대한 불만이 많았다. "연산(連山) 지방에서는 도로 개수로 많은 논밭이 망가져 인민이 곤란해 하고 있다"(12년판 : 공주헌병분대, 5정), "내지에서는 도로 부지 대금을 치른다는데 조선에서는 뭐든지 강제적이니까 민사재판에라도 호소해 볼까 한다"(14년판 : 천안헌병분대, 17정), "논밭이나 집을 보상 없이 몰수당하는 것은 정말 곤란하다"(15년판 : 서산경찰서, 42정) 등이다.46)

또한 도로공사는 "도로유지수선규정"(1912년 12월, 府令 제25호)에 의해 무보수 부역으로 진행되었고 주로 헌병경찰이 부역을 강제하였다. 그에 대해서도 "한 푼의 임금도 주어지지 않은 채 도로만 좋아졌다 해도 많은 논밭이 매립되어……인민은 어떻게 살 수 있겠는가. 죽을 수밖에 없다"(12년판 : 천안헌병분견소, 14정), "부역을 가는 날은 20~30전(錢) 손해 보는 날로서 체념할 수밖에 없다"(15년판 : 공주경찰서, 1정) 등의 목소리가 나오고 있었다.47) 게다가 도로공사를 위한

---

45) "점차 문명화되면 도로는 넓어지고 기차도 개통하여 편리가 좋다"(공주헌병분대, 25정)는 담화가 있었다. 그밖에 12년판 : 공주헌병분대, 36정, 37정 ; 예산헌병분대, 7정 ; 서산경찰서, 20정 참조.
46) 그밖에 12년판 : 홍주경찰서, 6정, 7정 ; 홍산경찰서, 6정 ; 14년판 : 당진경찰서, 52정 ; 홍산경찰서, 63정 ; 강경경찰서, 67정.
47) 그밖에 12년판 : 홍주경찰서, 7정 ; 14년판 : 예산헌병분대, 23정 ; 천안헌병분대, 20정 참조. 이러한 불만에 대응하기 위해 부역에 임금을 지불하는 지역도 나타났던 것 같지만, 일본인 감독이 임금의 일부를 가로챈다거나 임금이 너무나 낮다는 점에서 여전히 불만을 나타나고 있다. 이에 관해서는 12년판

부역이 농번기나 엄동(嚴冬)기에 겹치는 경우도 있었으므로 "엄동설한에 사정을 배려하지도 않고 부역을 과하니까, 언제 가옥을 수선하여 추위를 막고 잡목을 깎아 몸을 녹이느냐. 처자가 대신하면 방적(紡績)을 할 수 없고 아기가 밤낮으로 춥고 굶어서 울고 있다"(14년판 : 강경경찰서, 67정)라고 하는 비통한 부르짖음도 있었다.48) "그밖에 도로신설이 일본인에게만 이익을 준다",49) "빈민만 부역을 시킨다",50) "같은 장소를 몇 번이나 개수하게 한다"51) 등의 불만이 있었다. 도로건설·개수에 대한 다음과 같은 대화 내용은 도로건설에 따른 부담과 이에 대한 불만이 식민지배 자체에 대한 반발로 전화되었음을 보여주고 있다.

　　화자1 : 한일병합이 이루어진 지 4년이 되는데……백성은 이민시대(李
　　　　民時代 : 조선시대)보다 좋구나.
　　화자2 : 뭐가 좋으냐. 매일 부역만 가고 도로수선에 뼈가 부서질 지경
　　　　이지 않으냐(14년판 : 천안헌병분대, 20정).

셋째, 일상생활에 대한 식민지권력의 간섭이라고 볼 수 있는 일련의 문제들을 보기로 한다. 머리말에서 소개한 이철우의 논문은 "권력과 지배의 문제로서의 근대성"을 고찰하면서 "일본의 지배는 이전에는 통제대상으로 간주되지 않았던 여러 가지 분야의 사회관습을 관리

　　　: 아산경찰서, 1정 ; 15년판 : 조치원헌병분견소, 19정, 20정 ; 온천리헌병분
　　　견소, 27정 ; 홍성경찰서, 48정 참조.
48) 12년판 : 홍산경찰서, 8정 ; 12년판 : 홍산경찰서, 14정 ; 14년판 : 천안헌병분
　　대, 12정.
49) 12년판 : 천안헌병분견소, 17정 ; 부여헌병분대, 2정 ; 14년판 : 공주경찰서, 33
　　정 ; 서산경찰서, 58정.
50) 14년판 : 당진경찰서, 51정 ; 15년판 : 대전헌병분대, 9정.
51) 14년판 : 공주경찰서, 34정 ; 홍주경찰서, 39정 ; 홍산경찰서, 62정.

의 과녁으로 (재)발견 내지 (재)창조했다"고 결론지었다.52) 그것을 당시 민중들도 실감하고 있었음을 엿볼 수 있는데, "병합 후는 무엇을 하든지 우리가 하는 일에 관리가 참견하니까 아무 것도 자유롭게 하지 못한다"(12년판 : 천안헌병분대, 15정~16정), "조선도 점차 개명하여 만사가 편리하게 되는 것은 좋지만, 모든 것을 규칙으로 샅샅이 규정하는 것은 난처하다"(15년판 : 부여헌병분대, 32정)53)는 담화 등이 그러한 사례에 해당된다.

조선 민중의 일상생활에 개입하는 일본경찰의 모습은 우선 위생 사업에서 찾아볼 수 있다. 위생 사업에 대해서는 소수 긍정적 의견도 없지 않았지만,54) 대부분의 경우는 오히려 헌병경찰의 방역·계몽활동이나 질병검사를 위한 호구조사55)에 대해 이전에는 없던 일로서 번거롭게 느끼고 있었다. "나는 도로 부근에 변소를 설치했는데 헌병이 검사를 나와 바로 치우라고 꾸지람을 들었다고 하자, 다른 사람 왈, 당신뿐만 아니라 어느 마을에서도 마찬가지다.……문명화라는 것은 성가셔 죽겠다"(12년판 : 공주헌병분대, 39정), "언제나 청결히 하라고 헌병이 잔소리 많이 하는데 우리는 태어나서……한 번도 병에 걸린

---

52) Chulwoo Lee, 앞의 글, 50쪽. 국가권력이 이전에는 관리·통제의 대상으로 간주하지 않았던 일상생활의 미세한 영역에도 간섭하려 한 것에 통치의 '근대성'을 발견하려 하는 논의로서는 이종민,「1910년대 京城住民들의 '罪'와 '罰'」,『서울학 연구』제17호, 2001. 9 참조.
53) 그밖에 12년판 : 홍주경찰서, 1정~2정 ; 14년판 : 당진경찰서, 48정 ; 15년판 : 천안헌병분대, 15정 참조.
54) 청소의 효과를 인정하거나 종두의 무료 접종을 평가하는 담화 등이 이에 해당된다(12년판 : 천안헌병분대, 2정 ; 예산헌병분대, 9정 ; 서산경찰서, 13정 ; 강경경찰서, 2정 참조).
55) 위생활동에 대한 헌병경찰의 간여에 관해서는 松本,「植民地期朝鮮農村における衛生·醫療事業の展開」를 참조. 다만 松本의 논문이 위생·질병에 대한 지식이 농촌사회에 수용되어 일상사회의 '규율화'에 성공했다고 평가하고 있는 점에 대해서 필자는 견해를 달리 한다.

적이 아직 없었다"(12년판 : 천안헌병분견소, 15정) 등에서 그러한 감정이 나타나고 있다.56) 이러한 위생관리에 대한 거부감은 특히 가정에서 식민지 권력과 접촉할 기회가 상대적으로 적었던 여성에게 강하게 나타났던 것으로 보인다.57)

근대적 위생사업에 대한 거부감은 식민지 지배에 대한 불만과 어우러져 "통감[統監 : 조선어로 통감은 둥근 감(円枾)과 같은 발음]을 먹었더니 각 지방에 구역[嘔逆 : 구역재판소(區裁判所)를 나타내는 구역(區域)과 같은 발음]이 유행하고 청나라 지방에는 페스트 병이 생겼다"(12년판 : 당진경찰서, 19정)58)라는 말처럼, 전염병 유행을 일본의 침략과 결부시키는 유언(流言)이 퍼지기도 하였다.

위생사업 이외에도 여러 방면에서 일상생활에 대해 규정·감시가 강화되었다. 예를 들어 도량형법(度量衡法) 강제59)에 대해서는 "구 도량형기(舊度量衡器)를 집에 놓고 밥쌀(飯米)의 출입(出入)이나 의복 재봉 등과 같은 것에 사용하는 것은 금지·압수할 필요가 별로 없을 텐데 요즘 순사가 집집마다 출장 와서 구기(舊器)를 일일이 압수하는 것은 심하다"(12년판 : 홍주경찰서, 19정)고 불만을 토로하고 있

---

56) 그밖에 12年版 : 鴻山警察署, 5정 ; 牙山警察署, 1정 등도 마찬가지임.
57) "올 가을에도 여자들에게 종두가 있겠지만, 여자들에게는 여의사가 아니면 (안 되고) 우리 네 여자들은 순사가 올 때 겁이 나서 도망친다"(12年版 : 瑞山警察署, 8정), "종두 때 남의 처나 딸의 손을 잡아 억지로 끌어내니까 다 놀라 울기 시작한다"(14年版 : 大田警察署, 42정).
58) 이 담화에 나타나는 1910년 말 북만주에서의 페스트 발생과 헌병경찰을 중심으로 한 총독부 당국의 방역활동에 대해서는 朴潤栽,「1910年代 初 日帝의 페스트防疫活動과 朝鮮支配」,『河炫綱敎授停年記念論叢』韓國史의構造와 展開』, 혜안, 2000 참조.
59) 1909년 9월 일본의 도량형법과 동일한 단위에 준거한 대한제국 법률 제26호 개정 도량형법이 공포되어, 충청남도 주요지역에서는 다음 달 농상공부령 제43호에 의해 시행되었다.

다.60) 또 임야이용의 금지61)에 대해 "삼림령은 참으로 혹독한 법령이다. 소나무 가지 하나 베어도 주재소가 탐지하여 순사가 출장 와서 엄금한다"(12년판 : 공주경찰서, 20정), "올해처럼 쌀값이 쌀 때는 나무를 잘라 장작을 팔려고 하는데 쉽게 허가를 받지 못해 곤란해진다"(15년판 : 서산경찰서, 42정)라는 목소리도 나왔다.62) 그밖에 영업허가를 받기 위한 번거로운 절차, 조혼금지, 도박금지, 민적(民籍) 신고 등에 대한 불만63)도 이러한 일련의 근대적 감시 강화라는 맥락에서 이해할 수 있겠다.

3. 종교와 민중

『주막담총』에는 여러 종교에 대한 민중의 태도도 기록되어 있다. 이는 앞서 살펴본 식민지배에 대한 민중의 심정이 종교 신앙과 어떻게 연관되어 있었는지 살펴볼 수 있는 좋은 재료라 할 수 있겠다.

우선, 기독교에 대한 민중의 반응에 대해 살펴보자. 조선에서 기독교 신도 수는 러일 전쟁 이후부터 병합에 이르는 시기에 급증했는데,

---

60) 그밖에 12年版―公州憲兵分隊, 40~41정 등도 마찬가지임.
61) 1908년 삼림법(森林法)이 시행된 결과 촌락의 공동임야가 국유림으로 편입되어 입회권(入會權)이 부정당했다. 윤해동은 입회권 부정 문제를 3·1운동의 원인이 되는 농촌사회 질서 동요 중의 하나로서 중시하고 있다. 이에 관해서는 윤해동, 「朝鮮에서의 3·1運動과 이른바 '文化政治'로의 전환」, '齋藤實―その生涯と時代展' 기념 심포지움 발표문, 2002. 10 참조. 임야이용 제한에 관해서는 충청남도에서는 경찰부가 독자적으로 경무부령에 의해 남벌의 방지와 산림육성의 취지로 '私有林伐採取締規則'을 공포했다고 한다. 服部, 앞의 책, 86쪽 참조.
62) 그밖에 12년판 : 부여헌병분대, 1정 ; 14년판 : 예산헌병분대, 24정~25정 ; 강경경찰서, 63정, 65정 참조.
63) 각각 12년판 : 공주경찰서, 20정 ; 14년판 : 부여헌병분대, 31정 ; 14년판 : 대전경찰서, 41정 ; 14년판 : 당진경찰서, 52정 참조.

병합 후에는 일제의 신도·교회에 대한 협박이나 탄압으로 정체됐다.64) 충청남도에서의 기독교 선교사·신도 수의 추이를 정리한 <표 5>에서도 대체로 이 경향은 확인할 수 있다.

<표 5> 충청남도에서의 기독교 선교사 및 조선인 신도수(1910~1915년)

년	선교사·목사 등		조선인 신도(명)
	외국인 선교사(명)	조선인 목사·조수(명)	
1910	11	107	7,582
1911	13	108	8,661
1912	15	97	9,226
1913	15	87	8,168
1914	16	74	9,041
1915	15	116	14,066

출전 : 조선총독부 편간 『朝鮮總督府統計年報』 각년판.

<표 5>에 의해 산출해 보면, 당시의 기독교 신도는 인구 100명에 1명 있을까 말까 하는 정도의 수준이었다(1912년 말 현재, 충청남도의 조선인 인구는 약 99만 8천 명). 이러한 상황에서 신도는 일반 민중에게 있어 기본적으로 이질적인 존재였을 것이다. 그 때문인지『주막담총』에는 전체적으로 기독교도에 대한 경의보다는 불신과 경멸감이 눈에 띈다. 그 이유로서는 기독교도들의 "무법적인 발언", "품행 불량"(1912년판 : 홍주경찰서, 7정 ; 보령경찰서, 1정~2정)을 지적한 담화처럼 신도의 언동이 일반인과 다른 점을 지적하는 것이 많다.65) 신도 이외의 사람들이 보면 "신도는 무슨 뜻인지도 모르면서 아무 생각 없이 입교하여", 돈을 벌기 위해 책을 팔고 있다고 여겨졌다(1914년

---

64) 倉塚平,「朝鮮キリスト敎とナショナリズム-3·1運動に至るその結合過程について」, 田口富久治 등 편,『現代民主主義の諸問題』, 御茶の水書房, 1982.
65) 12년판 : 홍주경찰서, 7정 ; 14년판 : 부여헌병분대, 29정 ; 당진경찰서, 50정 ; 15년판 : 공주경찰서, 3정 참조.

판 : 천안헌병분대, 16정, 19정). 또 일단 기독교의 의의를 인정하는 경우라도 "이전 같으면 야소교 신자가 되어 외국인의 세력을 빌어 일본인의 압제를 피할 필요도 있었겠지만, 지금은 무슨 필요성이 있기에 야소교 선교사의 발밑에 있어야 할까"(1912년판 : 아산경찰서, 4정)처럼 기독교도도 참여했던 국권회복운동이 병합에 의해 수포로 돌아간 것을 암암리에 책망하는 소리도 있었다. 혹은 목사나 선교사가 열심히 포교하는 것은, 신자가 "전국 인구의 3분의 2가 되면 그 나라를 자기 나라의 속국으로 할 수 있기 때문이다"(1915년판 : 보령경찰서, 49정~50정)라는 억측에서도 엿볼 수 있듯이, 기독교 포교도 결국 제국주의 침략의 일환이 아닐까라는 경계심도 있었다.

다만 『주막담총』 1914년판 이후에는 위와 같은 반응을 여전히 보이면서도 기독교가 외치는 도덕과 신도의 상호부조 정신을 좋게 보고 선교활동에 대해 관심을 기울이는 사람도 나타났다.66) <표 5>에 따르면 1915년경에 기독교 신도가 급증했는데 이것은 앞서 언급한 그 해의 생활고로 인해 기독교에 대한 관심이 점차 늘어난 것이라고도 해석해 볼 수 있다.

다음으로 『정감록(鄭鑑錄)』 신앙과 차경석(車京石)에 대한 민중의 반응에 대해서도 『주막담총』은 몇 가지 재료를 제공하고 있다. 조선왕조의 멸망과 정씨(鄭氏) 왕조의 출현을 예언한 『정감록』에 대한 신앙은 조선시대 중기 이후, 압제로부터의 해방을 요구하는 민중의 간절한 소망이 반영된 것으로 알려져 있다. 조경달(趙景達)의 연구에 의하면 『정감록』은 한국 병합으로 인해 일단 예언서로서의 신빙성을 의심받는 위기에 처했으나, 1910년대 민중들 가운데에는 자신의 구제를 바라며 "『정감록』 신앙으로 회귀"하는 움직임이 나타났다고 한다. 또한

---

66) 14년판 : 홍주경찰서, 38정 ; 아산경찰서, 47정 ; 서산경찰서, 59정 ; 15년판 : 대전헌병분대, 6정 ; 보령경찰서, 49정.

『정감록』의 논리를 재해석하면서 교의를 받아들여 가장 크게 교세를 확대한 신흥종교로 차경석 교단(훗날의 보천교)을 들 수 있는데, 이 시기는 그가 교단을 장악해가고 있었지만, "차경석 황제 등극의 풍문은 아직 본격화되지 않았다"고 한다.67)

정씨 왕조의 신수도로 간주되었던 성지(계룡산에 있는 신도안)가 다름 아닌 충청남도에 있었으므로, 『주막담총』에는 이 문제에 대한 관심이 비교적 많이 보인다. 일본 천황이 "성(姓)을 정씨에게 사(賜)하여 공주 부근의 계룡산에서 즉위식을 거행할 것이라는 풍설"이나 "한일합병 이후 3년이 지나면 계룡산에 정씨가 수도를 정할 것"이라는 설이 유포된 것은 민중이 『정감록』 신앙과 한국병합이라는 현실을 합리적으로 설명하려 한 것이라 볼 수 있다(1912년판 : 서산경찰서, 5, 6정 ; 홍주경찰서, 4정).

당시 차경석(『주막담총』에서는 '차천자(車天子)'라는 이름으로 기록되어 있음)이 이미 상당한 영향력을 가지고 있었다는 사실은 그가 신도(新都)안에 화재가 일어날 것을 예언한 결과 "추종하는 자 천 여명에 이른다"는 풍문에서도 엿볼 수 있다(1912년판 : 대전경찰서, 2정). 전체적인 인상으로 볼 때, 기독교 신앙보다는 토속적인 『정감록』 신앙이 민중들에게 뿌리를 내리고 있었다고 생각된다.68)

하지만 한편으로는 그에 대한 취조 풍문에 대해, "일반 촌민은…… 그가 선견지명이 있다고 해도 그저 말에 그쳤을 뿐 아무 것도 하지 못한 채 그냥 잡힌 것은 어리석음의 극치라고 비방하고 있다"는 의견도 있었다(1912년판 : 아산경찰서, 6정). 기존의 신흥 종교연구에서는 신도 이외의 민중이 신도와 종교 교의를 어떻게 바라보았는지 거의 다

---

67) 趙景達, 『朝鮮民衆運動の展開』, 岩波書店, 2002, 189~190쪽, 298~299쪽.
68) 계룡산이나 차경석에 대한 관심은 12년판 : 대전경찰서, 3정 ; 보령경찰서, 6정 등에도 기술되어 있다.

루지 않았으나, 『주막담총』은 이상과 같이 비합리적인 신앙으로부터 거리를 두려고 한 민중도 적지 않았음을 보여주고 있다.

IV. 국제정세와 시사문제에 대한 관심

앞 절에서는 주로 『주막담총』 각 년판을 통해 공통적으로 나타난 민중의 심성을 고찰했으나, 그 외에도 수시로 변하는 국제정세나 시사문제에 대한 민감한 반응도 잘 나타나 있다. 본 절에서는 1911년 말의 신해혁명(辛亥革命) 및 1914년의 제1차 세계대전 발발에 초점을 맞춰 민중의 반응을 살펴보고자 한다.

1. 신해혁명에 대해서

1911년 10월의 무창기의(武昌起義)에 의해 시작된 신해혁명에 대해서는 조선인들도 커다란 관심을 보였다. 이 문제에 관한 기존 연구에서는 혁명이 조선 민족주의 사상에 미친 영향과 재중국 독립운동가의 혁명 참여 등이 거론되어 왔을 뿐,[69] 민중의 신해혁명관에 대해서는 논의된 바가 없었다. 따라서 이 부분에서는 『주막담총』에 나타난 신해혁명에 대한 반응을 찾아보려 한다(인용은 별도 표기 없는 한 1912년판에 의함).

신해혁명에 대해 조선인의 관심이 높았던 것은 "요즘은 청나라의 내란 상태를 알기 위해 『매일신보(每日申報)』 또는 외국신문 및 조선

---

69) 趙東杰, 「1910年代 獨立運動의 變遷과 特性」, 『韓國民族主義의 成立과 獨立運動史研究』, 知識産業社, 1989, 371~372쪽 ; 辛勝夏, 「睨觀 申圭植과 中國革命党人과의 關係」, '中國學論叢'編輯委員會 편간, 『金俊燁敎授華甲紀年 中國學論叢』, 1983 등.

신문(朝鮮新聞) 등의 구독자가 많아졌다"(1912년판 : 공주경찰서, 17 정)는 내용에서도 알 수 있다. 그러나 당시 신문과 같은 매체를 통해 정확한 정보에 접근할 수 있었던 사람은 예외적이었고, 오히려 혁명에 관한 부정확한 정보가 범람했다.

무창기의 후 중국 각지에서 혁명파와 청나라 정부의 충돌이 일어났는데 이에 대해 일본 정부는 청나라 정부에 입헌군주제를 채용하도록 외교적 압력을 가하려 했으나 실패하였고, 결국 1912년 초엽에 청나라는 멸망하고 원세개(袁世凱)가 중화민국 임시대총통으로 취임했다. 이러한 일련의 과정에 대하여 "청나라 사람이 제주도에 와서 전쟁을 하고 있다"(공주헌병분대, 19정), "청일간에 전쟁이 발발했다"(공주경찰서, 2정, 11정), "일본군이 혁명군과 싸워 대승했다"(서산경찰서, 19정) 등 혁명주체를 이해하지 못했거나 일본의 대 혁명정책에 대해 잘못된 정보를 전하는 담화내용이 적지 않았다. 혁명의 결과에 대해서도 "황흥(黃興)이 대통령이 되었다"(천안헌병분견소, 11정)거나 "명나라가 재건되었다"(홍주경찰서, 7정) 등의 잘못된 정보가 퍼져나갔다.

이러한 상황에서 기존 연구가 강조해 온 혁명군이나 공화사상에 대한 공감은 제한적일 수밖에 없었다. "청나라의 혁명당이 전승한 결과 현 정부를 타도하고 신정부를 옹립했으니, 그 행동은 참으로 칭찬할 만한 것이다. 조선이 일찍이 동학당 봉기 시에 성공을 하였더라면 지금과 같은 한탄은 없었을 것이다"(공주경찰서, 14정)와 같이 갑오농민전쟁과 신해혁명을 견주어 보거나, 혁명에 의해 앞으로 중국은 "점차 문명국이 된다"고 예견하는 담화(공주경찰서, 15~16정)도 간혹 보이기는 하지만 많지는 않다.[70] 이에 반해 혁명군을 찬동하는 재조선 화

---

70) 그밖에 공화주의 사상과 관련하여 신해혁명에 언급한 것으로는 공주경찰서, 12정, 15정 ; 홍주경찰서, 11정의 담화가 있지만, 그들이 공화주의에 대해 명백히 긍정적 평가를 내리고 있다고 보기 어렵다.

교들의 언동에 대해 "그들은 세계의 대세를 모르는 자"라고 냉랭하게 보는 시선도 있었다(강경경찰서, 5정). 이러한 인식은 이후에도 존재하여 재조선 화교가 "당신들은 병합이라는 허울 좋은 구실로 나라를 빼앗긴 것이 아니냐"라고 한 데 대해, 한 조선인은 "시세의 흐름이 그렇게 만든 것이다. 당신의 나라는 어떠하냐. 해마다 내란이 그칠 날이 없고, 게다가 서양 각국으로부터 온갖 간섭을 받아 당장이라도 분할될 것 같지 않느냐"고 항변한 것이 기록되어 있다(1915년판 : 조치원헌병분견소, 21정).

신해혁명에 무조건 공감하지 못했던 이유로서는, 민중이 무엇보다도 생계에 미치는 영향을 고려하여 혁명을 염려하고 있었던 점이 크게 작용했다고 볼 수 있다. 이 시기 그들이 쌀값을 비롯한 물가 등귀에 대해 강한 불만을 가지고 있었던 것은 앞에서 이미 언급했는데, 이 문제와 혁명을 결부시켜 쌀값이 비싼 것은 "청나라의 혁명당 봉기로 인해 군량으로 수송되기 때문"으로 보는 자(공주헌병분대, 26정)가 비교적 많았다.71) 또 광목·당목(廣木·唐木)이나 의복의 수입이 두절될 것을 염려하는 목소리도 있었다(홍산경찰서, 9정~10정 ; 서산경찰서, 17정).

그리고 혁명의 여파가 조선에 미치지 않을까 염려하는 경우도 많았다. "청나라 관군의 패잔병이 조선에 들어오지 않을까"(공주헌병분대, 40정 ; 공주경찰서, 8정, 15정) 혹은 "이번 청나라의 동란에서……갑오년 때처럼 일본군과 충돌할 우려는 없을까"(홍산경찰서, 3정)72)라는 앞서 언급한 담화와는 또 다른 의미에서 갑오농민전쟁 시기를 떠올리

---

71) 그밖에 公州憲兵分隊, 22정 ; 扶餘憲兵分隊, 9정 ; 公州警察署, 22정 ; 大田警察署, 5정 ; 江景警察署, 3, 5, 6정 ; 瑞山警察署, 11정 등도 마찬가지임.
72) 그밖에 扶餘憲兵分隊, 3정 ; 公州憲兵分隊, 21정 ; 唐津警察署, 4, 5~6정도 마찬가지임.

는 이도 있었다. 또 이와 관련하여 조선인이 일본군에 징병되지 않을까 하는 풍문도 퍼져 있었다.[73]

당시 민중들 사이에는 혁명 그 자체에 대한 것은 물론, 혁명에 대한 일본의 대응에 대해서도 다양한 정보가 오가고 있었다. 일본은 신해혁명을 대륙진출의 호기로 이용하려 하였고 이를 위해 조선을 적어도 한 때는 '만주'출병의 거점으로서 상정하고 있었다.[74] 민중은 이러한 침략의도를 잘 알고 있었다. 부정확한 정보가 다소 포함되어 있다고는 하나, 일본이 출병 혹은 출병 준비를 했다는 풍문이 적지 않았고,[75] "(일본이 청나라 내란을) 방관하여 보호하지 않는 것은……어디까지나 혼란을 방치하여 국세의 피폐함이 극에 달하기를 기다린 후 진출하여 이를 병탄(倂呑)하려는 야심에서이다"(대전경찰서, 3정~4정)[76] 라는 관찰은 그 당시 일본의 중국정책의 본질을 날카롭게 지적하는 것이라고 할 수 있다.

다만 이러한 일본의 침략주의를 의식하면서도 이에 대한 조선민중의 태도는 다양했다. 당시 총독부 총무장관인 이시쓰카(石塚英藏)는 데라우치(寺內正毅) 총독에게 보낸 서한에서 조선인의 신해혁명에 대한 감상을 보고하며 "일본이 작년에 조선을 병합한 것은 행운이었다. 만약 올해였다면 그 실행이 곤란했을 것이다", "한국이 의지할 곳 없이 일본에 병합당한 것은 조선인의 불행이다"라는 목소리가 있다고

---

73) 天安憲兵分遣所, 18정 ; 大田警察署, 4, 6정.
74) 松田, 「日本陸軍의 中國大陸侵略政策과 朝鮮-1910~1915년」, 『韓國文化』 제31호, 2003. 6, 제2장.
75) 일본은 1911년 11월 나고야(名古屋) 제3사단에서 보병 1대대 및 기관총 소부대를 북청(北淸)에 파견했지만 적극적 간섭을 주장한 육군의 "만주" 출병은 실현되지 않았다. 그러나 天安憲兵分遣所, 11정, 17정 ; 洪州警察署, 9~10정 ; 大田警察署, 1정 등에는 일본이 군함 100척을 파견했다거나 "만주" 출병을 감행했다 등의 풍문이 나타나 있다.
76) 일본의 야심을 지적한 담화로서는 그밖에 公州警察署, 3정.

분석했다.77) 확실히 『주막담총』에는 "지나(支那)와 조선이 합동하여 일본과 개전할 계획으로, 조선의 황해도 해주를 전쟁터로 예정하고 있다"(1912년판 : 공주경찰서, 11정)는 내용처럼 신해혁명을 일본의 지배로부터 빠져 나올 호기로 받아들인 사람도 없지 않았다.

하지만 민중의 대일 감정은 이러한 측면만은 아니었다. 한편으로는 "조선은 청나라가 전쟁을 할 때마다 얼마간의 영향을 받아왔지만, 이번에는 일본과 병합했으므로 조금도 걱정할 필요 없다며 기뻐하고 있다"(예산경찰서, 9정), 아무 영향을 받지 않는 것은 "한일병합의 덕택이다"(서산경찰서, 21정) 등의 담화에서는 조선이 일본의 지배 하에 있으므로 중국의 내란에서 영향을 받지 않았다는 안도감도 찾아볼 수 있다. 이것은 이후 1930년대에는 거꾸로 일본으로 인해 조선민족이 중국과의 '15년 전쟁'에 휘말리게 되었던 것을 상기해 볼 때 지나치게 낙관적인 인식이었다고 비판할 수 있을 것이다. 하지만 병합 직후인 이 시기에는 오히려 일본의 식민지가 됨으로써 타국 세력의 각축장이 되는 것을 모면할 수 있었다며 병합을 긍정 내지는 합리화하는 심정도 있었다고 생각해 볼 수 있다. 나아가서는 "혁명군을 토벌하여 청나라를 일본의 보호국으로 만들면 좋을 텐데 왜 간섭하지 않는 것일까"(서산경찰서, 15정)라는 담화처럼 침략을 긍정하는 사람조차 있었다.

이상에서 본 『주막담총』에는 "1913년판"의 기록이 빠져 있다. 만약 조사가 이루어졌더라면 1912년의 메이지 천황 서거와 다이쇼 천황 즉위라고 하는 흥미로운 사건에 대한 민중의 반응을 알 수 있었을지도 모른다.78) 이어서 『주막담총』 1914년판에는 시사적인 문제로서 1913년

---

77) 寺內 앞 石塚 서한, 1911년 11월 18일, 『寺內正毅關係文書』 86-6.
78) 다만 잔존하는 기록을 참고로 추측해 볼 때 천황(제)에 대한 이해가 내면화되어 있었다고는 보기 어렵다. 천장절(天長節)이나 다이쇼 천황 즉위의 의미를 이해하지 못하는 사람은 적지 않아(12년판 : 천안헌병분대, 12정 ; 14년

가을 이후의 데라우치 총독 경질설과 1914년 봄의 부군 폐합(府郡廢合)에 대한 풍문이 나오는데, 지면 관계상 간단히 개요만을 설명한다. 전자는 당시 일본에서 제1차 야마모토(山本權兵衛) 내각이 식민지 총독무관 전임제의 개혁을 기도하고 있어, 이 때문에 데라우치 사임설이 종종 신문지상에 나타났던 것[79]에 따른 풍문이다. 이에 관해서는 후임 인사에 대한 소문, 총독이 교체되더라도 통치는 변하지 않을 것이라는 이야기 정도였다(천안헌병분대, 9정, 17정 ; 예산헌병분대, 25정 ; 부여헌병분대, 30정 ; 대전경찰서, 45정). 후자에 관해서는 부군(府郡) 폐합에 따른 행정 및 경찰기관의 배치 변경을 염려하는 담화(천안헌병분대, 13정 ; 홍주경찰서, 36정 ; 홍산경찰서, 62정 ; 아산경찰서, 47정), 역사 있는 군의 소멸·쇠퇴를 한탄하는 담화(공주경찰서, 34정 ; 홍산경찰서, 62정)를 볼 수 있었다.

2. 제1차 세계대전에 대하여

마지막으로『주막담총』1915년판을 통하여 제1차 세계대전 발발에 대한 조선민중의 반응을 살펴보자. 1914년 7월에 일어난 제1차 대전이 민심의 동요를 심각하게 불러일으킨 것은 각종 자료에서 발견할 수 있다. 이 시기의 신문은 대전의 여파로 조선도 전쟁터가 된다거나 조선인도 병역에 징용된다는 풍설이 횡행했던 것을 전하고 있다.[80] 또 8월에 일본이 독일에 선전포고를 하고 대전에 참가했을 때 데라우치

판 : 연산헌병분대, 6정), "군내(郡內) 유지의 발기에 의해 천황폐하의 영세불망 송덕비를 건설하려 했다"(12년판 : 예산헌병분대, 1정)처럼 천황을 마치 조선시대 군수와 동일시하는 움직임도 있었다.
79) 李熒娘,「第1次憲政擁護運動と朝鮮の官制改革論」,『日本植民地研究』제3호, 1990. 8 참조.
80)『每日申報』1914년 8월 19일 ;『朝鮮新聞』10월 1일 참조.

총독은 이례적으로 유달(諭達)을 발하고, 대독(對獨) 전쟁은 "조선에 영향을 미치지 않을 것이다"라고 강조하고 또 관리·경찰에게 "민심의 동요를 미연에 방지할 것"을 지시했다.[81]

물론 조선인 사이에는 "일본은……사정에 따라서는 유럽까지 싸우러 갈지도 모른다. 하지만 조선인들에게 전쟁은 관계없다"라고 전쟁에 거리를 두는 태도도 보였으나(보령경찰서, 51정),[82] 적지 않은 부분에서 3년 전의 신해혁명 시와 비슷한 반응을 볼 수 있었다. 대부분의 사람은 생활에 대한 영향을 염려하여, 앞 절에서 살펴본 증세(增稅)를 전쟁과 결부시켜 이해하려고 했다. 예를 들어, "전쟁까지 일어나 많은 식량이 필요해지고 세금까지 늘어나니 농민은 매우 힘겹다"(대전경찰서, 11정), "세금이 멋대로 늘어나는 것은 필시 내지인(內地人)을 전쟁에 보내기 위해 조선총독부에서도 돈을 내기 위함일 것이다"(온천리헌병분견소, 26정)와 같은 담화가 전형적인 것이다.[83] 또 전술한 바와 같이, "조선인도 전쟁터에 가게 될까"(천안헌병분대, 15정)라고 징병을 염려하는 풍문도 생겨났다. 조선 주둔 2개 사단 증설이 일본 정부 각료회의에서 결정된 것(1915년 6월)과 조선에서 '군인후원회'(재향군인회)가 보급되기 시작한 것에 대해서도 조선인 징병의 전제가 아닐까 라고 의심하는 사람이 있었다(부여헌병분대, 32정 ; 서산경찰서, 42정).[84] 당시 일본 육군이 조선인 징병제의 실현 가능성을 고려하고 있었다고는 보기 어렵지만,[85] 신해혁명 당시를 포함하여 조

---

81) 『朝鮮總督府官報』 1914년 8월 24일.
82) 그밖에 대전경찰서, 11정 참조.
83) 그밖에 대전헌병분대, 6정~7정 ; 조치원헌병분견소, 23정 ; 온천리헌병분견소, 28정 ; 당진경찰서, 36정, 38정 등 참조.
84) 그밖에 조선인 징병에 대한 담화로서는, 서천경찰서, 54정 참조.
85) 이 시기 가와무라(川村景明) 군사참의관(軍事參議官)의 담화(『京城日報』 1916년 10월 5일)와 아키야마(秋山好古) 조선군사령관 담화(『朝鮮時報』

선인들 가운데 이토록 일찍부터 징병제에 대한 염려가 생겨난 사실은 흥미롭다.

또한 신해혁명 때와 마찬가지로 일본과의 일체감이라 할 수 있는 심정도 존재했다. "이제 와서는 오히려 일본에 병합되기를 잘했다. 청도(靑島)의 함락에는 지나(支那)인도 놀란 것 같다. 일본은 세계의 왕국이다"(1915년판 : 공주경찰서, 4정), "일본과 영국은 조선을 개발해 주기 때문에 그 승리를 빌어야 한다. 만약 일본이 진다면 우리도 전쟁터에 나가 전사하지 않으면 안 될 것이다"(1915년판 : 예산헌병분대, 23정) 등이다.86) 일본이 전과(戰果)를 올려 바야흐로 세계의 강국이 되어 가는 모습을 보고 병합을 스스로 합리화하며 일본으로의 포섭을 지향한 사람도 있었던 것이다.

V. 맺음말

이 글에서는 식민지기 초기에 충청남도의 헌병경찰이 철저한 감시망을 통해 수집한 기록인 『주막담총』을 소개하였다. 이 자료에 나타난 조선 민중의 모습에는 기존에 생각되었던 것보다 식민지 지배에 동조적이거나 영합적(迎合的)으로 보이는 부분도 포함되어 있는데 그것이 자료 자체의 편견에 기인한 것인지 신중하게 검토할 필요가 있고, 그 점은 앞으로 더 많은 연구를 필요로 한다. 그러한 의미에서 볼 때 이 글은 아직 시론의 성격을 가지고 있는 것이 사실이나, 자료 속에 나타난 조선 민중들은 일본의 식민지 지배 전반이나 조선왕조시대의 지배

1917년 8월 18일)에서 단편적으로 엿볼 수 있듯이, 육군 요인의 인식에서도 조선인 징병설은 현실적으로 부정되고 있다.

86) 그밖에 온천리헌병분견소, 25정 ; 당진경찰서, 37정~38정 ; 홍성경찰서, 44정 참조.

체제 및 이념의 변용·해체에 대하여 이중적-때로는 모순된-이미지를 가지고 있었다. 머리말에서 말한 '식민지적 근대성' 논의와 관련하여 논점을 다시 정리해 보면 다음과 같다.

첫째, 『주막담총』 전체를 살펴볼 때 조선민중은 일본의 지배를 가리켜-이에 동조하든 비판하든-'문명화' 혹은 '문명의 정치'라는 표현을 자주 쓰고 있었다. 이 사실은 일본의 지배양식을 조선시대의 그것과는 크게 단절된 것으로 인식하는 동시에 그 단절의 중요한 일면을 '문명화' 혹은 '근대화'라는 점에서 찾았음을 보여주고 있다. '식민지적 근대'는 식민지배의 출발 시점에서부터 막연하나마 이미 실체를 가진 개념으로서 형성되어 있었다고 할 수 있을 것이다. 그리고 그러한 '식민지적 근대' 인식이 학교나 공장과 같은 구체적인 '규율장치'에 의해 만들어졌다기보다는 구 지배체제의 변용과 해체를 가져왔던 경찰 및 행정 권력의 일상적 시책들을 통해 형성되어 갔던 것도 확인할 수 있었다.

둘째, 하지만 이 시기 민중의 지배체제에 대한 반응을 단순히 '근대성'이라는 측면에서만 파악할 수는 없다. 확실히 『주막담총』 안에 묘사된 조선 민중은 일본의 지배에서 '문명'과 '근대'를 찾아내고 봉건적 신분제로부터의 해방과 치안의 상대적 안정 등 일본의 지배양식의 '근대'적 부분에 어느 정도 현혹된 측면이 있다. 그러한 의미에서는 당시의 민중들이 일제 지배를 근저에서부터 비판하는 논리를 아직 획득하지 못하고 있었다고 할 수밖에 없다. 그러나 한편으로 그들은 생활을 직접 위협하거나 간섭하는 시책에 대해서는 예민하게 반응하고 불만을 토로하였다. 도로건설에 따른 부담, 쌀값 앙등이나 증세(增稅), 위생 사업을 비롯한 일상적 관리체제 도입에 대한 부정적 반응은 생존의 위협에 따른 방어적 자세라고도 할 수 있겠다. 그것이 항일의식으로 직접 구조화되는 것은 아니었다 하더라도, 생활자로서의 소박한 심성이 식민지 지배정책의 억압적 측면에 대한 지속적인 불만을 통해, '식민지적 근대'의 침투가 미치지 않는 정신영역을 일정 부분 유지시켰던 점은 무시할 수 없다.

셋째, 이러한 민중의 심성은 『주막담총』의 조사 시기에 일어난 신해혁명이나 제1차 세계대전 발발 등 중요한 국제적 사건에 대한 반응에서도 엿볼 수 있다. 이들 사건에 대해 대부분의 민중들은 정확한 지식을 얻기 어려웠지만 상당히 높은 관심을 나타냈다. 거기서 보여진 그들의 반응에서도 항일뿐만 아닌 일본에 대한 복잡한 시선, 그리고 무엇보다 자기 생활을 기준으로 관심의 정도를 결정하는 자세를 읽어낼 수 있다. 또한 언뜻 보기에는 개인적인 이해(利害)에 머무는 듯한 민중의 방어적 심성이 이렇듯 실제로는 국제정세에 열린 예민한 관심으로 종종 드러난 것도 주목할 만한 대목이다.

이와 같은 민중의 심성은 이후에도 식민지기 전체를 통해 그 바탕을 이루어 갔을 것으로 추측된다.[87] 앞으로 그 변화와 지속의 양상을 보다 구체적으로 규명할 필요가 있을 것이다.

(부기) 본 논문 작성과정에서 한국어 교정에 이종민 선생의 지도를 받았다. 이 자리를 빌어 깊은 감사를 드린다.

---

[87] 예를 들어, 15년 전쟁 시기에 있어서의 민중의 심성을 연구한 宮田節子, 『朝鮮民衆と皇民化政策』, 未來社, 1985, 제Ⅰ장 ; 卞恩眞, 『日帝 戰時파시즘期 (1937~45) 朝鮮民衆의 現實認識과 抵抗』, 高麗大學校大學院 史學科 博士論文, 1998 ; 松田, 「總力戰期の植民地朝鮮における警察行政-警察官による時局座談會を軸に-」, 『日本史研究』 제452호, 2000. 4 참조.

찾아보기

【ㄱ】

가네코 319
가네코 겐타로 318
가라후토(樺太) 122, 129, 138
가와카미 333, 335, 339, 344, 349
가토(加藤茂苞) 209, 218
감옥규칙 166, 169
갑오개혁 40, 66, 73
갑오농민전쟁 241, 389
갑오승총 147
강동진 87
강화도조약 29
개성 42
갱생지도부락 100, 102, 103, 104, 107
게일(James Scarth Gale) 322
결부제(結負制) 41
결수연명부(結數連名簿) 145, 147
경찰범처벌규칙 173
경찰범처벌령 168
경찰사무 위탁에 관한 각서 168
경찰서 74
『경찰집무심득(警察執務心得)』 43
계몽주의 46
계원(契員) 72
고등재판소 155
고등토지조사위원회 146, 147

고미네 겐사쿠(小峯源作) 302
고적조사위원회 292
고큐료토(穀良稻) 209, 216
공공봉사 226, 257
과격사회운동취체법안 176
과실상규 259, 260
과학적 인종주의 46
관동주(關東州) 122, 126
관료유지 지배체제 68
관료제 63
관북향약(關北鄕約) 225, 226, 236, 240, 242, 244, 246, 249, 250, 254, 255, 257, 258, 260, 262, 266, 268
『관습조사보고서(慣習調査報告書)』 141, 164
광무양전(光武量田) 40
광주 42
교육령(1, 2, 3차) 51, 52, 58
교육칙어 175
구로이타 가쓰미 291
구와키(桑木) 281
국기게양 262
국민교육 53
국민 만들기 교육 53
국민정신총동원운동 58, 179
국민학교 54
국체(國體) 177, 178

국헌 259
군면동리통폐합 조치 78, 81
군인후원회(재향군인회) 394
권업모범장(勸業模範場) 182, 183, 184, 200, 202, 203, 204, 209, 212, 213, 221
규모의 경제 190, 192
그리피스(William Eliot Griffis) 319, 321, 344
근대 180
근대성 180
금융자본주의 24, 28
기든스(Anthony Giddens) 174
긴보우즈(銀坊主) 216, 218
김병규(金炳奎) 251, 263
김채현 302
김해군 147

【ㄴ】

나남 42
나카라이 기요시 298
나카토모(永友辰吉) 214
낙랑 294
남만주철도조사국 283
남 사할린 22
남선 13호(南鮮 13호) 218
남선지장(南鮮地場) 214
내선공학(內鮮共學) 51
내선무차별 평등 60
내선융화 48, 49
내선일체 48, 50, 53, 58, 59, 60, 139, 163
내지(內地) 49, 115
내지법률연장주의 131
내지연장주의 49, 51, 55

농가갱생 5개년계획 101
농가갱생운동 106
농무목축시험장 193
농본주의 229
농사모범장(農事模範場) 194, 195, 197
농사시험장 195, 202, 207, 221
농산어민훈련소 103
농산어촌갱생계획 97
『농산어촌진흥공적자명감(農山漁村振興功績者名鑑)』 104, 105, 106
농업보습학교 103
농촌진흥운동 67, 95, 97, 102, 179, 226, 229, 245, 261, 265, 267
농촌진흥회 99, 108
농촌통제정책 226, 232, 236, 240, 242, 245
뉴질랜드 26

【ㄷ】

다원주의 34, 46
다이쇼 천황 392
다카마쓰 시로 311
단군 305
단순이식(simple transfer) 187, 188, 189, 192, 198, 201, 207, 208, 211, 220
단천농민조합 228
대구 42
대륙형 제국주의 119, 120
대만(臺灣) 22, 23, 114, 122, 126, 127, 129, 131
대만에 시행할 법령에 관한 법률 127
대성원(大聖院) 253
대일본제국헌법 121, 126, 135, 175
대전 42
덕업상권 253, 255, 256

데라우치(寺內正毅) 38, 391, 393
도농사시험장(道農事試驗場) 214, 215
도덕경제(moral economy) 152
도미나가(富永文一) 237, 238, 239, 241, 242, 249, 251, 253, 255, 257, 263
도미나가의 향약론 240, 253
도살규칙 173
도장관 77
도종묘장(道種苗場) 214
「도종묘장관제(稻種苗場官制)」 203
도지권(賭地權) 149
도쿠가와(德川家康) 27
도회 93
독약례(讀約禮) 259
독일 25, 26, 31, 43, 62
독점자본주의 28
동계(洞契) 70
동래 73
『동래부각면보고철(東萊府各面報告綴)』 71, 73
동리자치 73, 75, 93
동약 90
동양의 영국 32
동일동근(同一同根) 50
동장 70
동질화 47
동화 45, 62
동화정책 56, 60
동화주의 49, 55, 127, 135, 137, 143
동회 77
듀이(Dewey) 352

【ㄹ】

라드 344
랴오둥반도(遼東半島) 22
러시아 27, 28, 29
러일전쟁 22, 29, 40, 195
레닌 21, 24
로쿠우(陸羽 132호) 216
루봉(Michel Lubon) 126, 127
루즈벨트 341
류큐(琉球) 121

【ㅁ】

마루야마 쓰루키치(丸山鶴吉) 277
마쓰무라 마쓰모리(松村松盛) 277, 296, 298, 299
마쓰오카 슈타로(松岡修太郞) 134
맑스 24, 311
맥세이(Edwin Maxey) 320
맥켄지(Frederick McKenzie) 324
맬더스의 세계 193
메가타(目賀田種太郞) 196
메이지유신 27, 32
메이지 천황 392
면농촌진흥위원회 99
면부과금(面賦課金) 85
면양장려계획 101
면자치 75
면장 66, 73, 77
면제(面制) 66, 70
「면제에 대한 의견」 82
면협의회(面協議會) 85, 86, 88
면협의회제도 67
면화증산계획 101
면회 73, 74, 75, 77
명망가 67, 68, 69, 76
모리야 요시오(守屋榮夫) 276, 277
모범부락 88, 90, 91, 95, 245, 257, 263
모범부락정책 67

『목민심서』 277
묘지, 화장장, 매장 및 화장 취체규칙 173
무단통치 83, 84
무라야마 치준(村山智順) 286, 287, 289
문명화 45, 47, 49, 50, 53, 58, 62
문민신사(civilian gentlemen) 43
문화적 동화 48
문화정치 37, 39, 43, 49, 56, 84, 92
미국 25, 27
미나미(南次郎) 총독 50, 59, 60
미노베 다쓰키치(美濃部達吉) 135
미면교환(米綿交換) 체제 194
미즈노 렌타로(水野廉太郎) 275, 276, 277, 278, 279, 280, 281, 282, 296, 300
미첼(Timothy Mitchell) 280
민사령 143, 149, 164
민사쟁송 조정에 관한 건 159
민사형사소송에 관한 건 167
민족동화 45, 49, 50, 58
민족말살 49
민족분열정책 56
민족주의 사학 323
민족주의자 64
민족차별 60
민족해방운동 69
민형소송규칙(民刑訴訟規則) 168
민회 66

【ㅂ】

박달(朴達) 230
박은식 322
반격(班格) 71
백남운 225, 236, 247, 265, 268

105인 사건 299
범게르만주의 120
범슬라브주의 120
범아시아주의 331
범죄즉결령 168, 169
범죄즉결례 168, 169
『법령부록(法令附錄)』 80, 81
법전조사국(法典調査局) 141, 284, 285
베트남 39
倂合 48
병합조약 115, 123, 125
보안규칙 167
보안법 130, 167, 169, 176
보통경찰제도 84
보통교육 53
부동산법조사회(不動産法調査會) 140, 284
부회 93
북청 42
분임주의(分任主義) 57
브라운(A. J. Brown) 339
비스마르크 63
『(비)개정지방제도실시개요(秘改正地方制度實施概要)』 87
『뻗어가는 농촌』 104

【ㅅ】

사상대책 235
사상범보호관찰령 130
사상범예방구금령 130
사상선도 정책 238
사상전향 정책 233
사이드(Edward Said) 26, 282
사이토(齋藤實) 총독 49, 92, 270, 275, 351, 352

사카타니 요시오(阪谷芳郎) 281
사토(佐藤健吉) 214
사회교화 225, 235, 236, 246, 258
사회정책 234, 236
사회주의자 64
사회진화론 330
산미증식계획 154
산업자본주의 24
산업장려 226, 261
삼림령 173, 174
3·1운동 42, 68, 83, 84
상주 72
새마을운동 109
서광(瑞光) 218
서구 제국주의 28
서생론 94
서원 72
성진농민조합 228
세계 자본주의 체제 21
세노 우마쿠마(瀨野馬熊) 287
세키노 타다시(關野貞) 291, 292, 306
소작료통제령 155
소작위원회 160
소작조정령 160, 161
속진리키(早神力) 209
수령권 71
수령이향 지배체제 68
순국운동 76
순천 157, 158, 160, 173
스사노오(素嗚) 293, 305
스에마쓰 겐초 318
스즈키 게이로쿠 338
시라토리 구라키치(白鳥庫吉) 284, 287
시모노세키(下關)조약 122
시바타 젠자부로(柴田善三郞) 277
식민사관 323

식민주의(colonialism) 26, 114, 115, 116
식민지규율 267
식민지근대 254, 266
식민지성 180
식민지 지배 114, 115, 116, 117, 118, 121, 126
식산계(殖産契) 215
신리키(神力) 200
신문지규칙 167
신문지법 130, 167, 176
신문형(訊問刑)에 관한 건 168
신분제 255, 257
신전통주의(neo-traditionalism) 163
『신증향약(新增鄕約)』 253
신채호 322
신해혁명(辛亥革命) 388, 389, 390, 394
쓰나시마 가키치(綱島佳吉) 281
쓰시마해협(對馬海峽) 29

【ㅇ】

아다치 긴노스케 317, 332, 334
아렌트(Hannah Arendt) 119
아마테라스(天照) 293
아사미 린타로(淺見倫太郞) 144
아사카와 다쿠미(淺川巧) 309
아카이케 아쓰시(赤池濃) 277
아프리카 25
안남 37
안도(安藤廣太郞) 209, 212, 216
안중근 119, 328
알제리 36
야기 쇼자부로 290
야나기 무네요시(柳宗悅) 308, 309
야마구치 모리(山口盛) 97, 98
야마모토(山本權兵衛) 393

야마자키 노부요시(山崎延吉)　98, 267
야히로(八尋生男)　98
약자의 제국주의　30, 32, 35
약장　250
양반유생　87
양안　40
양전(量田)·지계(地契) 사업　40, 140
에벤슨과 빈스왕거(Evenson and Binswanger)　187, 191
『여명(黎明)을 바라보는 전북농촌』　104
연초전매령　173
영광(榮光)　218
영국　25, 26, 27, 33, 43, 46, 62
영소작권　148
영일동맹　33
영흥농민조합　228, 234
오가사와라(또는 보닌) 섬　121
오다우치 미치타카　287
오리엔탈리즘　32, 34, 35
오하라 신조(小原新三)　78, 373
와다 이치로(和田一郎)　296
외지(外地)　49, 115
요시노 사쿠조(吉野作造)　281
요시카와 분타로(吉川文太郎)　298
용산　42
우가　96
우가키(宇垣) 총독　96, 102, 238
『우량부락사적(優良部落事績)』　89
『우량부락조(優良部落調)』　89
우량종 보급정책　205
우메 겐지로(梅謙次朗)　141, 142, 144, 284
우사미 가쓰오(宇佐美勝夫)　78
운곡동향약　252
원산　42
원세개(袁世凱)　389

유력자층　66, 67, 68, 69
유림　244, 252, 254, 265
유사(有司)　72
유지층　68, 69
유형원(柳馨遠)　248
육종연구(comprehensive research)　187, 188, 189, 192, 211, 212, 220, 221
율령(律令)　127, 131, 132, 136
을미사판(乙未査辨)　140
을사조약　123, 125, 130, 140
읍회　93
의병　68
의병투쟁　76
의사 자치　75
의주　42
이나바 이와키치(稻葉岩吉)　287
이마니시 류(今西龍)　291, 292, 306
이마무라 다케시(今村武志)　93
이마이다(今井田淸德)　251
이서계급　41
이성근(李聖根)　242, 245, 263
이시쓰카(石塚英藏)　391
이식규례(利息規例)　141
이완용　285
이이(李珥)　240
이토 히로부미(伊藤博文)　127, 141, 144, 168, 197, 213, 318, 328, 330, 331, 336, 343
이황(李滉)　248
인도　36
인도차이나　37, 57
1면 1교 정책　52
일본적 오리엔탈리즘　35
일상생활의 규제　262
일시동인(一視同仁)　46
『일월시보(日月時報)』　254

일진(日進) 218
임나 294, 307

【ㅈ】

자경단 245
자남동향약(柴南洞鄕約) 255
『자력갱생하고 있는 부락단체』 104
자문화중심주의(ethnocentrism) 145
자본주의 21
자위단 246
자유주의 46
자작농지창설사업 101
자치권 56
잠업시험장 193
장로회 선교 위원회 339
장의(掌議) 72
재무서 74
재지 사족층 68
재지양반 71
재판소구성법(裁判所構成法) 140, 155, 168
적응연구(adaptive transfer) 187, 188, 189, 192
전시동원체제 49, 50, 58, 60
전향제도 178
정미7조약 125, 168
정치적 민족통합 48
정평농민조합 228, 230
제1차 세계대전 36, 43
제1차 한일협약 195
제국의회 56
제령(制令) 129, 130, 131, 132, 136, 162
制令權 55
제령 제7호 176
제복대검(制服帶劍) 49

젠쇼 에이스케(善生永助) 89, 102, 286
조광(朝光) 218
조던(David Starr Jordan) 346
조동지(曺同知) 203
조선내정독립기성회 57
조선농지령 154, 159, 160, 161, 234
조선농회 215
조선면제(朝鮮面制) 172
조선민사령 130, 142, 148, 161, 162, 163, 164
조선소작조정령 159, 160, 234
조선에 시행할 법령에 관한 건(件) 128, 130, 131
조선연초세령 173
조선연초전매령 173
조선유교회 254
『조선의 취락(朝鮮の聚落)』 89
조선인의 씨명(氏名)에 관한 건 162
조선주세령 173
조선총독부 57, 154, 394
「조선총독부농촌진흥위원회규정(朝鮮總督府農村振興委員會規正)」 98
조선총독부사무분장규정 97
조선태형령 130, 170
조선토지조사사업 145, 147
조선형사령 130, 169, 170
주세령 173
중간지배계층 66
중견인물양성 103, 107, 108
중국 29
중도지(中賭地) 149
중앙집중화 38, 39, 40, 41, 42
중일전쟁 60
중추원 273, 285, 286, 287, 288, 292
지가(地價) 41
『지방부록(地方附錄)』 81

지방의회 58
지방자치론 66
지방자치제도 57
『지방행정제도 연혁개요』 73
지사인(知事人) 71, 74
지원병제도 58, 59
진흥회 89
징병제 58, 59, 138
징역처단례 169

【ㅊ】

차경석(車京石) 386, 387
참정권 56, 57
창씨개명 58, 162, 163
채터지(Partha Chatterjee) 310
철학적 의무감(metaphysical obligation) 27
청년단 245
청일전쟁 22, 29
「(秘)총독의견서(總督意見 – 地方行政區劃整理注意書)」 80
총액제(總額制) 41
최종준(崔鐘濬) 254
춘동향약(春洞鄕約) 246, 251, 262
출판규칙 167
출판법 130, 167, 176
충주 42
취조국 284
치안경찰법 167
치안유지법 129, 176, 177, 233

【ㅋ】

캐나다 26
커전(George Curzon) 320
커크우드(Montague Kirkwood) 126

켄낸(George Kennan) 341, 342
코친차이나 37
콘로이(Hilary Conroy) 124
쿠릴열도 121

【ㅌ】

탈구입아(脫歐入亞) 35
탈식민주의(post-colonialism) 26
탈아입구(脫亞入歐) 34
태형 169
토리 류조(鳥居龍藏) 288, 291, 294, 306
토지가옥소유권증명규칙 141
토지가옥전당집행규칙(土地家屋典當執行規則) 141
토지가옥증명규칙(土地家屋證明規則) 141
토지조사사업 40, 146, 148
통감부 74
통감부 권업모범장관제 197
통감부재판소령 156
통킹 37

【ㅍ】

파웰(E. Alexander Powell) 347, 348, 349
팔굉(八紘) 218
페리제독 27, 28
평양 42
포츠머스(Portsmouth)조약 122
푸코(Michel Foucault) 169, 174, 269, 271, 358, 360
풍속개선 261, 262
풍옥(豊玉) 218
프란츠 파농(Frantz Fanon) 269
프랑스 25, 27, 37, 39, 57, 62

프로컬 운동 231
피어슨(Arthur T. Pierson) 344

【ㅎ】

하기와라 298
하라(原敬) 49, 55, 127, 131, 135, 275
하라(原史六) 214
하마다 고사쿠 292
하버드 클럽 319
하세가와 요시미치(長谷川好道) 270, 304
하야미(Hayami) 186
하야시 시게키(林茂樹) 78
한국 사법 및 감옥사무 위탁에 관한 각서 168
한국에 있어서 범죄즉결령 168
한국주차군(韓國駐箚軍) 42
한일의정서 122
한일협약 122, 125
함경북도 225, 227, 237, 238, 242, 243, 244, 245, 248, 250, 257, 263, 264, 266, 268
함흥 42
合邦 48
핫토리(服部米次郎) 372, 379
해사인 74
해외팽창형 제국주의 121
행정지배 78
향교 72
향약 71, 225, 236, 238, 239, 240, 243, 246, 247, 248, 250, 259, 260, 261, 262, 263, 264, 266
향약(鄕約)보급운동 224, 226, 236, 238, 242, 244, 245, 246, 249, 250, 251, 252, 254, 257, 258, 260, 261, 263,
264, 265, 268
향약부락 245
향약부활운동 225
향약원 246
향약의 공공성 241
향약의 법제화 254
향약판무규정 73
향회 259
향회조규 73
헌병경찰 78, 83
헌병경찰제도 49, 84
헌병사령부 42
헐버트(Homer Hulbert) 322, 324, 335, 344
혁명적 농민조합 228, 229, 231, 232, 234, 235, 260
혁명적 농민조합 운동 224, 225, 226, 227, 228, 230, 231, 232, 233, 234, 237, 245, 246, 249, 250, 258, 259, 260, 261, 264, 266
혁신청년집단 68, 69
형률명례(刑律名例) 166, 169
형법대전(刑法大全) 130, 140, 161, 166, 167, 168, 169, 170
형법초안(刑法草案) 166, 170
호주 26
호즈미 야쓰카(穗積八束) 135
혼다(本田幸介) 213
홍범 14조 166
홍원농민조합 228
화전동(花田洞) 72
황국신민 58, 59
황국신민서사 58
황민화(皇民化) 49
황흥(黃興) 389
후쿠자와(福澤諭吉) 35
흥풍회 89

연세국학총서 72
일제 식민지 시기의 통치체제 형성
김동노 편

2006년 12월 27일 초판 1쇄 발행

펴낸이 · 오일주
펴낸곳 · 도서출판 혜안
등록번호 · 제22-471호
등록일자 · 1993년 7월 30일

㈜ 121-836 서울시 마포구 서교동 326-26번지 102호
전화 · 3141-3711~2 / 팩시밀리 · 3141-3710
E-Mail hyeanpub@hanmail.net

ISBN 89-8494-293-6 93910
값 25,000원